女性劳动权益研究

郭慧敏　主编　· 来自陕西的报告

段燕华　刘咏芳　副主编

中国社会科学出版社

图书在版编目（CIP）数据

女性劳动权益研究：来自陕西的报告 / 郭慧敏主编 . —北京：中国社会
科学出版社，2009.7
ISBN 978 - 7 - 5004 - 8007 - 5

Ⅰ. 女… Ⅱ. 郭… Ⅲ. 妇女 – 劳动权 – 研究报告 – 中国
Ⅳ. D922. 504

中国版本图书馆 CIP 数据核字（2009）第 117892 号

出版策划　任　明
特邀编辑　李晓丽
责任校对　王应来
封面设计　弓禾碧
技术编辑　李　建

出版发行　中国社会科学出版社
社　　址　北京鼓楼西大街甲 158 号　　邮　编　100720
电　　话　010 – 84029450（邮购）
网　　址　http：//www. csspw. cn
经　　销　新华书店
印　　刷　北京奥隆印刷厂　　　　　　装　订　广增装订厂
版　　次　2009 年 7 月第 1 版　　　　印　次　2009 年 7 月第 1 次印刷
开　　本　710 ×1000　1/16
印　　张　24.25　　　　　　　　　　插　页　2
字　　数　429 千字
定　　价　45.00 元

序

　　本书是美国福特基金会支持西北工业大学妇女发展与权益研究中心"社会性别与女性劳动权益研究与促进"项目的成果之一。

　　西北工业大学妇女发展与权益研究中心成立于2000年，是专门以女性劳动权益为行动研究对象的高校公益性研究机构。该中心由陕西多所高校教师、律师、工会及妇女工作者组成。本中心的工作宗旨为：特别关注女性发展与女劳工权益问题，研究与行动一体，促进劳动权利的性别平等。特别注意探讨在中国语境下的法学、社会学、经济学等多学科和跨学科行动研究。本中心多数成员是国内较早以行动研究方式关注法律与性别问题的专业人士，在中心成立前曾广泛参与妇女法律服务，部分成员有十余年从事妇女法律服务与研究的经历。中心全部成员为兼职人员，大家各自在本职工作中都是骨干，项目多利用休息日进行，个中艰辛可想而知。但这是一个团结且能战斗的群体，多少个休息日，大家放下家务和孩子在办公室加班或外出调查，以至于大家开玩笑说："我们还维权呢，连自己的休息权都维没了！"或者这也是中国兼职妇女NGO的现实状况……无论如何，历时五年，继《社会性别与劳动权益》（西北工业大学出版社2005年2月出版）之后，这本《女劳权研究——来自陕西的报告》面世，对我们是一件幸事，也是对中国性别与法律研究做的一点贡献。

　　"社会性别与女性劳动权益研究与促进"项目以陕西省作为一个地方性的探索目标，探讨妇女劳动就业性别平等的政策法律行动的干预模式。项目假设中国劳动法律和政策存在盲点，这种盲点是产生结构性就业性别歧视的原因之一，而在原有计划经济时代建立的以国家福利保护为特征的女性特殊劳动权益保障立法模式已不能矫正市场经济条件下男女就业的不平等，需要妇女发出自己的声音，在立法、执法和司法多个层面改善之。项目的主要内容包括四个版块：一是调查研究。包括劳动法律、法规政策的文本清理，女性劳动权益状况调查（定性、定量），维权程序障碍的调查与分析（协商、调解、仲裁、诉讼），法律与政策的改善与促进。二是网络建构。包括社会与法律支持网络（工会、妇联、劳动保障、法律援助、法院、律师、志愿者等）和边缘劳工自助网络（以边缘女劳工为主体，如家政工等）。三是权益培训。包括维权者培训（如工会、妇联干部、劳动部门官员）和女劳工教育（女工教育培训和专门群体参与性支持小组）。四是劳动与性别案件的法律援助。包括独立代理及与省法律援助中心、省总工会困难职工援助中心及妇联法律服务中心合作代理与协助诉讼、仲裁、调解并指导工会小律师工作。通过项目研究，我们发现：①中国劳动法律与政策文本存在主流和专门两个系统，一个是"女"字系统，也称特殊系统，一个是不带"女"字的主流系统，两个系统在劳动法律政策的执行尤其是权利的可诉性方面存在较大差异。有关女性劳动立法与政策处于较边缘的位置。②妇女工作权与生育权存在较大冲突，社会支持女性劳动平等就业的资源稀缺，少量资源也在市场竞争实践中消解，法律和政策的男女平等就业目标难以实现。③女性劳动就业权利救济中性别问题很难彰显，以西方女权主义的妇女法律议题的诉讼在本土存在较大文化障碍，如工作场所性骚扰。中国本土女性权利议题更难进入诉讼，如家政工、家属工及"随夫工"带来的职业问题还有待于在本土进行社会问题和法律问题的建构。④女性劳动权益较差的可诉性（能够诉讼）使劳动法律援助面临较大困难。

行动研究的目的在于影响决策，社会科学研究成果的政策、法律转化应是社科研究的目的之一。项目主要的挑战是来自于传统法律中男性思维对女性经验的忽略和妇女意志在法律表达上的缺失。在项目过程中，我们尝试进行妇女立法干预，中心成员先后参与国家层面的立法，如妇女权益保障法、就业促进法、劳动合同法、物权法等立法讨论。在地方，则得到陕西省人大授权，与妇女儿童工作委员和妇联权益部一起工作，起草《陕西〈妇女权益保障法〉实施办法》，在全国率先将性别歧视和性骚扰定义写进地方法，受到联合国性别小组和全国人大的好评。在制定《陕西省劳动监察条例》过程中影响立法，将女性劳动保护和女性监察员的要求写进法律。对多起政策中性别问题提出建议并被采纳，项目支持并推出了国内第一个边缘女劳工自助团体——西安市家政工会。本中心的网站——社会性别与劳动权益网（www. genderandlaborright. com）也已引起公众对性别与劳动权利的关注。

本书的结构分为三个部分：第一部分为项目实践。我们将项目的部分调查、培训和其他的活动尽可能完整地展现给读者，以期保留一种历史感，保留妇女民间法律项目探索的足迹。第二部分是问题研究。内容涉及与女性就业及性别歧视相关的诸多问题。第三部分是陕西省有关女性就业的地方立法的法律文本及介绍。从冯玉祥将军在陕西的地方劳动立法开始，其中关于家庭雇工和女性劳动保护之立法当是中国最早的相关立法，到陕甘宁边区劳动保护条例，再到现行立法，其中有些内容是本项目推动的成果。反映出陕西省在妇女劳动立法方面的历史传统和成果。本书三部分的内在逻辑是行动—研究—立法，这是一种女性主义立法的推动进路。

性别与劳权的问题在中国过于复杂，跨国女权主义作为抵制资本全球化的策略，在国际间进行跨文化女权实践，社会性别话语进行了全球旅行，跨国女权主义话语和实践的"跨"与"被跨"，"外来"与"本土"的协调和冲突呈现出复杂的态势。我们不能单向地强调外来文化对所谓"本土"的影响，而忽视"本土"的能动性及"本土"的历史建构。性别与法律的行动研究只是一个开始的尝试，很多妇女的就业权益问题用单一的性别分析方法不能解决问题，须与阶级、身份等其他分层方法交叉进行。由于项目本身的难度及我们的水平和工作时间的限制，这些研究仍不成熟，我们需要提升理论和实践的能力。我们也期待更多人参与到性别与法律研究中来，不仅为了法律和现实中的性别平等，也为了改变跨国女权主义在目前情况下的单向流动。

本书的作者主要为本中心成员，在写作的过程中大家充分发挥了团队协作精神，很多署名只是一种大概的分工。为了在性别与法律研究方面后继有人，有一些学生也参与了项目活动，并将其内容写成毕业论文，其中蕴含着指导老师和项目其他老师的心血。

最后我们要特别感谢美国福特基金会及前任和现任法律项目官员：刘晓堤女士，没有她的信任和支持，项目就不能开展和进行；柏恩敬先生，没有他的支持和理解，项目也难以完成。

郭慧敏
2009 年 1 月于西安

Preface

The book is one of the achievements of the Center for Women's Development and Rights of NWPU by the Project on Gender and Labor Rights of Women under support of the Ford Foundation.

The Center for Women's Development and Rights of NWPU, founded in 2000, is a non-profit research institution taking labor rights of women as its concern. The principles of the Center are : to concentrate on problems about development and labor rights of women; to promote gender equality of labor rights by integration of action and research; to attach importance to the action research of law, sociology and economics and that of multidiscipline under the background of China. Its members are part-time and consist of teachers in universities, lawyers, women workers and workers from labor unions. Most members are among the experts who are earlier in caring for gender and law problems by action research in China. Some of them have carried out legal service and research more than ten years. Because all of the members are part-time, it is usual for them to do projects of the Center by making use of holidays and weekends without taking caring care of their families and children. And this is the real life of part-time workers of NGOs in China.

After publishing of *Gender and Labor Rights* by the Publishing House of NWPU in February, 2005, we are very glad to see the birth of *Research on Labor Rights of Women: Report from* Shaanxi and regard it as our little effort to research on gender and law in China.

The project on gender and labor rights of women, lasting for five years, was undertaken by the Center for Women's Development and Rights of NWPU. Its purpose was, by taking Shaanxi Province as an example, to explore the intervention mode by policy and law on employment equality in China. The project took it as the premise that gender was a blind spot of labor law. The blind spot was one of the reasons resulting in employment discrimination. The original mode of legislation, coming from the era of planned economy and characterized with national welfare protection, has not dealt with employment inequality between men and women under market economy. It is necessary for women to express their own voice and improve the situation legislatively, judicially and administratively. The project was made up of four parts. The first was general investigation including analysis of legal text on labor, situation of woman-labor rights and procedural obstacles against right protection. The second was about construction of network on including the network of social and legal support consisting of labor unions, women federations, courts, agencies of social security, lawyers and volunteers and the self-help network consisting of the disadvantaged women workers. The third was about trainings including training of people touching woman career and educational training of women. The forth was about legal aid of cases involving labor rights including to work dependently or to corporate with relevant departments of the center of legal aid, the provincial labor union and local women federations. The followings are the conclusions from the project. First, there are two branches in Chinese law and policy. One is special, mainly about women. One is the mainstream, about general situations. Second, although there are social resources to promote equal employment, market competition make them not play well. Third, it's hard to make gender problem on woman employment stand out. There are cultural obstacles against Chinese women to sue for their rights and interests. Forth, the lawyers face challengers when giving legal aid to woman litigants because labor right cases are difficult to be sued.

The purpose of action research lies in influencing policymaking. In is one of the tasks to make the research result of social science have access to policymaking and legislation. The challenges of the project were mainly from ignorance of women experience in traditional law caused by logic of men. During the project, the research members tried to influencing legislation by taking part in legislative discussion of laws such as national laws on women rights, employment promotion, labor contract and property. The research members also got a chance to draft the implementation measures for national law on women rights in Shaanxi Province together with the Women and Children Committee of Shaanxi People's Congress and the Women Federation of Shaanxi. And the definitions of gender discrimination and sexual harassment were put into the implementation measures. It was the first time in local legislation of China. The project played a role in making labor security of women and women staff of labor supervision becomes articles of the Regulations on Labor Supervision of Shaanxi Province. The Household Workers' Union of Xi'an, the first self-help group of disadvantaged women in China, was founded with the care of the project. The website of the center (www. genderandlaborright. com) has become a platform of publicize women's rights and interests.

The book is made up of three parts. The first is practice of the project including investigations, trainings and other activities in order to show readers the activities as much as possible and write down the process of non-governmental project about women rights. The second is problem research involving such problems as women employment and gender discrimination. The third is an introduction of local laws on women employment ranging from 1920s to today, which reflects the development and achievements of Shaanxi Province in women legislation. The three parts of the book follows the order of action—research—legislation.

Problems about gender and labor rights are very complicated in China. As the strategy of resisting capital globalization, transnational feminism is carrying out trans-cultural practice. Gender becomes a term worldwide. The influence, coordination and conflicts between transnational feminism and local culture show complicated tendency. It's not suitable to emphasize only impact of foreign culture on a certain place and ignore the active side of that place. It is the beginning of action research on gender and law. Naturally, many problems about women employment can not be settled only by gender analysis and should consider other point of views at the same. Because of time and the challengers from the project, what we did have much room to improve. In order to realize gender equality in law and reality, more researchers are hoped to take part in researches on gender and law.

The authors of the articles in the book are mainly the members of the Center for Women's Development and Rights of NWPU. In order to make the research of law and gender sustainable, some students join in the project. The book is a production of team spirit.

Finally, I want to express my sincere gratitude to Ford Foundation, Ms Titi M. Liu and Mr. Ira Belkin. Their support and understanding are necessary for us to fulfill the project.

Guo Huimin

目　　录

第一部分　项目实践

第二部分　问题探讨

第三部分　陕西有关女劳权的地方法规

Content

Part I   Project Practice

Part II   Exploration

Part III　Local Statutes of Shaanxi Province on Labor Rights of Women

第一部分　项目实践

Part I　Project Practice

回顾与反思：劳权、性别与行动研究

多少年过去了，想想当年我们这个团队通过讨论将妇女权益从婚姻家庭领域向劳权拓展时，还是有点过于胆大。当时有关"家庭暴力"的研究活动正在全国掀起，放弃一个熟悉的领域去垦荒，只是认为将女性的权利集中于婚姻、家庭领域有点不够，妇女权利需要向更广阔的领域进军，对妇女的社会经济权利应该投入更多的关注。当时项目成员中没有一个人是搞劳动法的，我们边学边干，多少个休息日，大家集中学习，研讨西方女权主义法学理论和有关劳动的多学科理论，到基层进行调查，组织小组和培训。今天回过头来看，这些年的探索是在苦苦寻觅一条立足于本土的性别与劳权的行动研究之路。

一、地方与全球：选一个时空交叉点

中国太大，全球更看不过来，作为"老陕"，我们以陕西为根基，在妇女劳动者权利上切一个面，观察转型期的女性劳权变化是项目的初衷。观察对象是一个位于西部的排列于老"劳工"（劳动者，或工人阶级[①]）队伍中的女性群体，包括主流言说中的"女职工"和"边缘女工"群体（从女职工队伍出来，如下岗，或没有办法进去，如协议工，临时工，家属工），以未来可以区别和对照东部渐起的以农民工为主体的新劳工群体。

在1995年世界妇女大会上，中国政府向世界承诺，将"性别观念"纳入决策主流，是妇女权益发展的一个重要契机，性别理念在中国开始传播。"九五世妇会"之后，妇女界开始以性别视角审视法律，先从反家庭暴力活动开始。我们这个团队也加入其中，后来发现，家庭暴力产生的原因之一是

[①] 本文认为劳工、劳动者、工人阶级是言说者在不同时期、从不同角度、在不同语境下对同一个群体的称谓。本文采用广义工人阶级概念，包括知识分子。周恩来早在1956年就提出知识分子是工人阶级的一部分的主张，但由于各种情况被中断，直到邓小平1978年在全国科学大会上再一次明确肯定知识分子是工人阶级和劳动人民的一部分。参阅龚育之《知识分子也是工人阶级一部分》，《人民日报》2001年7月12日第11版。

男女经济地位的不平等，女性如果只在家庭领域与丈夫争取平等是远远不够的，必须向社会争取经济权利，而工作权是妇女经济权的重要组成部分，在某种意义上也是妇女实现政治权利的基础。另外一个重要的事件是中国加入WTO，世贸组织关于社会条款及国际劳工公约的八个核心公约成为中国必须遵守的内容，"劳权"作为人权的重要组成部分的理念得到较广泛的认可。有关国际劳工公约的国内执行情况受到国际社会更有力的监督，中国劳动转型中出现的多种形式的歧视渐渐引起人们的关注。就业性别歧视的事件浮出水面。很多妇女就业的案子在现有法律的框架下很难得到处理。

选点陕西，一方面是因为我们地处陕西，另一方面陕西集传统与现代于一身，带着13朝古都和陕甘宁老革命根据地的荣耀与浓厚的计划经济时代意识，背着历史大包袱行进在现代化的行列中。它是在社会转型中矛盾与冲突较为典型的省份，以至于被总结成为"陕西现象"。① 它是全国有名的科技大省、教育大省、人才大省、文化大省、军工大省、资源大省、文物大省和旅游大省。按理说，有这么雄厚的基础、得天独厚的优势、庞大的人才队伍和强大的支撑力，也自然而然应是一个经济大省。但陕西却是经济上的弱省，财政收入的小省，居民收入的穷省。② 我国首部《区域新经济指数报告》中，运用五大类（知识职业、全球化、经济动态和竞争、向数字经济转型、创新能力）15个指标进行评价，其中新经济是以知识化和网络技术为基础的，所占权重较大。评价结果表明，陕西新经济指数仅次于北京、上海、广东、天津、福建、浙江，居全国第7位，在五大类指标中，知识工作岗位和创新能力居前5位之内，在15个细分指标中，研发民间投资额比例、科学院和工程师占总从业人员的比重、办公室职位比重居前4位以内。但反映经济发展的关键指标——人均GDP，却仅高于广西、云南、贵州、甘肃4省区，居全国第27位，居西部地区第8位，反差十分明显。③ 计划经济发展落后，给陕西带来很大的就业压力。陕西2005年底总人口为3720万人，

---

① "陕西现象"2003年由陕西省统计局总统计师杨永善首先提出，并归结为"陕西经济十大怪"。与陕西民俗十大怪对应。"陕西现象"，即在全省社会经济发展的过程中，出现了本应协调发展但实际却不协调发展的现象。即高新科技与比较滞后的经济并存，先进的文化与保守的思想观念并存，蓬勃发展的高等教育与落后的基础教育并存，经济发达的关中地区与贫穷的陕南、陕北并存，实力雄厚的国防工业与薄弱的中小工业并存，大量引进人才与某些方面又浪费人才并存，一些实事虚干与某些虚事又实干并存，千方百计招商引资与屡屡发生闭门宰客并存，部分高收入阶层与广大城乡居民的低收入并存，全国综合竞争力评价中，知识化、网络化的高名次与经济发展指标的低名次并存等。

② 杨永善：《解读陕西经济"十大怪"》，《中国改革》2004年第9期。

③ 同上。

就业劳动力数量为 1942 万人，其中第一、第二、第三产业分别为 957 万人、362 万人和 623 万人。近年来的城镇登记失业率虽然看起来并不高，但由于城镇失业率的统计仅仅针对城镇，并且只包括到劳动保障部门登记的符合失业条件的人员，自愿失业、农民工失业以及下岗人员没有被统计在内。因此，城镇登记失业率大大低于全省的实际失业率。从 2001 年开始，城镇登记失业率不断上升，据统计，全省城镇每年新增劳动力 16 万人，加上现有的下岗失业人员，每年需要安排 25 万人就业。而每年经济增长能够提供新的工作岗位不到 15 万个，劳动力的年度供求缺口在 10 万人左右，城镇劳动力供大于求的矛盾尖锐，就业形势十分严峻。[①] 妇女的劳动权益首当其冲，改革使妇女劳动权问题面临困境。在传统与现代的激烈冲突中，性别遭遇法律，劳权面对全球化，这样，地方与全球，历史与现实，在一个交叉点上，为我们研究女劳权问题提供了某种视角。

二、外来理论的本土化

无论是性别理论还是劳权理论都是舶来品，性别与法的理论质疑法律的男性理性，展示妇女的生活经验。劳权理论的核心是集体劳权（团结权或组织工会权、集体协商权和罢工权），挑战着我国固有的个体劳权。理论本土化和本土理论的建构从来是学界引进理论和抵制理论的双重借口，本土化的问题被搞得复杂，[②] 笔者认为这应是一个双向的过程。意义具有游走性，理论和话语在跨语际旅行中具有互译性，不同的语言不同的词语及其意义之间建立并维持虚拟的等值关系……需要重新思考东西方文化之间跨文化诠释和语言文字的交往形式究竟有哪几种可能性。[③] 本土和舶来具有历史性，而且在历史的融合中难分彼此。如中国特色的马克思主义法律观，我国一直将妇女权益"宣言"作为一种政治文明的标识，在法制建设的推进中，中国女权又成为某种中国人权的标识。但是中国在以中学为体、西学为用的框架下，为了应对西方人权挑战而建构妇女人权立法体系，仍然是一种男权法律价值观的产物。

清理概念是理论研究的开始。本书所谓"女劳权"是劳权与女权的交叉。笔者将其定义为女劳工或女性劳动者的权利。基于学界对劳工和劳权的

---

① 张力薇：《陕西产业结构变迁对就业的影响分析》，《陕西行政学院学报》2007 年第 2 期。

② 有关的讨论见叶启正《社会理论的本土化建构》，北京大学出版社 2006 年版，第 55 页。

③ 刘禾：《跨语际实践——文学、民族文化与被译介的现代性》，生活·读书·新知三联书店 2008 年版，第 1 页。

解释，国际上称为劳工的，在我国一般称为劳动者。① 劳工泛指一切以体力劳动及智力劳动而换取工资或报酬的人。劳工的概念具有历史性，不断地扩展，一般分为五类：无技术工人（unskilled labor），半技术工人（half skilled labor），技术工人（skilled labor），白领工人（white collar labor），自雇工作者（self-employed）。在 18 世纪中叶，一般人只把第一类人认作劳工；至 19 世纪始逐渐扩展到第二类、第三类及第四类的一部分；到了 20 世纪 70 年代，才将"一切以体力劳动或智力劳动而获取工资或报酬的人"，都视为劳工。就空间而言：在欧美各国，劳工的范围，几乎已包括上述五类人；日本仅承认第一类至第四类的工人是劳工；我国台湾地区则认为第一类至第三类为工人，第四类中服务于生产及交通公用事业中的大部分员工，以及第五类的部分工人为劳工；② 法学思想界则采取排除法以界定劳工范围，就是凡是自雇自营者以外均为劳工。基于这种趋势，"劳工"一词应以广义解释为宜。一切以体力劳动或智力劳动而获取工资或报酬的人，均是劳工。③ 学界对劳权的定义也有两个：一是劳动权益，即与劳动相关的权益；二是劳动者或劳工权益。④ 笔者采用后者作为女劳权定义的基础。

　　之所以将女劳权定义为女劳工或女性劳动者而不采用学界一般将女劳权定义为女性劳动者权益，理由如下：一是两种定义反映不同立场，前者强调女性的主体性，权利的内涵具有开放性，不以法定为限，而后者却是"法条主义"⑤ 产物；二是女性劳工或女性劳动者群体具有分层或阶级意义，且

---

① 如侯玲玲、王全兴认为：劳动者是劳动法中的一个很复杂的概念，在不同的制度和条文中，内涵和外延都有差异。为了将劳动法上的劳动者与其他领域的劳动者相区别，应该给予劳动法上劳动者一个特有定义，这个定义的给出必须符合劳动法的立法宗旨。然而，由于劳动经济生活极为复杂，劳动关系的形式多样，且不断出现新形态，所以，即使在有劳动者定义的立法例中，劳动者也是一个不确定的法律概念，如英国、德国、日本等。因此，我国在劳动立法中对劳动者概念的设计应该是一个开放式的法律概念。侯玲玲、王全兴：《劳动法上劳动者概念之研究》，《云南大学学报法学版》2006 年第 1 期。

② 杨国枢、叶启政：《劳工问题》，《台湾的社会问题》，台北巨流图书公司 1984 年版，第 414 页。

③ 侯玲玲、王全兴：《劳动法上劳动者概念之研究》，《云南大学学报法学版》2006 年第 1 期。

④ 参阅常凯《劳权论——当代中国劳动关系的法律调整研究》，中国劳动出版社 2004 年版，第 11 页。该书将劳权定义为法律所规定或认可的处于劳动关系中的劳动者履行劳动义务的同时享有的与劳动相关的社会权利的总称。

⑤ 学界对于法条主义的争论很激烈，笔者比较认同邓正来与苏力对话的思考。"法条主义"是依照某种前提进行的知识活动，不可能是"中性"的，"法条主义"在表面上从意识形态走向技术，实质上有可能与这种前提达成"共谋"并强化这种前提，而不论"法条主义"论者是否有这种自觉，更不论这种前提是某种意识形态，还是某种理想图景。参阅邓正来《中国法学向何处去?》，《政法论坛》2005 年第 3 期。

具有开放性和历史性。在我国应该包括所有的公共和私人雇员以体力或脑力劳动获取薪酬的所有女性。三是保留了一种女劳工或劳动者面对法律独立言说的权利，因为现行劳动法以男性劳动者为法律人的假设，在一些方面没有反映女性的经验和利益。

理论的不足是项目面对的最大挑战。首先是法学理论的不足，中国法学从上个世纪初开始的西法东渐过程。1949 年之后中断了数十年，后到 20 世纪 80—90 年代又重新开始。当代中国法学理论的精神处境相当特殊与微妙，即面临着"现代"与"后现代"的双重精神压力。[1] 其次是劳动法理论匮乏，社会主义国家与企业的一体化，工人阶级"主人翁"的提法使劳动关系非经济化，劳动法学在诸部门法学中处于边缘的地位。[2] 再次是外来性别理论来不及本土化，性别理论在 20 世纪 70 年代起源于西方，80 年代形成女权主义法学流派，在学术和实践两个方面挑战了传统法学的男性特质。"九五世妇会"前，我国对女性主义法学只有零星的介绍，90 年代进入中国。用社会性别理论分析法律的是产生于西方的女权主义法学，它是女权主义哲学与法学结合的产物。有人称之为"当代法学的女性主义运动"，是一种超越学术界限、结合理论和实践的思想脉动。[3] ……当代法学的女性主义运动从反对性别、种族歧视的讨论开始……扩大到对法学基础知识、假设、方法和实践的批判。在理论和实践上不仅由基础法学研究延伸到宪法、刑法、民法和立法学等各个法学领域，而且还对一些深刻的女性议题进行了冲击[4]。女权主义法学对法律制度中的社会性别化进行了尖锐的批判和改造。但这种理论进入本土后，需要进行再建构，否则很快会与中国二元对立思维结合，很容易成为很多妇女项目中"生理性别"（SEX）与社会性别（GENDER）二元对立式的教条化表述。跨国女权主义的多元性和多向流动也只能截取一段，成为"跨"与"被跨"的关系。中国本土的涉及女劳权的议题，还需要建构。在整个项目的运作中，我们背负着理论的焦虑，也面对法学界法条主义思维的限制和压力。

---

[1] 葛洪义：《法学研究中的认识论问题》，《法学研究》2001 年第 2 期。
[2] 很久以来劳动法一直被排除在 14 门法学专业核心课程之外，劳动法专业也列于经济法之中，属三级学科，2007 年 3 月 11 日，教育部高校法学学科教学指导委员会在中国人民大学法学院召开全体委员会会议，充分研究、讨论并通过了调整法学学科核心课程的决定。会上通过的法学学科核心课程共 16 门，其中包括原来的 14 门核心课程，又新增了两门（环境法与资源保护法、劳动法与社会保障法）。来源：http://www.crup.com.cn/fl/newsdetail.cfm? iCntno=1961。
[3] 参阅陈妙芬《当代法学的女性主义运动》，《法学时评网》2003 年 6 月 21 日。
[4] 吕世伦、范季海：《美国女权主义法学述论》，《法律科学》1998 年第 1 期。

三、行动研究

本项目试图探讨一种可行的本土行动研究的方法。行动研究（action research）作为一个专业术语、一种研究类型，是 20 世纪 40 年代在美国的社会科学研究中开始出现的，行动研究的基本内涵是：由与问题有关的所有人员共同参与研究和实践，对问题情景进行全程干预，并在此实践活动中找到有关理论依据及解决问题的研究方法。女性主义的学术在本质上是与行动结合的。女性主义研究的目的必须是创造新的两性关系，使法律更公正，以及完善整个制度，女性主义行动研究以社会和个体的改变为取向。①

本项目的主要目标是在地方将性别纳入劳动法律政策的决策主流，探讨通过项目影响决策的路径。作为一个处于大西北，在地理位置上很边缘的地方性别与法律的行动研究群体，多年来，我们妇女中心和当地政府及妇联、工会合作，一方面建构地方性别与法律的支持网络，增加对地方法律政策的性别敏感度，也参与全国性的立法；另一方面组织妇女进行权利自助，提升妇女的法律和权利意识。将跨国女权主义与地方实践结合，探讨中国性别与法律行动研究的理论与实践，走得很艰苦。女性主义行动研究必须以社会和个体的改变为取向，行动主义和学术成果的整合是十分必要的。女性主义研究的目的是创造新的两性关系，使法律更公正，制度更完善。我们刚起步，已经取得的收获是：

1. 通过法律援助和妇联信访发现有本土性别意义的问题，而不是照搬西方的女性议题。

劳动性别歧视具有中国特色：如家属工、临时工问题，"家属工"是计划经济时代，妻子随丈夫工作或调动，作为丈夫单位给男性的一种福利待遇，不但具有附属性，也因之带来家属工身份上的模糊性，是家属，还是职工？改革开放后与临时工一起，成为女性职业中最早牺牲的一代。计划经济时代的欠账进入市场经济后却无人埋单。再如怀孕歧视问题，中国立法中对妇女的职业保护建立在生理性别的基础上，且围绕生育进行保障，但是怀孕歧视，生育待遇缩水问题至今未能引起法律界的关注。另一个问题是劳动维权当事人女性多有为难，经常请家人代理处理争议，致使再一次将权利让渡。此外司法在劳动上的程序障碍由于加入性别因素而加剧，成为妇女劳动

---

① 姜云飞译，孙中欣校：《女性主义行动研究（Feminist Action Research）》，选译自 Reinharz, S. Feminist Methods in Social Research, 10 Oxford University Press, 1992, 3, 复旦大学密西根大学社会性别博士课程班阅读教材。

权益救济的双重障碍。

2. 为女劳工赋权和建立社会性女劳工支持网络，一方面通过国际组织引入劳工团结权与工会组织理念，探讨符合中国国情的边缘女工的团结权之路，与西安市工会和妇联一起推出全国第一个家政工会，并使之合法化。另一方面在地方建立由司法人员工会和妇联及学者组成的权益支持网络，并通过有性别意义的法律援助支持权益受到侵害的妇女。

3. 注重政策法律倡导能力的提高及项目成果的法律政策转化。

在地方政策和立法的成功倡导如下：

一是推动陕西妇女权益保障法的实施办法。①争取省人大及省妇联与妇女儿童工作委员会授权，本项目组有两位专家进入修法专家组，并取得第一稿的立法起草权。②与妇联权益部一起进行前期立法调查。③主持召开了陕西省实施《中华人民共和国妇女权益保障法》办法的修订草案专家论证会，并请到省人大副主任潘连生到会，与人大妇联一起对《中华人民共和国妇女权益保障法》的法律的操作性进行了细化和补充。④在人大内司委一审没有通过有关性别歧视和性骚扰的定义后，参加二审社会法制委员会的专家讨论时将联合国消除歧视委员会对中国执行公约没有定义性别歧视的提问情况及国家报告向省人大专门作了报告，并以将"性别歧视"、"性骚扰"国际法的定义纳入了地方立法打了两个专题论证报告，最终说服人大及众专家，将国际法的定义纳入地方立法，为全国性的妇女权益保障法实施办法的制定提供了借鉴。该实施办法现已公布执行。

二是发现边缘妇女立法诉求，提出家政管理立法建议。①主持召集"西安家政规制调研会"，家政立法推动调研会，在充分对话的基础上，明确了市场三方对家政工条例的需求，几经曲折完成条例的建议初稿。②与西安家庭服务业协会一起组织中介机构制定的《2007年家庭服务业指导价格》，规范家政市场，维护家政女工的权利。在中心的组织下，家政工、雇主和中介组织三方多次进行了针锋相对的谈判，在谈判的基础上起草了《西安地方家政条例》建议稿，现由中心和省妇联向省人大申请，力争纳入我省地方的三年立法计划之中。

三是在地方增强了性别敏感度，对政策性有关性别投诉反应敏捷，项目曾与省妇联权益部一起干预了一次地方退休工资增加政策。省妇联信访室接到妇女投诉称，陕西省劳动和社会保障厅、陕西省财政厅陕劳社发〔2005〕72号文件，《关于给部分企业退休人员增加补助有关问题的通知》中规定，40年以上工龄退休者提高工资的幅度大于所有退休者，但妇女多在55岁之前退休，不可能有 40 年工龄享受这一待遇，这对女性不公平。我们立即同妇联权益部一起分析问题，认定这是一个隐性的性别歧视政策，最后由妇联以"送阅件"形式及时干预，最终使劳动和社会保障厅、财政厅在文件中取消了 40 年这一档的规定。

四是在陕西省制定《劳动监察条例》时，与劳动厅政策法规处和妇联研究室合作，认为没有女性监察员不利于对有关女性的劳动问题进行监察。最后将关于女劳动监察员的设置与女性劳动权益保障的监察写入了地方法规。

五是 2006 年西安市出台《西安市城镇廉租住房管理办法》，将老弱残病列入其中，但没有将单亲纳入，而单亲多为女性户主，我们认为这是一个性别问题。于是我们和西安市妇联一起提出建议，在大家的共同干预下，2007 年 8 月西安市下发文件，通过社区每月给无房单亲户补助 10 元的住房补贴，算是对单亲的一点补偿。

以上的探索只是起步，面对"妇女：最漫长的革命"，我们在路上慢慢走……

Review and Reflection: Labor Rights, Gender and Action Research

[**Introduction**] After starting the Project on Gender and Labor Rights of Women from 2002, the Center for Women's Development and Rights of NWPU made laborious exploration. Gender theory is the core part of western feminism. International labor rights also resulted in the west. Some terms irrelevant originally are connected, such as the reform, opening and transition of China, the Women Conference (1995) and the international standard on labor. The words like gender, labor rights and NGO are popular in different languages and countries. The global and the local, history and reality are entwining together. We keep out of the situation as researchers and belong to it as social members. There is much confusion. Who are women laborers? What is the intension of labor rights of women? Is there transition of the relationship between women and nation or law during social transition from planned economy to market economy? Are there conflicts between demands of rights and legal rights in women's career? Should we inspect women rights statically or dynamically? Where are the harmony and conflicts of women experience and the law based on experience of men? There is so much confusion not only to objects of study but the researchers. We want to show the confusion and the footprints of exploration. Based on Shaanxi, a typical place with transitional conflicts of social economy, we try to look for an access to the integration of gender, labor rights and action research in China.

(郭慧敏)

2000 份女性劳动权益状况调查问卷的分析

一、前言

陕西省位于中国西北地区东部的黄河中游，与山西、河南、湖北、四川、甘肃、宁夏接壤。土地总面积 20.56 万平方公里，占全国土地总面积的 2.145%。陕西省现设 10 个地、市（其中 5 个省辖市、5 个地区），84 个县、8 个县级市和 15 个市辖区。陕西文化发达，但经济发展相对落后，根据国家统计局网站公布的历年各省 GDP 数据，2006 年陕西省 GDP 排名在 31 个省中排到第 20 位，2008 年为第 19 位。2008 年陕西城市居民人均可支配收入为 12857.90 元，农村居民人均现金收入 3136 元，均低于全国平均水平（全国城市居民人均可支配收入为 15781.00 元，全国农村居民人均现金收入为 4761.00 元）[①]。2007 年末陕西省常住人口为 3748 万人。其中，男性人口 1927.26 万人，占 51.4%；女性人口 1820.74 万人，占 48.6%，性别比为 105.85（以女性为 100，男性对女性的比例）。就业人口为 1922 万人。[②]

据《陕西省第一次经济普查主要数据公报》，截至 2004 年末，陕西省共有工业企业法人单位 25785 个，工业个体经营户 112615 户。在工业企业法人单位就业人员中，国有企业及国有独资公司占 34.5%；集体企业占 12.2%；私营企业占 22.9%；港、澳、台商投资企业占 1.2%；外商投资企业占 1.8%；其余类型企业占 27.4%。[③] 陕西省第二、三产业的就业人员数为 681944 人（其中，第二产业的就业人员为 278706 人，占 41.0%；第三产业的就业人员为 403238 人，占 59.0%）。在合计中，单位就业人员 4948020 人，占 71.9%；个体经营人员 1933924 人，占 28.1%。在单位就业人员中，女性 1637281 人，占 33.1%。[④]

---

① 数据来源：《西部地区 2008 年主要经济指标比较》，陕经网 http：//www. sei. gov. cn/。
② 数据来源：《国家统计局网站地方年度统计公报》（陕西）。
③ 数据来源：《陕西省第一次经济普查主要数据公报》，陕经网 http：//www. sei. gov. cn/。
④ 数据来源：《陕西省第一次经济普查主要数据公报》，陕经网 http：//www. sei. gov. cn/。第二、三产业的就业人员是指 2004 年 12 月 31 日陕西省境内在第二、三产业单位和个体经营户在岗的就业人员，未包括上述范围之外的就业人员。

在此背景下，2003—2005 年①，我们在陕西省范围内对女性劳动权益状况进行了调查，目的在于了解女性劳动权益的基本状况及存在问题。这次调查的合作方为陕西省总工会和女职工部，在整个调研期间，省总工会女职工委员会和女工部与我们一起进行问卷调查，主任、部长亲赴基层动员，并得到各地市总工会女工部的帮助。本调查采用了定量问卷的方式，在正式调研之前，进行了试调查，然后通过综合测量按立意抽样方式，选择了陕西省六个地市（西安、咸阳、宝鸡、榆林、铜川、安康），基于分层抽样方法，根据所在城市若干抽样单位女性人数比确定样本数，按女职工名册随机抽取样本，再由项目组调查员与地区工会女工组织，采用小组调查背靠背式集中填写，调查人员仅对问卷本身文字进行解释说明，并对问卷答题过程进行跟踪，保证了每份问卷的独立性。本调查共发放了问卷 2000 份，收回有效问卷 1855 份（其中西安 628 份、咸阳 201 份、宝鸡 417 份、榆林 199 份、铜川 208 份、安康 202 份），有效率为 92.75%。

调研的主要内容包括：职业进入及分布、职业选择与就业性别平等、劳动合同、劳动安全与性骚扰、特殊保护与生育保险、母职与照顾性劳动、家庭与职业冲突、工时与工资、住房的性别分配、经济安全与社会保险、培训与晋升、经济民主参与、工会、劳动纠纷、职业发展与退休、妇女对法律的看法等。

二、调查内容分析

（一）基本情况

1. 工作单位性质的地区分布

表 1　　　　　　　受访者工作单位性质

单位性质	西安		咸阳		宝鸡		榆林		铜川		安康		六城市汇总	
	人数	%	人数	%	人数	%	人数	%	人数	%	人数	%	人数	%
国企	301	47.9	188	93.5	313	75.1	86	43.2	131	63.0	82	40.6	1101	59.4
集体	126	20.1	11	5.5	11	2.6	20	10.1	22	10.6	25	12.4	215	11.6
外企	17	2.7	—	—	—	—	—	—	—	—	1	0.5	18	1

① 本调查计划从 2003 年开始设计问卷，并选择若干地、市作为试点先进行试调查，在评估试调查问卷的基础上，确定正式调查问卷，于 2004 年 7—8 月展开正式调查，对问卷中反映的问题进行定性研究跟踪，并于 2005 年进行了问卷统计和数据分析。

续表

单位性质	西安		咸阳		宝鸡		榆林		铜川		安康		六城市汇总	
	人数	%	人数	%	人数	%	人数	%	人数	%	人数	%	人数	%
合资	5	0.8	1	0.5	1	0.2	—	—	6	2.9	—	—	13	0.7
私营	55	8.8	1	0.5	30	7.2	17	8.5	30	14.4	58	28.7	191	10.3
个体	37	5.9	—	—	3	0.7	20	10.1	6	2.9	—	—	66	3.6
街道①	42	6.7	—	—	—	—	3	1.5	—	—	—	—	45	2.4
其他	45	7	—	—	59	14.1	53	26.6	13	6.3	36	17.8	204	11.1
合计	628	100	201	100	417	100	199	100	208	100	202	100	1855	100

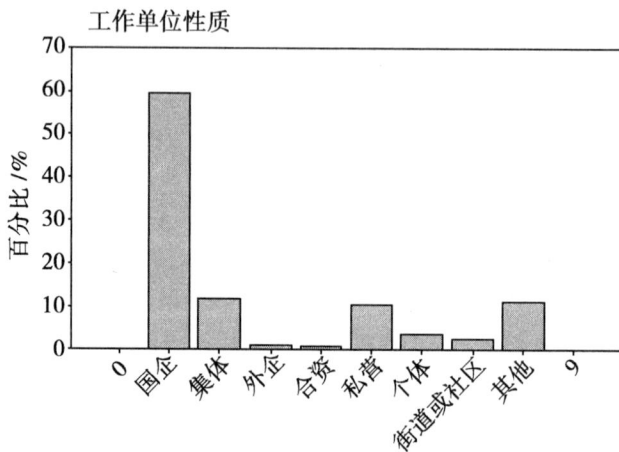

图1　受访者工作单位性质分布

　　工作单位的性质具有显性区别与等级意义。不同的时间、不同性质的单位可能有不同的福利。受访女性大多数在国有和集体企业工作（占受访者职工总数的71%）;② 也有10.3%的受访女职工在私营企业工作，但这些私营企业绝大多数为餐馆、饭店；有极少数受访女职工在外资企业和合资企业就业，仅占全部受访女职工的1.7%。③ 本调查国有企业占有比例高，其中有两个原因，一是陕西原有国有企业多，非公有制经济并不发达，原有企业

---

　　① 泛指街道或社区。
　　② 其中咸阳市在国有和集体企业工作的受访女职工占当地受访者的99%。
　　③ 西安市在六座城市中此比例最高，占西安市受访女职工的3.5%。

仍在当地占的比例很高，数据显示 2008 年上半年陕西省非公有制经济增加值 1359.2 亿元，占陕西省经济总量比重的 46.9%，陕西经济中国有经济的比重达 53.1%，依然过半数以上;[①] 二是项目的合作者工会的工作范围主要在公有制企业。而公有制企业女工的情况也正好与经济发达地区相比较。

2. 年龄分布

表2　　　　　　　　受访者年龄分布（分城市年龄分布略）

年龄分布		<20	21—25	26—30	31—35	36—40	41—45	46—50	51—55	>56	其他	合计
六市汇总	人数	58	169	236	404	399	359	188	36	4	2	1855
	%	3.1	9.1	12.7	21.8	21.5	19.4	10.1	1.9	0.2	0.2	100

年龄在职业上的意义非同小可，随着市场竞争的加剧，中国女性的职业年限有不断缩水的趋势，年龄经常与性别一起成为歧视的因素。另外年龄也有某种"代群"意义，人们习惯以 10 年为一代，如 50 年代出生者、80 后、90 后等，有学者认为各代群与政治运动相关，女工对于她们作为妇女的身份与劳动的关系，对社会性别和阶级见解也不同，彼此间也有不同的认识。[②] 调查显示被调查者主要年龄是 30—45 岁，是工作单位的中坚力量，主要是 20 世纪 60—70 年代生人，也是"文革"前后出生的。

3. 学历资本

教育是人力资本的重要构成，通常以学历的形式展现。多数招聘均有学历限制，导致女性似乎比男性更关注学历资本。本调查受访者文化程度较高，大专以上者占 38%。其中西安市和宝鸡市作为陕西省省会和重要经济城市，大专以上学历比例更高，西安占 40.9%，宝鸡则高达 43.8%。而安康市和咸阳市中等文化程度的女性比例较高，高中及中专学历分别占该市调查样本的 53.5% 和 52.7%。与地区教育发展不平衡有一定的关系。

4. 政治资本

政治面貌在中国具有独特的意义，尤其是公务员招聘中，党员有较高权重，也是人力资本的一个显示信号。对于妇女而言，入党是参政提干的重要

---

① 数据来源：陕西省发展与改革委员会信息办：《上半年我省非公有制经济比重达到 46.9%》，陕西省发展与改革委员会网站，http://www.sndrc.gov.cn。

② 罗丽莎著，黄新译：《另类的现代性：改革开放时代中国性别化的渴望》，江苏人民出版社 2006 年版，第 4 页。

文化程度

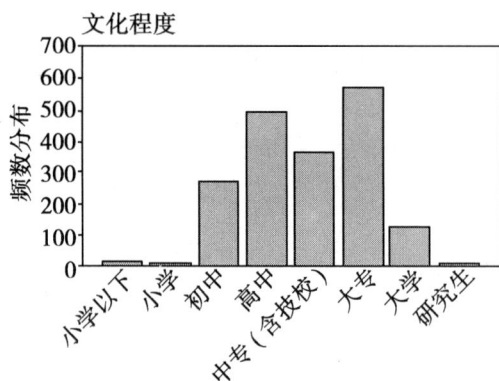

图 2　受访者学历分布

政治面貌

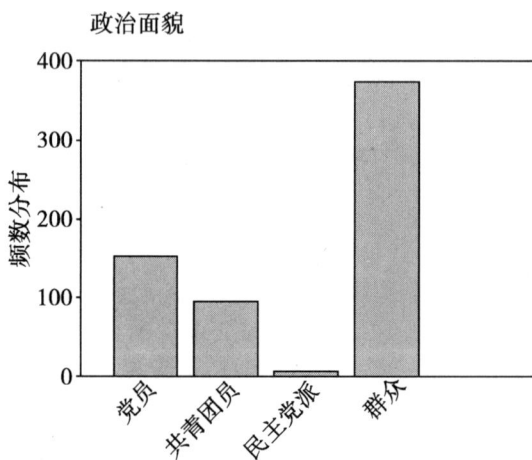

图 3　受访者政治面貌分布

前提,"无知少女"① 只是较个别的现象。在我国劳动力市场上,雇员的政治身份(比如共产党员)往往是其人力资本的正面评价指标,特别是在国企,政治面貌是职位向上流动的重要资源。在调查中,我们发现大多中共党员占受访者的 25.9%,应该是一个不低的比例,一方面是调查中管理干部较高(45.7%),另一方面也说明妇女较重视政治进步。另外政治面貌为群众的比例为 60.6%。

----

① 是社会上流传的一种说法,所谓集无党派、知识分子、少数民族、女性四个条件于一身的人更容易有意外的机会得到提拔。

（二）职业进入及分布

1. 参加工作时间

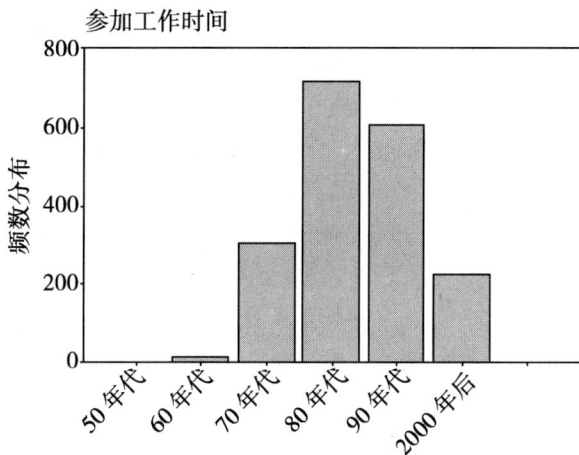

图 4　受访者参加工作时间分布

　　我国劳动就业制度经历了两个时期：计划经济时期和改革转型时期。计划经济时期为计划性统包统配招工制度，从 1949 年到 1976 年，又可分为三个阶段：新中国成立以后到 1956 年的过渡时期为第一阶段，国家允许国有、私营企业和事业单位自行招工；1956 年到 1966 年的统筹统配时期为第二阶段，1955 年之后，企事业单位的用人自主权渐趋削弱，并逐步建立起各级劳动部门统一管理劳动力运行的制度；1966 年到 1976 年的“文革”时期为第三阶段，十年累计全国上山下乡的城镇青年达 1700 万人。全民所有制职工增加了 3700 万人，其中从农民中招收了近 1400 万人。这种人为造成的城乡劳动力大对流，潜伏着严重的就业矛盾。计划性劳动就业制度的主要特征是：劳动制度以指令性劳动计划为基石；就业制度以统包统配为基本特征；用工制度以国家固定工为主体。

　　计划经济之后进入改革转型时期，首先是通过广开门路形成多渠道多元化的就业格局，其次通过公开招工在新增劳动力中确立双向选择关系，单位有了一定招工自主权。1986 年 7 月 12 日，国务院发布《国营企业招用工人暂行规定》，提出：企业用工人，应贯彻执行先培训后就业的原则，面向社会，公开招收，全面考核，择优录用。这一规定把竞争机制引入就业领域，还赋予企业在招工中拥有选择权，为形成劳动者与企业的双向选择关系打下了基础。这一规定还明确废止了两种招工办法：①企业不得以任何形式进行内部招工。②不再实行退休工人子女顶替。使企业选择新职工有更大的回旋余地。与此同时，国务院还发布《国营企业实行劳动合同制暂行规定》，提出对新招职工普遍实行劳动合同制，首先在新增职工中打破了固定工制度。劳动合同制的推行，改变了原有的用工模式，把劳动就业制度改革从外围层面的社会劳动力管理，进一步推向内部层面的企业新增劳动力的管理。但是，这次用工制度的改革，仅仅局限于就业增量部分，尚未触及城镇就业存量部分，企业原有职工仍然保持着固定工制度。再次是通过全员劳动合同制促使劳动力合理流动。在20世纪50年代，我国曾实行过劳动合同制。1980年，劳动合同制在三资企业中首先恢复，1986年把它全面推行到全民所有制的新增职工范围。接着，从1987年的劳动"优化组合"，到1991年的破"三铁"，大范围地推动企业原有的固定工制度改革。1992年7月23日颁布的《全民所有制工业企业转换经营机制条例》规定："企业可以实行合同化管理或者全员劳动合同制。"实行全员劳动合同制，合同化管理范围由新增职工扩大到包括原有职工在内的全体就业人员。这样，劳动就业制度改革，又向前跨了一级大台阶，从内圈层次的企业新增劳动力管理，直接深入到核心层次的国家固定工制度。实行全员劳动合同制，消除了企业原有职工与新增职工的用工差别，避免了两种不同用工制度并存带来的弊端，有利于广泛开展劳动者竞争上岗，可以促进劳动者合理流动，优化劳动组合和生产要素资源配置。

从受访的女工来看，她们主要是1980年和1990年参加工作的，这两个时段参加工作者高达70.3%，其次是70年代参加工作者，占16.3%，另外也表现出地区之间的不平衡，如榆林1980—1990年时段参加工作者，高达82.9%，反映出当地工业的后发展性。由于不同时段进入职业，其待遇和命运也不同，政策惯例是"老人老办法，新人新办法"，就看你赶上哪一拨儿。

2. 参加工作的主要动机

受访者参加工作的主要动机主要集中在"体现自己的人生价值"（58.6%）、"养家糊口"（48.5%）、"赚钱"（33.6%）和"提高社会地位"（27.1%）。其中咸阳市选择"养家糊口"一项比例最高，为64.2%。与咸阳国企多、下岗多，人们相对较实际有关。

3. 进入工作单位的渠道

受访者进入现职的渠道主要为毕业分配和招聘两种方式，分别占受访人数的35.8%和33.7%。其中咸阳、西安两市通过招聘方式进入现职的比例较高，分别为41.3%和35.1%。铜川市通过招聘方式进入现职的比例较低，仅占25％，而以顶替方式进入工作单位的比例较高，占16.3％。改革开放前较为常见的亲友帮忙①和顶替现象②已日渐让位于上述两种渠道，显现不同时期招工政策的影响，也体现出市场经济运行的规则，同时更体现出变革给女性带来的挑战。

4. 职业种类

职业种类按工作性质分为一线工人、服务人员、专业技术人员、企业管理干部、党政机关干部、私企老板、个体户以及其他共八个选项，该选项为多选，因为存在兼职工作的情况，比如既是专业技术人员，又从事一定的企业管理工作。在调查中，一线工人和服务人员最多，占51.5％，企业技术人员和管理干部占45.7％，蓝领和白领占的比例没有显性差别。有5人为私企老板，仅占受访者总数的0.3％。其他人员的比例较少。一线工人和服务人员比重较高而干部比重低（5.8％）的状况与职业性别隔离的事实有吻合性。

5. 行业分布

表3　　　　受访者行业分布（部分城市数据及六城市汇总数据）

行业分布	西安		宝鸡		榆林		铜川		六城市汇总	
	人数	%	人数	%	人数	%	人数	%	人数	%
采掘③	125	19.9	150	36	3	1.5	30	14.4	314	16.9
供应④	30	4.8	2	0.5	5	2.5	31	14.9	72	3.9
建筑⑤	4	0.6	64	15.3	17	8.5	28	13.5	123	6.6
交通⑥	86	13.7	3	0.7	24	12.1	25	12	138	7.4
服务⑦	124	19.7	40	9.6	19	9.5	30	14.4	363	19.6
金融保险	2	0.3	1	0.2	10	5	4	1.9	17	0.9
房地产	3	0.5	7	1.7	8	4	2	1	22	1.2
科教文卫	34	5.4	21	5	32	16.1	24	11.5	133	7.2
党政社团	32	5.1	10	2.4	42	21.1	2	1	89	4.8
轻工纺织	98	15.6	97	23.3	21	10.6	10	4.8	428	23.1
其他	90	14.3	22	5.3	18	9	22	10.6	156	8.5
合计	628	100⑧	417	100⑧	199	100⑧	208	100	1855	100⑧

---

① 占受访女职工总数的8.6％。

② 占受访女职工总数的7.5％。

③ 采掘及制造业。

④ 电、煤气、水生产管理供应业。

⑤ 建筑与地质业。

⑥ 交通运输、仓储及邮电业。

⑦ 批发零售、餐饮及服务业。

⑧ 采用四舍五入取整。

行业分布

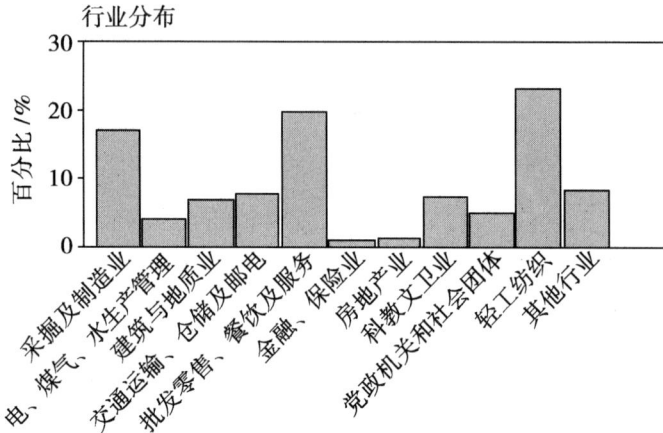

图 5   受访者行业分布

受访人群主要分布于三个行业：轻工纺织业 23.1%，批发零售、餐饮及服务业 19.6%，采掘及制造业 16.9%，需要重点说明的是，纺织业是陕西传统产业，也是女性从业者集中的行业。我们与省总工会多次探讨，按立意抽样的原理，纺织业比较集中的咸阳大量采集调查样本，咸阳抽取的 201 个样本中，198 个来自纺织企业，总体而言，总体采样比较符合女性职业分布的常态。受访者集中从事的行业依次是轻工纺织业占 23.1%，批发零售、餐饮及服务业占 19.2%，采掘及制造业占 16.9%。受访女性从业比较低的行业是：金融、保险业占 0.9%，房地产业占 1.2%，电、煤气、水生产管理供应业占 3.9%。

（三）职业选择和机会

1. 参加工作时的职业选择机会

对受访女性的调查表明，她们在进入职业时可供选择的机会大多只有一个，占 56%。机会较多的人仅占受访者的 9.9%。结合年龄分布进行双因素分析，可以发现，受访者的职业选择至少受到性别和历史时期两个因素的影响，年龄指标与职业选择机会呈负相关性。

2. 工作变动及原因

调查结果显示，有 51.9% 的受访者没有工作变动情况。而在有过工作变动的受访者中，工作变动原因主要是"调动"、"下岗"、"辞职"，分别占 29.4%、8.5% 和 6.8%。安康、西安、榆林受访者工作变动原因为"下岗"比例较高，分别占 12.9%、11.9% 和 11.1%，咸阳、宝鸡两市则较低，分别占 3% 和 3.8%。至于工作变动后的情况，占 30.4% 的有过工作变动的

职业选择机会

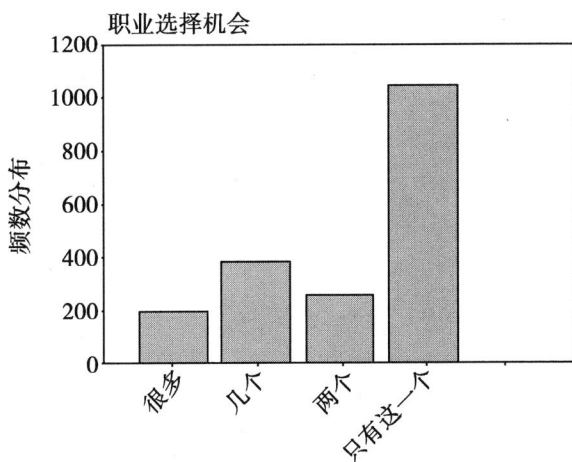

图6　受访者职业选择机会

受访者认为自己的工作"越变越好"，认为"各有利弊"的占46.9%。在上述工作变动原因排序不变的情况下，各地的情形有所差异：铜川、西安两座城市无工作变动的受访者比例较低，分别占当地受访者的39.4%和44%。而咸阳及榆林两市则较高，分别占当地受访者的68%和62.8%。由于工作变动的原因较为复杂，我们很难就此推断与当地经济发展水平的具体关系。但西安市辞职①及下岗人群②比例与其他五座城市相比均为最高。这可以表明：西安市的女性在拥有较多选择机会的同时，也面临较大的竞争与生存压力。还应该注意到：安康市下岗人员比例较其他五座城市都高，在一些丝绸、医疗企业，相当多年富力强的女性已被放假"回家"，以至于出现我们在有的抽样企业找不到女职工填写问卷的情况。我们在调查中也了解到许多女性对单位的怨言及对生活现状的不满情绪，大量适龄女性劳动力闲置，将不利于婚姻家庭生活的稳定及和谐社会的建立。

3. 对"就业机会平等"含义的理解

这是一个多选项，受访者对"就业机会平等"的认同度是："男女一样"（占77.3%），"城乡户口不限"（占42%），"不严格要求年龄"（占39.9%），"不区分民族"（占38.4%），"不要求身高及容貌"（占33.4%），"不区分宗教"（占30.2%），"不严格要求学历"（26.4%）等，说明对就业机会平等有一定的认知和期待。在六座城市中，宝鸡市受访女职

---

① 占当地受访者的9.8%。

② 占当地受访者的11.9%。

工对于"不严格要求年龄"、"不要求身高及容貌"、"不严格要求学历"、"不区分民族"、"不区分宗教"① 等项的选择率最高。因为在宝鸡市的受访女性中，相当一部分从事餐饮、服务业，她们对于女性在就业过程中实际遇到的用人单位对她们在年龄、身高、容貌等方面有别于男性的要求体验较为深刻。也许正是由于女性在职业选择过程中常常受到与男性相比不一样的对待，当女职工面对"假如有条件回家当全职太太"这一诱惑时，她们的态度表现得较为暧昧：除了43.1%的受访者声称"不愿意"外，有42.3%的受访者表示"不太愿意"或"无所谓"，也有14.2%的受访者表示如果有条件，愿意回家做全职太太。某种程度反映了职业女性在职业中面对的较大压力与挑战，此外也反映出女性地位的进一步弱化。

4. 影响受访者职业发展的主要障碍

绝大多数（88.8%）受访女性认为自己的职业发展受到某种因素的阻碍，这些因素包括："知识能力"（47.4%）、"学历"（42.4%）、"人际关系"（41.1%）、"年龄"（19.1%）、"性别"（13.3%）、"身高与容貌"（6.7%）等。其中咸阳、宝鸡的受访者认为"学历"为其职业发展障碍比例较高，分别达到51.7%和51.3%，而"性别"问题在宝鸡则相对突出，占19.9%。这与我们的假设有一定的距离，原认为大部分受访者会对性别歧视有相当感受，但我们发现这种假想可能存在一定问题。从一个方面也印证了一项调查的结论，人们对歧视和性别均处于不敏感的状态。相反人们认为知识和能力的缺乏是女性职业发展的主要原因，在其他的访谈中我们还发现，女性在职业上的发展经常归咎于自己的努力不够，职业女性发展的不仅仅是上述这些看得见的与男性相比的"差距"，女性还"输"在了更早的受传统性别观影响至深的起点上。这种传统的社会性别观影响着许多职业女性，也禁锢了她们对许多问题的分析与思考。这也是主流说教的结果，已内化为女性职业发展意识的一部分。

调查结果显示，有30%的受访者对回家当全职太太持认可态度，明确表示"不愿意"的占43.1%。这也说明了女性选择的多样性。

5. 对现有工作的满意程度

总的来看，受访者对现有工作的满意度较高，"很满意"、"基本满意"率占受访者的73.9%，"不太满意"、"不满意"占25.9%。值得注意的是，咸阳市受访者对现有工作的满意度相对较低，仅有4.5%的受访者表示"很满意"，而"不太满意"、"不满意"率为46.3%。大多数变动过工作的受访者并没有因为工作单位的变化而给自己带来职业生涯"质"的飞跃，传统的社会性别观念及就

———————————

① 占当地受访者的41%。

业中的性别职业隔离往往制约着女性的选择，更多的女性即便是有了工作变动的机会，但其工作性质依旧在"老路"上徘徊。这既是一个让人感到安慰的数字，但也反映了在当今这样一个特殊的转型时期，面对激烈、残酷的社会竞争，受访者对于现有工作表现出的一种无奈的珍惜。正因为这样，相当多的受访者在对失去现有工作表现出较多担忧①之时，也对重新选择以获得更好机会充满着期待。其中咸阳市对现有工作不太满意或不满意的女性占当地受访者人数的46.3%。这一数字从一个侧面折射出当地纺织女工对于现有工作的一种负面情绪。这种负面因素应该引起有关部门的高度关注，事物质的飞跃总是由量变积攒而成的，工人队伍的稳定与社会的安定相辅相成。

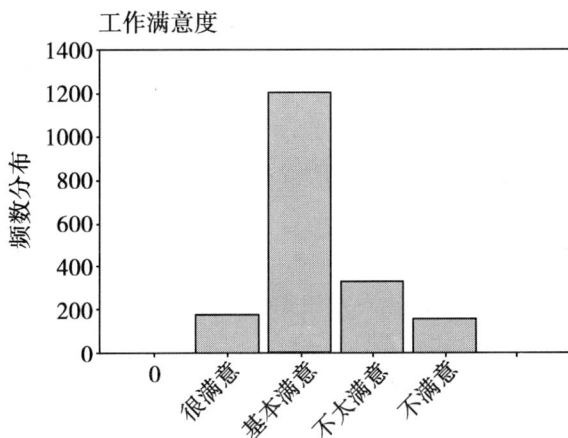

图7 受访者工作满意度

（四）劳动合同

关于劳动合同的相关调查我们设计了三个问题：包括受访者劳动合同签订、对合同内容的掌握以及未签劳动合同的原因的调查。

表4 受访者与所在单位签订劳动合同的情况
（部分城市数据及六城市汇总数据）

合同情况	西安		咸阳		六城市汇总	
	人数	%	人数	%	人数	%
未签②	162	25.8	16	8	349	18.8

---

① 58.3%的受访者表示如果失去现有工作会"非常担忧"和"比较担忧"。

② 没有签订合同。

续表

合同情况	西安		咸阳		六城市汇总	
	人数	%	人数	%	人数	%
集体①	135	21.5	85	42.5	485	26.2
无固定②	133	21.2	16	8	372	20.1
短期合同	137	21.9	80	40	560	30.2
不知道③	19	3	1	0.5	54	2.9
抵押④	42	6.7	3	1.5	121	6.5
其他	64	10.2	14	7	179	9.7

首先是受访者与所在单位签订劳动合同的情况，问卷设计问题如下：您与单位签订劳动合同的情况是：①没有签订合同；②由工会代理的集体合同；③无固定期限的合同；④短期合同；⑤不知道是否有合同；⑥向单位缴纳过保证金或抵押物（含证件）；⑦其他。调查显示，未签劳动合同的比例达到18.8%，不知道是否签合同的有2.9%，能够明确已签劳动合同的比例为78.3%，在明确签订劳动合同的受访者中，合同签订形式为短期合同的比例最高为30.2%，其次是集体合同为26.2%，签订无固定期限劳动合同的比例是20.1%。不同城市数据相比较，其离散程度比较大，比如西安市集体合同、无固定期限合同和短期合同的签订率分别为21.5%、21.2%和21.9%，而咸阳市集体合同、无固定期限合同和短期合同的签订率分别为42.5%、8%和40%，咸阳市受访者集中在纺织行业，无固定期限合同的签约率很低。

对于已签订劳动合同的受访者，研究者进一步调查了合同掌握情况。调查显示，有17.8%的受访者没有保留劳动合同，没有保留劳动合同的原因可能是合同交给用人单位保留。其中榆林、西安没有保留劳动合同的比例较高，分别为44.2%和27.5%，咸阳比例较低，仅为5%。40.1%的受访者表示"自己手里有一份合同，随时备查"。对合同内容的熟悉程度，"大概知道合同内容"者占受访者的32.5%，"虽然自己没拿合同，但对内容很清

---

① 由工会代理的集体合同。
② 无固定期限的合同。
③ 不知道是否有合同。
④ 向单位缴纳过保证金或抵押物（含证件）。

楚"者占 11.7%，"不了解合同内容"者占 7.4%。

对于没有签订劳动合同的受访者，研究者进一步调查了没有签订劳动合同的原因。受访者没有签订劳动合同的原因主要包括："其他人都没有签"、"合同到期没续签"、"单位不愿签"、"自己不想签"、"不敢向单位提出"等，分别占未签劳动合同受访者的 16.9%、12.2%、10.5%、7.6% 和 2.6%。

本调查在劳动合同法颁布之前。超过半数的已经签订合同的女性没有合同副本，尽管很多受访者表示她们对合同内容是清楚的。还应该关注的是：许多女性，尤其是安康市，向单位缴纳过保证金或抵押物的情况较多。最近的一则报道：劳动合同法颁布后，陕西省总工会女职工委员会制定专门文件（见附录），执行劳动合同法，已签订女职工保护专项集体合同企业已达 4870 家，占建制企业的 48.5%。通过推行女职工保护专项集体合同工作，各级工会女职工组织加强了维权机制建设，促进了国家有关法律法规在企业的贯彻落实，有效维护了女性的合法权益和特殊利益。[①] 但愿这些受访者能够受惠。

（五）劳动安全、职业病与性骚扰

1. 生产劳动安全知识的来源及熟悉程度

为企业职工营造一个安全的工作环境是企业的义务，也是每一个职工应有的权利，企业为职工提供安全培训是企业履行义务的一项重要内容。通过对六座城市抽样调研，我们了解到"职工安全教育岗前培训"在职工获取劳动安全知识中占据重要地位（榆林市除外[②]），其他来源渠道主要是：自己阅读安全教育资料，同事提醒，师傅传授。大多数受访者表示她们对于单位劳动安全规章制度内容是"熟悉"或"基本熟悉"，但依然有近 1/5 的受访者表示"不太熟悉"、"不知道"或"不熟悉"。在六座抽样城市中，咸阳市受访者选择劳动安全知识来源渠道为"职工安全教育岗前培训"的比例最高，占当地受访者的 92.5%。与此同时，在咸阳市受访者中不存在对其所在单位劳动安全规章制度内容"不熟悉"或"不知道"现象。由此可见咸阳市一些国有纺织企业在此方面付出的努力。

2. 对安全事故成因的看法

有 67.9% 的受访者认为造成安全事故的主要原因是"缺乏安全教育"，

---

① 谭小荣：《陕西推行专项集体合同，女职工特殊权益得到保护》，http：//shaanxi.cnwest.com/content/ 2007－10/18/。

② 榆林市选择劳动安全知识来源于职工安全教育岗前培训的比例占当地受访人数的 32.7%。

其余依次为"当事人自己不小心"（57.8%）、"设备陈旧"（35.3%）、"加班太多"（16.6%）和"单位不关心工人"（15.9%）。

3. 工作场所具备劳动安全设施的情况

受访者单位具备下列劳动安全设施的比例是："防护装置"（49.1%）、"危险牌示"（45.2%）、"识别标志"（43.3%）、"保险装置"（26.8%）、"信号装置"（22%）。受访者所处的工作环境安全设施情况不容乐观。我们从这一调查中可以发现，职工发生的安全事故更多的是由于用人单位不履行义务而造成的，而为职工提供一个安全的工作环境和创造安全的条件是维护女职工乃至全体职工人身权利的最基本内容。

4. 患有职业病的情况

多数受访者（60.9%）患有职业病，其中以"尘肺"、"职业性眼病"、"职业性耳鼻喉疾病"、"职业性皮肤病"和"物理因素职业病"居多，分别占22.2%、12.2%、11.7%、10.8%和10.1%。其中宝鸡市的"尘肺"、"职业性眼病"和"职业性耳鼻喉疾病"发病率较高，分别占44.8%、30.8%和37.3%，应当引起有关部分的关注。但是却不一定享有法定的职业病福利。其中一个重要原因是职业病认定程度复杂，认定困难。尤其是纺织女工的职业安全和健康状况尤其应该引起有关部门的关注。

5. 对"性骚扰"的理解和看法

受访者对"性骚扰"的理解有下列几个方面："触摸身体"（78.6%），"要求发生性行为"（60%），"拒绝建立暧昧关系就在工作中刁难"（43.7%），"强奸"（41.6%），"色眯眯地盯视"（38.7%），"强行约会"（35.4%），"讲黄色笑话"（33.4%）等。

此外，有17.7%的受访者明确表示工作中有性骚扰现象。受访者普遍认为"行为举止轻浮者"、"爱占男人小便宜者"及"年轻漂亮者"容易遭受性骚扰，所占比例分别为71.4%、62.3%和55.6%。大多数受访者对男上司以性骚扰或建立暧昧关系为条件为女下属提供好处持反对的看法，但也有8.3%的受访者表示能"容忍"和"接受"，其中咸阳市的比例较高，为13.7%。由于传统的社会性别观念，遭遇性骚扰的女性往往被视为行为举止轻浮者或爱占男人小便宜者，因此受访者即使遭遇厄运又怎敢承认或公开被骚扰的事实呢？正因为这样，相当一部分受访者在回答关于性骚扰几个相关问题时表现得前后不一，她们一方面对什么是性骚扰非常敏感，了解性骚扰的具体表现：触摸身体，要求发生性行为，拒绝建立暧昧关系就在工作中刁难，色眯眯地盯视，强行约会，说黄色笑话等，而另一方面却声称"没有注意"（而不是"没有"）到身边是否有性骚扰现象或"不想管"这种无聊的事情；她们一方面对男上司以性骚扰或建立暧昧关系为条件为女下属提供好处表示非常反感，与此同时她们又异口同声地谴责受骚扰女性举止轻浮，爱占男人便宜……一些受访女性不愿意承认自己遭遇性骚扰更是害怕自己因此被贴上举止轻浮、爱占便宜、年轻漂亮（潜台词是美色诱惑）或是弱者的标签。暴露出一些受访者在此问题上内心的矛盾，也正说明性骚扰是一个非常隐性的问题。

6. 在工作中感到"最不安全"的方面

受访者在工作中感到"最不安全"的因素主要包括下列几方面："工作节奏快，压力大，担心健康方面出问题"（43.3%），"遭小人暗算"（39.2%），"和领导处不好关系"（29.9%），"工作无保障，随时可能被解雇"（19.9%），"设备和工作环境具有危害性，担心出工伤或得职业病"（16.6%），还有5.2%的受访者"担心受到人身或性方面的骚扰"。她们的其他回答让人感到意味深长，如"遭小人暗算"，我们不禁会问："小人"是谁？为什么要"暗算"？怎样"暗算"？如果其中没有工作中的权力控制关系，何惧"暗算"？再如："和领导处不好关系"，这里的"领导"究竟是怎样的人物？为什么这么大比例的受访者担心和他或他们处不好关系？这里的"关系"又蕴涵着怎样的深意？

（六）特殊保护与生育保险

1. 建立女性"四期"保护措施及制度情况

对女性在孕期、产期、哺乳期、经期等特殊时期进行特殊保护是明确写入法律的一项基本要求。所在单位在产期、孕期、哺乳期有保护措施及制度的受访者分别占79.2%、55.8%和64.8%。但也有15.5%的受访者表示所在单位没有任何特殊保护措施。工作场所具备女性特殊保护和服务设施的配备率都较低："卫生室"（43.7%）、"更衣室"（39.%）、"低幼托儿所"（17.1%）、"哺乳室"（3.2%）。

2. 参加生育保险及生育费用报销情况

调查结果显示，有15.1%的受访者所在单位提供生育保险，[①] 除47.6%的受访者表示"不知道"单位是否参加生育保险外，有36.7%的受访者单位没有生育保险的福利保障。咸阳、安康两市受访者享受生育保险福利保障

---

① 我国实际上有两套生育保险制度，一个是由1951年和1955年建立起来的企业生育保险，即"老制度"，狭义的生育保险是我国目前正在推进的生育保险社会统筹制度，即"新制度"，目前正处于新旧交替时期，新制度正在逐渐取代老制度，在我国调查时老制度依然占主导地位，问卷中对新旧制度没有具体指明，旨在了解女职工生育保障的实际福利状况。

的比例较高，分别占39.3%和48.5%。有6.1%的受访者明确表示：所在单位存在女性为保工作而放弃生育的现象。受访者在怀孕及产假期间通常遇到的情况包括："调岗"（21.8%），"被迫放长假（扣薪）"（9.1%），"生育费用难报销"（5.2%），"被解除劳动合同"（3.9%）。而受访者所在单位生育费用报销的情况如下："不报销"（23.2%），"全额报销"（20.9%），"报销一半以上"（18.1%），"不管花多少，报销固定数额"（14.4%），"报销一半或一半以下"（10.4%），"虽能报销，但拖很长时间"（5.7%）。在铜川市，仅有0.5%的受访女职工单位参加了生育保险。无论对于个人、家庭、还是单位，对这一看似仅与女性相关的保险都没有受到较大关注，除了女性自己往往把生育看成是自己的事情外，单位在此问题上的态度是否也带有明显的性别歧视呢？

　　结合我国的社会统筹生育保险制度的推进，根据劳动统计年鉴提供的数据资料，2004年末全国城乡就业人员共计75200万人，参保职工人数为43838222人，参保比例为5.8%，享受待遇人数460866人，同年陕西省参保职工人数仅为361829人，享受待遇人数为2135人。① 当年社会统筹生育保险在陕西还处于试点中。2004年10月陕西省劳动和社会保障厅陕劳社发〔2004〕9号文件"关于转发劳动保障部《关于进一步加强生育保险工作的指导意见》的通知"，"通知"要求各市要高度重视生育保险与医疗保险协同推进工作，将生育保险费同基本医疗保险费一起征缴。人力资源和社会保障部和国家统计局联合发布的《2007年度劳动和社会保障事业发展统计公报》显示：2007年年末全国就业人员76990万人，比上年末增加590万人。2007年末全国参加生育保险人数为7775万人，比上年末增加1316万人。全年共有113万人次享受了生育保险待遇，比上年增加5万人次。全年生育保险基金收入84亿元，支出56亿元，分别比上年增长34.5%和48.4%。年末生育保险基金累计结存127亿元。一方面生育保险基金累计结存数额不断增加，另一方面享受生育保险待遇的人过少，生育保险覆盖率仅为全国就业人员的10%，尽管覆盖率呈上升趋势，但是仍然有绝大多数就业人员未参加生育保险。②

---

① 国家统计局人口和就业统计司劳动和社会保障部规划财务司编：《中国劳动统计年鉴·2005》，中国统计出版社2005年版。

② 资料来源：国家统计局网站，http://www.stats.gov.cn/tjgb/qttjgb/qgqttjgb/t20080521_402481634.htm。

（七）工资、工时与工休

1. 月收入状况

表5　　　　　　受访者月收入状况（部分城市数据及六城市汇总数据）

收入状况	西安		榆林		铜川		六城市汇总	
	人数	%	人数	%	人数	%	人数	%
<200	26	4.1	13	6.5	1	0.5	53	2.9
<300	53	8.4	11	5.5	15	7.4	103	5.6
<400	54	8.6	12	6	31	15.3	167	9
<500	96	15.3	20	10.1	62	30.7	354	19.1
<1000	266	42.4	113	56.8	79	39.1	873	47.1
<1500	107	17	26	13.1	13	6.4	263	14.2
<2000	19	3	4	2	—	—	31	1.7
<3000	3	0.5	—	—	—	—	4	0.2
<4000	2	0.3	—	—	—	—	3	0.2
>4000	1	0.2	—	—	—	—	2	0.1
其他	1	—	—	—	1	0.5	2	0.1
合计	628	100	199	100	202	100	1853	100

注：表中收入状况项目中的"＜"符号所指收入均以上一栏数字为低限。"其他"为问卷中受访人未填写。

经加权平均后，受访者平均月工资为712.4元，由此推算平均年收入8548.8元。2004年全年我国城镇单位在岗职工平均工资16024元，国有单位在岗职工平均工资16729元，城镇集体单位9814元，其他单位16259元。[①] 陕西省在职职工年平均工资13024元[②]，受访者平均工资水平不仅低于当年全国平均工资水平，也低于当年陕西省平均工资水平。47.1%的受访者月收入在500—1000元之间，加上400—500元和不足400元的人群，也就是说有近83.7%的受访者每月工资不足1000元。尤其在咸阳、铜川、安康三市，受访者中没有人月工资超过1500元。这样的收入状况能满足家庭基本生活需要吗？除了少数受访者表示有剩余外，相当数量的受访者表示不

---

① 国家统计局：《2004年年度统计公报》，国家统计局网站，http://www.stats.gov.cn。

② 陕西省统计局：《2004年陕西省国民经济和社会发展统计公报》，陕西省统计局网站，http://www.sn.stats.gov.cn。

能满足①或基本持平。好在 50.7% 的受访者表示她们能够按月领到足额工资,基本没有拖欠情况。但铜川市的情况不容乐观,能够按时领到足额工资的仅占当地受访人数的 17.3%。女性经济状况不容乐观。

2. 受访者现有收入满足家庭基本生活需要情况

有 51.8% 的受访者表示她们的收入对家庭基本生活的满足度为"基本持平",但也有 40.3% 的受访者表示"不能满足",只有 7.5% 的人表示"有剩余"。其中,60.2% 的咸阳市受访者表示"不能满足",较其他城市高。这也反映了咸阳作为主要工业城市,改革的冲击力大于其他城市,也比其他城市的贫困工人的数量高。

3. 受访者每月按时领取工资情况

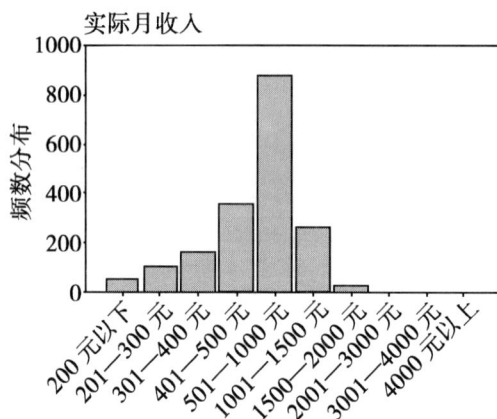

图 8   受访者月收入

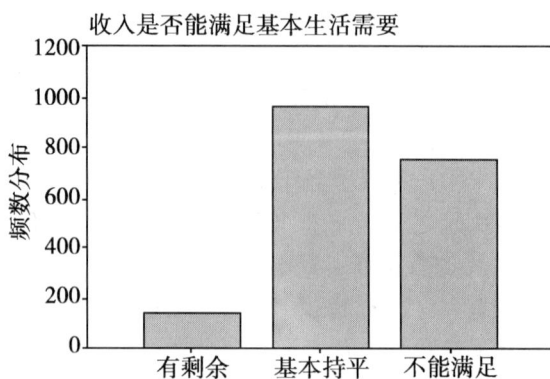

图 9   受访者收入满足情况

表 6　　　　受访者按时领取工资情况（部分城市数据及六城市汇总数据）

每月 工资	西安		榆林		铜川		安康		六城市 汇总	
	人数	%	人数	%	人数	%	人数	%	人数	%
按时①	343	54.6	76	38.2	36	17.3	102	50.5	940	50.7
基本②	248	39.5	101	50.8	154	74.0	96	47.5	814	43.9
几月③	15	2.4	9	4.5	13	6.3	1	0.5	42	2.3
分红④	—	—	1	0.5	—	—	—	—	1	0.1
其他	19	3.1	12	6	5	2.4	3	1.5	58	3.1
合计	628	100	199	100	208	100	202	100	1855	100

由于受访者的所在企业的构成高达60%的公有性质，所以工资基本能按时发放，比例达50.7%，基本按时发放比例为43.9%，基本按时发放与国有企业经济效益下滑有一定的关联性，这项调查的结果有别于东南沿海地区私企打工者的被拖欠工资。

4. 受访者所在单位发放工资的形式

由于受访者属于国企员工比例较高，工资的发放形式也多反映了计划经济时期的特征，以计时为主。

5. 受访者所在单位男女工资差别的情况

本项调查结果属于多重应答数据，可选项为①没有差别；②干一样的活，拿一样的工资；③干同样的活，女的比男的挣钱少；④男的集中在低工资岗位；⑤女的集中在低工资岗位；⑥没有注意过这个问题；⑦不知道。认为"没有差别"的占52.3%，认为"干一样的活，拿一样的工资"的占40.2%，选择"没有注意过这个问题"的占10.5%，也许正是因为公有制企业占多数的原因，在工资上绝大多数受访者并没的感到有同工不同酬的情况，但有一个可能是大家了解的只有基本工资，而不包括其他形式的收入。有10.5%的人根本没有注意到男女同工同酬的问题，也说明在计划经济时代，大家将收入一切交给组织安排，个人不是太关注的一种思维惯性。是因为受访者处于女性较为集中的工作环境，他们更为关注同性的同等待遇而忽略与男性的工资差异现象，还是传统的社会性别观使女性视这种客观存在的

---

① 每月足额发放，从不拖欠。

② 基本能按时发放。

③ 几个月才发一次，不发完。

④ 每个月只有生活费，年底以分红方式发放全年工资。

工资差异而不见？这个数据本身有许多值得我们分析的问题。

6. 平均日工作时间及周休情况

如果把女性在工作场所的工作时间称为工时的话，多数受访者的工作时间为 8 小时，占受访者总数的 57.1%，其次是 8—10 小时，占 19.6%，还有 3.5% 的受访者每天工作时间在 10—12 小时。在工作时间不足 8 小时的受访者中，以安康居多，占 36.1%。在安康市，由于一些企业"改制"，大部分女工被"放假"被迫待在家中。受访者每周享有休息权的情况是：半数受访者①每周休息两天，有 17.4% 的受访者每周仅有一天休息时间，而有 9.4% 的女工没有休息时间，偶尔有的占受访女工的 7.8%。由此可见，将近一半的受访者常年加班加点，不能享受或不能完全享受休息的权利。受访者单位对不愿加班加点的处理措施分别是："处分批评"（37.2%），"罚款或扣工资"（22.4%），"下岗解雇"（13.7%）……总之，对于不愿加班加点的职工，单位都有自己的一套办法。这是一种间接加班强制，需要引起注意。

（八）母职、照顾性劳动与职业冲突

1. 婚姻状况

受访者中已婚者比例高，总体达 83.3%，这个样本分布非研究者立意选择，只有咸阳市受访者中已婚比例低于 80%，达 72.6%，未婚比例达 20.9%，结合咸阳地区采样年龄分布中，20 岁以下受访者占 11.4%，远高于全部样本中 20 岁以下受访者比例的 3.1%，年龄是咸阳样本中未婚比例较高的重要因素。

2. 家庭常住人口数

表7   受访者家庭人口数（常住人口）（部分城市数据及六城市汇总数据）

家庭人口	西安		宝鸡		榆林		安康		六城市汇总	
	人数	%	人数	%	人数	%	人数	%	人数	%
1 人	7	1.1	3	0.7	—	—	1	0.5	14	0.8
2 人	29	4.6	29	7	4	2	10	5	94	5.1
3 人	437	69.6	311	74.6	161	80.9	144	71.3	1317	71
4 人	86	13.7	45	10.8	25	12.6	28	13.9	249	13.4

① 50.9%。

右上角：续表

家庭人口	西安		宝鸡		榆林		安康		六城市汇总	
	人数	%	人数	%	人数	%	人数	%	人数	%
5 人	39	6.2	17	4.1	5	2.5	17	8.4	120	6.5
6 人	9	1.4	10	2.4	3	1.5	1	0.5	30	1.6
7 人	2	0.3	2	0.5	—	—	—	—	6	0.3
8 人	1	0.2	—	—	—	—	—	—	1	0.1
9 人	—	—	—	—	—	—	1	0.5	1	0.1
10 人	—	—	—	—	—	—	—	—		
11 人	1	0.2	—	—	—	—	—	—	1	0.1
其他	17	2.7	—	—	1	0.5	—	—	22	1.2
合计	628	100	417	100	199	100	202	100	1855	100

　　受访者核心家庭较多，多为三口之家（占到 71%）或四口之家（13.4%）。由于咸阳未婚者样本较多，因此咸阳市三口之家的比例为 56.7%，四口之家比例为 15.4%，低于平均数。此外，受访者单身居住的比例低（0.8%）。中国传统意义上三代同堂的大家庭不多，五人（6.5%）及五人以上家庭（2.2%）比例不高。

　　3. 子女数量

表 8　　　　　受访者子女数（部分城市数据及六城市汇总数据）

子女数目	西安		咸阳		宝鸡		六城市汇总	
	人数	%	人数	%	人数	%	人数	%
无	60	9.6	33	16.4	69	16.5	227	12.2
1	481	76.6	144	71.6	333	79.9	1441	77.7
2	50	8	9	4.5	15	3.6	123	6.6
3	14	2.2	4	2	—	—	26	1.4
4	2	0.3	—	—	—	—	3	0.2
其他	21	3.3	11	5.5	—	—	35	1.9
合计	628	100	201	100	417	100	1855	100

　　由于实行计划生育，大多数家庭只有一个子女，占总体样本的 77.7%，12.2% 的受访者无子女，与样本中未婚比例的 11.1% 接近。

4. 家务状况

很多女性的超负荷劳动不仅仅是在工作场所，还体现在家务劳动——"隐性"工作的承担上。有44.4%的受访者称由自己承担全部家务，共同完成家务者占47.9%，由丈夫承担家务的仅占受访者的2.6%。受访者每天耗费在家务的时间分别是："2 小时"（35.6%），"3 小时"（24.4%），"1 小时"（17.4%），"超过 3 小时"（13.4%）。一方面加班较多，另一方面，家务负担沉重，对于现代女性来说，职业与家庭冲突仍然突出。

每天用于家务的时间平均为

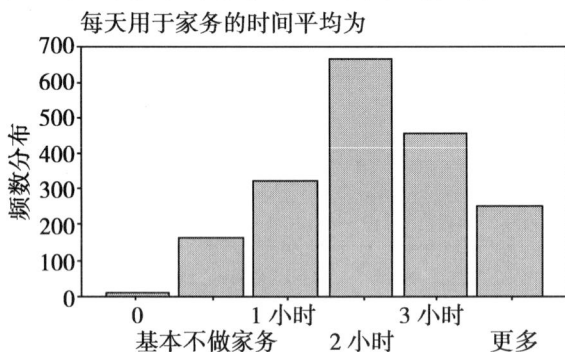

图 10　受访者家务负担

家务劳动（domestic labor/ housework）意指人类社会中存在于家庭领域中的人类劳作形式。据估计，在现代社会中，家务劳动在工业化国家所创造财富中占25%到40%。在公共领域以男性为主的有偿劳动和私人领域家庭生活中，"情感劳动"的无偿性成为不平等的重要原因之一，而且加剧了原有性别的不平等。女性承担的家务劳动便成为必需但却只是对男性的生产型劳动的补充，男性在市场中的有偿劳动让其更多地成为家庭的经济支撑者。家务劳动被逐渐固化为女性应该承担的工作，这些变化使得家务劳动本身与女性之间出现不当的相关性，家务劳动被"女性化"，家庭内没有报酬的妻子的基础性服务工作一直都是职业男性生活的普遍特征。女性不是日益被桎梏于家庭这个私人的领域就是在职业和家务中两头奔忙。

5. 请事假的主要原因

在调查中我们列出请事假的原因总计有：家人生病，家务，临时工作，应酬和其他，在请假原因中可以多项选择，调查发现，不需要请事假的受访者比例为24.4%，有75.6%的受访者因各种原因需要请事假，在所有请事假的原因中，因家人生病需要请假的比例最高，为64.6%，占受访者请假事由的85.4%，这一调查反映出女性为了家人生病的照顾性角色与职业角色的冲突。照顾性劳动也是情感劳动，不仅需要体力更需要情感的付出，这样女性就面临精神和体力的双重压力。

(九) 住房

1. 现有住房产权类型

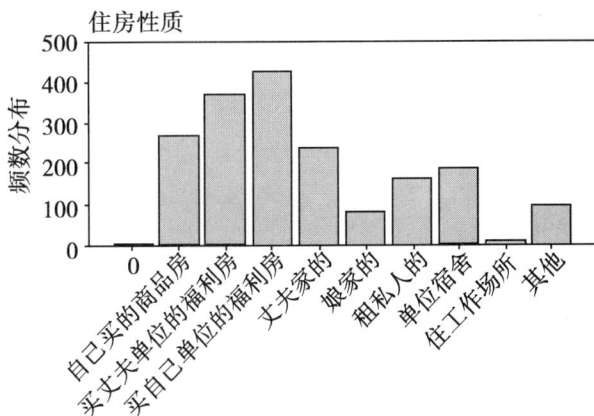

图 11　受访者住房性质

对于这样一个普遍收入不高的女职工人群，购买商品房是非常困难的事情。根据调查结果，有 23% 的受访女职工表示现有居住房屋系购买自己单位的福利房，略高于购买丈夫单位福利房的比重①，但不应该将这种现象视为单位分房政策是照顾女性，这其中有抽样单位女性较为集中的原因，如纺织厂；此外还有随着住房制度的改革，福利房是低收入者的最好选择。实际上，相当一部分受访女性认为单位的分房政策是以男性为主的，占受访者总数的 15.5%；或表面上不分男女，实际上还是以男性为主占 9.6%，认为单位分房对女性有歧视的占 4.8%。尽管有 14.5% 的受访女职工称：现有住房系自己购买的商品房，但从调查中她们的收入状况看，这部分自己购买商品房的女性背后有一个收入较高的男性的收入支撑（还需要看购买的商品房是怎样的房屋）。其次还有较多受访者居住的房屋是丈夫家的占 12.9%，或宿舍占 10.1%，或租私人房的占 8.7%。相当一部分受访者目前在经济方面最大的担忧是买不起房子的占 44.4%。"住女方福利房"比例低于"住男方福利房"的比例，传统婚姻的"从夫居"模式依然起到重要作用。

在总体数据中，买女方单位福利房的比例相对较高，达 23%，这主要是受到两个城市样本数据的影响：咸阳市样本由于集中在纺织部门采样，

---

① 占受访女职工总数的 19.9%。

26.4% 的受访者住在女方单位福利房中，我们在深入调查中发现，在女工集中的纺织企业，在福利住房分配上一般没有对女性的歧视，从这个角度考察咸阳样本中 26.4% 受访者住在女方福利房，这个比例就不算高了，可见婚姻坡度等影响因素，以及改革开放以来住房性质多元化对传统国企的住房福利有较大的影响。宝鸡市样本中 35.7% 的受访者住在女方单位福利房中，比住男方福利房的比例（29.7%）高出 6 个百分点，宝鸡市的数据要结合宝鸡采样特点来分析，宝鸡市国有企业众多，有 75.1% 的样本来自国企，此外，宝鸡样本中受访者学历较高，大专以上学历占 43.9%；职业种类中属于技术人员（20%）和管理人员（27.9%）的比例较高，这些因素都对宝鸡样本中住女方单位福利房比例高有显著相关性。

1949—1978 年的近 30 年里，住房分配具有典型的计划、行政色彩，逐渐形成了低工资、低租金、加补贴、实物配给制的福利住房分配制度。住宅供给主要是通过单位、企业等实体进行分配的。1980 年之后，住房分配开始市场化、社会化，供给仍然延续了福利房供给制度。不同的是城镇工商企业、机关团体、行政事业单位、城镇集体大量建房再由单位内分配住房资源。

真正意义上的商品住房市场发端于 20 世纪 80 年代，90 年代以后，随着相应的经济体制改革的进展，房地产企业不断增多开发，规模逐渐增大。2000 年以后，随着住房供给货币化、市场化改革的推进，城镇居民商品住房供给呈现出多元化的趋势，但是远不如单位的福利分房数量大。

影响住房的因素很多。一般人的选择是首选单位福利房，因为房价要比市场价便宜很多，买商品房更多的人是将之作为一种投资。另外是不是买得起商品房，也受自己收入的限制。本调查显示住在单位福利房和单位宿舍的占到 53%，而其他住房的性质不明，商品房只占 14%。榆林地区最高，商品房居住率高达 32.7%，与当地的矿产和天然气资源相关，陕北这几年富了起来，很多财大气粗的"煤老板"到省会来买房，气魄之大，令省城人惊叹。本调查已婚女性住在丈夫家和男方单位的占到 32.8%，居住的主要方式仍然是随夫居，但不可忽视的是，也有 23% 的家庭居住在女方单位分的房子里，在对企业的调查中也发现，如车辆厂过去在分房政策上男女平等，一视同仁，但单身不分房。问题往往出在双方离异后，一般是谁带孩子谁住房。离异后没分上房的女性就只有回娘家住，在厂里没权利要房子。厂劳资处有个女职工离异，带着一个已上初中的男孩，因没房住只得回娘家去住。还有锻造公司的一位女职工，情况和上一位女职工差不多。

2. 家庭居住面积

表9　　　　受访者家庭住房面积（部分城市数据及六城市汇总数据）

住房面积	西安		咸阳		榆林		六城市汇总	
	人数	%	人数	%	人数	%	人数	%
>100	73	11.6	9	4.5	71	35.7	246	13.3
81—100	93	14.8	20	10	49	24.6	290	15.6
61—80	143	22.8	43	21.4	34	17.1	435	23.5
41—60	145	23.1	52	25.9	27	13.6	420	22.6
21—40	100	15.9	24	11.9	15	7.5	264	14.2
<20	64	10.2	52	25.9	2	1	184	9.9
其他	10	1.6	1	0.5	1	0.5	16	0.6
合计	628	100	201	100	199	100	1855	100

注：表中住房面积单位均为平方米。

在对原始数据进行形式化处理后我们计算出受访者平均家庭居住面积，西安为 $60.36m^2$，咸阳为 $48.2m^2$，宝鸡为 $63.2m^2$，榆林为 $82.93m^2$，铜川为 $51.17m^2$，安康为 $70.49m^2$，总体样本为 $62.19m^2$，与图中调查显示的众数区间接近。

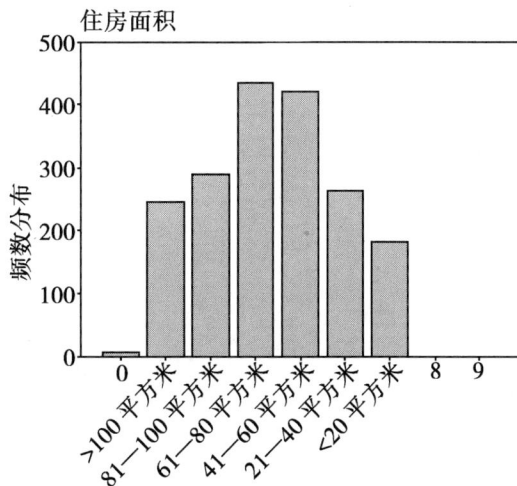

图12　受访者住房面积

3. 所在单位男女分房政策

值得注意的是在单位住房的分配上，男女基本一样的单位，占 52.8%，与我们预计的以男性为主分配住房有一定的差距，说明在中国喊了几十年的"男女平等"的口号还是有一定的作用。另外在住房政策上，工会和妇联的不断干预也有一定的作用。应该说住房在中国呈现出多元分配模式。表面以男性为主，或实际以男性为主的加起来占 25.1%，而只有 4.8%的人认为住房分配歧视女性，这与西方学者对中国的观察不相吻合，各种原因值得进一步分析。

（十）培训与晋升

1. 所在单位在男女提拔、晋升及在职培训方面的情况

42.6%的受访者表示"男性比女性更容易得到提拔或进修的机会"，尤其在宝鸡、榆林两市，持此观点的受访者分别占当地受访人数的 60.2%和 53.3%。也有 34.1%的受访者认为"女性如果有能力，也有较多的机会"。应当引起注意的是，有 13.3%的受访者指出"女性非常难得这样的好事"，其中宝鸡、榆林两地持此观点的人数比例较高，分别为 19.7%和 17.6%。

对于女性获得提拔、晋升机会较少的原因，受访女职工认为是"女性的家务拖累太大"（45.8%），"歧视女性"（24.7%），"女性上进心不强，也不自信"（21.1%），"女性自身素质低"（10.8%），"女性的学历太低"（10.6%）。

2. 受访者对以提高职工学历或专业素质为内容的女性在岗培训的看法

相当数量的受访者认为，以提高职工学历或专业素质为内容的女性在岗培训"是提高自身素质和能力的有效途径"（75.8%），"是女职工应该享受的普遍平等权利"（64.5%），"是女性晋升和提拔的重要条件"（21.3%），但对另一些受访者而言，这种培训只是"一种特权"和"一种福利"（12.2%）。

事实上，受访者能够获得进修、培训的机会并不多。30.7%的受访者没有参加过任何进修和培训，只有 8.6%的受访者参加过"全脱产学历、学位教育"，有 40.8%的受访者参加的培训为"职业技能培训"、"转岗培训"和"下岗培训"。有 36.1%的受访者指出，她们参加学历教育或进修、培训的费用全部由个人负担，"全部公费"者占受访者的 18.5%。

（十一）民主参与工会

1. 参加职代会及审议议题情况

职工代表大会是企业实行民主管理的基本形式，是职工行使民主管

理权力的机构。中国的法律规定,工会依照法律规定通过职工代表大会或者其他形式,组织职工参与本单位的民主决策、民主管理和民主监督。职工代表大会是国有企业民主管理的基本形式,是职工行使民主管理权力的机构。企业工会委员会是职工代表大会的工作机构,负责职工代表大会的日常工作。中国工会积极推动各类企事业单位建立健全以职工代表大会为基本形式的各项民主管理制度,认真做好职工代表大会的各项工作,依法组织职工听取企事业单位领导的工作报告,审议企业改革方案、财务报告、生产经营重大问题的决策方案,并提出意见和建议;审查同意或否决工资调整方案、奖金分配方案、劳动保护措施、奖惩办法、重要的规章制度和集体合同方案;审议决定涉及职工生活福利的重大事项;评议和监督企事业单位的领导干部,听取企业业务招待费使用情况和企业领导人员个人廉洁自律情况的报告;依照有关规定,选举企事业单位的领导人员,选举参加董事会、监事会和平等协商的职工代表;组织职工代表检查职工代表大会决议的执行情况。集体企业的职工有权选举和罢免管理人员、决定经营管理的重大问题。但是本调查结果显示:68.7%的受访者从未参加过所在单位的职工代表大会,其中榆林、宝鸡两市比例较高,分别为79.9%和75.5%。受访者单位职代会审议的主题包括:"提高或降低工资福利待遇"(19.3%),"重大经营活动"(15.3%),"财务审计"(8.4%),"裁员"(4.8%)等。

2. 受访者对工会职能的认识

按照工会法规定:工会是职工自愿结合的工人阶级的群众组织,但是同时又规定中华全国总工会及其各工会组织代表职工的利益,依法维护职工的合法权益。89.9%的受访者知道工会的职能之一是"维护职工权益"(宝鸡、安康、铜川分别为96.2%、94.6%和91.8%)。受访者对于工会职能的其他理解是:"组织职工活动"(67.7%),"进行一些福利性的活动"(57.4%),"教育职工"(35.7%),"参与管理事务"(28.6%)。但是还有4.9%(西安市为8.3%)的受访者明确表示"不清楚"工会的职能。工会职能在转型中的"多样化",尤其是"经济化"会边缘化其维权职能。

(十二) 劳动争议调处

1. 所在单位经常发生的劳动纠纷种类及易发人群

有25.5%的受访者表示所在单位没有发生过劳动纠纷。受访者单位发生的劳动纠纷种类主要包括:"工时工资"(34.3%),"合同纠纷"

（15.1%），"保险福利"（13.2%），"特殊保护"（5.4%）。将近一半（49.3%）的受访者表示不清楚哪些人容易发生劳动纠纷，但有42.7%的受访者认为"孕期、产期女职工"和"其他女工"最容易发生劳动纠纷。

　　2. 受访者对解决劳动纠纷的有效途径的看法

表 10　　受访者对解决劳动纠纷有效方式的看法（部分城市及六城市汇总数据）

有效方式	西安		宝鸡		榆林		安康		六城市汇总	
	人数	%	人数	%	人数	%	人数	%	人数	%
找领导	280	44.7	172	41.2	72	36.2	79	39.1	778	42
找工会	313	50	253	60.7	84	42.2	116	57.4	977	52.8
协商	333	53.2	235	56.4	106	53.3	115	56.9	962	51.9
调解	356	56.9	248	59.5	109	54.8	128	63.4	1063	57.4
仲裁	227	36.3	134	32.1	51	25.6	73	36.1	579	31.3
打官司	109	17.4	66	15.8	14	7	28	13.9	274	14.8
找人报复	6	1	2	0.5	—	—	—	—	9	0.5
私了	9	1.4	4	1	3	1.5	—	—	21	1.1
其他	10	1.6	7	1.7	2	1	2	1	30	1.6

　　对于解决劳动纠纷的有效途径，研究者总结了七种模式：①找领导，②找工会，③协商，④调解，⑤仲裁，⑥打官司，⑦找人报复或私了。此外还补充了其他选项供受访者选择。此题为多项选择。调查显示，受访者对于采用调解的方式解决劳动纠纷的认可度最高，达57.4%，其次是找工会，达到52.8%，高于找领导（42%）的比例，选择协商的比例为51.9%。采用仲裁和法律诉讼的比例分别为31.3%和14.8%。分城市数据和汇总数据之间差异不明显。

　　通过调查可以发现，受访者在发生劳动纠纷时一是采取多样化策略，二是倾向于在企业内部通过调解、协商等方式，通过组织如工会或领导来解决，不太倾向于采用仲裁和法律诉讼这些司法手段。从中我们一方面可以看到劳动者在维护其权益中的弱势，惧怕赢了官司丢了工作的心理，另一方面也应该看到工会亟须变革以承载更大责任的必要性。因为以"官司"的形式维护劳动者权益在现阶段对劳动者而言成本过高，对于认为女性尤其是怀孕期间的女性最容易发生劳动纠纷的受访者来说，只有14.8%表示愿意以打官司的方式解决劳动纠纷。

（十三）经济安全、退休与社会保障

1. 对失去现有工作的担忧程度

尽管有45.6%的受访者认为失去现有工作"可能是一个重新选择的好机会"，但她们的担忧度依然很高，"非常担忧"、"比较担忧"失去现有工作者占58.3%，只有8.4%的受访者表示"不担忧"。其中担忧度最高为咸阳市的受访者，达到73%。

2. 经济方面的主要担忧和负担

人无远虑，必有近忧。过去社会主义公有制的优越性主要在公费医疗，低房租，铁饭碗，低教育成本，包中专以上的学校学生分配。这些均不构成那个年代职工的生存威胁，但是改革之后，也许是改革还没有完成，人们的心理还比较脆弱。受访者在经济方面的主要担忧和负担集中在："担心生大病看不起"（66.3%），"供不起孩子上学"（46.5%），"买不起房子"（41.4%），"老了没有人管"（27.6%）。仅有11.2%的受访者表示"没有担忧和负担"。越是经济发展不好的地区，越是怕生病，其中宝鸡、咸阳两市的受访者对"担心生大病"的担忧度最高，分别达到76%和72.6%。这些担忧可能会影响到女性的心理健康。

3. 受访者对女性比男性早退休政策的看法

关于女性比男性早退休政策，多数受访者认为是"照顾女性"（占55.8%），还有39%的受访者认为国家出台该政策是为了"缓解就业压力"。也有21.4%和19%的受访者认为这种政策是"性别歧视"和"剥夺女性工作权利"。值得关注的是，咸阳市有83.4%的受访者认为女性比男性早退休政策是对女性的照顾，对这一结果应该作更深层次的分析。"照顾说"是主流的一种政策解释，并有相当的历史性，如中华人民共和国新中国成立初期，经济发展及企业技术落后，工作条件较差，让女性早退休和对劳动禁忌的一些规定的确是照顾女性，这一点大小学界也有争论。但是"照顾说"可能有一个忽略的因素是，能够内化为女性的退休意识，另外也有政策性诱导。如在一些经济状况不好的企业，下岗内退较为普遍，提早正式退休由社会统筹养老金反而较高，所以人们认为正式退休比内退的更实惠。

4. 参加各类保险的情况

表 11　　　受访者参加保险的情况（部分城市数据及六城市汇总数据）

参加保险	西安		宝鸡		榆林		六城市汇总	
	人数	%	人数	%	人数	%	人数	%
没有①	176	28.1	32	7.7	71	35.7	418	22.6
养老②	345	55.1	346	83	53	26.6	1153	62.3
失业③	250	39.9	239	57.3	17	8.5	781	42.2
医疗④	334	53.4	313	75.1	99	49.7	1074	58.1
生育⑤	20	3.2	10	2.4	2	1	129	7
工伤⑥	126	20.1	124	29.7	8	4	350	18.9
其他⑦	145	23.2	107	25.7	36	18.1	392	21.2

总体数据中，覆盖率最高的是养老保险，达 62.3%，分城市样本统计中养老保险也是覆盖率最高的社会保险，比如宝鸡市覆盖率达 83%。具有性别意义的生育保险覆盖率最低，总体样本中只有 7% 的人参加。受访者没有参加任何保险的高达 22.6%，其中，榆林市没有任何保险的比例最高，达 35.7%。其他选项为受访者自己买的商业保险，总体比例达到 21.2%，可见女性具有一定的抵御不可预见风险的保障意识，但样本中也体现了女性的社会保障福利的缺失。

（十四）妇女对法律的认知

1. 对妇女法定权利得到法律保护的看法

表 12　　妇女哪些法定权利能够得到法律保护（部分城市及六城市汇总数据）

受保权利	西安		咸阳		宝鸡		榆林		六城市汇总	
	人数	%	人数	%	人数	%	人数	%	人数	%
人身权利	516	82.2	157	78.1	382	91.6	157	78.9	1562	84.3
财产权利	308	49	84	41.8	252	60.4	84	42.2	936	50.5

---

① 没有参加任何保险。
② 单位办的养老保险。
③ 单位办的失业保险。
④ 单位办的医疗保险。
⑤ 单位办的生育保险。
⑥ 单位办的工伤保险。
⑦ 自己买的其他商业保险。

续表

受保权利	西安		咸阳		宝鸡		榆林		六城市汇总	
	人数	%	人数	%	人数	%	人数	%	人数	%
劳动权利	424	67.5	130	64.7	318	76.3	121	60.8	1288	69.5
政治权利	292	46.5	67	33.3	211	50.6	66	33.2	833	44.9
教育①	350	55.7	91	45.3	269	64.5	89	44.7	1021	55.1
婚姻②	386	61.5	108	53.7	314	75.3	110	55.3	1181	63.7
其他	15	2.4	8	4	5	1.2	4	2	37	2

受访者对妇女权益保障法中六大权利的保护的认知，认可度较高的是法律对于人身权利的保护，为84.3%，其次是劳动权利为69.5%、婚姻权利为63.7%、教育权利为55.1%、财产权利为50.5%，最低的是政治权利为44.9%，分城市统计数据，受访者认可度的排序与汇总数据的排序有着惊人的雷同，可见对于法定权利保护，受访者的认知具有一致性。

2. 受访者对法律、法规中专门保护妇女劳动权利条款的了解情况

受访者认为，真正对职工劳动权利或职工福利有用的文件依次为："单位规章制度"（63.5%），"国家法律"（62.2%），"行政法规"（27%），"地方政策"（21.6%）等。

为调查受访者对法律、法规中专门保护妇女劳动权利条款的了解情况，我们设计了以下问题："您知道下列哪些法律、法规中有专门保护妇女劳动权利的条款吗？"（可多选）选项包括①不知道，②宪法，③妇女权益保障法，④劳动法，⑤女职工劳动保护条例，⑥其他。选择"不知道"的仅为7.4%，其中榆林受访者选择不知道的比例为12.1%，对妇女权益保障法的认知度最高，总体样本中有85.2%选择了妇女权益保障法，分城市样本统计中宝鸡市受访者对妇女权益保障法认知度达92.3%，当然也不排除受访者望文生义，并不了解保护妇女劳动权利具体法条的可能性。对于专门针对妇女劳动权益保障的《女职工保护条例》的总体样本的认知度是71.2%，低于妇女权益保障法的认知度。对于劳动法中有关于妇女劳动权益保障条款的认知度为57.2%，其中榆林为44.2%。各个城市的样本统计虽然与总体样本有一定的出入，但认知排序是一致的。

---

① 受教育权利。
② 婚姻家庭权利。

表 13　　　　　　受访者对法律、法规中专门保护妇女劳动权利条款的了解
（部分城市数据及六城市汇总数据）

了解 内容	西安		宝鸡		榆林		六城市 汇总	
	人数	%	人数	%	人数	%	人数	%
不知道	62	9.9	15	3.6	24	12.1	136	7.4
宪法	161	25.8	114	27.3	43	21.6	467	25.3
保障法①	508	81.3	385	92.3	155	77.9	1575	85.2
劳动法	345	55.2	276	66.2	88	44.2	1058	57.2
女职工②	413	66.1	339	81.3	121	60.8	1316	71.2
其他	13	2.1	3	0.7	1	0.5	19	1

3. 对法定妇女权益与妇女实际生活距离的看法

表 14　　　　　　　对法定的妇女权益与妇女实际生活距离的看法
（部分城市数据及六城市汇总数据）

距离	西安		宝鸡		安康		六城市 汇总	
	人数	%	人数	%	人数	%	人数	%
宣言③	74	11.8	39	9.4	25	12.4	193	10.4
脱节④	209	33.4	179	42.9	76	37.6	687	37.2
有就好⑤	272	43.5	200	48	84	41.6	804	43.5
不执行⑥	301	48.2	234	56.1	126	62.4	940	50.8
无用⑦	48	7.7	17	4.1	11	5.4	107	5.8
成本高⑧	58	9.3	31	7.4	13	6.4	149	8.1
说不清楚	99	15.8	67	16.1	33	16.3	317	17.1
其他	14	2.2	3	0.7	3	1.5	34	1.8

---

① 妇女权益保障法。
② 女职工劳动保护条例。
③ 法律只是一种宣言。
④ 法律是法律，实际是实际。
⑤ 有法律总比没有法律强。
⑥ 法律规定很好，但下面不执行也没有办法。
⑦ 法律没什么用处，告也没人管。
⑧ 法律的成本太高，冤死不告状。

对于这个问题的设计，研究者主要是想从立法、执法和司法层面，了解女性怎样看待法定妇女权益与实际生活的关系。问卷中设计了以下问题："你认为法定的妇女权益与妇女的实际生活距离有多远?"选项依次为：①法律只是一种宣言；②法律是法律，实际是实际；③有法律总比没有法律强；④法律规定很好，但下面不执行也没办法；⑤法律没什么用处，告也没人管；⑥法律的成本太高，冤死不告状；⑦说不清楚；⑧其他。

总体样本中，选择"有法律总比没有法律强"的占43.5%，选择"法律是法律，实际是实际"的占37.2%，这两个选项具有一定的矛盾性，反映受访者对于立法保障妇女权益的态度，无论是从总体样本看，还是分城市看，这两个选项的认知度都比较接近，反映女性群体对有关妇女权益立法状态的看法呈离散化，一部分妇女认为立法有助于保障妇女权益，有法律总比没有强，而另一部分妇女认为立法与实际脱节，需要改进。只有10.4%受访者认为"法律只是一种宣言"，对于调整现有性别秩序、保护妇女权益没有实际意义。

选项4"法律规定很好，但下面不执行也没办法"反映了女性对于执法层面的负面看法，无论总体样本还是分城市样本，对于这一选项的赞同度都比较高，总体样本赞同度为50.8%，其中，安康为62.4%，可见女职工对于执法层面保护女性权益相当不满。

在司法层面，与研究者预先估计的状态有比较大的差异，认为"法律无用，告状无人管"的比例仅为5.8%，认为"司法成本太高"的仅为8.1%，分城市数据统计对这两个选项的认知比较趋同。比较受访者对于执法和司法方面的差异，我们可以看出从法律角度看，女性对于执法上的不满远大于司法上的不满。

三、问题讨论

作为一项权益状况调查，其依据只能是法律文本，由于大家的努力和工会女工部的支持，调查进展的比较顺利。本调查结果与预期基本吻合，但也有相当大的不足：一是没有与男性的对比样本；二是与工会的合作有较强的官方色彩，可能会对受访者有一点影响。本调查的目的在于发现问题，改善立法，主要发现问题讨论如下：

（一）妇女法定劳动权益与妇女现实生活有一定距离

劳动权利是法律赋予劳动者在劳动关系方面享有的基本权利和利益。女性的劳动权益较完整地体现在宪法、劳动法、妇女权益保障法等法律中。以妇女权益保障法①为例，主要有：与男子平等的劳动权利和社会保障权利。不被歧视权：各单位在录用职工时，除不适合妇女的工种或者岗位外，不得以性别为由拒绝录用妇女或者提高对妇女的录用标准。订立劳动合同的权利：各单位在录用女职工时，应当依法与其签订劳动（聘用）合同或者服务协议，劳动（聘用）合同或者服务协议中不得规定限制女职工结婚、生育的内容。未成年人保护：禁止录用未满 16 周岁的女性未成年人，国家另有规定的除外。男女同工同酬，福利待遇平等。晋职、晋级、评定专业技术职务平等方面的平等权。超强体力劳动禁忌和四期保护，禁止婚孕歧视：任何单位不得因结婚、怀孕、产假、哺乳等情形，降低女职工的工资，辞退女职工，单方解除劳动（聘用）合同或者服务协议。但是，女职工要求终止劳动（聘用）合同或者服务协议的除外。退休时，不得以性别为由歧视妇女。社会保障：国家发展社会保险、社会救助、社会福利和医疗卫生事业，保障妇女享有社会保险、社会救助、社会福利和卫生保健等权益。国家提倡和鼓励为帮助妇女开展的社会公益活动。国家推行生育保险制度，建立健全与生育相关的其他保障制度。

受访者对妇女权益保障法法定保护六大权利的认知、认可度较高的是法律对于人身权利的保护，为 84.3%，其次是劳动权利，为 69.5%、对劳动权利保护的期望很高，仅次于人身安全。受访者认为与自己生活最近、真正对职工劳动权利或职工福利有用的是"单位规章制度"（63.5%），说明在基层真正对劳动关系起规范作用的是单位规章，有意思的是受访者对单位规章的认可度比国家法律要高，同时对"行政法规"、"地方政策"的认可率要低得多②。劳动法赋予用人单位有制定劳动规章的权利，但对这一权利并未进行限制，而在实践中恰是这些单位劳动规章特别容易与国家法律相抵触，侵犯女性的劳动权利。

调查发现：竟有 7.4% 的人根本不知道法律中有对妇女劳动权利的保护，其中有一个地区受访者选择不知道的比例达 12.1%，说明劳动法制宣传还有一定的问题。在对很多法律的了解中，知道有一部《妇女权益保障法》的人最多，有 85.2%，也说明妇女法与妇女的关系更近一些。

女性对妇女法定权益与实际生活的关系。有 10.4% 认为"法律只是一

---

① 本处是以 2005 年新修《妇女权益保障法》为蓝本，但调查进行时，适用的还是 1992 年制定的《妇女权益保障法》。

② 受访者认为对职工劳动权或福利有用的，62.2% 认为是"国家法律"，27% 认为是"行政法规"，21.6% 认为是"地方政策"。

种宣言"，对于调整现有性别秩序、保护妇女权益没有实际意义。选择"有法律总比没有法律强"的占43.5%，选择"法律是法律，实际是实际"的占37.2%，从相当的层面反映了法律和妇女实际生活的距离比较远，法定权利只是公民实现权利的一种机会。有50.8%的人认为"法律规定很好，但下面不执行也没办法"，反映了女性对于执法层面的负面看法，也说明和立法的关系。对于发生劳动争议是不是诉求法律，有8.1%的人认为"法律成本太高，根本打不起官司"，5.8%的人认为，"法律无用，告状无人管"。

中国自1949年以来，对女性劳动权的促进基本上是采用一种传统的国家福利性保护模式。虽然在改革开放及社会转型之后，逐步建立了对妇女劳动权益保障的立法体系，但在性别平等立法方面，基本沿用计划时代的国家保护模式，这种模式在过去的年代里虽然起过重要的作用，但今天却需要进一步的清理和改进。这种模式以计划经济和强大的政府包办为基础，在社会转型之后，已出现越来越多的问题。

（二）劳动权益问题多

1. 行业性别隔离存在，职业选择流动机会少

性别的行业职业隔离存在，受访人群女性职业较集中于轻工纺织业（23.1%）和批发零售、餐饮及服务业（19.6%）；可供妇女就业选择的机会很少，进入职业时可供选择的机会大多只有一个，占56%。一半以上（51.9%）女性一旦就业就定终身，根本没有工作变动机会。但如果有其他资源或可跨越这种限制，如有熟人关系，有家庭背景等，职业可能会向上流动。约有三成（30.4%）有过工作变动的受访者认为自己的工作"越变越好"，但更多的人认为"各有利弊"（46.9%）。工作调动前后境遇差不多，但我们在其他的个案调查中发现，生育是女性职位下滑的重要原因，应该引起注意。

2. 劳动合同多短期，女性职业稳定难

劳动合同期限在某种意义上决定女性职业的稳定性，但调查发现：虽然受访者劳动合同签约率达78.3%。但也有18.8%的人没有签订合同，更有2.9%自己竟然不知道是否签合同，说明在劳动合同法颁布前，人们的劳动合同意识并不强。值得注意的是，在签订的合同中，只有两成有女性（20.1%）能够与用人单位签订无固定期限劳动合同，而且样本中有相当比例的管理人员和干部，绝大多数蓝领女性不可能与雇用单位签订长期劳动合同，而明确签订短期劳动合同的比例最高，达到30.2%，这不仅不利于妇女就业，也不利于劳动关系的和谐稳定，短期劳动合同为用人单位只雇用女

性的青春期，或非生育期以及解雇受雇者提供了可能。

3. 劳动环境安全隐患多，性骚扰有迷惑

调查发现约两成受访者对单位劳动安全规章制度"不知道"或"不熟悉"和"不太熟悉"。正规劳动安全教育少，这与东南沿海企业对有毒作业不告知工人有相同之处，加上加班多、工人疲劳作业，为事故发生留下了隐患。除安全事故外，性骚扰也是对职场环境的一种污染。17.7%的受访者明确表示工作中有性骚扰现象。但值得注意的是受访者有五成到七成的人认为"行为举止轻浮者"、"爱占男人小便宜者"及"年轻漂亮者"容易遭受性骚扰，大多数受访者对男上司以性骚扰或建立暧昧关系为条件为女下属提供好处持反对的看法，但也有近一成的人对此表示能"容忍"和"接受"。这一方面说明人们一定程度的性开放和宽容，另一方面也说明在性骚扰方面存在迷惑，在男女所谓非正当性关系上喜欢各打50大板。对受害者的诋毁是性骚扰禁止的一个难点。

4. 四期保护难落实，生育保障少

15.5%的受访者表示所在单位没有任何女性特殊保护措施。工作场所具备女性特殊保护和服务设施的配备率都较低，生育成为女性的一大负担。47.6%的受访者表示"不知道"单位是否参加生育保险，有36.7%的受访者单位没有生育保险的福利保障。三成女性认为怀孕及产假期间会遭遇到歧视，被"调岗"（21.8%）和被迫放长假（扣薪）（9.1%），3.9%的人认为可能"被解除劳动合同"。23.2%的受访者反映单位不报销生育费用，能"全额报销"的只有两成（20.9%），其他更多的则是报销一半以上，或"不管花多少，报销固定数额"、"报销一半或一半以下"，有的虽能报销，但拖很长时间。生育与工作冲突的结果则是有一部分女性干脆放弃生育，说是生不起孩子，对此调查中有间接反映。

5. 工时长，工资低，家务压力大

接受本次调查的受访者年龄大多在31—45岁（占受访者总数的62.7%），有83.5%已经结婚，绝大多数家庭属于拥有一个孩子（占受访总数的79.2%）、生活较为稳定的三口之家（占受访总数的71.8%）。从这些受访者的年龄及婚姻情况看，她们正处于一个肩负工作与家庭重负的时期，也是单位的主要劳动力。但调查显示有将近一半的女性常年加班加点，不能享受或不能完全享受休息的权利，并且受访者单位对不愿加班、加点职工的处理措施严厉。受访者平均月工资为712.4元，受访者平均工资水平不仅低于当年全国平均工资水平，也低于当年陕西省平均工资水平。47.1%的受访者月收入在500—1000元之间，加上400—500元和不足400元的人群，也就是说有近 83.7% 的受访者每月工资不足 1000 元，个别地方的一些单位不能按时发放工资。四成（40.3%）的受访者表示工资"不能满足"生活需要，经济紧张。只有 7.5% 的人表示月"有剩余"。女性在经济方面最大的担忧是买不起房子，占 44.4%。福利性分房明确以男性为主的不多，三成以上的女性随夫居，但也有 23% 的受访者住在女方单位福利房中。有 44.4% 的受访女职工称由自己承担全部家务，共同完成家务者占 47.9%，由丈夫承担家务的仅占受访者的 2.6%。受访者每天耗费在家务上的时间差不多需要 2—3 小时。有近一半（45.8%）的女性认为家务拖累太大是女性晋升机会较少的原因。在沉重的工作和家务体力劳动压力下，受访女性还有多种担忧："担心生大病看不起"、"供不起孩子上学"，"买不起房子"，"老了没有人管"，仅有 11.2% 的受访者表示"没有担忧和负担"。

6. 提拔晋升难，发展机会少

有 42.6% 的受访者表示"男性比女性更容易得到提拔或进修的机会"，在一些地方有这种看法的女性高达 60.2% 和 53.3%[①]。另有 34.1% 的受访者认为"女性如果有能力，也有较多的机会"。应当引起注意的是，另有 13.3% 的受访者指出"女性非常难得到这样的好事"。女性能够获得进修、培训的机会并不多，30.7% 的受访者没有参加过任何进修和培训，只有 8.6% 的受访者参加过"全脱产学历、学位教育"，有 40.8% 的受访者参加的培训为"职业技能培训"、"转岗培训"和"下岗培训"。有 36.1% 的受访者指出，她们参加学历教育或进修、培训的费用全部由个人负担，"全部公费"者占受访者的 18.5%，这严重地制约了妇女的发展。另外民主参与率低，约七成的受访者从未参加过所在单位的职工代表大会。

（三）性别歧视不敏感，误为无能或照顾

本调查的目的之一，是发现现实中的女性就业歧视，但调查发现：受访的大部分人对就业歧视尤其是就业性别歧视只有一点模模糊糊的认识，我们在设计问卷时用"就业机会平等"而没有用"性别歧视"，是想规避对歧视的多元理解。2004 年挪威奥斯陆大学人权研究中心（NCHR）中国项目组在中国进行的"反就业和职业歧视"子课题。北京大学的一项目研究认为：低层群体的确存在严重的被歧视现象，但是这种状况并没有使工人们对歧视的认知上升到西方个人权利意义上的法律概念，而更多的是以身份和制度因

---

① 指宝鸡、榆林两市。

素将其归于自身的原因。① 我们发现就是写了就业机会平等，受访者也会对提供的答案根据感觉选择填写，不一定是理性思考，可能对其内涵并不清楚。调查表现出的是对"就业机会平等"的认同度较高，但多项选择中可能认为男女平等就是"男女一样"（占77.3%）。并期望就业时不区别城乡户口、不严格要求年龄、民族、身高及容貌、宗教、学历等。受访者身为女性，但对性别并不敏感，认为女性职业发展的障碍是知识和能力的缺乏。而对女性获得提拔、晋升机会较少的原因认为是"女性的家务拖累太大"、"女性上进心不强，也不自信"、"女性自身素质低"、"女性的学历太低"，但也有24.7%的人认为是"歧视女性"。关于女性比男性早退休政策，多数受访者认为是"照顾女性"（占55.8%）。这与前面所说北大的研究结果有一定的吻合。

以上调查表明，虽然在1949年之后，妇女通过参加社会工作，广泛进入职业领域，获得了解放，但社会转型后，市场竞争中出现了较多的劳动权利问题，需要在劳动法律政策的制定中引起关注。

（段燕华　刘咏芳　郭慧敏）

附："女性劳动权益状况"调查问卷

提示：请在每道题后的答案中选择一项或多项（题号后带＊号的可多选），在您所选择的选项后面的［ ］内划"√"。

1. 您是在什么年代参加工作的？

①50年代［ ］；②60年代［ ］；③70年代［ ］；④80年代［ ］；⑤90年代［ ］；⑥2000年以后［ ］。

2. 您现在所在单位的性质是：

①国企［ ］；②集体［ ］；③外企［ ］；④合资［ ］；⑤私营［ ］；⑥个体［ ］；⑦街道或社区［ ］；⑧其他［ ］。

3＊. 您的职业属于下列哪一类？

①生产一线工人［ ］；②服务人员［ ］；③专业技术人员（含教师）［ ］；④企业管理人员［ ］；⑤党政机关干部［ ］；⑥私企老板［ ］；⑦个体户［ ］；⑧其他［ ］。

---

① 佟新等：《歧视研究的方法论》，文见李薇薇，Lisa Steatns主编：《禁止就业歧视：国际标准和国内实践》，法律出版社2006年版。

4. 你所从事的行业是:

①采掘及制造业 ［　］; ②电、煤气、水生产管理供应业 ［　］; ③建筑与地质业 ［　］; ④交通运输、仓储及邮电业 ［　］; ⑤批发零售、餐饮及服务业 ［　］; ⑥金融、保险业 ［　］; ⑦房地产业 ［　］; ⑧科教文卫业 ［　］; ⑨党政机关和社会团体 ［　］; ⑩其他行业 ［　］。

5*. 您参加工作的主要动机是:

①养家糊口 ［　］; ②赚钱 ［　］; ③别人都工作, 在家没意思 ［　］; ④提高社会地位 ［　］; ⑤体现自己的人生价值 ［　］; ⑥其他 ［　］。

6*. 您是通过什么途径进入现在工作单位的?

①毕业分配 ［　］; ②招聘 ［　］; ③职介、安置、调动 ［　］; ④顶替 ［　］; ⑤亲友帮忙 ［　］; ⑥其他 ［　］。

7. 在参加工作时, 可供您选择的就业机会有多少?

①很多 ［　］; ②几个 ［　］; ③两个 ［　］; ④只有这一个 ［　］。

8. 您对目前工作的满意程度为:

①很满意 ［　］; ②基本满意 ［　］; ③不太满意 ［　］; ④不满意 ［　］。

9*. 如果您曾变动过工作, 工作变动的原因是:

①无工作变动 ［　］; ②调动 ［　］; ③辞职 ［　］; ④停薪留职 ［　］; ⑤下岗再就业 ［　］; ⑥被解雇 ［　］; ⑦其他 ［　］。

10*. 您的工作变动后, 是越变越好, 还是情况更糟?

①无工作变动 ［　］; ②越来越好 ［　］; ③各有利弊 ［　］; ④无法比较 ［　］; ⑤越来越差 ［　］; ⑥其他 ［　］。

11*. 您认为"就业机会平等"的含义是:

①男女一样 ［　］; ②城乡户口不限 ［　］; ③不严格要求年龄 ［　］; ④不要求身高及容貌 ［　］; ⑤不区分能力 ［　］; ⑥不严格要求学历 ［　］; ⑦不区分民族 ［　］; ⑧不区分宗教 ［　］; ⑨其他 ［　］。

12*. 您认为在工作中影响您职业发展的主要障碍是什么?

①无障碍 ［　］; ②知识与能力 ［　］; ③学历 ［　］; ④人际关系 ［　］; ⑤性别 ［　］; ⑥年龄 ［　］; ⑦身高、容貌 ［　］; ⑧户口 ［　］; ⑨其他 ［　］。

13*. 您对女性比男性早退休政策的看法是:

①性别歧视 ［　］; ②剥夺女性工作权利 ［　］; ③缓解就业压力 ［　］; ④照顾女性 ［　］; ⑤其他 ［　］。

14. 假如您有条件回家当全职太太, 您的态度是:

①不愿意〔　〕；②不太愿意〔　〕；③愿意〔　〕；④无所谓〔　〕。、

15*. 您关于生产劳动安全的知识是从哪里来的？

①职工安全教育岗前培训〔　〕；②自己阅读安全教育资料〔　〕；③师傅教的〔　〕；④同事提醒〔　〕；⑤其他〔　〕。

16. 您对所在单位劳动安全规章制度内容的熟悉程度：

①非常熟悉〔　〕；②基本熟悉〔　〕；③不太熟悉〔　〕；④不熟悉〔　〕；⑤不知道〔　〕。

17*. 您认为造成安全事故的主要原因通常是：

①缺乏安全教育〔　〕；②加班太多〔　〕；③设备陈旧〔　〕；④单位不关心工人〔　〕；⑤当事人自己不小心〔　〕；⑥其他〔　〕。

18*. 您工作的场所具备下列哪些劳动安全措施？

①危险牌示〔　〕；②信号装置〔　〕；③防护装置〔　〕；④保险装置〔　〕；⑤识别标志〔　〕；⑥其他〔　〕。

19*. 如果您所在单位有人患职业病，一般患的是哪种职业病？

①没有职业病〔　〕；②工业中毒〔　〕；③尘肺〔　〕；④物理因素职业病〔　〕；⑤职业性传染病〔　〕；⑥职业性皮肤病〔　〕；⑦职业性眼病〔　〕；⑧职业性耳鼻喉疾病〔　〕；⑨职业性肿瘤〔　〕；⑩其他〔　〕。

20*. 如果您失去现有工作，您会：

①非常担忧〔　〕；②比较担忧〔　〕；③不太担忧〔　〕；④不担忧〔　〕；⑤可能是一个重新选择的好的机会〔　〕；⑥其他。

21*. 在工作中，您感到最"不安全"的方面是什么？

①担心受到人身或性方面的骚扰〔　〕；②遭小人暗算〔　〕；③和领导处不好关系〔　〕；④设备和工作环境具有危害性，可能出工伤或得职业病〔　〕；⑤工作节奏快，压力大，担心健康方面出问题〔　〕；⑥工作无保障，随时可能被解雇〔　〕；⑦其他〔　〕。

22*. 您认为下列哪些行为是性骚扰？

①说黄色笑话〔　〕；②触摸身体〔　〕；③色眯眯盯视〔　〕；④拒绝建立暧昧关系就在工作中刁难〔　〕；⑤强奸〔　〕；⑥强行约会〔　〕；⑦要求发生性行为〔　〕；⑧其他〔　〕。

23. 在您的工作环境中，有男上司或男同事骚扰女性、在性方面占女性便宜的现象吗？

①经常有〔　〕；②很少有〔　〕；③没有〔　〕；④没注意〔　〕；⑤其他〔　〕。

24*. 您认为什么样的女性容易遭遇性骚扰?

①任何女性都有可能碰到 [　　]; ②年轻漂亮 [　　]; ③单身 [　　];
④行为举止轻浮者 [　　]; ⑤爱占男人小便宜者 [　　]; ⑥性情柔弱者
[　　]; ⑦其他 [　　]。

25*. 假如有男上司以性骚扰或建立暧昧关系为条件为女下属提供好处,
您的态度是:

①很反感 [　　]; ②可以容忍别人做 [　　]; ③不想管这种无聊的事
[　　]; ④就是自己也无所谓 [　　]; ⑤其他 [　　]。

26*. 您所在单位在对女性的"四期"保护中,哪一期有保护性措施或
制度?

①没有任何特殊保护 [　　]; ②产期 [　　]; ③孕期 [　　]; ④哺乳期
[　　]; ⑤经期 [　　]。

27*. 您工作的场所具备下列哪些女性特殊保护和服务设施?

①女工卫生室 [　　]; ②女更衣室 [　　]; ③哺乳室 [　　]; ④低幼托
儿所 [　　]; ⑤其他 [　　]。

28. 您身边是否有女同事为了保住工作放弃生育的现象?

①有 [　　]; ②没有 [　　]; ③不知道 [　　]。

29. 您所在单位是否已参加生育保险?

①已参加 [　　]; ②未参加 [　　]; ③不知道 [　　]。

30*. 您所在单位生育费用报销的情况是:

①全额报销 [　　]; ②报销一半以上 [　　]; ③报销一半 [　　]; ④报
销一半以下 [　　]; ⑤不管花多少,报销固定数额 [　　]; ⑥不报销 [　　];
⑦虽能报销,但拖很长时间 [　　]; ⑧其他 [　　]。

31*. 您所在单位女职工在怀孕及产假期间通常会遇到哪些情况?

①调岗 [　　]; ②生育费难报销 [　　]; ③被解除劳动合同 [　　];
④被迫放长假休息(扣薪) [　　]; ⑤不会受到任何负面影响 [　　]; ⑥不
了解 [　　]; ⑦其他 [　　]。

32. 您每天的平均实际上班时间大约是:

①8 小时以下 [　　]; ②8 小时 [　　]; ③8 小时以上至 10 小时 [　　];
④10 小时以上至 12 小时 [　　]; ⑤12 小时以上 [　　]; ⑥不固定 [　　];
⑦其他 [　　]。

33. 您每周休息的情况是:

①每周两天以上 [　　]; ②每周两天 [　　]; ③每周一天半 [　　];
④每周一天 [　　]; ⑤偶尔有 [　　]; ⑥没有周休日 [　　]; ⑦其他 [　　]。

34*. 如果您不愿意加班、加点，可能会带来什么后果？

①下岗或解雇 [　　]；②处分或批评 [　　]；③罚款或扣工资 [　　]；④不给加班费 [　　]；⑤其他 [　　]。

35. 您家里的家务通常主要由谁完成？

①自己 [　　]；②丈夫 [　　]；③共同承担 [　　]；④保姆、钟点工 [　　]；⑤其他人 [　　]。

36. 除了工作时间，您每天用于家务的时间平均约为：

①基本不做家务 [　　]；②1 小时 [　　]；③2 小时 [　　]；④3 小时 [　　]；⑤更多 [　　]。

37*. 您请事假的原因通常是：

①不请事假 [　　]；②家人生病 [　　]；③家务 [　　]；④临时性的工作 [　　]；⑤应酬 [　　]；⑥其他 [　　]。

38. 您的实际月收入是：

①200 元以下 [　　]；②201—300 元 [　　]；③301—400 元 [　　]；④401—500 元 [　　]；⑤501—1000 元 [　　]；⑥1001—1500 元 [　　]；⑦1500—2000 元 [　　]；⑧2001—3000 元 [　　]；⑨3000—4000 元 [　　]；⑩4000元以上 [　　]。

39. 您的收入能满足基本生活需要吗？

①有剩余 [　　]；②基本持平 [　　]；③不能满足 [　　]。

40. 您每月是否能按时领到足额工资？

①每月足额发放，从不拖欠 [　　]；②基本能按时发放 [　　]；③几个月才发一次，不发完 [　　]；④每月只有生活费，年底以分红方式发放全年工资 [　　]；⑤其他 [　　]。

41*. 您所在单位计算和发放工资的形式通常是：

①计件 [　　]；②计时 [　　]；③计件超额提成 [　　]；④计时加奖金 [　　]；⑤实物 [　　]；⑥其他 [　　]。

42*. 您所在单位男女职工工资差别的情况是：

①没有差别 [　　]；②干一样的活，拿一样的工资 [　　]；③干同样的活，女的比男的挣钱少 [　　]；④男的集中在高工资岗位 [　　]；⑤女的集中在高工资岗位 [　　]；⑥没有注意过这个问题 [　　]；⑦不知道 [　　]；⑧其他 [　　]。

43. 您的住房属于下列哪一类？

①自己买的商品房 [　　]；②丈夫单位的福利房 [　　]；③自己单位的福利房 [　　]；④丈夫家的 [　　]；⑤娘家的 [　　]；⑥租私人的 [　　]；

⑦单位宿舍 [ ]；⑧工作场所 [ ]；⑨其他 [ ]。

44. 您的住房面积大约是：

①100 平方米以上 [ ]；②81—100 平方米 [ ]；③61—80 平方米 [ ]；④41—60 平方米 [ ]；⑤21—40 平方米 [ ]；⑥20 平方米以下 [ ]。

45*. 您所在单位对男女职工的分房政策是：

①歧视女性 [ ]；②以男性为主 [ ]；③表面上不分男女，实际上还是以男性为主 [ ]；④男女基本一样 [ ]；⑤其他 [ ]。

46*. 您在经济方面主要的担忧和负担是：

①无担忧和负担 [ ]；②买不起房子 [ ]；③供不起孩子上学 [ ]；④担心生大病看不起 [ ]；⑤老了没人管 [ ]；⑥其他 [ ]。

47*. 您参加保险的情况是：

①没有参加任何保险 [ ]；②单位办的养老保险 [ ]；③单位办的失业保险 [ ]；④单位办的医疗保险 [ ]；⑤单位办的生育保险 [ ]；⑥单位办的工伤保险 [ ]；⑦自己买的其他商业保险 [ ]。

48*. 您单位在男女职工的提拔、晋升及在职培训方面的情况是：

①男性比女性更容易得到提拔或进修机会 [ ]；②女性如果有能力，也有较多的机会 [ ]；③男女差不多 [ ]；④女性非常难得这样的好事 [ ]；⑤其他 [ ]。

49*. 如果您认同女性比男性得到提拔、晋职的机会少，您认为主要原因是：

①不存在这样的问题 [ ]；②歧视女性 [ ]；③女性上进心不强，也不自信 [ ]；④女性自身素质低 [ ]；⑤女性的学历太低 [ ]；⑥女性的家务拖累太大 [ ]；⑦其他 [ ]。

50*. 您如何看待以提高职工学历或专业素质为内容的女性在岗培训？

①是女职工应该享受的普遍的平等权利 [ ]；②是女性晋升和提拔的重要条件 [ ]；③是一项特权 [ ]；④是提高自身素质和能力的有效途径 [ ]；⑤是一种福利 [ ]；⑥其他 [ ]。

51*. 如果您工作后上过学或参加过进修和培训，请问属于下列哪一类？

①没有参加过进修和培训 [ ]；②全脱产学历、学位教育 [ ]；③业余学历、学位教育 [ ]；④在职进修培训 [ ]；⑤职业技能培训 [ ]；⑥转岗培训 [ ]；⑦下岗培训 [ ]；⑧其他 [ ]。

52*. 您参加学历教育或进修、培训的费用由：

①没有参加过进修和培训 [ ]；②全部公费 [ ]；③单位和个人各

出一部分〔　〕；④全部自费〔　〕；⑤其他〔　〕。

53*. 如果您参加过职代会，请问会上审议过下列哪些问题？

①没有参加过职代会〔　〕；②提高或降低工资及福利待遇〔　〕；③重大经营活动〔　〕；④裁员〔　〕；⑤财政、审计〔　〕；⑥虽然参加了会议，但没有在意这些问题〔　〕；⑦其他〔　〕。

54*. 您认为工会的职能主要应有哪些？

①维护职工权益〔　〕；②参与管理事务〔　〕；③教育职工〔　〕；④组织职工活动〔　〕；⑤进行一些福利性的活动〔　〕；⑥不清楚〔　〕；⑦其他〔　〕。

55*. 您所在单位经常发生或您常听说的劳动纠纷的种类是：

①没有发生〔　〕；②合同纠纷〔　〕；③工资、工时〔　〕；④特殊保护〔　〕；⑤保险福利〔　〕；⑥不清楚〔　〕；⑦其他〔　〕。

56*. 您认为哪些人最容易发生劳动纠纷？

①不知道〔　〕；②男职工〔　〕；③孕期、产期女职工〔　〕；④其他女职工〔　〕；⑤其他〔　〕。

57*. 您认为解决劳动纠纷的有效方式是：

①找领导〔　〕；②找工会〔　〕；③协商〔　〕；④调解〔　〕；⑤仲裁〔　〕；⑥打官司〔　〕；⑦找人报复，私了〔　〕；⑧其他〔　〕。

58*. 您认为妇女的哪些法定权利能够得到法律保护？

①人身权利〔　〕；②财产权利〔　〕；③劳动权利〔　〕；④政治权利〔　〕；⑤受教育权利〔　〕；⑥婚姻家庭权利〔　〕；⑦其他〔　〕。

59*. 您与单位签订劳动合同的情况是：

①没有签订合同〔　〕；②由工会代理的集体合同〔　〕；③无固定期限的合同〔　〕；④短期合同〔　〕；⑤不知道是否有合同〔　〕；⑥向单位缴纳过保证金或抵押物（含证件）〔　〕；⑦其他〔　〕。

60*. 如果您与用人单位签订了劳动用工合同，您对合同内容的掌握情况是：

①无合同〔　〕；②自己手里有一份合同，随时备查〔　〕；③虽然自己没拿合同，但对内容很清楚〔　〕；④大概知道合同内容〔　〕；⑤不了解合同的内容〔　〕；⑥其他〔　〕。

61*. 您没有签订劳动合同是因为：

①已签订劳动合同〔　〕；②单位不愿签〔　〕；③不敢向单位提出〔　〕；④合同到期没续签〔　〕；⑤其他人都没签〔　〕；⑥自己不想签〔　〕；⑦其他〔　〕。

62*. 您认为真正对职工劳动权利或职工福利有用的文件是：

①国家法律 [ ]；②行政法规 [ ]；③地方性法规 [ ]；④地方政策 [ ]；⑤单位规章制度 [ ]；⑥其他 [ ]。

63*. 您知道下列哪些法律、法规中有专门保护妇女劳动权利的条款吗？

①不知道 [ ]；②宪法 [ ]；③妇女权益保障法 [ ]；④劳动法 [ ]；⑤女职工劳动保护条例 [ ]；⑥其他 [ ]。

64*. 你认为法定的妇女权益与妇女的实际生活距离有多远？

①法律只是一种宣言 [ ]；②法律是法律，实际是实际 [ ]；③有法律总比没有法律强 [ ]；④法律规定很好，但下面不执行也没办法 [ ]；⑤法律没什么用处，告也没人管 [ ]；⑥法律的成本太高，冤死不告状 [ ]；⑦说不清楚 [ ]；⑧其他 [ ]。

65. 您的年龄是：

①20 岁以下 [ ]；②21—25 岁 [ ]；③26—30 岁 [ ]；④31—35 岁 [ ]；⑤36—40 岁 [ ]；⑥41—45 岁 [ ]；⑦46—50 岁 [ ]；⑧51—55 岁 [ ]；⑨56 岁以上 [ ]。

66. 您的文化程度

①小学以下 [ ]；②小学 [ ]；③初中 [ ]；④高中 [ ]；⑤中专（含技校）[ ]；⑥大专 [ ]；⑦大学 [ ]；⑧研究生 [ ]。

67*. 您的政治面貌：

①党员 [ ]；②共青团员 [ ]；③民主党派 [ ]；④群众 [ ]。

68. 您的婚姻状况：

①未婚 [ ]；②已婚 [ ]；③离婚后再婚 [ ]；④离婚后未再婚 [ ]；⑤丧偶未再婚 [ ]；⑥丧偶后再婚 [ ]。

69. 您家的人口数：[ ] 人；子女数：[ ] 个；

提示：下列内容为有兴趣者回答。

70*. 您认为保护妇女劳动权益应该做的主要工作是：

①制定男女就业机会平等的相关法律 [ ]；②对歧视妇女就业的单位进行制裁 [ ]；③加强工会、妇联的维权工作 [ ]；④对女职工加强权益教育 [ ]；⑤女职工要自己提高维权意识 [ ]；⑥其他（请自填）。

71. 您对女性劳动权益有何看法？

72. 您对法定劳动权利是否了解？您觉得这些权利的规定能给您带来什么？

73. 您对本次调查和该套问卷有什么看法和建议？

[全卷答毕，再次向您表示感谢！]

附：（另外想对调查组织说的话）

Analysis of 2000 Investigation Questionnaire on Women's Labor Rights

[**Introduction**]   The report comes from corporative investigation of the Center for Women's Development and Rights of NWPU. The two-year investigation, based on an informal investigation in advance, adopted quantitative questionnaire for the purpose of knowing basic situations of labor rights of women, covered six cities of Shaanxi Province, distributed 2000 questionnaires and received 1855. The investigation involved profession selection and distribution, profession motivation, promotion and retirement, personal safety, sexual harassment, pregnancy discrimination, conflicts between housework and work, health, income, housing, training on job, right protection and labor unions, labor contract, marriage and children.

11 家企业涉及女职工劳动争议调解的调查

我国劳动争议调解制度从 1987 年开始恢复，历时 20 年，期间从 1993 年制定《中华人民共和国企业劳动争议处理条例》，到 2007 年 12 月 29 日通过《中华人民共和国劳动争议调解仲裁法》，在立法上有相当进步。全国总工会的一项调查表明，劳动争议案件每年都以 20% 左右的速度持续增长。[1] 2005 年，全国工会劳动争议调解组织已达 23 万个。[2]

全总法律工作部部长刘继臣表示，劳动争议调解，具有最便捷、最灵活、成本最低廉等优点，而且不伤和气，通过调解来解决劳动争议往往更有利于将劳动争议及时解决在基层，化解在萌芽状态，维护劳动者合法权益，促进社会的和谐稳定。所以加强劳动争议调解工作，发挥工会协调劳动关系作用具有十分重要的意义。

为了更加详细地了解工会调解组织工作的具体情况，尤其是女性劳动争议的基层的处理情境，我们对 11 家企业劳动争议调解工作状况进行了调查。

一、调查方法与过程

本调查采用焦点小组式访谈，在每一个企业，就工会女工工作和劳动调解进行座谈，选样是通过滚雪球式的方法，由参加过我们女工维权培训的人员介绍和工会帮助联系。因为样本不多，我们尽可能地注意到行业分布、企业属性、经营状况甚至企业所在地域等，以使之有一定的代表性。

访谈计划包括：一是企业概况：企业历史沿革和转型；经营状况和职工收入；职工人数、男女比例、中层以上管理干部中性别比；签订劳动合同状况等。二是工会工作：工会人员构成及变化；女工工作、女工干部情况；工会工作被重视度、对工厂管理参与度等。三是重点，是在前两个背

---

[1] 丁军杰、于宛尼：《发挥积极作用：工会劳动争议调解凸现优势》，《工人日报》2007 年 9 月 20 日。

[2] 《全国工会劳动争议调解组织达 23 万》，《法制日报》2006 年 8 月 20 日。

景下的劳动调解状况：人员构成，工作程序和具体调解案例；四是记录受访人员的状况：个人背景、工会工作和调解工作、个人经验和体会、困难、问题和建议。

表1　　　　　　　企业劳动争议调解状况访谈一览表

企业名称	性质	参加访谈的人员	经营状况
某仪器厂	国营	工会主席、女工干事，2 人。	石油行业，大型国企，失去市场垄断性。
某开关厂	国营	工会主席、女工干事，2 人。	电器制造行业，具有市场垄断性企业。
某车辆厂	国营	女工部部长、女工干事，2 人。	机械制造重工业，具有市场垄断性企业。
某纺织厂	股份	工会组织委员、女工副主任，1 人。	纺织行业。
某建筑公司	国营	女工主任、女工委员、党委书记（男）、兼职工会主席、工人（男），6 人。	建筑行业，濒临倒闭。
某毛巾厂	民营	厂工会主席兼厂办公室主任，1 人。	纺织行业，军转民企业。
某电机厂	国营	工会主席，1 人。	冶金建材行业。
某水泥厂	国营	女工副主任，1 人。	建材行业，经营困难。
某针织厂	集体	工会主席兼女工主任、某退休工人、某下岗工人，3 人。	针织行业，已经倒闭。
某机械厂	国营	工会副主席（男）、女工干事、工会宣传干事、工会分会主席（男）、分会主席（男）、分会主席、分会女工委员，7 人。	兵器行业。
某公交公司	国营	女工主任、女工主任、工会主席，3 人。	公交运输行业，朝阳企业。

受访企业涉及建筑、纺织、军品、兵器、机电、石油、建材、公交运输及车辆制造等行业。从企业属性来看：有大型国营优秀企业和落后企业，有小手工合营的现已濒临倒闭的集体企业，有军需品生产企业被地方企业兼并后现在苦苦挣扎的民营股份制企业，有具有垄断色彩的企业和正在失去昔日垄断地位的企业，也有兼备社会服务窗口和公益性质的朝阳企业，有体制反复变化的兵工企业。地域方面，西到咸阳，东到纺织城，北到胡家庙，南到八里村。访谈的单位中缺少合资、外资等私营企业的案例，是由于此类企业

工会组织的缺失，劳动争议调解工作缺失，我们的关系桥梁缺失，虽经多方不断努力，最终没能走进合资、外资形式的私营企业。

受访对象基本是各级工会主席和工会的女工干部，他们是劳动争议调解工作的实际执行者，有两个企业有男性工人参加座谈，因为受到了严重的劳动侵权问题，他们是自发赶来反映问题的。由于他们就职于基层企业的劳动争议调解岗位，直接处理每个个案，直接感受其中的酸甜苦辣，也直接影响劳动争议调解工作的质量，因此记录他们的个人身份、特质、行为对研究不无帮助，甚至研究企业安排某个特定的人来担任这一工作本身，也很有意思。

通过受访对象接待我们的态度，他们的言谈举止，接受访谈的心态以及自我表述，可以了解他们的工作状况以及他们对这项工作的认知。例如一些受访者，本身担任着诸如党委副书记、办公室主任的要职，认为我们是上级派来视察工作的，会高规格接待我们，坚持夸成绩，讲官话，汇报工作；而另一些企业的受访者也会将我们看作上级派来的，是上级派来解决问题的救星，他们满脸的愤怒与无奈；也有些企业受访者身着工服，态度开放坦然，言谈中反映出精明能干与丰富的工会工作经验，其中有的不认为企业与员工有什么劳动纠纷，有的却认为问题很多，自己坚持的努力收效甚微，非常想与学者交谈探讨；还有些花枝招展的，虽在其位却言其他，不知所云，这是另类。

从这些形象各异的受访者口中，我们了解到的企业状况也是各不相同，个个鲜活的，令人颇多感触。

二、调查结果及分析

（一）企业基本状况

表2 受访企业基本状况

企业简称	性质	建厂年份	经营状况	女工/职工数	比例	中层以上女干部	职工下岗状况
某仪器厂	国营	1954年	竞争激烈	560/2600	21.5%	11/92（11.90%）	按3800元/年解除合同2400人。
某开关厂	国营		垄断经营	1800/4000	45.0%	20/108（18.50%）	末位淘汰轮岗制，无下岗人员。
某车辆厂	国营	1938年	垄断经营	2403/8000	30.0%	11/280（3.90%）	轮岗末位淘汰制，无下岗人员。
某纺织厂	股份	1939年	正常维持	2400/3883	61.8%	20/70（28.50%）	协议工，以农村女青年为主。
某建筑公司	国营	1965年	濒临倒闭	420/2400	17.5%	无	80%职工回家，没有遣资。

续表

企业简称	性质	建厂年份	经营状况	女工/职工数	比例	中层以上女干部	职工下岗状况
某毛巾厂	民营	1949 年	正常维持	1020/1700	60.0%	占 1/3（33.30%）	协议工，以农村女青年为主。
某电机厂	国营	1950 年	任务饱满	1200/2400	50.0%	10/80（12.50%）	内退年龄：女 42 岁，男 48 岁，月 300 多元。
某水泥厂	国营	1956 年	身陷困境	450/2700	16.7%	7/67（10.40%）	离岗 757 人，其中女工 227 人。
某针织厂	集体	1955 年	已经倒闭	700/1000	70.0%	1/27（3.70%）	停产，工人全部失业，180 元/月失业金。
某机械厂	国营	1953 年	效益较好	2900/8000	36.2%	18/260（6.90%）	80% 女工转民品，男 50 岁、女 45 岁内退。
某公交公司	国营		朝阳企业	5000/1.06 万	47.2%		中层女 47 岁离岗，机关女 48 岁离岗，工人女 43 岁退休，男 50 岁内退，一线司机女 50 岁退休、男 55—60 岁到退休年龄才能退。

　　11 家企业中 8 家国营企业，1 家股份制企业也是由国营企业改制而来，1 家民营企业是过去的军需毛巾厂被地方民营企业兼并，海洋针织厂是由街道手工业者组成的合作集体企业，曾经也是有相当规模的大集体企业，它们都是成立于 20 世纪 50 年代或更早一些的老厂。其中 5 家企业的女职工人数超过总人数的一半，却没有一家中层以上女干部比例超过 50%，最高的比例是 1/3。两家破产企业的职工都失业回家，且没有任何生活来源，2 家企业使用的多是协议农村女青年，她们实行计件工资，没有任何福利，临近婚期，合同期满就回去了，没有下岗或失业问题。其余 7 家也都称没有下岗人员，但都存在内退或提前离岗人员，离岗的形式虽不同，但都是没到退休年龄就提前失业回家，只是比起破产企业或多或少还有些收入。其中女工离岗年龄较男性至少早 5 年，怀孕生育又很容易被轮岗淘汰，受到的冲击显然较男工更大。

（二）工会概况

表 3　　　　　　　　　　访谈企业工会基本状况

企业简称	改革前架构及编制	改革后架构及编制	工作状况
某仪器厂	工会建制完备。	工会建制完备。厂党委副书记、纪委书记兼任工会主席。	开展劳动竞赛，文体活动，职工维权活动。主席认为：工会在厂里有地位，厂长民主意识强，有关职工利益的事会找工会商量。

续表

企业简称	改革前架构及编制	改革后架构及编制	工作状况
某开关厂	构架健全，主席（女），原党委组织部长，女工委员会专干，办公室主任，共6人。各基层也有女工分会，全厂共有48个分会。		工会对女工提出的口号：上岗1分钟，60秒敬业。劳动竞赛活动，三八女工文体活动，工会主席能参加厂长办公会议。
某车辆厂	60人的完善编制，有女工部、生活部、办公室、纪协、体协等。	压缩为15人，女工主任及干事保留2人。	开展劳动竞赛，技术比武，趣味运动会，表彰巾帼标兵、五好家庭，建立"安康保险"。
某纺织厂	工会有厂级、车间级、轮班级的三级机构，共18人。	现在4个半人①，厂纪委书记兼工会主席。	女工主要是搞好维权，也做提高技术练兵、操作比武，女工讲保健知识，各类文体活动。
某建筑公司	1995年之前，公司工会有5—6人，后减为3人：工会主席兼劳动调解委员会主任、党群工作部部长，劳动竞赛委员会副主任，还主管离、退休办工作；副主席兼女工主任、工会会计、民主管理、调解委副主任；干事1人管工会组织发展、生产、劳动保护。现女工主任退休，工会剩1名主席，公司决定工会编制只设1人，现在企业把党、群、团都归在政治部。		因人手紧张，一人兼数职，基本没有正常开展工会工作。
某毛巾厂	工会一套人马两块牌子，对外是工会，对内是综合办公室。1997年工会有5人，1997年底工会与党办、宣传、团合并，成立厂综合办公室，剩3人，工会副主席兼女工委员，兼管党的工作，行政工作。工会下面设有车间分会，各分会的干部一般都由车间主任兼工会主席。		工作是每年组织职工开展活动，如技术比武、生产练兵、评选先进等。按规定每两年给女职工普查一次身体。职工发生家庭矛盾、邻里纠纷都来找工会调解。
某电机厂		编制：工会主席（女），副主席兼女工主任，两个专干，共4个人。工会下设10个工作委员会。基层8名以上女工即设女工小组。	有月例会，制定每月重点工作；职代会，一年两次，负责厂务公开。参与集体合同的谈判制定、签订；每年安排1—2次女工培训。组织女工搞劳动竞赛，搞节日活动，书画摄影比赛，文艺演出等；老企业职工素质好，几届主席威望都很高，工会在企业地位也高，行政领导支持。

---

① "半"表示为兼职。

续表

企业简称	改革前架构及编制	改革后架构及编制	工作状况
某水泥厂	原来工会组织很健全,机构很庞大,几十个工作人员;组织发展、民主管理搞得井井有条。	1997年压缩后共有5人,总厂纪委书记兼任工会主席,副主席2名(同时兼工作人员的工作),女工副主席1名(兼多样工作),宣传干事1名(兼多样工作)。各基层分会主席多数是兼职。	过去经费多、活动也开展得好。像生产练兵、技术比武、知识竞赛、运动会、歌咏比赛、演唱会等搞得红红火火,每年对困难职工救济更是温暖人心。随着经营滑坡、职工下岗,工会经费1995年基本停止。2001年恢复女工活动,经费是从厂临街房租金中抽的。
某针织厂	过去班子齐全,有5个专职干部,底下每个车间都有分会。	现在只剩工会主席1人(女),兼组织部、纪委、宣传、计划生育、催款的工作,什么事都管,都是应付上面。	过去工作多,劳动竞赛、先进评比、文体活动、办福利等。现在企业倒闭,职工回家。只应付一些日常的事。
某机械厂	20世纪70年代,有工作人员50多人。架构:工会组织机构,工会技协,俱乐部,小卖部,小产业等。工会组织机构又包括办公室、劳保福利、民管、女工、生产、宣教等几个口,对厂里许多部门进行归口管理。	1996年改制为12人,主席、副主席各1名,6名干事,其中女工委员2名(主任1名,干事1名),包括计划生育工作。女职工委员会12名委员,都是兼职。工会下设36个分会。10人的单位可成立直属工会小组。	厂领导每年给工会经费30万元,开展劳动竞赛、技术练兵、评选劳动模范、外出学习、参观、疗养等。厂工会为全厂职工每4年查体一次,女职工每年查一次。女职工参加大病保险,"温暖基金"救助特困职工。女职工有素质教育课程。女工委员会被全国总工会评为先进集体。厂工会参与职工签订的劳动合同,起草集体合同。
某公交分公司	有总公司、分公司、车队三级工会,最小分会有职工70多人。每分会干部3—5人,均兼职。分公司工会1983年有6人。	现分公司工会有主席(女),两个干事(女)共3人。女工主任同时担任民主管理、文艺、调解、财务、内务等工作。	女工委员会工作:一季度一次女工会议,日常女工活动。参与集体合同讨论制定。两年一次妇女病普查。计划生育一年四次透环。西安市先进女工委员会,在陕西省和西安市很有名气,公交公司的领导重视。工会的资金不紧张。

　　企业工会与以前比较无一例外的受到大幅精简。工会的编制、经费，工会工作的开展状况也无一例外的与企业的经营状况呈正相关关系，多数企业的工会主席由党政领导兼任，这给企业职工维权造成了问题。多数企业工会的工作主要还是围绕开展文体活动和劳动竞赛活动。工会活动开展好的企业常常会这样描述：行政领导很支持，主动让工会监督，很尊重工会的意见，工会在企业地位也高。几乎无法开展工作的工会则这样描述：企业根本不拿工会当回事，工会监督提意见他说你算老几，甚至让敢于为职工维权的工会干部下岗回家。从调查结果看，工会活动开展得好坏，工会参与企业管理，企业监督，职工维权工作的深度与企业经营的好坏、企业领导的觉悟意识有很大关系。由此可见工会工作的地位。

（三）劳动争议调解委员会状况

表 4　　　　　　　　　　受访企业劳动争议调解状况

企业简称	调解机构及人员	工作状况	成功案例
某仪器厂	有调解机构：工会方：主席、副主席、劳动保障部部长 3 人，职工代表占 1/3；行政劳资部部长，人事部部长等。	有信访办、厂务公开栏、职工意见箱、厂长接待日，预防劳动纠纷。车间有劳动争议调解员。有纠纷做工作交换意见解决。提起仲裁的劳动仲裁案例两起。	1985 年促成厂里分房政策以女方为主，处理基层单位承包后女工哺乳时间争议，坚持主张解决一线女工的住房困难问题。处理婚姻纠纷多起。
某开关厂	有调解机构，组成：工会主席、工会办公室主任、女工干事、劳动保障部主任，一个职工代表，还有劳资处长、人事处长代表行政方共 7 人组成。每个基层分工会设有调解员，一般由工会主席担当。	一般职工有住房问题、工作问题，工会根据情况出面给基层打个电话，写个条子，找领导沟通一下，通常问题能解决。有时女工反映工作问题，就到一线去了解情况，以其在工作中的表现再处理问题。因工作、工伤、工资等劳动争议方面的问题要求调解约占调解总数的十分之一，住房，婚姻较多。厂里曾有小律师队伍。	女职工休产假后有岗，男职工休法定护理假。工人有问题时疏通渠道多，每个季度一次职工代表座谈会，大家有机会说话。根本的是经济效益要好。经济效益不好什么活动都很难开展，职工的利益也难保障。

续表

企业简称	调解机构及人员	工作状况	成功案例
某车辆厂	有劳动争议调解委员会。原设在厂工会办公室，现设在民主管理委员会，地点放在女工部。主任为厂工会副主席，委员由厂方安技处、劳资处、生产口、女工口及两个基层工会主席组成。	一般问题双方当面做工作，下车间协商，通常利用个人的面子，老资格及好人缘说些好话多数就解决了。很少有需要调解委员开会正式解决问题。正式处理纠纷，各口各选出1人，各占三分之一，进行调解。小律师中有学过法律的大专生，平时都在各自的工作岗位，需要时派出参与诉讼。	保证女职工孕产假期间得到基本标准工资。女工生育费实报实销问题正在争取中。
某建筑公司	1995年调解办放到工会，没有专门组织架构。	工作无法开展，女工没工作岗位，没工资，女职员不敢休产假，生育等于失业，女工干部若替职工说话，自己先下岗。公司已发生多起集体上访事件，问题不能解决。	
某毛巾厂	有调解机构，组成：行政处长2人，工会2人，车间的分会主席（支部书记），也是职工代表，共5人组成。	一般有事都直接说，不经过调解。招农村的协议工20多岁，她们干几年一结婚就不来上班了。厂里实行计件工资，没有其他待遇，不干就没钱。	工资分配不公，计件多的没拿到补发工资，曾由上级撤了当事领导的职务。工会代表工人与厂里工资谈判根本不可能。
某电机厂	架构：总厂工会主席，民主管理干事，女工委员会主任（女），人力资源部的负责人及干事，行政部干事，基层职工代表两人，共9人组成。下面基层17个工会分会，都设有劳争调解小组：一般由3—5人组成，成员是基层党支部书记任组长，还有女工委员，职工代表，工会主席。	调解程序：一般是先确定是否属于劳动争议，因为有许多都是家庭争议。如果确定是劳动争议，我们一般先由基层调解小组进行调解，避免有的问题光是上面一纠正，底下没有沟通，以后还要在一起工作不好相处。对于基层调解不满意的，基层要拿出书面意见，报到厂里，厂里劳动调解委员会再调解。这一点我们厂做得挺正规的。我们的职工代表，女工代表都经过专门的培训。	厂方让职工交风险抵押金，后一直没有钱还职工，职工反映强烈，工会代表职工与行政进行协商，把还钱的事写到集体合同里，作为硬指标，一定要按期限给职工还钱。后来在资金非常困难的情况下按期还了。拖欠职工的医药费也解决了。

续表

企业简称	调解机构及人员	工作状况	成功案例
某水泥厂	无组织架构。	工会能协调一些力所能及的问题,拖欠职工9个月工资,这样严重的问题是工会力所不及的,工会干部的月工资才400元。	
某针织厂	劳动争议调解,只听说过,现在工会只1人,厂方一共27人留守。	工厂破产,工人没有工资,社会补贴的180元生活费用白条发给工人,工人交来用于买社保的费用也不见下落,工人只得多次集体上访,但问题还是不得解决。	
某机械厂	组成:厂调解小组9人,基层小组3人。各级调解组织均由三方人员组成:工会代表、行政代表、职工代表。各方代表人数各占1/3。基层调解小组由三方各一个代表组成。	各方代表要求具有一定法律知识、政策水平、办事公道、为人正直、能密切联系群众。委员会名单报上级总工会和劳动仲裁委员会进行备案。调解委员会设在厂工会,活动经费由工厂承担。劳动争议调解处理制定有"实施细则",和工作程序。	劳动争议较多,如车间的工作岗位安排,职工福利分配等,但一般经过商谈都解决在基层。
某公交公司	有调解机构,组成:工会、劳资、行政三方3人,隶属于职工代表大会。职代会下设有工资福利分配小组,劳动安全保证小组,劳动争议调解小组,女工主任参加调解小组,并负责日常工作。调解小组每年开一两次会,学习相关文件,通报劳动争议调解情况,开除职工多少,为什么开除。	日常调解主要由工会做,谈话都有记录,有处理结果,谈话记录本人签字,公司最终的处理结果也记录在案。司乘人员贪污票款两元以上就开除。被开除的人不服,找到工会反映,工会调解不成就提起仲裁,仲裁的结果职工都赢了,赢了继续回来上班,公司不会有偏见或者报复等。公司的总经理是人大代表,书记是市党代会代表。领导认为职工告状是个人的权利,经理并不计较,能理解,很包容。	将喂奶补贴从7元提高到70元,女司机怀孕5个月就调换下车工作,售票员怀孕6个月就调换下车工作,工资不受影响,力争女工卫生费提高。

　　调查发现，一个自身工作都难以开展的工会，它的劳动争议调解工作也无法开展，然而它的劳动争议问题恰恰是最严重的，职工的劳动权益保护也是最为迫切的，工会干部的抗争又给自身带来失岗的威胁。

　　劳动争议调解的概念已基本为基层了解，但真正能程序化的开展这项工作的仅有一家。多数企业工会将劳动争议问题的调解工作等同于职工家庭纠纷、婚姻问题的调解，把自己在调解工作中的角色，看作是为企业生产保驾护航，自己则是领导的左膀右臂，而不是职工利益的代表。还有工会干部把职工被拖欠了工资、职工被迫加班加点不吭声，看作职工觉悟高，这都反映了工会干部维权意识的缺失，亟待培训提高。

　　多数基层工会调解工作是非正式、不规范的，有时甚至给人一种和稀泥的感觉，但是站在基层的现实角度考量，这些方式却是最适用的、有效的、成本最低的，常常也是最合理的、双赢的，当然也是这些基层委员力所能及的。

（四）受访者的困惑与思考

表5　　　　　　　　　　受访工会干部的困惑与思考

企业简称	受访者看到的问题
某仪器厂	企业女干部的培养应引起关注，因年龄问题以前提拔的女干部逐步减少，新的没有接上，厂里35岁以下的女干部只有1人； 厂里资金周转困难，发工资有拖欠现象，无法维权，我们工会要维护厂里的大局，女职工也要服从。
某开关厂	劳动保障具体政策，宣传力度不够，这方面的意识不浓，职工不知道，也没搞懂；女工不知道什么是侵犯了她的权益，对此知之甚少；劳动权益保护法律，可操作得太少，比如人员编制的多少，工资待遇的高低，加班加点的规定，国家都有哪些法规可参考，可照办，工人有哪些权益，怎么保证，谁说了算。
某车辆厂	从中层干部配备情况看，女性比例太少。全厂中层以上干部280余人，女同志仅有6人，不足3%，且均在非主要岗位任职。
某建筑公司	工会理解工人难处，但没有权，我们也要在人家手里吃饭，受人制约，你们又斗不过他们；告了他们，官司赢了，回来自己被除名了；工会主席是个老大学生①，人很正直，敢替工人说话，就被赶下去，不让你当了。
某毛巾厂	要做两个维权工作，一个是工厂的权益，一个是工人的权益，工厂做的事对，我就维护工厂，工厂做得不对，我就站出来替工人说话，应该先有大家才有小家；当一个女领导比较难，付出的比男同志多，制定政策上要考虑男、女双方的利益；三八给女工发点东西，要不来一点钱；厂长说："我挣来的钱，为啥让你拿去为人呢？工会法是个屁，不就是个民间组织，能干啥？"

---

① 是指"文革"之前的大学生。

续表

企业简称	受访者看到的问题
某电机厂	我们和学者、研究政策的人接触机会少，多给我们讲讲课，政策制定得具体一点。
某水泥厂	基层搞具体工作最需要有成文的东西，下面办事情，有文件就认，没文件就不好办；厂里对女干部培养选拔不太重视，每逢召开厂务会议、董事会议时，女性没有一个人去参加，这些场合很少听到女职工发声。
某针织厂	替工人说话要得罪领导，替领导说话也不对，怎么解决，特别难做，工会没有地位，说话作用不大，工会现在一点经费都没有，工作也没有了。
某机械厂	工会的领导由行政兼职，所以工会依法独立开展工作，发挥作用就很成问题。中国的工会永远发挥不了作用，工会主席发挥了作用你行政就受不了了（基层工会主席说）；改制时期，工会工作遇到新问题，过去的模式与新的环境接轨，处理起来比较难适应，感觉压力大；女工的喂奶时间、产假、婚姻、家庭暴力问题是女同志经常发生的问题。
某公交公司	工会工作原来是以搞活动为主，现在工会工作维护工人的权益是第一位的职能，工会要为职工解决问题才能取得职工信任。 工会的角色会发生根本变化，现在工会采取的方式是与双方协调，维护双方的利益，以后也许只是纯粹的对立监督，只维护职工的利益。但是，企业没了我们工会还是没了。还要看当时的大环境；许多企业工会的同行都说，现在工会没什么事做，也没有多少钱，问我一天那么忙干什么呢。所以工会工作企业重视了，党委重视了工作就好开展；职工的利益与企业的利益是相关的，不能截然分开。我们要维护的是职工的合法权益，不合法的权益不在其中。

　　劳动争议调解工作，在基层企业都是由工会委员们承担的，几乎每一家企业的女工委员又都是这项工作的实际日常执行者，至于为什么会形成这样的安排我还不得要领，但这无疑有利于女职工权益的保护，在实际的调解案例中，也是有关女工的权益维护居多就是证明。但是劳动争议的性别问题却并没有引起重视。

　　女工委员们承担了大量的基层调解工作，她们有许多困惑，有许多思考，也提出了尖锐敏感的问题，专家们应该通过她们的工作来研究、制定相关法规。

　　同时，我们还看到，工会主席们感到自己在维护工人利益还是工厂利益的问题上是很清楚的，那就是工厂的利益是第一位的，职工个人利益应服从集体利益。职工与厂方是什么关系，由于几十年的计划经济背景，这一关系常常成了公民与祖国、与党的关系的具体体现，职工的利益与企业的利益息息相关，这一现实使得职工的个人权益在企业的经营需求面前不值一提。

三、访谈后记

　　此次劳动争议访谈历时半年，共采集了企业样本 11 家，企业的劳动争议状况是这次访谈的主题，搜集这方面的材料也是我们工作的目的，但在大多数企业收到的相关内容都不多，虽然遗憾，但这也正是现状。总体来说，企业工会的现状是都受制于企业行政，它的人员编制、人员工资、工作经费来源都依赖于企业；而工会工作开展的状况如何，职工维权的程度又都依赖企业行政领导的开明度和他所能留给工会的空间。企业的劳动争议调解工作大多是由工会来做的，其实际状况是：劳动争议调解小组的组织编制，常常只是写在文件里或是显示在墙上的一种例行公事，当我们访谈问及时，当事人大多说不清劳动争议调解小组的人员及架构，只是说有但要查一下。劳动争议的问题每个企业都有，但被访者大都说没有劳动争议的问题，没有值得调解的问题。其实际的工作程序，一般都是职工来找，工会就去找当事的领导说一说，依赖人情脸面加工作关系，互作让步就把问题化解了，若遇行政领导不买账工作就难做了，有时作调解的工会干部替职工说了话，反会遭到攻击报复。在我们了解的 11 家企业中，真正有程序并按程序进行劳动调解的企业只有公交公司一家，尽管他们的工作记录材料非常简单，但他们做了，每年还都有进入劳动仲裁程序的案例。尽管如此，如果从劳动争议预防这一点来衡量，我们可以认为大多数企业的劳动争议调解还是做了一些工作的，职工们毕竟希望问题能通过沟通解决，走到调解或仲裁机构解决问题应该是最后的选择。

　　在我们访谈的企业工会干部中，无一例外的观点是，公认工会的作用是要维护企业和职工双方的利益，而企业利益＝集体利益＝国家利益，当然是第一位的，职工权益＝职工利益＝个人利益，个人利益应当让位于集体利益——这是我们多少年形成的观念。职工有哪些权益？职工权益是否受到侵犯了？工会为职工维什么权？我们常常看到企业对职工集体的侵权问题（比如占用职工休息日，比如拖欠工资），大家是视而不见的，工会有时像个小媳妇，只在行政的容忍度里维权。即就是维权这个词也是近两年才喊响的，工会才认识到自己的任务除了配合企业生产搞一些弹弹唱唱之外，还要为职工维权。有些工会干部说，工会不独立，维权永远是一句空话。这就是我们访谈了解的现状，就像某公交分公司工会主席说的，工会的这种状况也许将很快成为历史的一页翻过去，也许还要时日。

　　到企业去与被访人见面座谈，因事关企业曾经发生或存在的不足，客观上不可能谈得很多很深，了解到更深层次的东西。有的企业把我们当上级汇报工作讲成绩，或者很客气但有戒备心淡化问题，很坦率的企业是少数，还有企业的被访者期盼我们能解救他们。

我们访谈的 11 家企业中有两家企业经营出现危机，同时也发生了职工集体劳动侵权的严重问题，工会工作和调解工作也受到严重影响。

Investigation on Mediation of Labor Dispute Involving Women in Eleven Enterprises

[**Introduction**] By talking with labor unions and mediation organizations of eleven enterprises covering different industries such as civil engineering, textile, military industry, mechanical and electronic industry, oil, transportation and manufacture of vehicles and various ownerships such as sate-ownership, collective ownership and private ownership in Xi'an and Xian Yang, we found that the work of labor unions in enterprises were limited by its management and interests, labor disputes were treated mainly by labor unions. There were labor disputes in every enterprise. But it was difficult to enter into mediation. Importance was not been attached to the special treatment of labor disputes concerning women by enterprises.

（王小梅执笔，王小梅、周风景调查。）

104 例女性当事人劳动仲裁案件的分析

2003 年至今，西北工业大学妇女发展与权益研究中心开展了对涉及女性的劳动纠纷的调查活动，我作为劳动仲裁案件调查组成员，选取了陕西省西安市、渭南市，到两市的劳动仲裁委员会调取案卷，并选取其中以女性为当事人的案卷进行调查分析。其中，包括西安市 1995—2005 年的 79 份、渭南市 1998—2005 年的 25 份。通过对这 104 份劳动仲裁案卷的整理，发现其表现出一定的特点，也反映出一些问题。下文通过归纳分析，以期对女职工劳动争议仲裁问题的研究提供一定的借鉴。

一、仲裁案件所表现出的特点

针对劳动仲裁案件的性质，本文主要从申诉人的身份、女职工参加庭审情况、申诉人的年龄特点、案件的案由、结案方式、仲裁请求获得支持等几个方面进行特点分析。

（一）申诉人的身份特点

根据劳动法的规定，用人单位和劳动者发生劳动争议，均可请求劳动仲裁机构予以处理。由此可见，用人单位及劳动者都可以作为劳动仲裁的申诉人。而从上述案卷所反映出的结果来看，其中，在西安市的 79 份案卷中，以用人单位为申诉人的案卷 2 份，还有 1 份案卷中用人单位作为被诉人提起了反诉。在渭南市的 25 份案卷中，用人单位作为申诉人的无 1 例。由此可见，几乎全部案件都是由女职工提起仲裁的。

（二）女职工参加庭审情况

在劳动仲裁中，双方当事人可以自己参加庭审，也可以委托代理人参加庭审。在这 104 份案卷中，其中，女职工亲自参加庭审的为 29 例。有委托代理人的为 79 例，其中，委托家属或亲友的为 57 例。① 委托代理人的身份

---

① 其中，4 例女职工既亲自参加，同时也有委托人参加。

具有多样性，如丈夫、父母（包括公婆）、成年子女及其他亲友。委托律师或其他法律工作者的为 22 例。有法定代理人的为 1 例（被代理人为精神病患者）。

（三）申诉人的年龄特点

在上述 104 份案卷中，出生于 1920—1929 年的女职工有 4 人，1930—1939 年的有 3 人，1940—1949 年为 13 人，1950—1959 年为 27 人，1960—1969 年为 28 人，1970—1979 年为 35 人，此外还包括出生于 1930—1949 年的 115 人（这是一例关于退休女职工劳动争议的代表人仲裁案件，具体年龄段无法统计）。需要说明的是，在 104 份以女职工为申诉人的案卷中，共同仲裁的案件为 2 例，代表人仲裁案件为 1 例，申诉人人数分别为 4 人、6 人、115 人。

（四）劳动仲裁案由特点

在上述 104 份案卷中，提起劳动仲裁的案由具有多样性，具体包括：追索工亡待遇 3 份；追索医疗保险 6 份；追索劳动报酬 2 份；追索经济补偿金 6 份（其中包括破产企业职工一次性经济补偿金 4 份）；要求补缴失业保险金 14 份；要求补缴养老保险 13 份；要求补发工资 29 份。其中要求补发产假期间工资 1 份；追索遗属生活困难补助费 5 份；要求补发生活费 11 份；要求退还押金（或称聘用安置费）3 份；追索生活困难补助费 1 份；追索工伤保险和待遇 10 份；要求确认并恢复劳动关系或解除劳动关系 42 份。其中劳动者主动要求解除劳动关系的 1 份；追索解除劳动合同经济补偿金 6 份；追索自谋职业安置费 1 份；要求补发福利 4 份；要求补办退休手续及补发退休金 8 份；要求报销医疗费用 6 份；追索奖金 2 份；劳动合同违约争议 1份；要求补发护理费 1 份；对劳动者违法处理发生争议 2 份。需要说明的是，在很多例案件中，都有一个以上的仲裁请求。

由上面的统计数据可以看出，其中要求补缴社会保险金的案件最多，其次为要求确认并恢复劳动关系或解除劳动关系的案件，第三类为要求补发工资的案件。

（五）结案方式的特点

在上述 104 份案卷中，以裁决方式结案的案件为 75 例，以调解方式结案的案件为 24 例，以撤诉的方式结案的为 5 例。由此可见，劳动争议案件在经历了协商和调解两个程序之后，一旦进入仲裁程序，以调解的方式结案的比例则较低，仅占1/4，主要的结案方式为裁决。

（六）仲裁请求获得支持的情况（不包括撤诉与调解结案的案件）

以女职工作为申诉人的案件中，仲裁请求全部获得支持的为29例，部分获得支持的为35例，仲裁请求被驳回的为10例。以用人单位作为申诉人的2例案件中，用人单位的仲裁请求全部获得支持的为1例（注：还有1例以调解方式结案）。由此可以看出，女职工所提出的仲裁请求绝大多数得到了支持。

二、仲裁案卷所表现出的问题及分析

（一）绝大多数案件没有显示出性别意义

从女职工权益受侵犯的案件类型来看，除了和男性同类的案件以外，还应该包括女职工因其性别身份而引发的特殊权益受侵犯的案件，如男女同工不同酬；女职工因结婚、怀孕、生育被辞退；女职工经期权益被侵犯；女职工哺乳期权益受侵犯；女职工提前退休引发争议；生育费用报销争议；生育保险争议；职业晋升中的性别歧视；就业阶段的性别歧视等。但从西安市及渭南市这一时期所有的劳动仲裁案件来看，尽管以女职工作为劳动仲裁案件一方当事人的案件数量占相当大的比例，但因女职工性别身份而致其特殊劳动权益受到侵害的案件比例很低，只有1例是要求补发产假期间工资、1例是因为丈夫被除名而单位解除了与其妻子的劳动关系、1例是因为生育而被除名。这一调查结果可以推出两种可能性：一是女职工因性别身份而致其特殊劳动权益受侵犯的案件比例本身很低，进入劳动仲裁程序的相应就很少；二是女职工因性别身份而使其特殊劳动权益受侵犯的案件并不少，但由于某些原因使得进入仲裁程序的案件很少。从我们项目前期所接待的诸多女职工劳动争议案件来看，这类案件实非少数，占相当大的比例。但为什么进入仲裁程序的却很少，这反映了一个明显的问题：即女职工的维权意识、维权成本以及制度设计中都存在着一定的问题。

首先来分析维权成本。在我们项目的访谈中，经常听到女性这样的话语：给自己生孩子，单位同意报销生育费更好，不报也无所谓，只要能保住工作就行！从这样的话语中可以看出，女职工在作为强势一方的单位面前首先表现出一种无奈，在生存权与就业权的选择中，女性通过理性的成本比较，显然是愿意选择放弃维权而保留其工作权、生存权。因为这样的因维权而引起被辞退的"得不偿失"的案例比比皆是，面临着工作权的危机，报销生育费、索要产假期间的工资等问题又何足挂齿！

其次来分析维权意识。上述案例充分反映出了女性对自身怀孕、生育、休产假等问题的一种态度，她们仍然认为这属于个人的私事，是私人领域要解决的问题，而没有真正意识到生育已经成为一种社会责任、社会事务，生育的成本应由社会来承担。

再次，相关的制度设计中存在着问题。上述现象也充分反映了在社会性别政策以及法律等制度设计中存在着不合理的问题。如：育儿假仅由母亲来享有，生育费用、生育保险仅由女性所在单位来承担，女性早于男性退休，女性受到"四期"保护，女性被限制或禁止从事某些职业或工种等。这些客观事实的存在无疑使得女性在就业中处于雇用成本高于男性这一劣势地位。有些制度设计从表面上来看，是出于对女性的保护，但客观上却使女性处于不利地位，很多时候用人单位以保护为名禁止女性进入她所需要的一些职业或工种，或用人单位以其他理由或借口将女性排除在就业的门槛之外。所以，对女性给予特殊权益的保护，应以实质上的保护为其制度设计的目的，应以合理的客观的制度设计为其保护途径，以避免出现显性保护隐性歧视或称为名义上保护实质上伤害的立法结局。

（二）随年龄递减劳动争议数量递增

从申诉人的年龄阶段的统计中可以看出，随着女职工年龄的递减，劳动争议的案件数量不断增加。

劳动争议案件的数量多少以及案件的性质同女性的年龄及其就业的时代特征有着密切的联系。总体来讲，我国的劳动关系经历了由简单向复杂的发展过程，具体来说，出生于1950—1959年的女职工，在其主要的劳动生涯中，所经历的劳动关系相对单一，主要是计划经济条件下的行政依附性的劳动关系，由于劳动关系的用人单位一方主要是国有企业，其承担了很多项社会职能，所产生的劳动纠纷较少。1960—1969年出生的女职工，在其劳动生涯中，陆续经历了企业的转制、改制的过程，而这一过程的实质，就是原有的计划经济条件下的行政性劳动关系的逐步解体以及向市场经济条件下市场性劳动关系的转轨，在这一过程中，本身就充斥着劳动关系的多样化、劳动关系的不稳定、社会保障的缺失以及诸多侵犯劳动者权益事件的发生。1970—1979年出生的劳动者，从其初次就业，就面临着市场性劳动关系，多样性、短期化、非稳定性以及劳动争议的多发性是这一时期劳动关系表现出的特点。加之年轻劳动者维权意识的增强以及对所在单位依赖性的减弱，使得劳动争议表现出了高发性的特点。在这一社会制度变迁过程中，年轻的女性比年长的女性更多地面临着这一系列的问题，更是面临着诸多的危机。与此同时，与男性相比，女性处于更不利的境地，如在企业裁员中，女性首先成为被裁员的对象；在就业市场，女性更多地面临着被歧视的处境；在职场空间，女性更多地面临着职业晋升困难的问题；在退休问题上，女性更早地面临着脱离职业空间的问题；在养老问题上，女性更多地面临着老年女性贫困化的问题；在职业稳定性上，女性更多地受到家庭及其成员的影响等。

（三）更多女性职工委托他人参加仲裁

从上述的案件统计可以看出，大多数女性委托他人代理自己进行仲裁，这里的他人，既包括律师也包括亲属，但主要是男性亲属，女性不愿亲自参与仲裁活动，不愿在仲裁庭上出现、发声。

女性在仲裁过程中表现出的这一特点，让人联想到女性诉权获取的过程。以我国台湾地区的研究为例，陈昭如提出，传统中国法将女人视为无行为能力者，要求由丈夫替她进行诉讼，或者由她的男性亲属来接受衙门审理，从1899年开始实施于我国台湾地区的日本民事诉讼法，赋予了女人作为法律上当事人——原告与被告——的独立诉讼地位。女人开始被法律视为是可以拥有独立自主意志行动的个体，不需要由男人——主要是她的男性亲属——来为她思考与行为。同时，在1896年民政时期开始之后，近代欧陆西方式法院机制的建立，也成为女人以法律手段来改变现状的途径，由求助于衙门转变为利用法院。这是一个关键性的改变。因为，就是在这样的脉络下，产生了女人与法律协商的新空间，从而创造了近代式的女权，并且促成了法律上性别关系的改革。①

今天，在女性已经获取了诉权的法制背景下，女性仍然存在着不愿自主表达意志、不愿发声的现象，其原因应该不仅仅限于法律层面，更多的存在于社会层面。

（四）女性就业的阶段性与非连续性

从对劳动仲裁案卷的分析中可以看出，很多仲裁案件的起因缘于女性就业的阶段性和非连续性。而女性就业之所以表现出这一特点，我认为主要原因在于两个方面：

---

① 陈昭如：《创造性别平等，抑或与父权共谋？——关于台湾法律近代西方法化的女性主义考察》，http://www.scu.edu.tw/hrp/course/doc/94/941PHR10801.doc。

1. 女性的就业表现出非正规就业的特点

随着大规模的产业结构和所有制结构的调整，女性就业比男性受到更为普遍的影响和冲击，非正规就业的女性化在中国已是不争的事实。在某种意义上说，非正规就业对就业不足和失业或下岗后难以返回正规劳动部门女性的生存具有战略的意义。但在政策缺失状态下，从业于非正规就业女性的职业层次、劳动报酬、社会保障、组织化程度不仅与正规就业女性存在差距，而且与非正规就业男性有明显区别，从而使业已存在的就业领域中的两性差距非但没有缩小反而有所扩大，如在某案例中女性大多为银行代办员，而银行正式员工多为男性。

2. 女性承担较为繁重的家庭义务

封建社会把社会与家庭工作范围分为"公"、"私"、"内"、"外"四个领域，国家为"公"，家庭为"私"，在家庭的分工中又有"内"、"外"之别。所谓"男主外，女主内"，就是把女性局限于"私"领域中的"内"领域，女性的职责就是生养孩子、侍奉老人、照顾丈夫、做饭洗衣、织布纺线。由此，女性退出了哈贝马斯所说的"公共领域"，这种性别分工制度塑造了女性，使她们变得忍耐、顺从、柔弱、依附、被动，从而退守到家庭，将丈夫和孩子作为自己全部依托。现代社会，尽管女性已经走出家庭，但其仍然承担着主要的家庭责任，而且，让女性阶段就业或回归家庭的呼声还此起彼伏，使得诸多女性的就业仍然表现出阶段性、非连续性的特点。

3. 更多女性充当社会就业压力的"减压阀"和牺牲品

当社会每一次出现就业机会不足，面临着较大的就业压力时，更多的女性总是作为被裁员的对象暂时退出就业市场以缓解社会压力，等就业机会增多才有可能再次进入的可能，这也使得女性的工作经历表现出阶段性的特点。

（五）面试应聘等就业中的性别歧视案件未显现

从劳动者所处的时间环节来看，可以分为就业前、就业中、从业、离职后几个阶段。从现有的调查结果可以看出，除了在从业阶段存在着大量的劳动争议之外，在就业中这一阶段侵犯劳动者权益的事件也是大量存在，对于女性，更多的是面临着面试应聘中的性别歧视。如西南政法大学2008年组织的女大学生就业情况调查显示，女大学生就业面临的最大困难是性别歧视，约70%的女大学生认为在求职过程中存在男女不平等。[①] 但这些案件在公力救济中却未显现出来，在上述104例案件中没有一例属此类案件。据央

① 《女大学生求职遭隐形歧视缺证据难起诉》，《中国新闻网》2008年4月24日。

视的一项数据显示，针对"如果遇到就业歧视会怎么办"，仅有3%的人起诉维权，选择"无奈，继续找别的单位"的占到73%，"跟对方申辩"的占到18%，"向有关部门反映"的占6%。① 这一数据显示的似乎是人们维权意识的淡漠，但实质上却有着深层次的原因，如法律对就业中这一阶段规制的空白、提取诉讼证据的困难、诉讼成本的高昂、诉讼结果的难以执行、公益诉讼的缺失等。

三、对带有女性性别特征的劳动争议个案的分析

（一）因为丈夫被除名而单位解除了与妻子的劳动关系

案情简介：申诉人1992年被分配到被诉人处工作，1995年10月与被诉人签订了十年的劳动合同；1998年9月，被诉人以申诉人之丈夫被除名为由，限期让申诉人调离，搬出住房，并停止了申诉人的工作，停发了工资和一切福利待遇。

仲裁委认为，被诉人的做法不符合法律规定，也违反了双方当事人所签订的劳动合同，要求被诉人撤销其对申诉人所作出的处理决定，继续履行劳动合同，并支付所欠工资。

案例评析：在本案中，因为丈夫被除名而用人单位解除了与其妻子的劳动合同，这是典型的将丈夫与妻子捆绑为一体，将家庭作为劳动关系的基础，这样做的结果是将妻子作为丈夫的附属物，因为丈夫的被除名而连带地影响到妻子。而事实上，劳动关系是以劳动者个人为一方主体，夫妻双方在各自的劳动关系中都是以独立的主体身份而存在的。

这样的案例看似特殊，但绝非个案，在国有企业、事业单位及社会团体等用人单位中表现得最为明显。这是原有的计划经济条件下行政依附性劳动关系的延伸。在这种劳动关系下，女性更多是以附属者身份进入职场的，如从夫工或随夫工，这样的劳动关系必然带有女性从属于男性和家庭的特征。如20世纪90年代曾出现的国有企业下岗政策中规定"一个家庭夫妻中一方被裁员，不允许另一方再被裁员"，这事实上就是国有企业以家庭成员的一体化为劳动关系的基础的一个政策体现。即使在当前，也有一些用人单位专门出台了土政策，规定如果夫妻一方调离所在单位，则另一方必须同时调离，即使不调离，也会以强制调离的方法同其解除劳动关系。如某电脑软件

---

① 《就业歧视 离你有多远》，www.cctv.com，2005年12月21日。

公司规定"凡本单位双职工，男职工调走时，妻子必须一同调走"。① 又如某国家级科研所的人事制度规定，夫妻二人如一方因深造离开单位，另一方必须同时调离。②

(二) 因为生育而被除名案

案情简介：申诉人系被诉人处三分厂工人，1998 年初，因单位效益不好，没有生产任务的分厂工人可以息工，有任务时再上班，申诉人 2 月 18 日休完婚假，以口头形式与三分厂办理了到 3 月底的息工手续，后因怀孕，4—5 月又请假两个月，5 月中旬因生育休产假，期间于 3 月 21 日，被诉人以申诉人违反劳动纪律旷工为由，将其除名，解除劳动合同。因一时无法通知申诉人，直到该年 6 月初，分厂领导通过申诉人的丈夫转达该决定。随后申诉人找工会、找西安市劳动局信访办要求解决争议，并于 1999 年 5 月向仲裁委申请仲裁。仲裁委认为，申诉人没有在知道权利被侵害的 60 日内申请仲裁，故驳回其请求。

案例评析：从该案件中女职工被解除劳动关系的起因来看，是以其违反劳动纪律为由而引发的，但从该表面原因的背后所隐藏的实质原因来看，是因为该女性的生育而导致劳动关系的解除，这不仅是该女性所面临的个案，而是困扰众多生育女性的问题，在 2007 年智联招聘发布的"三八妇女节职场女性专项调查"中，72% 的人担心怀孕丢掉工作。这实质上造成了女性的"隐性失业"，也就是职业女性在工作中因为生孩子而失去应有的工作机会和职位，甚至可能因此失去工作。之所以在诸多劳动争议案件中没有显现出这一类案件，是因为用人单位多是以女性劳动者违反单位劳动纪律或其他理由为借口解除劳动关系，而如果对此进行仲裁或诉讼，劳动者往往面临着一系列的现实生活困难，如养育子女家庭负担繁重无法脱身等，以及法律程序中的难题，如举证困难、高昂的诉讼成本费、漫长的仲裁诉讼期等，所以，在面对着因为生育而被解除劳动关系的处境时，女性劳动者往往选择的是隐忍而退。所以导致这一类的案件表现出隐蔽性。

在解决性别平等问题较为前沿的美国也有类似的案件，其法院判决值得我们借鉴，如 California Federal Savings and Loan Ass'n v. Guerra, 479 U. S. 272（1987）。该案涉及雇主是否应该给那些因怀孕而无法继续工作的妇女提供产假，并在她们生育之后保证继续给她们安置工作的州法律是否违

---

① 《丈夫调离不能株连妻子》，http：//www. womenwatch - china. org，2005 年 9 月 19 日。

② 《妻子因丈夫考取博士后被迫离职诉讼两载赢回就业权》，《新华网河北频道》2005 年 9 月 12 日。

反被 1978 年《妊娠歧视法》修订的 1964 年《民权法》第七项。Lillian Gar-
land 是 Cal Fed 的接待员,在这个位置上她已经干了好几年。1982 年 1 月,
她因怀孕不能继续工作。同年 4 月,她告诉 Cal Fed 能够回来继续工作。但
此时她的工作已经被人接替。法院判决认为,被《妊娠歧视法》修改的
《民权法》第七项不禁止对怀孕雇员的优待。① 美国 1964 年的《民权法》第
七项规定"因雇员个人的种族、肤色、宗教、性别以及出生地差异,雇主
在雇员的赔偿、雇用期限、受雇特权等方面歧视任何人,皆为非法"。根据
美国国会于 1978 年通过的《妊娠歧视法》(PDA),特别定义了性别歧视包
括"怀孕、分娩或有关医疗状况基础上的歧视,并要求在所有与就业目的
有关的事项上对怀孕、分娩妇女与没有怀孕、分娩的妇女一视同仁"。

(三) 要求补发产假期间工资案

案情简介:申诉人诉某保险公司拖欠产假期间工资争议案,被诉人同意
发放产假工资,申诉人撤诉。

案例评析:这是诸多案例中仅有的一起因为要求补发产假期间的工资而
提起仲裁的案件,而且以所在单位同意补发而撤诉。这一类案件同前两类案
件一样,同样表现出隐蔽性的特点,究其原因,主要在于女性劳动者在维权
中所表现出的理性算计与无奈。事实上,从现实来看,这一类案件很多,但
如果采取仲裁或诉讼的办法解决,对于女性劳动者而言,无疑面临着一个因
小失大的抉择,因为,用人单位多会因此而寻找某个机会或借口与其解除劳
动关系。而事实上,因为劳动者维护一个较小的利益而丢失工作的实例举不
胜举。所以,基于这样的后顾之忧,劳动者只能进行理性的算计,丢车保
帅,隐忍小权益被侵犯而维持其工作机会。在本案中,尽管用人单位以同意
补发产假工资为条件使得申诉人撤诉,但申诉人以后的职业命运如何,是否
可能因此而面临着被解雇的境地,由于缺乏后续的案件跟踪,结果不得
而知。

四、女性劳动仲裁案件引发的深层次思考

在对上述劳动仲裁案件的分析之后,除了案件表面所显现出的问题之
外,同时也带给人们一定的思考。为什么具有女性性别特征的案件没有显现
出来而呈隐蔽性的特点,除了女性的维权意识较低之外,是否还有隐含的深

---

① 《平等保护诉讼》,http://www.womenwatch – china.org/article.asp? id = 253。

层次的社会原因？在面试、应聘等就业阶段诸多的性别歧视案件为什么没有显现出来，是法律的空白、法律的无力还是社会制度的一种无奈选择？为什么女性在面对公力救济时不愿出面发声，是否存在着性别的生理差异还是女性的社会角色定位的结果？立法赋予了女性特殊的劳动权益保护，但从实际结果来看这是一种真正的保护措施还是导致歧视的一个诱因？对待女性劳动权益问题，我们需要选择一种平等保护模式还是区别优待模式？对女性特殊劳动权益的保护在司法中的湮灭，是否反映出了劳动仲裁救济制度的无力？是否需要寻求一种替代性的纠纷解决机制？这些问题的提出需要我们进一步的思考和研究。

Analysis of 104 Labor Arbitrations
with Woman Victims

[**Introduction**] By analyzing 104 arbitration files with woman victims, we conclude that women have had certain remedy consciousness. It may because of law publicity or media influence. Of the 104 arbitrations, there were 102 being presented by women. But there were only 29 arbitrations in which women victims themselves appeared in court. The rest were represented by others. The gender problems were mainly about giving birth to babies and bring up children. Its hard to solve gender problems by simple labor arbitration. The system defect of labor arbitration stands out when dealing with labor rights' problems of women. In order to settle gender problems, we need improve not only legislation but also remedy system of labor rights.

（杨云霞）

46 例女当事人劳动诉讼案例的分析

劳动争议发生后，司法可能是解决纠纷的途径，而且应该是解决纠纷的最后渠道。从法律的角度分析，争议当事人如果不选择诉讼，则意味着在诉讼外解决了纠纷。而一个争议若是进入诉讼，也意味着最终会以法律的方式解决。但翻阅劳动争议诉讼案卷后，才发现现实与法律的距离竟然如此遥远。在社会转型的历史背景下，劳动争议本身的复杂性、法律的不完善、司法过程的裁量都让这一时期的劳动争议在诉讼的道路上一波三折，最终也只在形式上实现了定纷止争，而实质上被损害的劳动权利未能弥补，劳动者因为权利受损而带来的挫败感却被进一步强化。"法院和仲裁的判决更是让我们觉得看不到希望，⋯⋯为什么我们生活在阳光照不到的地方。"①

一、研究背景

在我们调查劳动权益的过程中，通过立意取样的方法抽取了一些劳动争议诉讼案卷，这些案件的共同特点就是当事人均为女性，都是与单位发生劳动争议而走上法律救济的程序。在阅读这些案卷的过程中，我们发现很多当事人的权利丧失并不仅仅是一个法律问题，分析她们权利被损害的原因离不开对特定的社会背景的研究，也离不开对特定群体的认识。同样解决她们的权利问题也不能仅仅从现有法律规定出发，而必须考虑特殊的时代背景。

在我们关注劳工权利特别是就业的权利时，我们多是着眼于市场经济下的自由择业，资本的逐利性与资本的强大导致劳工权利得不到保障。可我们往往忽略了这是一个计划经济向市场经济转变的过程，有很多计划体制下的劳动者面对计划与市场的双重挑战，计划在这里代表旧的官僚行政管理体制，而市场代表资本在追逐利润过程中的选择。在这一剧烈的变革过程中，计划经济下的企业也面对着巨大的冲击，劳动者往往是被牺牲的利益群体，

---

① 本文所引用当事人访谈，均来自西北工业大学妇女发展与权益研究中心访谈资料。

两种体制下的不利面在这一个群体身上集中施加，换言之两种体制都会选择有利于自己的方式与方法对待劳动者，而对于劳动者来说，经常是不明所以地丧失了自己的工作或者是某些劳动权利。

只要曾经有计划经济企业存在的地方，都有这样类似的群体，当我们关注城市外来工权利的同时，也不要忘记有这样一个群体在城市里存在，最重要的是他们中的大多数都曾经为企业奉献数十年，在劳动能力逐渐丧失，劳动技能也已落后的状况下，他们却失去了赖以谋生的工作，以至于有些人甚至老无所养。

他们所面对的劳动权利问题，是一个特殊时代的权利问题，只有在这样的时代才会遭遇这样的问题，当这样的背景渐渐远去，这些问题也会被淡忘。就像我们今天关注农民工，同样是因为特殊的时代使然，当农民工这个词语成为历史时，他们的权益问题也就不再具有特殊性而被人提及。

二、陕西省女职工劳动争议诉讼案卷分析

在西北工业大学妇女权益发展与研究中心抽取的 46 份案卷中，当事人全部是女性，其中西安 43 份，宝鸡 3 份。从中级法院取得二审案卷 32 份，从基层法院取得一审案卷 14 份，这 14 份中有 10 份当事人自愿撤诉，其中 6 份在判决中显示是未经仲裁撤诉。这 10 份自愿撤诉的案卷统计意义只体现在当事人年龄、代理人身份和谁提起诉讼上，因为撤诉后案件未经审理，所以也没有更多的案情反映。46 份案卷中集体诉讼 3 份（其中两例未计入统计），一例 6 人，均为女代课教师；一例 101 人，因案卷中未显示全部当事人只有总人数，无法统计性别；一例也是涉及百人的诉讼，但因为包括行政诉讼、劳动争议一、二审等，每次人数不一致，故也没有统计性别比例。所有案例均在 2000—2002 年间受理，均于 2003 年 2 月前审结。具体统计结果用以下表格说明。

表 1　　　　　　　　　　当事人年龄

年龄段	1920—1929	1930—1939	1940—1949	1950—1959	1960—1969	1970—1979
人　数	1	1	3	12	18	14

虽然只有 46 份案卷，但因为其中有一例集体诉讼，因此当事人总数就不是 46 人。另外有两例集体诉讼因为人数较多，都为退休职工，其中一例

撤诉，故均未统计入表格。从数据来看劳动争议比较集中地发生在50年代、60年代、70年代人员①身上，原因在于这三个年龄段的人此时大部分都在就业岗位上，因而与单位发生争议的机会较大。而因为案例收集时间的原因，80年代的人虽然存在就业人群，但相比其他年龄段，进入就业岗位的较少，因而争议还没有集中表现在她们身上。

表2　　　　　　　　　　　　　　　　当事人身份

身份	正式工	合同聘用	集体企业职工	临时工	退休	遗属
人数	15	19	2	8	3	2

退休职工中不包含两例集体诉讼的当事人。正式工主要是指国企员工，具有正式身份，而临时工则是相对正式工而言，她们和单位其他正式员工相比存在同工不同酬的情况。比如六名代课教师的身份在这里被归入临时工，就是因为和单位首先存在劳动合同关系，但同时又和公办教师同工不同酬。而合同聘任则是指市场化后企业的用工形式，既包括完全市场化的合同聘任，也包括企业转制后对以前的正式员工实行全员合同制。

表3　　　　　　　　　　　　　　　　诉讼代理人

代理人	律师	公民	配偶或亲属	无
人数	12	11	12	11

配偶或亲属担任代理人也是公民代理，但为了案例分析的目的，也是因为在统计时发现部分女性的代理人就是丈夫，这不是偶然的个案，而是具有普遍性，在这12份案卷中，有11人为配偶，另有一人为兄长，这一问题也具有研究意义，所以特别把配偶或亲属代理单独于公民代理之外。

表4　　　　　　　　　　　　　　　　原告身份

原告	劳动者	单位
案例数	38	8

一般来说，劳动争议案件多是由劳动者提起，这在仲裁阶段可以看出，案卷中反映出的仲裁程序都是由劳动者提起的。而一审案件由用人单位提

---

① 三个数字均表示出生年代。

起，是因为仲裁裁决支持了劳动者的请求，因此诉讼阶段可以看到单位作为原告的案例增多。

表5 诉讼请求

诉讼请求	案例数
除名、开除、辞退	14
社会保险	9
工资拖欠	24
工伤待遇	6
休息、休假	1
返聘劳务费	1
单位内部处罚	1
明确劳动关系	2
经济补偿金	3
扣发工资、退休费	2
遗属待遇	2
保证金	1
工资晋升	2
不明	10（撤诉）

数据表明在36个经过法院审理的案例中，女职工劳动争议的诉讼请求基本涵盖了劳动争议发生的所有范围，统计数据远远大于案例数是因为大多数案例中都有一个以上的诉讼请求。但与我们刚开始调查时的期望相反，具有性别特点的劳动争议在这个层面基本看不到，只有一例因婚姻关系存在导致当事人权益受损害的案例。这类案例在诉讼层面较少出现，究其原因并不是这类劳动争议在现实中不存在，而是很少进入到仲裁与诉讼阶段。深层原因在于社会对于这类劳动权益的态度、法律规定本身及其现实效果以及救济制度的设计不足上。

表6 劳动争议发生时间

年 份	2002	2001	2000	1999	1998	1997	1996	1995	1994	不明
案例数	2	11	9	3	3	1	2	2	3	10

之所以关注劳动争议发生的时间，是想了解劳动争议通过司法的解决时

间，因为收集的案例都是在 2000—2003 年 2 月间结案的，除去 14 个一审案例无法判断当事人是否上诉，二审是否进行之外，其余 32 个经历了二审的案例从争议发生到二审结束持续时间从一年到八年不等。最早的劳动争议案例始于 1994 年，这是 1995 年劳动法实施之前的一年，也就是说因为劳动争议诉及法院要求解决也是始于 1995 年。在这之前发生的劳动争议没有司法解决渠道，普遍不能进入司法过程，只能通过行政途径解决，这对于部分国企之外的企业形式来说基本意味着不存在劳动争议，因为没有解决纠纷的司法路径，当事人即使认为存在损害也只能放弃。

三、转型时期工作权利会遭遇的问题

（一）谁动了我的工作

在统计案卷的过程中，发现一个明显的问题，很多当事人因为一些自身之外的原因失去工作，比较集中地发生在 20 世纪 50—60 年代间出生的人身上，她们在计划体制下参加工作，把自己最好的人生都给了工作，本来以为会像前辈一样，在这个单位一直工作到退休，可是现实改变了这一切。比如企业改制转型，单位之间调动，上级主管部门的文件，企业效益不好等，最后劳动者失去工作岗位以除名、辞退、开除、无人接收等形式表现出来。劳动者失去工作的背景其实就是计划与市场的交织，很多无形的、外在的因素对当事人及其工作岗位产生影响。市场带来的巨大变化裹挟着劳动者，她们一路跌跌撞撞、踉踉跄跄，回头才发现，一些人的权益不见了，一些人的工作不见了，对于这些人而言，年龄、工作技能、意识都让她们无法坦然地接受这个变化。更重要的是在企业转制不规范、社会转型未完成的情形下，社会保险缺失、失业救济缺乏，失去工作仿佛让她们失去了与这个社会联系的纽带，失去了未来的保障。具体在案例中，当事人失去工作，除了失去工资，还失去了与企业的联系，而按照计划体制下的模式，企业实行的是低工资、高积累、集体福利，即使市场转型已经开始，可是这一部分还未完全转变为市场模式，因而断了这个联系，就断了参与企业的福利分享，包括福利分房、子女入学、休息休假、医疗、养老、节日福利发放等。

虽然计划与市场都会对劳动者带来冲击，但市场也给劳动者带来机会，比如停薪留职就是个人在市场面前的选择，至少机会还是敞开的，这时候的不平等更多体现在个人能力上。当下海结束返回岸上至少旧船票还是登上了旧体制的车，成为体制内的一员。不管体制内的保障有多久、有多少，人们还是认可成为这个体制的一分子，除了意识里对旧体制的适应；还包括之前与企业共进退，而之后却只能在市场中单打独斗；当然最重要的还是旧体制下的企业保障还未完全变为市场下的社会保障，未来保障的不确定性都让人们更认可成为体制内的一员。

（二）劳动管理关系与企业行政管理关系交织损害当事人权益

企业一方面是市场主体，自由用工，但另一方面作为国有企业又与政府之间存在某种行政管理关系，这导致当事人与企业之间的争议夹杂着复杂的行政关系，在诉讼中表现为单位往往以上级行政机关的决定来推卸责任，或者是在劳动争议诉讼中会涉及行政诉讼，当事人必须先通过行政诉讼推翻行政机关的决定，才能与企业就劳动争议提起诉讼。行政关系成了劳动者必须逾越的程序。

案卷中有这样的案例比较典型：企业以行使企业自主权为借口，套取内退职工工资上调的差额，当内退职工知道后向政府部门反映情况，市劳动局作出"虚报冒领"的定性，取消了工资的上调。由于市劳动局的行政决定一度被视为处理纠纷的依据，当事人为维护自己合法的工资晋升权，只能连续地提出撤销行政文件的请求，直至提出行政诉讼，要求撤销劳动局文件，请求确认内退职工工资的合法套改升级权。此时行政诉讼介入体现出非常强烈的计划体制带来的后果。

同样的案例还体现在六名代课教师的诉讼案中。刘某等六人为临时代课教师，教龄均有15—20年，1984—1993年与未央区教育局签订合同在各小学任临时代课教师，1993年之后未签合同继续担任教师，2000年区教育局文件要求解聘代课教师，各学校遂与当事人解除合同。六人起诉区教育局被以主体不适驳回，非常有意思的是在仲裁阶段已被告知被告不适格，但六人依然不屈不挠地进行到二审，结果是相同的被驳回。为什么当事人这么执著地以教育局为被告进行劳动争议诉讼呢？原因很简单，和上述案例相同，她们试图推翻一个行政主管部门的行政决定，然后才能争取自己的劳动权利。不同在于此案没有走行政诉讼，她们强调与教育局签订合同而不是与学校，但此后的事实劳动关系确实发生在她们与学校之间，因此导致诉讼被驳回。可是选择学校同样会面临尴尬，学校不可能违背上级行政主管部门的决定，最后的结果依然是只能结束劳动关系，最多会得到经济补偿金。事业单位在执行了上级单位的文件后导致当事人权益受损，此时劳动合同关系与行政管理关系交织，劳动者无从应对。诉讼使劳动者不仅面对用人单位，更要超越行政管理机构。

（三）婚姻关系对劳动权益的影响

郁某的个案可以从一个侧面反映出婚姻与工作的联系与影响。郁某1975 年参加工作，曾是车间运行大班长、车间质量员、厂工会委员、车间分会主席、先进工作者、立功竞赛业务技术能手。1990 年底其丈夫，借调外单位时，同郁某所在企业因供销合同纠纷，代表借调单位欠款 5 万余元，后其夫离职，2000 年 3 月企业以郁某的工资抵扣，每月只留 230 元生活费，2000 年 10 月当事人起诉。

婚姻对劳动权益毫无疑问会产生影响，比如因为婚姻关系一方调动工作或解决安排工作，同样也因为婚姻关系一方会失去工作。比较典型的是双职工家庭中一方离开单位，另一方也有可能被迫离开或强制解除劳动关系。这类案例是我们在咨询与研究中已经发现的，将婚姻中的一方视为另一方的附属，因为一方的原因恩赐或是剥夺另一方的工作，对于作为附属的一方而言，无疑是将婚姻与其工作权捆绑。而郁某的案例又是以另一种方式将婚姻与工作权利捆绑，企业在抵扣工资的文件中如此行文："因该笔欠款归于家庭债务"。从案卷可以看出，这笔债不是郁某丈夫的个人债务，但企业却以家庭债务的名义要求郁某偿还，并每月从其工资中直接扣除。郁某的个人经历表明她在职业高峰绝对是个优秀的女性，但即便是这样，婚姻与工作的捆绑仍然让她的工作权益大打折扣。

（四）仲裁时效对当事人利益的影响

在此次案卷中有八例因为时效问题被驳回诉讼请求，劳动法规定的仲裁时效过短，导致很多劳动争议根本无法进入到司法程序。多数当事人在发生争议后并未首先想到通过法律途径解决，而是与单位协商或者向相关部门反映来期待问题解决，与其他纠纷的解决路径相同，司法应该是解决纠纷的最后机制，可是当当事人寻求司法帮助时，却可能面对超过了仲裁时效而未能进入司法途径。案例中很多当事人都存在同样的问题，仲裁、一审、二审均以超时效为由驳回，案件事实未能得到司法审查，纠纷的解决机制无路可走，就把权益被损害的负担放在了劳动者身上。大多数劳动争议都是由劳动者提起，也就是说劳动者权益受到损害，而此种方式，无异于劳动者失去合理解决纠纷的途径，使用人单位损害劳动者权益的行为合法化，对于单位而言推诿才是解决劳动争议的可行之道。这样看来，60 天仲裁时效的设计确实达到了初衷，把大部分劳动争议挡在法院门外，但却让用人单位的非法行为持续合法化。

依然以郁某工资被扣为例，当事人 2000 年 10 月起诉，经历仲裁、一审、二审，均被以超过时效驳回，实体争议根本未进行审理，这就产生了让人匪夷所思的结果，一方面企业扣除工资的行为非法，另一方面司法不予审理。在这里替郁某简单地算了一个账，因为企业效益不好，每月工资额不定，但扣款却每月进行，只给郁某保留 230 元生活费。欠款额为 59500 元，判决中表明 2000 年 3 月至 2001 年 1 月共扣除 8019.2 元，每月扣款额平均为 730 元，全部欠款不计利息依此标准扣完需要 81 个半月，持续接近 7 年，在当事人的请求因仲裁时效被驳回后，扣款行为会继续进行，而当事人也再无其他途径可以突破。面对这样的结果，其实我们和当事人一样茫然，一定是哪个环节出问题了，才会有如此让人无法解释的局面，这也算是现实对立法者与司法者的一个拷问吧。

（五）用人单位规章制度以及行使处罚权的随意性，如何接受法律检验

企业长期在计划经济下，行政工作随意性强，且不以合法性为要求，这表现在两个方面：一个是企业规章制度的随意性，二是企业行使处罚权的随意性。

用人单位的规章制度从某种意义上而言也具有法律效力，因为劳动合同中劳动者的义务之一就是遵守规章制度，而企业也会依据规章制度处理劳动者。但当用人单位的规章制度存在随意性时，如何接受法律的检验。如果纠纷能进入司法程序，那么司法可以在诉讼中审视规章制度的合法性。但当事人的纠纷若未能进入司法，案例反映这种情况存在的可能性很大，那么企业适用也许不合法的规章制度却可能产生合法的结果。

其次就是企业依据规章制度处罚劳动者时，往往不考虑处罚过程中当事人的权利。而法律又在此时开始进入人们的生活，程序合法也成为法律的要求。因此经常会出现因除名程序不合法而导致的争议，这时候，除名的原因合法与否已经不是考量的重点。案例中出现当事人也可能确实符合除名的条件，但却因程序不合法提起诉讼最终法院判决撤销除名决定，恢复劳动关系。但由于证据以及仲裁时效的原因，同样的问题也存在被驳回而丧失法律救济的情况。这种争议较多发生在企业效益不好，开工不足的情况下，因为劳动者较长时间未去上班，在这种背景下，企业单方面作出除名决定，未给劳动者书面送达导致被除名者不知情。

我们依然以郁某工资被扣为例，与其丈夫有关的这笔债务实际上是企业之间的债务，但企业在追债无方的情况下，将这笔债归于曾经手的郁某的丈夫头上，然后通过企业内部行为又将这笔债定义为郁某家庭债务，最终将其

转嫁到了郁某头上。之所以用"转嫁"一词，是因为从法律角度而言婚姻并不会让人丧失法律上的独立性，而相关法律法规也规定扣除工资必须符合法定情形或者是以有效的仲裁裁决或法院判决为依据。企业扣除郁某工资显然不符合此规定，可企业依然凭借自己的权力侵害了郁某合法的劳动报酬权。这时候企业与劳动者的不平等地位非常明显，劳动关系中的依附性与权力控制关系由此可见，这种不平等也使劳动争议发生后，很少会有劳动者首先想到诉诸法律，通过非诉讼渠道解决才是最理智的选择，毕竟与企业相安无事才符合当事人未来利益最大化的原则，只有到了无法解决的地步，法律途径才是不得已的下策，可这时往往因为已经过了仲裁时效而一败再败。

（六）身份与年龄对劳动权益的影响

当事人的身份与她们所面对的争议也有不同程度的关系。在这里身份指的是正式工与临时工，他们也许做的是同样的工作，但享受的待遇却不同，这是计划体制下的同工不同酬。虽然经济转型、企业改制，用工制度也在改变，可这种不平等的身份区别并没有消失。不平等的除了同工不同酬，还表现为临时工工作权益更脆弱，任何政策文件、市场变化、企业调整都首先动的是临时工的利益。甚至案例中还出现国企在合并过程中宣布部分正式员工为临时工，以此来逃避很多用人单位的义务。

面对劳动争议，当事人身份也是她们作出不同选择的原因。对于计划体制遗留下来的正式工身份，当事人都比较在乎，前文也提到，体制内的身份意味着很多。"尤其是厂里的福利，像医疗啊、住房啊、物业呀之类的，一个是便宜，再一个是有保障。你要是真把这个工作辞了以后，你所有的这一切都没有了。那么多人舍不得丢这个饭碗，原因就在这，我这些福利都跟得上啊。"所以如果当事人是一名正式工，面对失去工作的争议，总是竭尽全力想要重新建立与企业的关系，而临时工却比较容易接受失去工作的结果。如案例中当企业接受上级的决定裁减临时工时，当事人无任何过错，但依然接受了失去工作的结果，没有想过要去挑战上级部门的决定，只是就工资及经济补偿金提出请求。临时工的身份，可能才是当事人能坦然面对失去工作的原因。

不同年龄段的当事人权益受损的后果不同，对于年龄大的来说，一旦失去工作可能失去更多，包括养老等问题。前文中提到的六名代课教师的例子也一样，虽然也是上级部门的决定导致工作丧失，但对于年龄段在1954—1961年间的女性，她们已经是再就业市场上的困难户，因此继续这份工作才是她们的愿望。对于制度造成的身份不同导致同工不同酬的劳动用工关系本身就是计划体制下的产物，不会有当事人因此而提起诉讼。当事人想要超越的不是制度造成的不平等，而只是想通过诉讼继续维系自己的临时工身份，维系这种不平等。正是因为这种身份的不平等才导致临时工的工作权利如此脆弱，转型时期的任何风吹草动都让她们不堪一击。而部分出生于1970年以后的劳动者，面对失去工作的态度就与她们的上一代不同，参加工作时就体验的是市场化的就业，对计划体制下的企业保障与福利没有过多感受，而在再就业市场上年龄与工作经验又是她们的优势，因此换个工作也许会成为她们生活的一部分。如果市场经济继续深入，就业与职业保障完全实现市场化之后，劳动争议的内容与解决模式也会有新的变化。

四、结束语

从我们进行的案卷调查与个案访谈来看，劳动权利被损害对当事人的影响不仅仅是她们表现出来的损失：她们所经历的程序，耗去的时间，投入的精力，浪费的金钱，搭上的亲情与人际关系。用一位经历了诉讼的当事人的话来描述可能更明确："十年前我要知道是这个状况的话，也许我不会这样走，因为这个代价确实太大了，简直出乎我意料。""我现在是程序走尽，进退两难，陷入了一种尴尬的局面。"在经历了反复纠结的诉讼之后，当事人如此评价自己经历过的司法程序："本来是一个解决纠纷的地方，但是它现在却制造纠纷，本是一个解决民怨的地方，现在却变成积累民怨的机构。"从我们的角度看，虽然目前的司法制度与司法者还有很多不完善与局限，但这样评价司法程序显然是不公正的。

在1995年《中华人民共和国劳动法》实施之前，只存在劳务纠纷，没有劳动争议进入诉讼渠道，都是通过劳动部门处理，1995年《劳动法》出台以后，法院才开始受理劳动争议案件。这时候也正是市场经济改革深化，企业改制开始全面进行的时候，对于有大量老工业的地区来说，市场经济以后，有些企业不景气。有些企业改制后没有对工人做合理的安置，比如被整体租赁了，或整体买断了，或合资或破产等这些情况都有。还有些企业因为人多，效益不好，财源紧张。还存在企业借此机会减员增效，企业负责人滥用权力等。而同一时期劳动法开始实施，企业与劳动者对劳动法律的运用都存在一个逐渐认识的过程，用工制度才开始慢慢向规范发展。因此在这一背景下出现的劳动争议不光在数量上增加，其复杂性也各不相同，但集中体现为新旧体制交替过程中，企业应对市场经济变化而相关社会支持不健全而产生的劳动争议。

　　劳动争议一旦发生，解决起来存在较多困难。首先是劳企双方地位的不平等，企业具有优势地位，"劳动者也是考虑再三才去起诉，因为还要在人家这儿继续工作，他有顾虑，不诉讼他的合法权益得不到，一旦诉讼又怕企业对他另眼看待，或者将来在工作安置上给他找麻烦，有种种的顾虑，至于说劳动者能来这儿诉讼，确实都是迫不得已"。而企业"他不认为诉讼是解决问题的一个手段，他就认为是和他企业过不去"。① 争议挑起的对立使调解程序也显得无意义，往往劳动者同意调解而企业拒绝。其次劳动争议本身的复杂性和这一时期劳动法律的局限与劳动就业政策的复杂性也使争议的处理极具难度，企业的规章制度、地方的各种政策文件都会是法律之外解决争议必须参考的文本。而争议结束后的执行更使劳动争议诉讼从最后的结果来看是得不偿失。劳动争议复杂的过程与原因都累积在诉讼这最后一个阶段要得到疏解，可是现实让人失望。超过仲裁时效的败诉与胜诉之后的无法执行没有什么实质的区别。"拿我十年的青春为代价，如果得出这个结果，确实让我感觉很痛心。"这时候人们面对无法接受的局面，对司法的公信度产生怀疑失去信心就不难理解了，毕竟司法是解决纷争的最后渠道。

　　司法承受了它不该承担的责难，劳动者也承受了她们不得不承担的损失，这就是特殊历史时期的劳动权益问题。而伴随着用工制度的规范、法律制度的完善、社会保障制度的健全，希望转型时期的类似权益问题尽快得到解决，随着这个时期的结束，这样的问题也会越来越少。当然新的劳动权益问题还会出现，但毕竟未来还算有希望吧。对于出生于 20 世纪 50—60 年代的经历了劳动争议诉讼的劳动者而言，不知道还有什么能抚慰她们因为工作权利受损而带来的挫败与痛苦呢？

---

① 参见西北工业大学妇女发展与权益中心访谈法官资料。

Analysis of 46 Labor Suits
Involving Woman Litigants

[**Introduction**] On the background of social and economical transition, the labor suits at the end of last century reflected the character of that era. By studying 46 labor cases involving woman litigants, we know that lose of labor rights is not only a legal problem or a gender problem. It is necessary to consider a certain surrounding and a certain group when analyzing damage of rights. The settlement of problems must take not only legal provisions but the social surroundings into account. During the transition from planned economy to market economy, many workers suffered from the disadvantaged sides of both plan and market, which strengthened complexity of the labor disputes. And the limitation of legal system may result in the failure of law in protections of laborers. The poor role of gender in labor litigations indicates that people are not aware of gender and gender may not the leading problem of labor rights. Gender perspective can't be used as the single angle in analyzing labor rights. A comprehensive method should be developed in order to meet the complexity of labor rights' problems in China.

(李亚娟)

"女性劳动就业权益热线月"咨询分析

　　我们把活动安排在妇女节的这个月,是想发扬妇女的权利抗争的精神,"三八"妇女节是国际劳动妇女节(International Working Women's Day),又称"联合国妇女权益和国际和平日"(U. N. Day for Women's Rights and International Peace),是全世界劳动妇女团结战斗的光辉节日。1857 年 3 月 8 日,美国纽约服装和纺织女工举行了一次抗议,反对非人道的工作环境、12 小时工作制和低薪,游行者被警察围攻并驱散;两年以后,又是在 3 月,这些妇女组织了第一个工会。1908 年 3 月 8 日,1500 名妇女在纽约市游行,要求缩短工作时间,提高劳动报酬,享有选举权,禁止使用童工,她们提出的口号是"面包和玫瑰",面包象征经济保障,玫瑰象征较好的生活质量。5月,美国社会党决定以二月的最后一个星期日作为国内的妇女节。1910 年 8月,在丹麦首都哥本哈根召开了国际社会主义者第二次妇女代表大会。出席会议的有 17 个国家的代表,会议讨论的主要问题是反对帝国主义扩军备战,保卫世界和平,同时还讨论了保护妇女儿童的权利,争取八小时工作制和妇女选举权问题。领导这次会议的著名德国社会主义革命家、杰出的共产主义战士克拉拉·蔡特金倡议,以每年的 3 月 8 日作为全世界妇女的斗争日,得到与会代表的一致拥护。从此以后,"三八"妇女节就成为世界妇女争取权利、争取解放的节日。1917 年,俄国妇女号召在俄历 2 月 23 日罢工以要求"面包与和平",抗议恶劣的工作环境和食物短缺。这天正是公历 3 月 8 日。在这一天,世界各大洲的妇女,不分国籍、种族、语言、文化、经济和政治的差异,共同关注妇女的人权。近几十年来,联合国的四次全球性会议加强了国际妇女运动,随着国际妇女运动的成长,妇女节取得了全球性的意义。这些进展使国际妇女节成为团结一致、协调努力要求妇女权利和妇女参与政治、经济和社会生活的日子。联合国从 1975 年国际妇女年开始庆祝国际妇女节,确认普通妇女争取平等参与社会的权利。1997 年大会通过了一项决议,请每个国家按照自己的历史和民族传统习俗,选定一年中的某一天宣布为联合国妇女权利和世界和平日。联合国的倡议导致为实现男女平等建立了国家法律框架,并且提高了公众对于迫切需要在各个方面提高妇女地位的认识。

中国加入 WTO 后，妇女的劳动权益将与世界历史的进程结合在一起。一方面，世界贸易可能为妇女就业提供新的机会；另一方面，据国际劳工组织报告：世界经济发展势头减缓，加上全球性的经济危机，女性就业形势将进一步严峻，全世界将可能减少数千万个工作岗位，失业人数将增加，其中大部分可能是妇女。

中国劳动力供大于求的基本态势仍会持续。我国的基本国情是人口众多，劳动力资源丰富。从长期看，由于 20 世纪 60—70 年代的人口生育高峰，形成了当前和未来 20 年劳动年龄人口占总人口的比重维持在 65% 以上的较高水平。从"十一五"期间看，城乡新成长劳动力年均达 2000 万人，全国城镇每年新增劳动力 1000 万人，加上需要就业的下岗失业人员和其他人员，每年需要安排就业的达 2400 万人。从劳动力的需求看，按照经济增长保持 8%—9% 的速度，每年可新增 800 万—900 万个就业岗位，加上补充自然减员，可安排就业 1200 万人左右，年度劳动力供求缺口仍在 1200 万人左右。而在农村，虽然乡镇企业和进城务工转移了 2 亿人，但由于土地容纳的农业劳动力有限，按 1.7 亿计算，则农村富余劳动力还有 1.2 亿以上。因此，从总体上看，在未来相当长的一个时期内，城乡劳动力供大于求的基本态势将长期存在。[①]

制约权力和保障人权是现代法治的核心，《劳动法》是以保障劳动者人权为目的的人权保障体系的子系统，但在实现劳动者的人权保障过程中还有诸多问题等待我们去解决。因此，我们应注意加快与《劳动法》相关配套的劳动法律法规的制定，严格执行《劳动法》中的劳动标准，加强执法监督力度，以应对 WTO 的挑战，研究世贸组织关于社会条款及国际劳工公约的八个核心公约如何在我国接轨、遵守及执行的问题。争取把入世后对女性的挑战变成妇女劳动就业权益的新机遇：入世后劳工权利将与贸易结合一起，国际劳工组织提出的核心劳动标准将会受到国际社会更有力的监督，劳动中的歧视问题也会受到进一步关注。加入 WTO 的国家将会在世界贸易过程中不断修改和完善国内法，我国现有的《劳动法》已无法适应现有劳动关系的变化，也会积极探索国际劳动法在国内的转换适用问题。这样将为反对劳动就业中的性别歧视，促进女性就业提供一个很好的机会。

----

① 《关于当前劳动力市场供求状况的分析报告》，《中国企事业咨询网》2007 年 6 月 22 日，http：//www.zxleag.com/zixuninfo.asp？fox=7484。

一、活动的背景与动因

基于社会转型以及就业结构、性别结构的变化，妇女在劳动就业问题上面临着压力和挑战。特别是在中国加入 WTO 之后，随着国外市场的扩大，劳动标准国际化以及农村劳动力向城市转移加剧，劳动力市场的供给将会大幅度增加。因此，在经济高速发展的同时，城市就业压力会越来越大。在这种背景下，女性往往受到多重困境挤压，不仅固有的就业问题没有得到解决，还会受到资本全球化的影响，在劳工问题的同时出现性别问题，如加大职业的水平隔离与垂直分化，增大原有的性别歧视系数等。中国社会转型会使这一问题更加复杂。当然，这一挑战过程也会给妇女带来一些机遇，由于劳动标准将会受到国际社会更有力的监督，劳动中的歧视问题也会受到进一步关注。妇女的经济权利和经济独立（包括就业和获得适当工作条件并控制经济资源）是 1995 年世界妇女大会提出的战略目标之一。

（一）基于一种对妇女劳动就业问题的考察和认知

改革开放之后，一方面，为妇女广泛参与社会经济提供了空间，一些有自主能力，又有较高职业素质的女性向传统男性职业领域渗透，有些职业结构甚至发生了根本性变化。一些优秀的女性职业工作成就令人赞叹，但能成为女中豪杰、巾帼英雄的毕竟是少数，对更多的普通劳动女性而言，她们很容易成为劳动关系改革的牺牲者以及负面效应承担者，在职业定位上越来越边缘化。目前女性在劳动就业方面至少面临四重压力：

（1）社会转型和国际化的压力。妇女从对国家的依赖逐渐过渡到在市场经济中进行没有保障的职业竞争和选择；国际经济对就业竞争的影响。

（2）就业结构的压力。农业部门就业比重下降，农村劳动力向城市的转移将随着入世后农产品市场的开放而加剧；高新产业在国民经济中的作用提高，但对就业的需求拉动却降低。在就业市场上，女性往往处于弱势地位。

（3）劳动力市场的压力。中国是世界上劳动力资源最丰富的国家，使用世界上很少比例的自然资源、资本资源来为世界上 1/4 的劳动力资源创造就业机会。大大超过了劳动力需求，迅速上升的总人口就业率，形成十分独特的高就业模式，人为地加剧了就业竞争。经济的发展对就业需求拉动的影响不大，农民工和高薪白领相对于女工有竞争力。

（4）性别结构的压力。社会文化等对妇女的影响造成了劳动力市场就业机会的性别差异，形成性别歧视。在世界范围内，种族歧视已受到很多的重视，并正在改变中，对妇女的就业歧视由于其经常处于一种隐性状态，还没有被更多的人认识。性别歧视的潜在影响将波及人口总数的50%，在有的国家，种族歧视的影响不足5%。性别歧视的影响是一个复杂的问题，有很多理论研究它，如贝克尔的歧视偏好理论认为对女性的性别歧视是由于雇主的歧视偏好。

从世界妇女的就业权益状况看，主要存在以下五个方面的问题：

（1）立法上的问题。国际性劳动公约在一些国家得不到批准，或者批准后也存在适用上的困难，有关歧视性劳动法律、政策得不到修改，在有些国家对妇女的歧视恰恰是一种法律规定。

（2）权利实现的障碍。不能完全实现宪法规定的妇女劳动权利，妇女的法定权利与现实利益存在较大差距。

（3）妇女劳动保护性法规得不到实施。对妇女的特殊劳动保护具有双面性，有时候会带来相反的影响，这种保护的负面效应成为妇女参与某些职业活动的障碍。

（4）妇女在经济活动参与中的有偿职业活动明显低于男性。妇女在非正式部门工作的多，正式和专业部门少，歧视在女性进入劳动力市场前就已形成，进入劳动力市场后，职业分布上的垂直分化和水平隔离成为必然。男女两性的收入差距与在业状况和职业层次直接相关。女性较多地从事收入偏低的职业，在相同职业中女性的职务级别又比男性偏低，尽管女性中各级负责人有所增加，专业技术人员比例有所提高，但这两类职业中女性收入占同类男性收入的比例仍低于平均水平。

（5）在社会经济结构中行使权利的机会方面，男女之间相差极大。妇女没有或极少掌握经济决策权，包括制定财政、金融、商业和其他经济政策以及赋税制度和薪金规则。目前，全球高层管理工作女性只占3%，只有八个国家的元首是女的，有不到14%的女议员，只有1%女性为工会领导。经济结构和政策的实际发展影响到妇女和男子取得经济资源的机会、经济权力以及个人和家庭中的男女平等的程度，女性就业率下降幅度加大。女性在小型企业工作的多，讨价还价的能力差，被迫接受低薪和很差的工作条件，缺乏许多条件而进入非正规部门。妇女在非正规部门劳动的占多数，特别容易受到经济情况和结构变革的影响。

（二）妇女权益和利益的需求

在我们从事的有关妇女法律维权活动与研究中，我们发现：妇女的劳动就业权益是一个存在问题多、而利用法律手段救济困难的领域。原因在于很多与劳动就业相关的问题是一些政策性的问题，缺少法律上的可诉性。虽然法律规定了很多权利，但也只是取得权利的一种机会，法定的权利和能够在现实中实现的由权利带来的利益是不同层面的问题。在政策的范围内解决是一个复杂的问题，我国劳动就业政策体系大，由于不同时期政策的导向不同，内部不够统一，适用起来非常困难。

女性就业问题多，职业晋升困难，晋升到较高职位更难。与劳动相关的生命健康权、人身权，如职业场所性骚扰、劳动保护、女职工特殊保护等都存在一定的问题。

她们在权利遭到侵害时，权利救济中问题很多，需要有人提供法律上的帮助。

（三）基于一种女性研究的方法

女性研究中从女性的经验出发，融研究与行动为一体，强调参与和赋权。什么构成妇女平等权，女性如何表达权利，如何才能获得这种平等权，是女性主义在法律领域所关注的问题。任何运用法律体系与不平等抗争的设想必须始于理解和评价平等与男女在性别和社会上的差别之间的关系，但在法律理论上大部分时间占主流的只有男人一种声音，妇女的声音得不到重视，法律职业领域也一直是男人排他的领域，结果男人制定法律、执行法律、解释法律，并且这种解释来自男人想象力的创造，几乎与女性无关。在制定有关妇女权利时也往往如此。

由于缺乏女性的觉察力，使法律的目的、本质、概念受到深刻影响，主要是存在偏见和不完全性，女性主义法学在研究方法上有很多可以借鉴。

聆听妇女的声音和权利诉求，对现在有关劳动就业法律法规的文本清理，结合志愿者活动，推动政策及立法改善。

本次活动是我们女性劳动就业权益研究与促进项目的一部分。

项目活动的宗旨和目的是：了解劳动权益的状况，为研究政策和完善法律提供定性研究及个案研究资料。引起社会关注女性职业场所权益，提高妇女就业中的经济风险意识和权利意识，增强妇女权利应对策略和能力，帮助受到问题困扰的妇女缓解心理压力，提高妇女的抗风险意识和能力，开展女性职场权益状况调查和研究，推动和改善劳动就业立法。

二、活动方式和内容

热线咨询：在《华商报》报社开出一条"三月劳动就业权益热线"，为妇女排忧解困,每天下午 1—4 点,与电视台合作专题节目,与《中国妇女报》权益版和《中国妇女》杂志法律帮助版的专题和专栏合作。为了保证可持续性,"热线月"之后,在我们学校开出一条周五热线,继续服务。后续培训,分两个方面进行:一是对权益受困扰的妇女的权利自治能力培训;二是对维权者的培训。为了提高妇女的维权技巧和能力,在这次活动中,我们将发现和选择一些妇女,参加热线月之后的 27—30 周的"周末妇女权益小组培训",培训是纯粹的公益性的,计划对约 100 名妇女进行性别和权益技巧培训。希望经过培训的妇女能够成为未来社区发展中的妇女维权积极分子。

对维权者的培训我们将和省总工会女职工委员会联合进行。在暑假期间举办三期培训。不但把国际上一些好的做法引进来,还要总结我们本土的经验,把我们的经验介绍出去。省总工会已经有了一支约 3000 人的活跃在基层的小律师队伍,我们希望通过参与式培训,提高维权者的维权技巧和能力。

对热线咨询需要后续处理的方式是:有典型意义的特殊案件交工会部门进行行政帮助;对进行法律援助的案件由妇女中心与省法律援助中心进行法律援助案件代理;同时为了了解更多问题,热线期间举办三次公益讲座及讨论,请法律专家进行现场法律咨询解答。

活动志愿者是:陕西省高校及法律界资深专业人士。

三、法律咨询分析

所谓咨询,《现代汉语词典》解释是:"咨",指"跟别人商量";"询",为"询问";"咨询"就是"征求意见"。"咨询"的一般含义是询问、商量、谋划。传统意义的咨询就是"向有识之士求教解决相关问题的对策"。在实际生活中,"咨询"也可以理解为参谋、顾问,含有商量、请教、询问、征求意见的意思。以此类推,法律咨询就是提供法律方面的意见、建议。

(一) 基本情况

"热线月"活动中共接听电话 239 个,来话者主要是女工(约占90%,其中外来女工约占 1/4),内容涉及女性劳动就业权利的各个方面,如表 1。

表 1　　　　　　　　　"热线月"活动中接听电话基本情况

涉及权利	来话数	百分比
工作权	43	17.9%
就业机会平等权	6	2.5%
劳动合同权	10	4.18%
劳动安全卫生权	18	7.5%
休息休假权	16	7%
劳动报酬权	27	11.3%
社会保险福利权	29	12.1%
职业场所人身权	9	3.77%
女工特殊保护权	41	17.2%
合法权益的救济权	6	2.5%
婚姻及其他	34	14.2%
职业技能培训权	0	
组织参加工会权和企业民主管理权	0	

（二）咨询电话反映的问题及分析

1. 工作权

电话反映：普通女工难以应对复杂的劳动关系，工作权实现障碍多。

工作权有时是劳动权的一种狭义解释，是具有劳动能力的公民支配自身劳动力，并要求国家或社会为其提供劳动机会的权利。这是劳动者最基本的权利，其他劳动权利由此派生。在我国，工作权更通俗的解释应该是一种有酬职业占位，是妇女走出家门后面对社会的主要权利基础。

众所周知，普通劳动妇女工作权的实现有赖于一定的劳动关系，劳动关系具有人身依赖性，一般基于劳动合同而产生。在社会向市场经济体制转变和国际经济一体化过程中，一改劳动者的就业和基本生活保障由国家统包，劳动关系的构成实际上是劳动者与国家之间的单一劳动行政关系状况，劳动关系转变为利益化和市场化的劳动关系；过去单一的公有制劳动关系开始多元化，转变为国有、集体、私营、个体、外资等多种经济形式劳动关系并存的局面，劳动关系空前复杂，各种成分交错、冲突；过去国家代表企业，企业代表职工，转变为国家、企业、职工成为各自相互独立的权利主体和利益主体，对劳动关系的调节和规范，也转变为以法律手段和市场自行调节。与劳动关系相关的其他法律关系也夹杂其中，如劳动行政部门对劳动工作的管理，社会保障方面的关系，调处劳动争议方面的关系，工会对劳动者的合法维护，劳动法执行与监督关系等。

一般女工经常在电话中说，我不知道我的事算什么？也不知道算不算有工作？用女工的话说，就是"不让干活了"的事，可以说出许多复杂的或解除或变更为不完全劳动关系：如待岗、息岗、"两不找"（名义上是企业的人，有行政关系但无劳动关系）、"你不管我我管你"（单方面向原单位交管理费）、转岗、分流、下岗、进中心、内退、退养、买断工龄、失业等。据说这些不同的劳动关系有不同的法规政策以及土政策规章来调整，可是谁也说不清。劳动关系不规范，旧的已破，新的未立，权利义务边界不清，导致权力的滥用和扩张，有的单位让工人买断工龄，不服从者虽不强迫但全部让回家休息，只发一点生活费，单位若需要用工也不让她们回来；有的单位以交纳集资款作为可以工作的前提条件；有的在试用期收取各种押金，扣压证件等；有的女性在调单位时调丢了工作，后来的领导不认前任的账。

在经济性裁员中，法律保护企业解雇工人和裁员权利的同时却不能最大限度地保护工人抵制不公正解雇和裁员的权利。缺乏法律保障的下岗等方式可能会掺杂很多用人单位的主观因素，一批又一批的女工稀里糊涂地下了岗，疑疑惑惑地进了再就业服务中心，再从中心走出来，她们却不知为什么会这样，只是感到无助和失望。在这个过程中，女工合法工作权利受到不同程度的侵害，但这些妇女却一片茫然，不知所措。

2. 就业机会平等权

就业机会平等权是劳动者享有平等就业和选择职业机会的权利。包括劳动者享有就业不以民族、种族、性别、宗教信仰不同而受歧视的权利。其中妇女享有与男子同等的就业权利，在录用职工时，除国家规定的不适合妇女的工种或者岗位外，不得以性别为由拒绝录用妇女或者提高对妇女的录用标准。这方面一个突出的问题是：劳动力市场供大于求的事实使普通劳动力价值大大贬值。与用工单位比，普通女工根本没有讨价还价的能力，权益配置失去平衡，成为"一头沉"。在就业机会平等问题上妇女除承担与男性相同的市场竞争压力外，还承受着性别结构压力。女工反映，有些单位利用机构重组剥夺一些女同志的领导职位。有三个女性反映夫妇俩在同一单位工作，遇到劳动关系变动时视女性为非独立的个体，丈夫的行为株连妻子，男方调动工作时规定女方必须调走，否则就让下岗，追回单位住房，男的辞职，女的也得走人，而且说文件是职代会做出的决定。人为地重塑妻子与丈夫的职业依附关系。女大学生找工作，机遇少，就业渠道少，有单位明目张胆的拒绝理由就是因为是女生。有的单位明文规定不给女职工分房，当我们听说后索要正式文件时遭该单位拒绝。有些单位在单位缩编、退休时，男女待遇不平等，精简机构女性优先，退休时女性先走。另外下岗待业中的差别待遇也不容忽视：有的单位效益不好，领导以暂不安排工作为由让女工回家待岗。由于权利不平等造成的权力滥用是一个严重问题，如某商场被私人兼并，让职工买断工龄但不清理前债务，该女士起诉到法院胜诉，讨回了债务，却在办理关系时受到刁难拿不到档案，以至于交了几十年的养老保险无法继续。离退休中的性别差别待遇是政策性的，但有的单位在男60岁、女55岁退休基础上进一步扩大差别待遇，男一律60岁，女的则50岁。单位随意规定退休年龄，提前退休还不按国家标准支付工资，另外，有男的以工代干，退休按干部，女的却只有工人待遇；辞职时不给任何补偿。

3. 签订劳动合同权

劳动合同是建立劳动关系的基础，也是劳动者权益法律保障的合法延伸。在我国，合同的主体之间应该是平等的，但社会转型和劳动力市场的价值规律影响了这种平等。电话中反映，相当一部分用人单位不愿与劳动者签订合同，更不愿与合乎签订无固定期限合同条件者签订无固定期限合同；有的只用试用期，有的私企老板利用打工者求职心切，让他们白白试工，试用期满就找借口辞退；单位向打工者和职工收取押金，几百元至一千元不等，常以效益不好为理由不退押金，而且拖欠工资，工人想换单位都不行。有的单位怕留不住人，常让求职者将毕业证、户口本、档案做抵押；有的只签一年，年年签订合同，大家没有安全感；有的一年之后就不再安排工作，或者以可以再安排又迟迟不动为由来索取贿赂；有的单位解除合同却不退当事人的合同押金。用人单位权力过重，是劳动合同平等权难以实现的障碍。

4. 劳动安全卫生权

法律规定：用人单位必须建立健全劳动安全制度，执行国家劳动安全卫生标准，提供劳动保护用品，严格执行危害作业定期检查及作伤亡职业病的报告制度；对特种工作要进行专业培训和资格审查上岗；劳动者对违章冒险作业有拒绝权；对工作危害安全或健康的有批评、检举控告权，劳动者在劳动过程中要求改善劳动条件，以使自己的身体健康和生命安全得到有效保护的权利。电话中反映一些企业缺少最起码的卫生条件，女工没有更衣室，与男工只隔一个布帘子，有的连布帘子也没有，专为妇女做的体检根本没有可能。很多单位对伤残职工的伤残补助金执行不严格，执行国家规定的有关标准，随意克扣；有的工人因长期接触有毒有害物质需要进行职业病鉴定，但不知到何处去，单位也不给出示证明，自己也没钱；有些单位对工伤事故隐瞒不报，或者发给单位制的"土工伤证"，等到单位转制时，工人才发现没有国家工伤待遇。以致养老保险、再就业劳动合同签订都发生问题，由于当时没有进行工伤鉴定，再想依靠法律维护自己的权利时已丧失机会和权利。

5. 休假权

休假权是劳动者在法定劳动时间之后，进行休息和休养的权利；每周公休假日、法定节假日、探亲假和年休假日、产假日为休息日。有的单位不让职工请病假，事假期间扣发工资，变相剥夺职工权利。每日工作不超过 8 小时，每周不超过 40 小时工作制，每周最少休息一天。但很多打来电话的妇女不知道自己是不是有这种权利。如搞家政服务等打零工者不知道自己是否有休息休假权，如果有工资由谁付；有人问试用期在不在此列等。这方面最严重的是超工时现象：有些服务行业强调自己是特殊行业，要求员工加班加点，经常每天工作十多个小时，尤其是节假日更是变本加厉，但从不发加班工资，也不安排换休，员工有意见也不敢提，怕引起报复。某单位让工人天天加班，每小时付加班费三元，如果不服从则每小时扣工资几十元，随意延长工作时间，而且上厕所也受时间限制。某单位除春节让工人休三天假外，平时根本没有休息日，工人感到身体严重受影响，有工人晕倒在车间，有的因过度劳累流产，如有人提意见，厂方却说："下岗工人千千万万，你不想干有人干，不行咱就换！"根本无理可讲。有人自述孕期过度加班影响到孩子，新生儿患脑瘫，想起诉单位但又苦于无法从医学上证明。

6. 劳动报酬权

劳动者按照劳动的数量质量取得报酬的权利。包括：劳动者参与分配权和择业权，法定工资保障权等，是劳工的主要生存保障。这方面的问题很多，企业付酬信誉差，越在效益不好的企业越是如此。如在私企打工，老板不签合同，只给少许生活费，说年底一并结算，这种过去农业生产队的管理做法在城市大行其道；工作半年后老板说效益不好，连生活费也不支付。老板让打工妹先回家过年，答应春节后发工资，过后就不认账了，能赖就赖。单位让工人集资，不参加者就让回家且不给以前的工资，退休金拿不到应得的退休金标准。老板拖欠工资是常事，经常是打了欠条不认账，随意以违反劳动纪律，损坏东西克扣工人的合法劳动报酬。电话反映低工资低到每月 100 多元。一个餐馆打工者说多年老板只管吃喝，不付工钱。一个做缝纫工的打工妹，平时只借用一点零用钱，前程不保。有些单位工龄待遇计算中带有很强随意性，知道政策找上门去就解决，否则就不管。有的单位找不到文件也成为拒绝当事人的理由。

7. 社会保险福利权

劳动者享有国家和用人单位提供的福利设施和各种福利待遇的权利，在年老、患病、工伤、失业、生育和丧失劳动能力的情况下，有获得物质帮助的权利。现有五种社会保险中的三大保：养老保险，失业保险，医疗保险。这三大保为强制性的是因为有惩罚规则，后两个即工伤保险和生育保险实际上成为选择性的，其中，人们最关注的是养老保险，在这个过程中，用人单位单方面不履行交纳义务，转嫁应承担部分给个人，加重职工负担。这种情况主要发生在转劳保、买断工龄、下岗等劳动关系发生变化时。不仅如此，有些职工还要被迫向用人单位交纳一种额外所谓"保留职工关系管理费"。单位息工停产时，工人没有工资，也无人缴纳养老金。但是打电话的女性都很看重这一点，认为后半生可以有一定的保障。

8. 女工特殊保护权

女工特殊保护权是在女性与男子享有平等权利之外的特殊保护，如禁止女工从事矿山井下工作，国家规定的第四级体力劳动强度的劳动和其他禁忌从事的劳动；并对女性进行经期、孕期、产期、哺乳期的禁忌劳动等。对妇女的特殊保护因为市场化的运作，单位不大愿意负担这一部分费用。另一个原因是，女性特殊权益是一种派生权益，以劳动工作权的存在为前提，无法独立行使，所以女性工作权遭遇侵害时，特殊权益无法保障，电话中反映最多的是关于产假问题和生育费用的报销问题。因生育保险国家尚未纳入强制性保险之列，所以很多单位没有参加此类保险，现在很多女性生孩子后无处可以报销生育费用，有些单位还以女性的其他过错行为，如婚前就怀孕，来剥夺女性的这一法定权利，致使法律规定的权利在现实中无法取得。有些单位没有对女职工的产假、哺乳假作明确规定，甚至借生育期让她们长期在家待岗，有的单位要求生育女职工休假不能超过一个月，如果超过则按自动解除劳动合同对待，剥夺女职工产假的休息权利。对育龄妇女申请生育指标要收费，对节育措施限制太死，而且收取押金。有的单位对合同工转正式工时取消女工休产假的资格，在私企单位工作的打工妹没有婚假。

9. 职业场所人身权

主要是指女性在工作场所的人身安全、尊严和性安全以及反对性骚扰的权利。一女士长期遭受领导性骚扰而被迫失去工作，丈夫与其离婚，生活压力很大，但因没有人敢为其公开作证而无法求得法律的帮助，现在问题仍然拖而未决。有的女性面对男性的性骚扰不敢声张，结果使对方更加放纵，尤其是离婚女性，侮辱、殴打时有发生，使她们不能正常工作和生活，但她们不知道如何拿起法律武器。电话中反映职场暴力的情况严重。一医生在上班时因工作冲突被领导打伤，在诉讼中走尽了弯路，多年来问题一直无法解决，证据也已灭失。一公司发生男职工打伤女临时工事件，公司没做任何处理，只垫付 1000 元医药费，然后让他们自己私了，男职工调动工作单位也不告知女方，结果使赔款无法兑现，女方只能找单位，单位又认为自己没有责任，为此长期扯皮。有一女工与父亲同在一个单位工作，其父刚去世，单位就让她下岗，结果与领导发生冲突，相互打了起来，而且是领导先动手，结果她被单位除名。现在知道可以诉讼但早已过了时效。一名女工被老板打伤，她想提起诉讼，但工人怕遭领导报复，不敢出面作证。这些利用职权的职业场所的性骚扰和暴力行为都值得我们关注。

10. 劳动权益的救济权

劳动权益的救济法是劳动者在知道自己权益遭遇侵害时依法享有的排除侵害、借助公力恢复权利的权利。其实现的前提是法定权利的可诉性，但目前我国法律规定的劳动权利，在救济上多采用行政手段，缺少可诉性，是权利救济的最大问题。这一点需要立法的不断完善。电话反映最多的是劳动合同争议，作为劳动合同关系主体的用人单位和劳动者，地位形式平等实质不平等，实际是一种管理和被管理的行政隶属关系。涉及用人单位行政处分行为如：开除、辞退、工资工龄待遇等劳动争议中，用人单位处于积极、主动的有利地位，而劳动者对此决定提出的争议只具有消极的招架之力，常有以卵击石之感。

劳动争议是用人单位与劳动者劳动关系不协调的表现。我国现有的劳动争议处理方式有调解、仲裁和诉讼三种，在劳动争议处理过程中的相互关系，法学界有单轨体制和双轨体制两种主张。单轨制，指"调、裁、审"依次进行的体制；双轨体制，即"裁、审分轨，各自终局"的体制。单轨制，给当事人带来不便，解决问题的手段少，成本高，虽然是用人单位侵犯劳动者的合法权益，但迫使劳动者自行提出解除劳动合同。劳动者本来在劳动关系中就处于弱势地位，再加上就业形势严峻，因此，多数劳动者在其合法权益受到侵害时，往往是能忍则忍，不能忍受的提出解除劳动合同后，则既失去了工作也得不到相应的经济补偿。单位对向上反映单位问题的职工实施报复，用取消干部待遇、下岗等相威胁。

电话中未涉及职业技能培训权（劳动者享有参加劳动所必须的提高劳动技能或就业能力的各种业务学习的权利）和组织参加工会权和企业民主管理权（依法有权组织和参加工会，依法通过职工大会，职工代表大会或其他形式，参与民主管理或就合法权益与用人单位进行平等协商）。女工更关注的是一些与生存相关的基本权利，在很大的层面上还没有关注到更高层次的发展权，这可能与来话者所处的阶层有关。

四、策略和建议

（一）充分认识劳动就业中的性别歧视，增强性别敏感度

根据性别歧视理论，从结构上分析歧视往往包含三种不同层面的意义：一是偏见对待，其中隐含一种不屑和故意伤害行为，偏见对待不易转变；二是不公平对待，即对相同的人以不同的方式对待，且有背公平；三是对被歧视者的不利影响。由于不公平待遇所带来的对当事人的不利后果，有的来自于主观故意、偏好，有的来自于雇佣过程的不利影响造成损害性的后果。从热线来话中可以看出：在我国经济转型过程中，国家作为对妇女高就业政治屏护的撤离，劳动力市场歧视成为必然。按照时序可分为先劳动市场歧视、雇佣歧视和后劳动市场歧视。

先劳动市场歧视是进入劳动力市场前就形成的歧视性条件。先劳动市场歧视是指未就业前社会中或就业群体因某种因素所形成的歧视。其中最明显的是教育投资中存在性别歧视。20 世纪 90 年代末，小学、中学、大学的女性入学率都低于男性，除了能力淘汰之外，教育的性别投资偏好是重要原因之一。女性的基础教育往往被忽视。如就女性群体因素而言，女性受教育程度低，工作经验不足，工作流动不如男性方便，导致工资待遇低，就业处于次等级。就社会因素而言，社会对男女两性的期望不一，一味贬抑女性，对女性工作能力的负面评价，也内化为女性的自我评价低于实际水平，从而在妇女进入劳动力市场时就处于一种先天的劣势；雇佣歧视指女性进入劳动力市场后遭遇的歧视，热线反映的问题多在这一层面。常见的有招工、劳动报酬、晋升、解雇或退休时遭遇的与男性不平等待遇性歧视，这也是狭义的性别歧视；后劳动市场歧视是指离开劳动市场后在社会待遇和保障方面的不利状况。劳动者退出劳动市场后的状况有赖于就业的收入基础，以及社会保险的投保状况。按我国的情况，养老保险按工资比例交纳，保险享受自然不等。女性一般没有男性工作时间长，职位也低，加上退休一般又较男性早五年，而寿命又较男性长，老年妇女的贫困化是后劳动力市场歧视的结果之一。先劳动力市场歧视是一种复杂的歧视，其根植于文化传统和两性价值观，改变性别歧视的状况重要的是改变文化和教育的功能。

（二）重视妇女的权利诉求

通过咨询、权益小组和权益调查的个案访谈，发现劳动妇女的声音，度量法定权益与妇女实际权益的距离。在法律上定义性别歧视确定用工单位的

非歧视义务，并以司法为保障；招聘启事或广告不得指明招聘对象的性别；同一项工作，男性工作者的工资高于女性，涉及性别歧视的投诉，由用人单位负反证责任。我们只有深入群众，发现劳动妇女的声音，才能度量法定权益与妇女实际生活中所得权益利益的距离，才能知道她们想什么，最想解决的问题是什么，从而通过政策和法律表达这种声音。制定政策和法律的出发点应放在机会平等上，政策制定的过程应是开放的。在政策的制定中吸纳不同群体，尤其是弱势群体的声音，了解她们的政策诉求，以减少政策盲点。

（三）推动国家尽快出台《就业机会平等法》

在法律上定义性别歧视、年龄歧视和身份歧视。确定用工单位的非性别歧视义务。并以司法为保障，除特别工作有专门要求外招聘启事或广告不得指明招聘对象的性别，并依法同工同酬。男性工作者的工资高于女性，涉及性别歧视或其他形式的投诉，由用人单位负反证责任。调动、优化和整合现有社会资源，建立多部门合作的女性就业社会支持网络。用新的"社会整合"力量来化解"社会张力"，实现社会稳定。

（四）就业政策和法律的研究及职业教育

用多学科甚至是跨学科方法，探索有效的新的研究方法和多层次行动干预的策略。对女性进行社会资源转移与输入和社会就业教育并举，以提高女性的经济风险抵抗能力和权利自治能力。用陕西较多的教育资源，提倡志愿者精神，发展民间女性职业教育、在业教育和再就业培训。在劳动分工越来越精细、职业越来越专业化、职业技能越来越复杂化的今天，教育应走职业化的道路，根据职业需要不断调整和更新教育内容，使教育更具有竞争力。

（五）加强劳动监察，保证妇女及其他弱势劳动者现有法定权益

目前中国的劳动监察制度还不够完善，除了政府劳动部门的监察外，还应该有民间的妇女劳动监察和监督，法律上的权利只是公民取得权利的一种机会，只有得到权利后面保障的利益，才谈得上权利实现，转型期的劳动权利问题是公民的最重要权利，只有加强监察才能保证权益实现。

Assistance-hotline Month on Women Employment Rights

As the Women's Day coming, an activity called "Assistance-hotline Month on Women Employment Rights" was carried out by the Center for Women's Development and Rights of NWPU together with the Association of Legal Workers in Shaanxi Province, the women office of the Labor Union of Shaanxi Province, the Legal Aid Center of Shaanxi Province and Hua Shang Newspaper. By telephone consultations (239times), lectures and face-to-face consultations (3times), some problems were settled. But it was hard to resolve all the problems, which showed limitation of non-official consultation.

（郭慧敏）

权益支持焦点小组过程分析

一、小组背景

　　"妇女劳动权益研究与促进"项目一启动，我们就面临如何尽快掌握女工权益现状的挑战，2002年3月西北工业大学妇女发展与权益研究中心（以下简称"中心"）和陕西省法学会妇女法学专业委员会、陕西省总工会女职工部、陕西省法律援助中心、《华商报》联合举办了"女性劳动就业权热线咨询月"活动。热线刚一开通，咨询电话就接连不断，工作权利、女性特殊保护、工作时间、职场暴力、社会保险、工伤、性骚扰等问题反应激烈，很多当事人在电话里恳求与我们面谈，希望提供个案辅导。

　　面对如此强烈的需求，如何回应是我们的一个难题。中心只是一个学校的研究机构，大家都是兼职，我们没有足够的人力资源对需求者进行个案辅导，如果进行集体辅导，很难有针对性，况且需要辅导的案件大都是几经诉讼难以取胜的复杂案件，加上问题的解决又受到法律规定的时效性的限制，但是她们确实需要及时性的法律服务。

　　中心经过研究决定采用权益支持焦点小组的方法进行咨询和辅导，小组工作方法具有群体动力（group dynamics）、自由开放（open discussion）、定性数据（qualitative data）和适合探索目的（exploratory purposes）等特点。群体动力是指焦点小组参与者之间存在交互作用，相互影响；任何一个参与者的观点都会影响其他参与者的反应，任何参与者的观点和意见都是建立在其他参与者的观点的基础上。从小组成员的角度来说焦点小组是自由开放的，没有特定框架约束的。[①] 小组工作对协作者有很高的要求，中心的核心成员曾接受过北京、香港妇女组织的社工培训，也有过组织婚姻家庭、反家庭暴力支持小组的实践经验，大家对小组工作方法有一定程度的了解。基于上述条件，我们决定分别举办三期女性权益支持小组。为了照顾当事人的工作，小组活动时间安排在周六与周日，边学习、边实践是我们权益小组的特征。按小组规模要求每期安排十人，她们的权益问题涉及女性住房歧视、工

---

　　① 程小蘋：《团体咨询策略与技巧》，台北五南图书出版公司1995年版。

伤、职业场所暴力、计划生育政策、买断工龄陷阱等问题。

二、小组过程

（一）小组原则

小组启动前期，中心首先组织大家学习小组工作的评估原则，并特别强调下列原则：

1. 参与者主体性原则

参与者是小组的主体，协作者只限于是帮助她们讲出自己的故事。小组是为组员服务的。妇女带着某些目的和愿望加入小组，希望小组帮助她们解决问题，或提供建议，或提供解决问题的思路，或帮助她们探索问题出在哪以及问题得不到解决的原因，等等。所以评估应以小组是否能满足组员的需求为核心内容。同时注重组员的主观感受，相信组员感受的真实性。

2. 赋权原则

注重小组对组员潜能开发和资源开发的评估。如评估组员情绪、认知、行为的改变，小组能否提高组员的自信心，能否使组员发现自己的潜能，小组对组员以后的生活和解决问题是否有帮助。

3. 互动与平等性原则

小组采用参与式方法，使每个组员都参与到活动中，共同探讨劳动权益受到侵害的原因，寻求救济的途径。这个过程要求协作者和组员都有一个开放的心态，彼此接纳、尊重、相互帮助和支持，利用小组资源共同面对困难。小组活动过程就是互动的过程。要求协作者不但有较高的专业能力，也要有相当的亲和力，其工作方式、能力能否被组员接受；了解组员在小组中能否感受到支持、尊重和平等，从中发现协作者工作的不足与偏差，促进协作者的反思，从而改进工作方法；了解小组对组员的情绪、认知、行为的影响，共同探讨问题的解决思路。

（二）情感舒缓

小组工作对参与者的情感舒缓有非常好的作用，这一点已被西方社会工作者在实践中反复证明。[①] 尽管小组成员各自的法律问题并不相同，但在某些方面她们之间又有着高度的一致性，这就是心态的焦虑。由于问题长期无法解决，她们曾长期上访、多次申诉，精神透支、财力匮乏，人际关系紧

---

① 林孟平：《辅导与心理治疗》，上海教育出版社 2005 年版。

张，有些人甚至非常偏执。漫漫的诉讼路上她们经历了太多的等待和无奈，仲裁、一审、二审、再审，经常是胜诉了单位又提出反诉，或者是判决无法执行，而胜诉之后又遭遇单位变相报复，一旦陷入诉讼之中，想脱身都难于自拔。小组一开始就面临着一人流泪、众人唏嘘的场面，显然，调整当事人的心态比法律咨询更为重要，当事人没有一个平静的心态就无法直面自己的问题。

我们先从宏观就业环境进行分析。在市场经济条件下职工维权面临新的特点，国家由计划经济转向市场经济，可以说对工人阶层的冲击力度比其他阶层更剧烈，职业失去了永久的保证，各种附加的隐形的福利逐渐取消了，再加上技术、年龄的限制，在劳动力市场上处于极为不利的地位，工作权利的丧失使很多已有的权利难以实现；随着农村城市化进程的加快，农民工进城打工也遭遇大量的权益被侵犯情况，因此劳动权益问题非常突出，全国此类案件逐年呈上升趋势，而且上升幅度远远大于其他类型的案件，在沿海开放城市已经占到种类案件总数的第一位，形势应该说是非常严峻的。

过去职工的权益保障依靠的是国家的强制，市场条件下政府对经济的干预正在减小，企业的自主权正在增加，这是必然的不可逆转的。由于资源的限制和资源控制权的转换，必然会产生很多新的问题，这些问题现有的法律难以涵盖，加上法律的滞后性，这是大家的难点也是法律的难点。对自己的问题的复杂性要有精神上的准备，要看到很多问题是制度性因素所致，我们个人很难避免，不要过多地自责。当事人将自己的问题置身于宏观的社会背景之中时，尤其是身处其中的小组成员都有类似遭遇时，她们的心态就有了一定程度的缓和，随着每个案例的分析，她们感到自己不再那么孤单，情绪上的焦虑、不安和冲动都有所减弱。

（三）矫正期望

小组一开始，参与者对我们抱有很高的期望值，希望我们是她们可以依靠的支柱，甚至希望她们能把自己的问题交给我们，由我们全权进行代理。这是协作者必须警惕的问题，小组的目标是帮助参与者能力的提升和认知行为的改变，绝不能让她们产生不现实的依赖性。① 我们坦言告诉大家：中心只是大学的一个研究机构，不具备行政能力，无法协调政府部门的工作，中心的法律援助受条件限制有严格的选择标准，也不可能为每个人提供具体的

---

① 范斌：《试论小组社会工作的治疗元素》，《华东理工大学学报》（社会科学版）2003年第4期。

服务，因此大家对我们不能抱有太高的期望值。

中心也有自己的优势，项目组有一批热心女性事业的志愿者，她们具有法律专业的特长，还有多年法律援助的实践经验，就法律知识方面可以为大家提供法律咨询和指导。但坦率地讲，在劳动就业领域我们的志愿者还不够专业，因为这个领域过去从来不被法律界重视，现在这方面问题大量出现，甚至出现了法律的空白与矛盾，这些问题与我们女性的利益息息相关，与我们的发展息息相关，所以我们承担了此项工作，中心成员愿意为此奉献和奋斗。

举办小组还有一层意义，希望通过集体的智慧来探讨一些新的法律问题解决的途径，也希望我们的工作得到大家的鼎力支持，通过期望值的矫正，激发小组成员的社会责任感，形成小组的内动力。

（四）小组理念

为调动当事人参与的主动性，我们又重点向大家介绍了小组的理念：大家的问题都是新形势下的新问题，解决问题的思路要靠大家的智慧，小组的主体是大家而不是我们，经验分享是小组工作的一个很重要的理念，因不同的人有不同的经历，也就有了各自的独特体验与经验，支持小组就是由召集人给大家提供一个场所和平台，让大家平等地聚在一起，面对每个人的问题，用大家的经验和智慧来解决小组每个人的问题，在小组中我们帮助每一个人，每一个人也在小组受到帮助和重视，这里没有权威，没有权利控制。[①]

在小组中我们始终强调，人要解决自己的问题必须通过自己的努力，靠谁都不如靠自己，生活中其实每个人都能解决自己的问题，只是有时我们处在应激状态下，不能冷静思考，或者由于我们掌握的信息不完全，我们的法律知识有限，导致我们无从判断。在小组里大家都有权益被侵害的经历，起码不会再认为自己是天下最倒霉的人，我们能得到心理上的认同。在学习他人经验的同时，我们修正自己的思路，确定对自己最有利的行动方案。通过小组活动每个人都会得到提高，除满足自己的需求外，小组成员还有很重要的社会责任，放大我们有限的资源，用我们的知识和经验再为自己身边的姐妹们服务。中国正在法治化的进程之中，建立完整的与劳动关系发展相匹配的劳动法需要大家的努力，也许我们的努力或付出自己受益甚微，也许我们是中国法治化进程中的铺路石子，只要能帮助我们周围的人和后来的人，大家的奉献都是值得尊敬的。

---

① 程小蘋：《团体咨询策略与技巧》，台北五南图书出版公司 1995 年版。

受困扰的人在社会中经历了太多的挫折，自我评价很低，总希望能找到可依赖的力量，在小组活动中应该防止参与者对小组依赖性的产生，一旦产生依赖性，每个人的潜能就无法激发，而且期望值也不断攀升，稍有不如意就产生埋怨情绪，给协作者造成很多难以排解的负面情绪，在我们的经验中，这样的教训也是刻骨铭心的。

（五）个案分析

小组过程中，我们通过女性自身的案例进行有针对性的分析，希望通过案例分析，让参与者了解法律，更注重提升用法律解决问题的能力。

1. 理性诉讼

在个案分析中，王女士的案例很有代表性，她告单位的男医生在工作场所对她实施暴力，但她所提供的所有证据无法证明是一方在职场对另一方实施了暴力，尽管她有很多证据，但证据不能形成被打证据链，只能证明是厮打，被打与厮打的法律概念是有区别的；廖女士12年前曾发生过工伤，如果单位上报她的工伤，上级部门则要扣除单位的奖金，为了单位的利益，廖女士同意单位的建议，不到市劳动部门进行工伤鉴定，放弃确认自己工伤待遇的法定权利，工伤待遇由厂里支付。现企业搞改革，现任领导不承担前任的承诺，非但取消她的工伤待遇，还准备让她下岗，她提出上诉，法院以超过诉讼时效而驳回；张女士单位解体，她通过法律要回了自己的集资款，她现在找到新的工作，办社会统筹需要档案，但原单位领导忌恨她曾将自己告上法庭，扣压她的档案并声称档案丢失，以此报复，但法院不予受理，档案关系她以后的养老，她急得火烧眉毛，却不知如何行动；吴女士在单位改革时买断了自己的工龄，当时单位给的补偿非常低，实际上这是个陷阱，后国家有文件制止这种买断行为，但以前发生的国家也认可了，她想不通，一直想通过诉讼解决问题，但总没有结果；刘女士工作调动时接收单位人事变动，拒绝接受，结果她原单位回不去新单位拒绝接受，扯皮好几年，没有工作，没有收入，丈夫也离她而去。

我们与大家一起逐一分析每个案例的过程、难点及当事人的法律缺陷，通过个案分析，大家意识到诉讼有非常严格的程序。首先，诉讼请求一定要准确，一旦诉讼请求有误，即使自己有理，官司也难获胜。在分析的过程中大家说：一旦要提起诉讼，一定要找专业人士搞清法律管什么和不管什么。

此时中心的协作者及时告诉大家相关的法律原则与法律精神：法律只相信法律事实，法律事实就是被证据证明的事实，有些事情确实发生了，但我们无法提供它发生的证据，那么法律是无法认可的，所以法律有自己的局限性。用法律维护个人的权利是借用国家的力量，因此成本相对较高，成本代价也应考虑在理性诉讼之中，是否诉讼，选择权属于自己，但选择最有利的方案需要理性和智慧，分析的过程是大家动态学习法律知识的过程，也是希望与可能的比较过程，只有证据比较确凿，胜诉把握较大时，才应该选择诉讼之路。

2. 维权技巧

小组的王女士打了八年官司，却毫无结果，她一审败，二审败，不断上访使她心力交瘁，目前还在再审之中。她的案件难在何处？为了搞清问题，小组选择从案件的源头说起，而且不遗漏任何细节，这个过程是大家对诉讼技巧的剖析过程。例如：王女士认为法官腐败，所以常与庭审法官发生冲突，在剖析过程中才了解到，她对保护证人的回避制度有误解，就此小组组织大家讨论如何处理与法官的冲突，强调大家对法律的敬畏。

王女士的挫折也触动了作为观察者的小组成员，有三位小组成员对王女士的过于较真也提出自己的不同看法，但她们同时承认自己也有类似的失误，大家反思说：只要进入诉讼，自己也和王女士一样，很难保持稳定的情绪，常在有意无意之间扩大打击目标，增加自己的诉讼难度。有时对方分散自己的目标，自己就转移了大方向，丧失自己最有利的诉讼请求。自己的证据不被法官认可时就极度不信任法官，也不与法官配合，自己为自己设置障碍。针对上述问题大家谈到：我国法律应该说比较健全，但实现法定权利，现实中还有许多困难，程序法与实体法不同步，依法维权仍有很多障碍。现实中经常有些官司到法院一打就是几年，一个案子好几个判决，很多女性说，打不起官司更拖不起时间。

过去中国人厌讼，屈死不告状曾经是古训，现在有些人动不动就打官司，加强法治观念并不是提倡凡事都诉诸法律，而应该强化的是依法行事、遵守社会规则的意识。凡事及早解决，不要走到诉诸法律的地步，打官司没有赢家，都是输家，只是输的程度不同，赢了也只是赔偿你的损失，你不可能在诉讼中赚钱。用调解解决问题，后遗症相对较小，西方国家很多法律纠纷也注重辩诉双方的庭外调解，处理权益问题应有多元化的视角，维权技巧是每个进入诉讼程序的人都必须慎重对待的问题，尤其要避免情绪化处理问题的误区。

3. 证据意识

我们说打官司实质是证据较量，法官判案依据的是法律事实，也就是被证据证明了的事实，而非你感受到的事实。如果你没有证据证明你说的事实，法律是不相信推理的。打官司就是打证据，这一点我们平常人很难理解和接受，很多女性使用法律维护自己的权利，最容易走入的误区，是以自己判断事实为根据，不能接受法官的判决，要推翻法官的判断必须自己去寻找支持自己判断的证据，而不是责怪法官，甚至对法律耿耿于怀。通过证据意识的讨论，参与者感到自己的方向意识清醒了很多。

4. 成本意识

在个案分析中，大家发现还存在一个较为普遍的问题，诉讼的成本是很高的，在我们的实践中常有赢了官司输了钱的现象。原因是你所赢部分不足以支付使用法律的成本。法律诉讼需要投入精力和时间，机会成本也需计算在内。法律又是一把双刃剑，得到法律保护的同时要准备承担法律的后果。小组成员中好几个当事人讲，我打官司不为别的，就为争口气，这种观点得到大家的认同。为了说服大家，我们组织大家一起讨论电影《秋菊打官司》，这个电影很有代表性，秋菊不惜代价讨说法，结果法律的说法不是她希望的结果，而且法律只根据自己的原则判断，没有讨价还价的余地。面对法律的结局，秋菊感到迷茫，在今后的生活中还要承受更多意想不到的法律后果……这些实际案例的讨论引发了大家的思考，小组的参与度也逐渐提高，情绪趋于平和，理性选择成为大家的共识。

5. 诉讼思路

小组后期，我们引导大家清理出诉讼的思路：问题出现时，首先应分析解决问题的各种途径和方案，然后进行利害比较，问题发生时我们很难找到最好的结局，这是常人难以接受的，我们所能选择的只能是两害相权取其轻，将损失降到最小限度，我们必须有接受这种现实的勇气。解决问题的过程中目标要集中，要合理取舍；不要情绪化处理人际关系，减少人际阻力；要有成本概念，对精力的投入也要有所预测；还要考虑诉讼的机会成本。

6. 诉讼程序

范斌曾在《试论小组社会工作的治疗元素》中谈到：利他主义是小组工作评估的一个指标，它强调通过协助其他小组成员，感受到自己在生活上对他人的重要性，或者说，当某一成员向其他成员提供支持、保证、建议时，心中产生一种正向感受。小组活动结束时，大家出于社会的责任，也为了帮助那些与自己有同样遭遇的人，大家一起编制了一个简单的诉讼程序，她们说：这是对中心的感谢，也是对社会的回报。

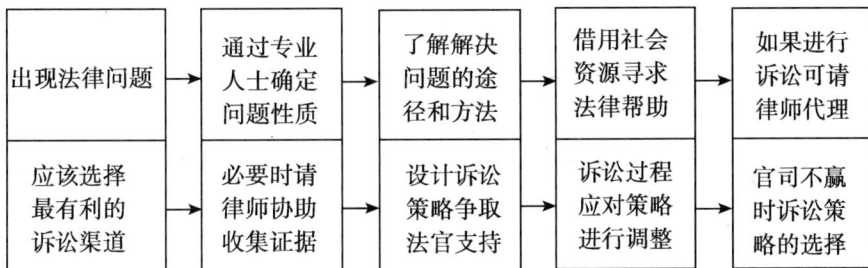

出现法律问题	→	通过专业人士确定问题性质	→	了解解决问题的途径和方法	→	借用社会资源寻求法律帮助	→	如果进行诉讼可请律师代理
应该选择最有利的诉讼渠道	→	必要时请律师协助收集证据	→	设计诉讼策略争取法官支持	→	诉讼过程应对策略进行调整	→	官司不赢时诉讼策略的选择

　7. 知识输入

　　为了激发小组成员潜在能力和依靠自己解决问题的可能性，小组活动安排中增加了法律和社会性别知识的专题讲座，资讯告知是小组工作的重要组成部分。① 郭慧敏老师主要分析 WTO 与女性权益的关系，她强调：中国劳动力市场，最大的问题是劳动力过剩的问题。科技的发展提高了资源利用率，降低了就业的拉动力，农村人口过剩→农民工进城→就业引起职业占位→与工人争夺就业机会；城市从前高就业低收入→形成大量待业青年→经济市场化又造成大量下岗工人，两种压力挤在一起，使劳动力市场求人倍率为0.75，也就是说四个劳动力中必须有一位失业，现实就这么残酷。要竞争上岗，年龄、性别、教育、经验都成为资本。按此标准我们是处于优势还是劣势？如果我们处在边缘我们该如何办？首先要改变我们自己的观念，过去我们是一生交给党安排，现在要自我安排，不能等也不能靠。就业培训也有不尽如人意的地方，它只能提高就业的台阶而不能创造就业的机会，全球化说白了是少数人的全球化，对我们来讲形势是更加的严峻。强调大家必须有充分的心理准备，并有所行动。王小梅老师通过社会性别讨论强调：女性应当正确认识自我，建立自信，积极参与社会生产活动，并在其中发展提升自我。我们不是一个只能接受扶助的被动者，我们是整个社会发展进程的积极参与者，每个人在自己可能的范围或领域里，从一点一滴做起，命运掌握在自己手里，虽然困难很多，但信心更重要。必要知识的输入是对小组成员积极的引导，该环节关系到小组能力的提升，应投入关键力量。

　8. 小组成员的评估

　　（1）小组的设计很独特，学习法律知识的体验很生动，知识的外延比较大，看问题的高度提升后，应对问题的策略和方法随之增多，自信心有所提升。

　　（2）处理女性劳动就业权益问题单纯就问题论问题有时很难找到出路，必须将个人的问题放在宏观大背景下去分析和认识，也许我们仍然找不到满意的解决渠道，但大家有了接受现实的信心便会理性地对待。

　　（3）劳动权益纠纷的解决，当事人总要付出代价，而且有时代价是很沉重的，所以大家希望各级组织多做劳动权益的宣传工作，让大家防范在先，多从法律上予以主动保护。

　　（4）小组参加者建议在电视上开辟劳动就业权益法律和法规的宣传与教育工作，她们说"今日说法"栏目就很深入人心，也应该有一个劳动权

---

　① 高刘宝慈、区泽光：《个案工作理论及案例》，香港：中文大学出版社 1988 年版。

益宣传的专门栏目，讨论新形式下的新问题，集中大家的智慧应对新的法律难点，在动态发展中普及法律的知识。

（5）劳动法中很多规定在现实中无法实现，有些企业根本不执行，例如国家机关工作人员的生育费都不能报销，谁来监督确实是社会问题。

（6）劳动法中的法律条文不能涵盖现实中的劳动权益问题，修改和完善劳动法应尽早提到人大的议事日程，建议政府组织立法调研。

（7）政策制定部门在政策出台前要走出去，主动倾听社会的呼声，在政策规定过程中最大限度反映群众的需要，新政策出台时能与相关人群进行对话，要实践从上而下与从下而上并举，让相关人在比较中学会选择。只有这样的政策才真正有社会的基础，当绝大多数人从心理认可了法律时，法律的尊严才能确立。

（8）将小组的案件讨论整理出来在媒体上发表，这是生动具体的普法活动，主角是我们女性自己，让更多的姐妹们从中学习和受益。

（9）中心以后有类似的活动，我们愿做志愿者。

三、结束语

我们举办了三期权益小组，历时三个月，何玲、郭慧敏、李亚莉、周风景、王小梅诸位老师休息日不能休假，兼顾教学的同时承担小组的协作者，非常辛苦。受各种条件限制，小组能为大家提供的具体服务非常有限，面对有些人的法律难点我们也很无奈，但小组成员还是发生了很大的改变，她们对自己法律问题的认知被激活，变得客观务实了，当前她们遇事知道不能盲目冲动，法律问题与情绪问题纠缠不清时，先处理情绪尤为重要，在一个比较理性的心态下，寻找相关人士进行法律问题分析，在比较利弊的基础上再决定行动的取舍，仅此一点我们都充满了成就感。不足之处：小组编排时应尽量将问题相近的人安排在一个小组，因案情差别较大时，个案分析时由于个别人注意力不够集中，影响到了小组的情绪。在小组过程中我们与当事人一起学习和反思，自己也受益颇多，尽管这个领域充满了挑战，但它与女性的生存发展息息相关，我们会更坚定对这个领域的关注。

Analysis of Labor Rights' Group for Women

[**Introduction**] Labor Rights' Group for Women refers to a way of working introduced by the Center for Women Development and Rights of NWPU based on combination of focus group and emotional and legal group. It embodies social work, psychological adjustment and legal exploration at the same time. The group first invites about ten participants, namely, women victims of labor rights to tell their stories. And then the stories will be discussed. Finally, legal solutions and other strategy under present condition will be explored by empowerment and self empowerment. The host of the group is a helper of the victims to help them tell their experiences.

（李亚莉）

大龄贫困辍学女童的城市融入及权益培训

一、项目由来

贫困地区大龄女童是因家庭经济困难而不得不中途辍学的女性，她们多在 15—18 岁之间。教育权的丧失使她们的生存权与发展权也受到困扰。进城打工是她们仅可能的选择。但无论是技能还是权利意识都使她们难以应对城市的复杂性。大龄女童进城务工面临一种陌生的环境和差异较大的文化，她们有很多的困惑和迷惘，这些问题直接影响她们在城市的立足和发展，国际计划（中国）（以下简称"国际计划"）对陕西省贫困地区的大龄女童进行技术培训，帮助她们到沿海发达地区就业，项目评估过程中，学员反映她们除技术学习之外，还需要法律知识和维权培训，需要城市生活的指导，由于我们中心长期从事女性劳动权益的研究，而且在研究过程中我们更注重对相关群体的行动干预，曾组织过各种针对边缘群体的培训和支持小组，因此在我省有一定影响力，国际计划经过调查后，希望与我们合作，经协商由我们承担大龄女童的法律知识和社会融入培训。

二、法律依据

本培训的法律依据是联合国《儿童权利公约》① 和我国的《未成年人保护法》②。

（一）联合国《儿童权利公约》

联合国《儿童权利公约》（以下简称《公约》）体现了当今世界各国对儿童生存、保护与发展的共同认识，《公约》对儿童权利的保护是从儿童作为权利主体的角度提出的，并第一次把国际社会保障儿童权利的主张和信念

---

① 联合国《儿童权利公约》，1989 年 11 月 20 日第 44 届联大 25 号决议，1990 年 9 月 2 日生效。

② 《未成年人保护法》，1991 年 9 月 4 日七届全国人大常务委员会第 21 次会议通过，2007 年 6 月 1 日起施行。

变成了各国政府的承诺，它要求"接受《公约》的国家在法律上要对其有关儿童的行动负责"，《公约》强调了儿童在保护自己权利中的地位与作用，儿童不再是被动的成人保护对象，而是行使自己权利的主体，是发展的积极能动的主体，是有多种需要的潜藏着巨大潜力和创造力的主体，成人有义务让儿童了解自己拥有的权利范围，而且规定，儿童为保护自己的权利"可以发挥重要作用"，"有权在其自己的发展过程中作一名自主行动者"。

儿童最大利益原则，是《公约》中具有纲领性的原则。凡涉及儿童的一切行为，必须首先考虑儿童的最大利益，以最有利于儿童的发展为出发点。① 尊重儿童基本权利的原则是公约的第二大原则，这是指尊重儿童生存发展的权利，并且以儿童健康生存、优先发展为重点，② 尊重儿童观点的原则是公约的第三大原则，③ 无歧视原则是第四大原则。④

《公约》对儿童的权利作了广泛而具体的规定，但就儿童的基本权利来看，主要包括四项：生存权（Survival Rights）、受保护权（Protection Rights）、发展权（Development Rights）和参与权（Participation Rights）。

生存权，包括生命权、健康权和医疗保健权。根据《公约》，所有儿童，无论何种民族、性别、是否残疾等，都自出生时起获得生命权，享有生命安全不受侵害、不被剥夺和特殊保护的权利。儿童有获得足够食物、一定住所以及其他生活保障的权利。同时，还规定了为实现这一权利，缔约国所应采取的措施。

---

① 《公约》第3条第1款："关于儿童的一切行动，不论是由公私社会福利机构、法院、行政当局或立法机构执行，均应以儿童的最大利益为一种首要考虑。"这一原则的运作依赖于一个国家决策者的价值体系，也依赖于成年人的价值体系，本质上是儿童主体的权利理念的体现。

② 《公约》第6条规定："缔约国确认每个儿童均有固有的生命权；缔约国应尽最大限度地确保儿童的存活与发展。"因此，任何危害儿童身心健康的行为都是违反《公约》的，都是损害儿童尊严的。举凡涉及儿童生存与发展的问题都要以认识儿童、了解儿童、尊重儿童、造福儿童，而不是以伤害儿童为前提。

③ 《公约》第12条规定：1. 缔约国应确保有主见能力的儿童有权对影响到其本人的一切事项自由发表自己的意见，对儿童的意见应按照其年龄和成熟程度给以适当的看待。2. 为此目的，儿童特别应有机会在影响到儿童的任何司法和行政诉讼中，以符合国家法律的诉讼规则的方式，直接或通过代表或适当机构陈述意见。该原则体现了对儿童作为权利主体的尊重，对任何涉及到儿童本人的事情，必须认真听取儿童的意见，成年人不能自作主张，更不能压制儿童的观点，这是儿童健康成长与发展的基础。

④ 《公约》第28条规定：其主旨是要保证儿童在身体、智力、精神、道德、个性和社会性等诸方面均得到充分的发展。为保证教育真正成为促进儿童发展的教育，真正成为实现儿童权利的教育，《公约》指出教育的目的应是"最充分地发展儿童的个性、才智和身心能力"，并列出专项强调教育必须尊重儿童的尊严，第29条规定：缔约国应采取一切适当措施，确保学校执行纪律的方式符合儿童的人格尊严及本《公约》的规定。

　　受保护权，是保障儿童获得国家、社会和家庭保护的权利。所有儿童，由于他们的年龄和发展的特征，都需要国家、社会、司法部门、学校和家庭予以特别保护。《公约》序言中指出"儿童有权享受特别照料和协助"。包括：反对一切形式的儿童歧视、保护儿童一切人身权利及对处于危机、紧急情况下儿童的保护。

　　发展权，指儿童拥有充分发展其全部体能和智能的权利。主要包括信息权、受教育权、娱乐权、文化与社会生活的参与权、思想和宗教自由、个性发展权等。

　　参与权，指儿童有通过表达来参与家庭、文化和社会生活的权利。虽然儿童正处在发展中，但是作为独立的个体，他们有自己的感情和对事物的意见，他们在表达自己的需要时是最有发言权的。给予他们适当的支持和尊重，他们将可能做出合理的、负责任的决定。这不仅是他们基本的权利，也是他们成长和发展的基本需要。只有让儿童享有参与社会活动的权利，积极主动地参与到关系自身利益的各种活动中去，儿童才能真正地成长和发展。

（二）《未成年人保护法》

　　我国的《未成年人保护法》规定已满 16 周岁的未成年人享有劳动权。《劳动法》第 58 条规定，"未成年工是指年满 16 周岁未满 18 周岁的劳动者"，《未成年人保护法》第 37 条规定："未成年人已经受完规定年限的义务教育不再升学的，政府有关部门和社会团体、企业事业组织应当根据实际情况，对他们进行职业技术培训，为他们创造劳动就业条件。"同时法律还对其参加劳动规定了特殊的保护，如《未成年人保护法》第 28 条第 2 款规定："任何组织和个人依照国家有关规定招收已满 16 周岁未满 18 周岁的未成年人的，应当在工种、劳动时间、劳动强度和保护措施等方面执行国家有关规定，不得安排其从事过重、有毒、有害的劳动或者危险作业。"

三、项目设计

（一）培训目的

　　激励学员的积极的心态，提供职业发展相关的最基本的法律常识和社会性别的新视角，帮助学员进行职业准备和规划，让她们认识自身的社会处境，激发她们适应社会的思考与行动，调动学员自身的优势和潜能，为学员今后的职业确立和发展提供原则性指导，以期帮助学员尽快适应新的职业环境。

（二）培训方式

从她们的生活实际出发，以实践调查的需求为突破口，进行参与式培训，发挥她们的主体性和能动性，调动学员的主动参与性，并根据不同学员实际需求及时修正和改变培训内容，一切以学员的需求为主。

（三）对协作者的要求

熟悉学员的生活背景状况；具有参与式培训的实际经验；有法律专长，尤其是熟悉劳动合同法；有社会性别意识培训的经验；具有社会学、心理学的知识。

四、项目准备

打工妹群体面临的问题是什么，尽管我们中心一直在关注，但缺乏深入的调查。打工妹群体外出就业，她们需要哪些支持，最担心的问题是什么，她们对自身的评价如何，在城市的境遇如何，对今后的发展设想怎样，同样的问题她们的家长又是如何看待和期望的。这些是我们培训中必须直面的问题，为了提高培训的针对性和有效性，我们决定从社会调查入手，到女童的家乡、到曾接受过培训的同类女童的就业地区进行了解。

（一）学员生活背景调查

调研主要在三个地区进行，分别是陕北佳县大龄女童家乡、陕西蒲城县大龄女童家乡、广东深圳同类大龄女童工作地。

（二）调研手法

小组调查、入户访谈、问卷调查，先与县、乡主管劳务培训与输出的官员座谈，了解劳务输出的宏观趋势和困难，以及他们能够提供的资源和服务，然后进村召集学员家长座谈，到学员家里进行入户访谈，包括收集阅读已就业学员寄来的家信及在城市中的近照，随机访谈同村村民及其他当地人，同时进行问卷调查。

（三）调研对象

国际计划项目培训学员的家长，正在家的学员本人，以前接受国际计划培训现已参加工作的学员（她们的感受具有极强的参考性）。

（四）调查内容

调查分为两个层次，一是正准备接受培训的人群，了解培训学员的家庭背景状况、学员最需要的支持和最担心的问题、对今后发展设想、家长有哪些期待；另一部分是培训后已参加工作的人群，了解国际计划前期培训毕业学员在深圳的工作环境、收入、工作及生活等方面的实际情况，学员对项目的评价及建议，她们的现实需求及未来设想，她们的需求应是我们在未来培训中应重点回应的。只有对上述两个层次有清晰的认知，才可能保证培训的针对性。

（五）调查结果

通过各类座谈会，我们共接触各类劳务输出官员 12 人，村委会成员 11 人，学员家长 25 人，专访学员 18 人。直接了解到学员家长对培训的评价和态度，间接了解到在外就业孩子们的受益状况，也了解到培训后没能成功外出就业的返乡儿童的经验教训，以及基层组织对培训的意见和建议。与毕业学员的接触，真切感受到她们经过人生初次历练后的强烈自信及对未来美好生活的憧憬；也间接了解了她们的受益给整个家庭带来的改变。调查对我们培训内容的确定提供了翔实的第一手资料。

五、项目过程

在需求评估的基础上，我们将培训内容设计为三部分。第一部分：法律基础知识及劳动法；第二部分：社会性别；第三部分：城市融入。培训目的：客观分析学员所面临的生存环境，增强她们参与社会发展的能力，让她们认识自身的社会处境，激发她们适应社会的思考与行动。参加工作是学员人生中关键的一步，通过该培训，向她们输入职业人所需的最基本的社会知识、法律知识和心理知识。首先让她们了解什么是法律，法律的作用以及权利义务的含义，了解劳动法的相关规定，知道相关的劳动以及侵害劳动权利的情形，了解劳动合同的必要条款。在调动参与者已有的社会性别及其关系的生活经验，通过反思、提问、探讨，使其了解生理性别与社会性别及其区别影响，了解性别运作机制，了解男女不平等的现状及性别歧视所带给两性的不同影响，并能初步建立社会性别视角，争取在既定条件下，发展个性，有意识地克服因性别带来的困扰，并试图超越之。学员接受过小学或者初中的教育，从小生活的环境相对封闭，很多人是第一次离开家门，对周围的环境、事物感觉陌生。要融入外面的社会，需要很多社会资源，这些资源包括外部的和自身内部的。跨入职场，学员们必须逐渐转变自己的心态，以一个职业人的眼光来面对现实，在追求自我发展的过程中，需要对自己的未来有一个战略的眼光，包括事业和婚姻两大主题。学会多视角地看待和解决问题，对待任何问题不再是非此即彼的二元对立视角。要学会综合看待事物，学习理性的选择。任何选择都必须建立在自身的客观条件下，脱离实际的抉择是有害的。在这个过程中，她们需要了解诸多的知识，包括：城市生存最基本的知识、资源利用、社会竞争与潜能发挥、跳槽的机会成本、如何降低歧视敏感度、鉴别社会上的诸多职业陷阱等，积极主动去适应工作环境和生活环境，做好职业规划，最大限度发挥自己的潜能。

（一）法律基础知识及劳动法

1. 培训目的：了解什么是法律，法律的作用以及权利与义务的含义；了解劳动法的相关规定，知道相关的劳动权利以及侵害劳动权利的情形；了解劳动合同的必要条款。

2. 培训要求：参与式与讲授式结合，积极动员同学参与；通常不对同学的回答进行对与错的评价，只从法律进行解释。

3. 课前准备：按同学人数分四个小组，课程进行中分小组讨论。

需要注意的是，法律培训相对于其他培训具有下列特点：

（1）参与度较低，教师以讲授为主，通过具体案例、模拟劳动合同拟定、讨论当事人处境来进行参与式培训。

（2）法律的度与边界是很难把握的，必要时要作出是非判断。

（3）跟上中国法律变化的速度，比如《劳动争议调解仲裁法》一旦出台，必须更新讲授内容。

（4）培训大纲上的法律条文与规定在讲授时要进行解释，可用生活中的实际案例来说明。

（5）培训大纲中的内容有些对她们而言是最实用的，可以用强调的方式讲出。对她们而言目前不能得到的不意味着不需要知道。在职业经历中，随着工作经验和技能的增加，她们需要得到的和能得到的机会和权利越来越多。

（6）权利的实现是有成本的。面对问题和案例讨论时必须注意，权利一定是争取到的，但实现权利的成本不是每一个人都愿意和能够承担的，因此，面对问题权衡利弊再作出选择。

（7）培训中案例讨论的方法与作用是让每一个孩子都有机会表达自己，

案例每组不同，因此每一组派代表介绍案例及小组讨论结果；让她们知道在工作中可能遇到的问题与情况；不强调她们一定用法律分析案例，只讨论当事人面对的问题给出解决方法；在个案中发现解决问题的方法，面对问题会有法律结果和现实结果，如何应对。

（二）社会性别

1. 目标：

（1）了解生理性别与社会性别。

（2）了解性别运作机制。

（3）了解男女不平等的现状及性别歧视。

（4）学会接纳和欣赏因性别带来的有利与不利。

（5）争取在既定条件下，发展个性，有意识地克服因性别带来的困扰，并试图超越之。

（6）了解女性的法定权利。

2. 培训方法：半参与式，尽可能用本土的方式，用孩子熟悉的方法最大限度调动她们的性别经验，寻找超越性别结构的途径。

3. 内容：

（1）故事和活动导出性别概念

①一个农村困难家庭有两个孩子，一男一女，家里只能供一个孩子上学，以什么为标准选出这个上学的孩子。

目的：思考教育资源的性别分配。

②爸爸和妈妈都下地回来很累，谁要做饭，谁躺炕上抽烟？

目的：关注身边的男女分工和地位。

③家长带儿子出去玩，发生意外车祸，家长死、儿子伤，120 急救车将受伤的儿子送入市中心一家大医院，正好，这天一位国内著名教授外科医生值班，医院立即准备手术，当医生进入手术室后，说，不行，换人，我不能为儿子做手术。

问：外科医生是这孩子的什么人？

目的：揭示外科医生是男性的刻板印象。

④一个有"假婆娘"绰号的男人的经历。在农村，有一个男人像女人一样喜欢编织和家务，受到很多人的嘲笑和欺侮。

目的：男女社会模式固定化。

⑤请大家讲一个有关性别或性别倒错的故事，关于假小子。

发一张纸，请画一个男人和一个女人，并画出她们的生理区别，分享大家的经验。导出生理性别。

⑥以"女孩子应像女性，男孩子应像男子汉!"导出"像"字背后的刻板性别模式。

由男女行为模式及规范、文化、社会、法律等建构引出"社会性别"概念。

⑦练习与分享：谁教你做女孩? 怎么教你做女孩子?

（2）主流社会的性别逻辑：生理性别（sex）必定对应社会性别（gender）

①生理性别：

生理性别指的是生理意义上的性别，经常是由第一、第二性征区别，主要包括生理男性与生理女性。

例如，产房中说"恭喜你生了大胖小子"，并向产妇显示生殖器，指的是生理男性。如果说生了个女孩，就说是小丫头，用语，生女孩也好。

主流社会认为生理性别只有两种（男性、女性），因此阴阳人必须需要矫正，这也显示生理性别维持两种是后天造成的。

②社会性别：

社会性别指的是后天的、文化塑造的性别差异，有的以男性（阳刚）气质（masculinity）与女性（阴柔）气质（femininity）来区分。

例如，当我们见到怕老鼠的男孩子，我们说："你到底是不是个男人啊?"这里的"男人"指的是社会性别，这里在指责这个人缺乏男性气质（如，勇敢）。

男性气质与女性气质并非列于两个极端，而是有一光谱，但是社会仍不断对于男人样与女人样有所定义、规范。

③主流社会的性别逻辑：

female -a femininity 生理上的女性必有女性气质。

male - a masculinity 生理上的男性必定会成为社会上的男性。

④社会奖惩（social sanctions）与主流社会性别逻辑：符合性别逻辑受到肯定，违反性别逻辑遭受正式与非正式的责难。包括：

一个生理男性缺乏男性气质所受到的惩罚。

语言的诋毁：娘娘腔、男人婆、不男不女。

语言的赞美：具有女人味、男人中的男人。

非正式的奖惩：皱眉（对"坐没坐样"的女生），耻笑（对坐时双脚并拢的男生）；微笑（对穿裙装的小淑女），赞美（对开摩托车的男生）。

正式的奖惩：认为留长发的男生和剃光头的女孩违反社会善良习俗；对

于"十大男子汉"给予奖牌鼓励，或是举办"寻找蛋白质女孩"活动。

（3）社会性别分析

性别角色——性别分工——性别评价——性别教育——性别歧视。

家庭和社会双重领域中的区别对待——照顾还是歧视。

按性别机制运作图分析，自己出生时意识是中性的，之后被社会化，男性意识和女性意识，就有了性别分工，男主外，出去工作；女主内（在家），带孩子做家务。

性别分工的核心问题是：以平均差异定位个体差异，负面评价及角色固定。

目的：不断强化女性的附属地位。

结果：性别成为一个循环机制，不断地复制出不平等。

性别制度功能：性别刻板，角色固定。

练习：

①父母在家里和地里，或出外的角色分配

画出一天工作的时间表，每个时间段父母的劳动比较。

②父母性别角色对自己的影响

③想一下，和自己同年龄的孩子，是如何区别给予资源的

如：家里是女孩干活多，还是男孩？吃饭时，座位是怎么样的，谁站起来给大家添饭？家里谁掌握大权？谁是管家？谁是干活的？谁付出得多？

（4）性别歧视和压迫

性别的阶层化：社会成员因为其社会性别，而对社会的稀缺资源（财富、声望、权力、个人自主权、人身安全、教育机会等等）有不平等的分配状况。强调在阶级、种族、宗教信仰等社会特质都一样的状况下，女性较男性在财富权力声望等各方面取得更困难。

导致性别歧视：由于性别的区别对待，使其中一个性别的状况持续恶化。

①当你想上学时会发现：女性所受教育低于男性

大学男女比例近似，主要差别在硕士、博士，男性多。

选专业中的性别差异：高职（男→工业类科，女→家政医护）、大专（男→理工，女→人文）的性别区隔仍在。

②女性参政比例较低

总量少于男性。

女干部都姓"副"。

玻璃天花板，看见上不去。

③当你想外出打工时，妇女的工作多困境

找工作中的性别歧视。

女性正式工作劳动参与率低于男性。

工资收入女性约为男性的三分之二，女性集中的行业薪水较低。

职业妇女蜡烛两头烧，双重挤压。

家庭主妇从事无酬劳动。

④女性所受暴力较多

强暴作为有效的性别控制，婚姻暴力大部分受暴者为女性。

女童受虐待。

家庭乱伦。

讨论：

当你想结婚时：是为了生存还是为了幸福，探讨幸福的含义：女人为谁活？

如果只有一个孩子能上学，父母是要男孩子，还是要女孩？

在你的经验里，区别对待男女孩子的有哪些事？

（5）性别意识和性别的超越

①性安全人身防范

性骚扰（SEXUAL HARASSMANT）：因国情不同或学者的见解而有异。一般指违反当事人的意愿，对其所做的具有性之本质的言辞或举动。性骚扰是不受欢迎的性侵犯行为，是性歧视的一种形式，是通过性行为滥用权力。是在工作场所、学校、医院和其他公共领域欺凌、威胁、恐吓、控制、压制或腐蚀其他人的行为，这种行为包括语言、身体接触以及暴露性器官，是性伤害的一种形式，也是性暴力延续的一部分。可以发生在异性间，也可以发生在同性间。但异性性骚扰比同性性骚扰发生的概率要高得多。在异性性骚扰中，女性比男性更容易成为性骚扰的被侵犯者。

约会强奸：指在约会中发生的强奸行为，是强奸的一种。对妇女的伤害比一般强奸大。由于女性一般是自愿赴约，但并不自愿发生关系，虽是被强暴，有一种哑巴吃黄连有理说不出的感觉，只能产生自责，常发生在熟人中间，尤其是朋友或恋人之间，所以双方较易以私下和解的方式处理，而不为人所知。而且，由于当事人的熟人关系，给强奸的认定带来很多困难。尤其容易模糊强奸与通奸的不同性质，反使被害人陷于遭人误解与怀疑的窘境，因此带给当事人更大的伤害。

提醒：

决定赴约，是经过充分考虑的，不要轻率只身赴异性约会。如没有和对方进一步发展关系的意思，约会前尽可能将约会对象、时间、地点及预定回家时间告诉家人或朋友。赴约前，对整个约会的过程和内容要充分了解，对不恰当容易引起误会的地点和方式，应加以拒绝。最好对第一次约会对象的基本背景资料有所了解。与对方共进餐宴，尽量不要喝酒。不要随意饮食不明食物或饮料。注意约会时间，不宜过早或过晚。约会地点要尽量安全，最好是女性熟悉的场所。若临时变更行程，应以安全为第一考虑的要件。最好不要单独前往对方住宿地点赴约，切忌进入其房间或卧室。

②努力学习，提升自我

练习：为谁臭美？

结婚与工作如何处理。

提升自我计划。

（6）争取平等

读诗：《只要有一个女人》（作者：南希·史密斯　译者：黄长奇）。

（三）社会融入

1. 课程设置思路

学员的年龄在 16 岁左右，接受过小学或者初中的教育，从小生活的环境相对封闭，很多人是第一次离开家，对周围的环境、事物感觉陌生。要融入外面的社会，需要很多社会资源，这些资源包括外部的和自身内部的。要想获取外部的资源，就这些孩子现有的条件而言是很困难的，但改变自己的心态，从自身做起，努力去适应社会会相对容易一些，也具有更多的现实意义。因此我们的课程，着重讲述如何调整自己，最大限度地发挥和利用自身资源。

2. 课程内容设置

课程主要划分为三个阶段，是按照学员融入社会的先后顺序来设置的。首先是自我认知，从我是谁入手，再分析我的优势，包括自身和环境。同时介绍心态及潜能开发对人生的影响，目的是调动她们自身的正向力量，积极并充满信心地去适应环境。其次是学会融入现有团队，安排这一章节有其特殊原因，现在这个团队会整体迁移，是她们离开封闭的环境后将要长期相处的团队，这是一个特殊而可贵的资源。人是社会动物，总与其他人发生一定的联系，融入团队的能力是社会立足的基础。那么就让她们从现在开始调适。最后一个阶段，是指导她们在新的环境里如何尽快适应城市生活，做好职业发展规划，抓住机遇提升自我。

在授课过程中强调：

①授课是一个互动的过程，我们不是在教授具体怎么去做，只是与她们探讨解决问题的思路和方法，关键在于能力的提升。

②探讨的问题是对社会的认知，个人从自己的角度出发有各自的看法，无所谓对错。避免学生在授课过程中不断去猜度老师的心理，给出一个自认为正确的答案而非自己真实的想法。

3. 授课方式

从生活实例切入，自我体验，自我总结，通过做游戏、讲故事进行思考和操练。

4. 分组形式

每组最多七或者八人，围成半圆，讲授者居中，便于与大家交流。

5. 具体课程内容

（1）认知自我

这一阶段的课程要鼓励学员多说话，把情绪调动起来，为后面的课程参与做准备。

让她们谈谈对将要面对的打工生活的心情。她们有几乎相同的经历，对未来会有大致相同的感受，在平时的相处中也会谈论到这个问题，也就是说这个问题不涉及隐私，大家会很愿意谈论它。这个问题是大家融入城市首先要面对的问题，她们有兴奋、期待、更有疑虑，让大家轻松进入培训是关键。

让学员在与家乡的同龄人、与城市的同龄人的横向比较中来确认自己。这样可以提高她们的自信，同时告诉她们城市生活对她们有很多挑战，然后对国家城市化政策进行纵向比较，实践证明：打工环境和国家政策都在不断地优化，朝着有利于大家生存和发展的方向改进，大家要面对现实，更要相信现实是可以改变的，而且会越变越好。在纵横比较中发现自己的优势和不足，理性对待自己。人要有自知之明，大多数人认为这是强调要知道自己的短处和不足，今天更应该认识到自己的长处和潜能。绝大多数人，一定有可能比现实中的自己更伟大一些，因为人的潜能是无限的，只是缺乏一种不懈的努力。

（2）与现在的团队的相处

现在的这个团队，已经存在了一年有余，鼓励大家谈谈对该团队的认识，从最初的陌生到现在的熟悉，都有何感触，从现实入手，让大家感到融入集体并不困难，消除她们的顾虑，并珍惜身边的资源。

走窄板。设想有一块宽20CM、长100CM的木板，分别放在离地0.5M、

1M、2M、20M 的高度，在绝对保证安全的情况下，分别统计能通过的人数，分析无法通过的原因。心理的自我设限，压抑了我们潜能的发挥，使我们丧失很多机会，人最难超越的是自己。

身体语言。选出两个同学，其中一个用身体来表达自己的意愿，看看另一位同学能否猜出她的意思，并谈论自己的感受。与人交往中要善于观察和理解身体的语言。

故事：智子疑邻。合理怀疑，生活中的互相宽容理解。

故事：汽车进山洞。二战时，盟军装载弹药的卡车受到德军的攻击。前面有一个山洞，但是卡车比山洞高出 2cm，问：卡车怎么才能进山洞？通过引导学生寻找答案，让他们明白宽容与忍让。

故事：豪猪的哲学。冬季，豪猪拥在一起取暖。可是，靠得太近，刺会扎着对方，靠得太远又无法很好的取暖。问：用什么办法来解决这个矛盾？在寻找答案的过程中，引导学生明白人与人之间是有距离的，只是每一个人之间的安全距离不同。

给予和信任的游戏，把一张梯形的图案按照不同的方式裁成四份，然后混合在一起。玩游戏时，让学员任意取四份。学员之间不能说话，也不能索取别人的图案，但可以主动给予。看哪一组先完成游戏。从中让大家体会给予和信任。给予是合作的基础。

歧视的客观存在及学会淡化歧视。

打工妹成功的故事。

（3）在今后的生活中更好地抓住机遇和自我发展

①小组讨论：一共两个问题：安排回家和共同度过一个周末。引导她们考虑：由谁领头、人员如何分工、费用的筹集、日程等。在此过程中提升她们的组织能力，灌输支持性小组的理念。

②角色扮演：一共七个角色：竞争者两个，支持者四个，观察员一个、主持者一人。事先做成小纸条，游戏时，随机抽取，各自认真扮演自己的角色。整个过程用时 30 分钟。扮演结束后，先由观察员以自己的观察评论每个人所承担的角色，然后每个人谈自己的感想。竞争是大家都会面临的，好伙伴之间也是难免的。如何处理友谊和竞争之间的关系，这是职业过程中难以回避的问题。

六、项目评估

培训后，国际计划连续几年进行了专家跟踪评估，学员认为培训实用性和针对性较强，很多问题的设计都是打工过程中经常发生的，在她们融入城市生活的过程中，由于对很多融入的难题有所准备，所以能较主动地回应。她们认为：踏入职场后，必须逐渐转变自己的心态，以一个职业人的眼光来面对现实。在追求自我发展的过程中，需要对自己的未来有一个战略的眼光，包括事业和婚姻两大主题。学会多视角地看待问题，知道很多问题有好的一方面，也有不利的一方面，正确对待和淡化城市人的歧视，综合看待事物，学习理性的选择很重要。任何选择都必须建立在自身的客观条件下，脱离实际的抉择是有害的。学员反馈：经过劳动法的培训，她们重视合同的签订和审查，对劳动合同进行集体研究和分析，做到心中有数，碰到法律问题首先想到找专业人士咨询，减少了盲目性，用人单位反馈学员维权意识强，整体自信心较强，团队关系紧密，但个别人过于计较自身利益，对企业利益关注不够，今后培训中应增加企业与员工关系的讨论，今天的劳资关系已经不是对立的阶级斗争的关系，而应该是合作多赢的关系，矛盾存在的复杂性如何认识和处理是培训应该回答的问题。因为学员多为女性，她们第一次接受到社会性别的新理念，触动很大，她们认为有必要对事业、婚姻等问题慎重考虑，保持独立和自立是不能忽视的大事情。李真[1]反映：她进行过受培训与未受培训者打工稳定性比照调查，接受过社会融入培训的学员在城市就业过程中相对稳定，心态比较平和，应对挫折的能力强，返乡率较低。

国际计划在对大龄贫困辍学女童进行技术能力培训的同时，增加对她们城市融入培训的设计是非常重要的，这些培训无论对女童自身还是对社会发展都将有着深刻影响。实践证明：她们需要技术支持，更需要精神关怀。

---

[1]　李真：北京协作者文化传播中心，曾参与陕西大龄辍学贫困女童培训后工作状况调查。

Employment Training of Elder Girls Leaving Schools Because of Poverty

[**Introduction**] The elder girls here refer to girls between 15 and 18 years. In recent years, some international agencies, by providing skill training courses, are making efforts to improve employment ability of elder girls leaving schools in poor areas of Chinese countryside for the purpose of their working better in cities. It is international remedy of the girls losing rights being educated. The Center for Women Rights and Development of NWPU together with Plan International brings awareness of gender and rights into the training courses in order to expand their consciousness of rights.

（李亚莉）

第二部分　问题探讨

Part Ⅱ　Exploration

宪政研究视野与妇女
劳动权益保障的推进

　　妇女劳动权利是中国现行《宪法》、《妇女权益保障法》、《劳动法》
等基本相关法律、法规规定的妇女在生产劳动不同环节、过程中所享有
的权利。① 如禁止招工、招聘中的性别歧视；保障妇女享有与男子平等
参与资本、技术等生产要素的分配权；保障多元化分配形式中的男女同
工同酬，同工种、同类别从业人员中女性工资与男性工资相同，缩小男
女收入差别等等。以及要求政府和企业负有做好女职工经期、孕期、产
期和哺乳期"四期"保护工作的责任。还有农村妇女享有与居住地男子
平等的土地承包权、生产经营权、宅基地分配权、土地补偿费、股份分
红等与劳动权密切相关的各项权利，都成为中国人权保障体系的重要内
容。这些权利皆因《宪法》明确规定："中华人民共和国妇女在政治
的、经济的、文化的、社会的和家庭的生活等各方面享有同男子平等的
权利。国家保护妇女的权利和利益，实行男女同工同酬"② 而备受人们
关注。因为人类文明的产生与发展是男女两性的共同创造。所以，在人
权保障的具体运行中，生存权是其核心，而生存权的基础又是劳动权。③
妇女劳动权益保障问题得到宪政研究的关注，也就顺理成章。而这些规
定也构成平等保障机制的核心内容与基本特色。

---

　　①　2000年以来，中国相继制定和修订了《婚姻法》、《妇女权益保障法》、《人口与计划
生育法》、《农村土地承包法》、《母婴保健法实施办法》等法律法规。2001年，中国政府还颁
布实施了《2001—2010年中国妇女发展纲要》，从妇女的保健、教育、劳动就业、婚姻家庭
等方面，加强了对妇女劳动权利的保护。
　　②　参见《中华人民共和国宪法》第47条规定。
　　③　如林喆教授认为，社会权又称生存权或受益权，它是指公民从社会获得基本生活条件
的权利，主要包括经济权、受教育权和环境权三类。日本宪法学者长谷部恭男在《宪法》一
书中将"社会权"作为宪法上的一种"基本权利"，并认为社会权主要包括了"生存权"、
"受教育权"和"劳动权"。转引自莫纪宏《论对社会权的宪法保护》，http：//
blog. sina. com. cn/s/blog_ 560ebb520100c069. html。

一、妇女劳动权益研究的宪政视野

宪政研究本身需要不断深化和发展，因为学科和理论发展是社会发展的一面镜子，体现并推进社会发展是学科具有生命力的直接反映，宪法学、宪政研究也不例外。

（一）妇女劳动权利与宪政

因为"根本法则的功能特征在于解决宪法本身的合法性问题，并在价值来源和逻辑方法上完成对宪政的证成，其主要途径是把以人为本和自由为核心的价值法则转换为政治法则和程序法则"，① 因为劳动创造价值，价值影响地位。所以，妇女劳动权益关乎妇女生存状况。正如外国学者斯达塞·斯戴克所指出的那样，"在绝大多数社会结构之中，妇女在历史上一直以照顾孩子和进行家务劳动的形式来承担人类繁衍的职责。在过去，这些职责通常将妇女排除在付酬劳动者队伍之外"。② 也许有人认为：妇女劳动权益问题更多的属于社会权问题。问题是传统的宪法学对社会权概念和性质不仅没有进行系统性地研究，而且很少涉及，近年来主要是法理学者和社会法学者在作这方面的努力。③ 所以，在宪政研究视野中梳理和思考妇女劳动权益问题，不仅是一种挑战，也成为一种必然。当社会人逐步习惯以平等和维权意识思考问题时，女性劳动权益因长期得不到公正对待而成为迫切而重要的问题闯入人们的视野时，自然也应进入宪政研究的视野。这是宪法学科适应和满足现阶段社会发展及人权保障功能拓展的需要，也是宪法学科生命力和宪政研究持续彰显活力的必然。

（二）宪政研究须关注性别平等

由于"社会公平正义是社会和谐的基本条件，制度是社会公平正义的根本保证"，④ 所以，加紧制度建设的需要，实际应该解读为加紧对宪政制度的完善和发展。理论上，没有什么力量可以同宪政制度的力量相抗衡，因而，从性别的视角探讨宪法问题，竭力拓展宪政研究的范围和视野，是时代

---

① 夏勇：《宪法改革的几个理论问题》，中国选举与治理网，2004 年 12 月 31 日。

② 转引自白桂梅主编《法治视野下的人权问题》，北京大学出版社 2003 年版，第 257 页。

③ 参见莫纪宏《论对社会权的宪法保护》，http：//blog. sina. com. cn/s/blog _ 560ebb520100c069。

④ 参见中国共产党第十六届六中全会《关于构建社会主义和谐社会若干重大问题的决定》。

发展的需要，也是宪政研究不断深化进步的需要。宪政研究关注民族平等、公民平等的同时，也应该关注性别平等。因为"自然科学关注人的自然属性，社会科学关注人的社会属性，大部分的传统学科都忽视了对人的性别特征这个介于自然和社会之间的重要属性的关注和研究"，① 所以，只有当"社会性别"这样一个带有普遍性价值的概念得到宪法学科的关注并成为宪政文化的一部分时，性别平等才能真正具备生存和实施的土壤，为摒弃性别歧视，颠覆固有的"男尊女卑"等不平等的观念提供通路。

（三）　性别平等问题能促进宪政发展

"以人为本"的宪政研究，在性别平等问题的研究上也不应缺位。缺乏性别敏感的宪政制度，会有天然缺陷，不利于国家对妇女劳动权益的保护。如果宪政研究能自觉重视宪法关系的不同主体，如以生理性别为界限的男女两性的不同体认和经验，在建构国家基本制度或设定国家根本任务及实施方略时，宪法的核心功能限权功能或维权功能，② 才能最大限度地、科学地反映社会客观现实，为社会公平发展提供适时的、根本性的制度保障。当社会性别主流化观念和战略得到中国承认并已付诸实践之时，③ 宪法学科以人权保障为终极目标，宪政建设以人权保障为目的，对于公民的平等对待考虑性别差异，自然有着无可厚非的重要性与迫切性。宪政问题研究对此缺位，既会显得不合时宜，而且可能因此成为法学或制度研究的"短板"，④ 甚至可能直接影响与宪政制度相关的社会学科的发展，导致人文科学发展的不足。⑤ 因为，宪法至上原则是和谐社会赖以建立的制度基础，宪政制度的科学建设是解决各种社会矛盾和法律冲突的前提。正如有的学者所言，宪法学

---

① 苏红主编：《多重视角下的社会性别观》，上海大学出版社 2004 年版，第 13 页。

② 即限制政府的权力的功能和维护不同性别的公民权利的功能。

③ 中国承认并且是《北京行动纲领》的签约国之一。1995 年江泽民代表中国政府在第四届世界妇女代表大会上明确承诺：把男女平等作为我国社会发展的一项基本国策。该讲话既体现了国家宪法关于男女平等原则的实施，也为市场经济发展中不平衡的女性发展提供了更实际且有效的政策条件。

④ 宪法学科的发展是其他法律学科发展的必要前提。宪法的每一次修改，宪法内容的每一次增减，以及宪法权利在不同时期的表述方式，都反映和体现宪法为解决社会问题所做的努力和尝试。宪法学理论的发展还会影响国家领导和社会各阶层对有限政府问题以及各类人权问题的深层关注。所以，宪法研究对社会性别问题关注的缺位应当及时得到重视和矫正。

⑤ 如宪政制度发展对国家法律的颁布和实施以及各类制度建设有直接的影响，对政治、经济、社会、文化、家庭等不同层面导致的妇女劳动权益问题也会产生不同程度的负面影响。

研究作为法律核心的研究领域，如果不能形成必要的性别敏感，① 势必在制度设计和国家发展的总体规划时会缺乏对社会性别这样一个全球关注的难点问题作出应有的反应。同时会影响立法基础的科学化，以及宪政教育在高等教育中的地位。②

当然，宪政关注问题的增加或转变，不是无限量的。一定意义上，会与宪政解决问题的力度呈正比。当宪政在解决种族、民族和地域的相对平等问题之后，关注性别平等，既可以彰显根本法对民生和人权的实际影响，也可以展现宪法学科自身的生命力。正如宪法学者所言"现代宪法学正在社会变革中不断提高自身体系的开放性与理论的现实适应性，吸纳各种不同的思潮与流派。宪法学科的开放性是保持其生命力的重要条件"，③ 宪政研究纳入妇女劳动权益等附加社会性别观念的问题具有同理性。

二、妇女劳动权益保障障碍

由于女性自身在身体心理等方面的特点及社会传统重男轻女的影响，现实中包括女性自己对女性的歧视，使得各国历史进程都不同程度地反映出歧视妇女的倾向。

（一）理论上对女性劳动价值的过低评价

即使在对妇女劳动权益认知较早的英国在探求女性价值存在的学者眼中，依然没有完全意识到女性的独立人格。例如经济学家亚当·斯密在讨论劳动力的最低工资标准时，提出"最下级普通劳动者，为供养儿女二人至少须取得倍于自身的生活费，而其妻子，由于需要照顾儿女，其劳动所得只够维持自己"。④ 表面他认为男女两性在就业及报酬上的差别是天然合理的，因为她要照顾儿女。这里，这位思想巨人忽略的难道不是对妇女劳动权益的

---

① 即习惯以性别发展状况为检视点，有关评价、协调和推进社会性别平等的有利于社会均衡发展的一种认知方式和思考习惯。

② 当人类学、政治学、历史学、新闻学、女性学、经济学包括法学等学科各自从学科内容和形式上考虑性别平等问题时，作为根本法宪法学科怎么能旁观而不参与呢？有如同大国有大国的国际责任一样，宪法学关注民生，不应该忽略对性别平等的关注，对妇女劳动权益的保障。因为，它涉及的不仅仅是女性的权益问题，而是事关一国全体公民的权益问题。

③ 徐秀义、韩大元主编：《现代宪法学基本原理》，中国人民公安大学出版社2001年版，第3页。

④ ［英］亚当·斯密：《国民财富的性质和原因的研究》（上卷），商务印书馆2002年版，第26页。

必要保护和国家应对妇女社会贡献的应有的公正评价吗?

　　穆勒是自由主义哲学家和经济学家中男女平等思想最为突出的一位,"但是穆勒并没有深入的探究已婚妇女作为家庭支撑者起的作用何在"。① 他一方面肯定妇女独立的人权和劳动能力,主张给妇女自由择业权、财产自主权和平等的教育权以保障妇女的劳动权益,另一方面又不能完全否定男性特权为基础的两性分工,② 在一定意义上存在的不合理性。

　　总之,强调妇女劳动权是妇女生存之本,不仅仅是因为,它在当下是人们获取生活资料的主要方式,更重要的是它体现着妇女在一个社会中的存在价值。为社会创造财富,是妇女受到平等对待的客观基础。而对妇女人力再生产贡献的肯定和评价,更是解决妇女受歧视的必要前提。这里人力再生产和家中私人劳动,不被认定为社会生产的一部分,那么,妇女的解放,妇女与男子的平等就是不可能。③ 从女性生理与社会角色的特殊性出发,妇女需要一种外在的保障机制来应对其在社会转型以及全球化过程中所面临的发展困境与挑战,妇女权益保障法在很大程度上也正是基于这种挑战而作出的政策设计。但是,随着市场经济的发展与深入,女性权益并没有因此得以提升,甚至在一定程度上出现了权益的"贫困化"现象。④ 如浙江省妇女劳动保障、生育保险、农村妇女的土地权益保障以及妇女其他福利的实施状况,呈现出经济发达地区妇女在权益保障过程中的"弱势"地位依然没有改善。"性别差异"是一个比"性别平等"更为重要的概念。国家与政府应当设定更强有力的公共政策来解决这类问题。协调性别发展对于维护社会公正、构建和谐社会才有实质性意义,这从一个方面揭示出宪政、人权、妇女劳动权益的紧密关联性。

　　此外,有学者认为:妇女的地位是一个国家文明程度的标志之一。目前,我国的劳动力市场上妇女的就业机会和就业岗位往往比男子要少,说明男女就业权的平等并没有真正实现。就业权是劳动权的核心。劳动权是人权的重要内容。所以,国家从重视人权的高度重视妇女就业权的平等实现,⑤

　　① ［美］约瑟芬·多诺万著,赵育春译:《女权主义的知识分子传统》,江苏人民出版社2003年版,第38页。

　　② 参见潘迎华《19世纪英国女性主义与自由主义关于妇女劳动权益思想剖析》,《浙江社会科学》2004年第2期。

　　③ ［德］恩格斯:《家庭、私有制和国家的起源》,载《马克思恩格斯文选》,人民出版社1958年版,第309页。

　　④ 郎晓波:《经济发展状况与妇女权益保障的相关性研究》,浙江大学硕士论文,2007年8月3日。

　　⑤ 王江:《论妇女的就业平等权》,《法制与经济》2006年第6期。

有重要的实践意义。有学者认为：研究与探讨妇女平等就业权保障机制问题，是由《宪法》第33、48条予以规范设定的，所以，妇女劳动权益保护从本质上说，是宪法规范意义上的基本权利。[①] 据上海市嘉定区妇联调查组就上海嘉定外来务工女性生存状况调查显示：[②] 外来女性职工遇到的困难依次排列为：工作问题占32.3%；收入偏低问题占9.3%；住房困难问题占9%；子女教育问题占6%；受歧视问题占3.7%。最希望妇联和政府部门帮助解决的问题依次排列为：公平待遇占68.7%；医疗保障占52%；就业占46.3%；文化生活占39.3%。结果再次显示劳动权实现与公平对待问题的密切关联。只有妇女的劳动权益得到保障，妇女才能在经济社会中具有独立人格，也唯有如此，才能真正实现"男女一律平等"的宪法权利。

（二）实践中人们对女性劳动权益保护问题重视不足

1. 现实生活中妇女平等的就业权受到侵害

尽管国家法律中明文规定男女平等，但妇女就业受歧视的现象比比皆是，而且不少企业惯以规避法律的手段实施性别歧视。"中国妇女就业论坛"[③] 资料显示妇女就业存在四大问题是：下岗女工比重较大，妇女就业和再就业困难；女性职业结构实现新的变化，男女两性收入差距呈扩大趋势；女职工特别是非正规就业和流动就业女性劳动权益受损害的情况比较突出；工业化城镇化的过程中，农村女性劳动力向非农转移相对滞后等问题没有得到根本性转变。据有关高校就业指导中心负责人讲：就业性别歧视的情况非常普遍，在各行各业都存在。"如建筑类企业，用人单位认为女生出入工地不方便，只招男生；而服务行业像前台这种岗位就招女生，但管理人员就要男生；又如机关和事业单位、公务员，也是以招男生为主。在招聘会上，即使标注性别不限的岗位，实际招的还是男生。真正愿意招女生的，大约只有三成。"[④] 据国家统计局发布的《2005年中国就业报告》看，女性就业率比男性低11.4%。天津人力资源开发服务中心对天津市三所普通高校抽样调查显示：本科毕业生就业率男生为83%，女生就业率为79.5%，相差3.5个百分点；对五所高职院校抽样调查显示：男女毕业生就业率分别为66%

---

① 王建宾：《论妇女平等就业权的宪法保障》，中国政法大学硕士论文，2008年。

② 上海市嘉定区妇联调研组：《上海嘉定外来务工女性生存状况调查》，《今日中国论坛》2005年第10期，第66页。

③ 2002年全国妇联和中国妇女研究会联合举办。

④ 广州大学就业指导中心副主任谭汝金介绍，转引自《单位指明只招男生　女大学生求职频碰壁》，《央视国际频道》2008年3月29日。

和 59%，相差 7 个百分点。一项专题调查则显示，大部分学生投入找工作的时间为正常学习时间的 30%—70%，女生高于男生 8.6%，但结果却是男生就业率是女生的两倍。①

2. 女性职业地位低，报酬少，性别隔离现象突出

女性劳动者就业多集中于餐饮、商贸服务、文秘等劳动密集型行业，即便与男性就任同一职业，报酬薪金也多低于男性。以国家统计局 2007 年相关行业平均收入统计为例，北京地区平均工资：信息传输、计算机服务和软件业为 81851 元；科学研究、技术服务和地质勘察业为 54231 元；住宿和餐饮服务业为 36870 元；居民服务和其他服务业为 19792 元。② 而众所周知的一个事实是男性多集中在前两种行业，而女性多集中在后两种行业。是女生学习能力差吗？据相关部门统计，从 1999—2006 年，在可以统计到的 560 名高考状元中，女生超过了一半，在北京，从 2005 年至今，高考文理科的状元都是女生。重庆的女状元比例更是全国罕见——自 2001 年起，在重庆涌现出的 16 名高考状元中，就有 13 个是女生。2007 年高考中，各省高考"女状元"比例超过了 70%；同年却有 80% 以上的应届毕业女生在求职过程中遭遇过性别歧视。③

3. 女性在就业过程中被淘汰的可能性高于男性

下岗、内退的女职工比重较大，再就业几率低，据第二次中国妇女社会地位调查，2000 年末，城镇 18—49 岁妇女在业率比 1990 年下降了 16.2%。有下岗经历的女工再就业的仅为 39%，比男性低 24.9%。此外，妇女"四期"保护问题，绝大多数企业不会直接挑战法律，但是以人事自主权或单位内部规章制度为由损害妇女权益的现象，却更难进行处罚。④ 据全国妇联的调查显示，在经期、孕期、哺乳期没有受到保护的妇女分别为：78.5%、40% 和 25.6%。即使是做得相对比较好的产期保护中，部分女性也只能享有休假，而工资福利则大打折扣。有的女性在怀孕后立即被单位换岗，不仅收入锐减而且生完孩子后也不再可能回到原来岗位，她们只能选择回家。⑤ 而人们都知道生育并不是妇女个人的事。

---

① 吕妍：《用人单位的感叹折射女大学生就业尴尬》，《新华报业网》2008 年 3 月 29 日。

② 中国国家统计局网，http：//www.stats.gov.cn/tjsj/ndsj/2007/indexch.htm。

③ 中国新闻网，http：//edu.chinanews.cn/edu/qzjy/news/2008/03 - 21/1198191.shtml。

④ 所谓隐性损害即隐性歧视。是对所有人都施以相同的要求和标准，而相同的标准是男性的客观同一的标准。看起来为了公平而采取的无区别对待，实际上将更为本质的歧视忽略了，构成了对女性与表面或明显的歧视不同的不易为人们所察觉的性别歧视。

⑤ 参见叶静漪《隐性损害难处罚 妇女劳动权益保护遇新挑战》，《法制日报》2005 年 7 月 12 日。

4. 女性特殊权益保护制度缺乏现实执行力

根据全国妇联《〈妇女权益保障法〉实施情况调查报告》看，妇女"四期"保护实现的很不够。而据一些地方相关调查看，鞍山市 60 家小型工商企业的优化组合中，编余女工就占 80%，其中孕妇和哺乳期妇女占 50%。沈阳矿务局实行承包后，把凡是有三周岁以下小孩的 1000 多名女职工全部放长假，发给每人 50%—70% 的基本工资。① 这些使人触目惊心的数字让我们看到：女性在就业中遭受歧视是亟待改善的现实。在宪政关注人权之际，妇女人权、妇女劳动权益难道不应当得到关注吗？

三、立法对女性劳动权益保护亟待修正

人类追求平等待遇的历史源远流长，且无时无刻不在影响着人们的生活质量和历史发展的进程。当代中国妇女劳动权益，一定程度上已陷入严重不平等境地。我们发现国家相关立法存在不同程度的问题：

（一）法律规定的妇女劳动权益保障主体含义模糊

妇女劳动权益主体与妇女权益保障主体是不同的。前者既有包含作为劳动者的一面，也有作为妇女这一特殊群体的一面；后者主要包含依法承担宪法、法律义务的国家机关、企事业单位和各类用人机构、组织或个人。我国《宪法》第 48 条规定：男女平等，同工同酬，公民享有同样的劳动权等等；《劳动法》第 13 条规定：妇女享有与男子平等的就业权利。在录用职工时，除国家规定的不适合妇女的工种或者岗位外，不得以性别为由拒绝录用妇女或者提高对妇女的录用标准；2005 年修订的《妇女权益保障法》还设专章保护妇女劳动权益。除此，我国现行法律对妇女劳动权益保护的规定还有：1951 年的《劳动保险条例》；1988 年的《女职工劳动保护规定》；1993 年的《女职工保健工作规定》；1994 年的《女职工保险试行办法》；2002 年的《职业病防治法》等。尽管这些有关妇女劳动权益保障的规定如此清晰，但是只有法律实现，才能起到建立和维护社会秩序，促进社会公正和发展的作用。② 因为"由法律上的男女平等达到事实上的男女平等是一项长期而艰巨的任务"。③ 所以，妇女劳动权益的真正实现不仅仅需要科学的静态立法的

---

① 慈勤英：《关于女职工生育期劳动权益保护的探讨》，《人口学刊》2002 年第 2 期，第 37 页。

② 张文显主编：《法理学》，高等教育出版社 1999 年版，第 266 页。

③ 彭珮云：《为妇女进一步发展而奋斗——写在"三八"国际妇女节 90 周年之际》，《人民日报》2003 年 3 月 7 日。

发展与完善，更需要有效的、动态的执法和司法等机制的适时保护，以及人们对男女两性劳动权益问题的正确认识。

（二）妇女劳动权益保障内容明显匮乏

根据宪法和法律规定内容看，妇女劳动权益保障涉及的权利有平等就业权和特殊权益保护权。前者一方面强调：国家保障妇女享有同男子平等的就业权利。除国家规定不适合妇女的工种或岗位外，任何单位在录用职工时，都不得以性别为由拒招女性或提高录用标准；另一方面要求权利保障主体对在业职工实行男女同工同酬，在分配住房和享受福利待遇方面体现男女平等，并在晋职、晋级、评定专业技术职称等方面不得歧视妇女。后者强调国家提倡男女平等，但不要求男女在任何领域、任何时间都得到同样的对待。否定"男人能做到的，女人也要做到"的说法，主张结合妇女生育特点，依法保护妇女在劳动场所和劳动时间得到经期、孕期、产期、哺乳期的特殊保护；[①] 任何单位不得以结婚、怀孕、产假、哺乳等为由，辞退女职工或者单方解除劳动合同。女性的体力确实逊于男性，但这不是女性的错，更不是女性的无能，而是因为女性承担人类繁衍功能，与生俱来与男性不同，形成生理上的重大差别和不同的社会价值，但没有高低贵贱之分。女性离不开男性，男性也离不开女性。所以，在推进男女劳动权平等方面，应承认差别前提下的劳动机会的平等。[②]

（三）妇女劳动权益保障立法值得推敲

1. 法律责任主体规定的过于笼统

比如，《妇女权益保障法》第 48 条第 2 款规定妇女的合法权益受到侵害时，被侵害人有权要求有关主管部门处理。但是何为"有关主管部门"？现在除了国有和集体所有制企业还有主管部门外，其他私营、外资企业已经没有相应的主管部门了。随着企业自主权的不断下放，市场经济的持续发展，公共机关不能在职权范围以外行事[③]已成为共识。所以，"有关主管部门"的立法，没有从实质意义上解决妇女合法权益受侵害的问题。在行政

---

① 根据女性的生理特点，不得安排不适合妇女从事的工作和劳动。如法律列举的女职工禁忌劳动的范围，矿工井下作业、森林业伐木等；以及《体力劳动强度分级》标准中第四级体力劳动强度的作业，如连续负重每次超过 20 公斤，间断负重每次超过 25 公斤的作业等。

② 1975 年第一次世界妇女代表大会通过的《墨西哥宣言》指出：平等即是男女权利、机会和责任的平等。

③ 龚祥瑞：《比较宪法与行政法》，法律出版社 2003 年版，第 311 页。

调解、诉讼调解日益发达的今天，NGO 组织正与政府组织一起发挥着更多、更有效的作用。

2. 法律规定过于原则，缺乏可操作性

虽然《劳动法》第 95 条中规定，用人单位违反本法对女职工和未成年工的保护规定，侵害其合法权益的，由劳动行政部门责令改正，处以罚款；对女职工或者未成年人造成损害的，应当承担赔偿责任，此规定解决了"主管部门"悬置的问题，但对妇女劳动权益侵害的处罚，力度过轻，只是"责令改正、处以罚款或赔偿"。这样的处罚会造成负有责任者、或负有保障义务的企业对侵犯女职工合法权益行为的轻视。因为被查处的个人或企业为此所付出的成本不过是比原成本高出一点的罚款。假如没有被发现，企业所节约的成本则是一笔很可观的收入。① 再如，若有关主管部门采用不作为的方式对企业侵权视若无睹，救济机制也难以启动。《妇女权益保障法》第 22 条规定：不得以性别为由拒绝录用妇女或者提高对妇女的录用标准。仅仅一个"不得"有多少威慑力？它何以能涵盖立法者所要表达的保障平等的意志？对于具体实践者来讲，"不得"既是一个很难掌握的语言，更是一个奥妙的"托词"。用人单位在录用劳动者时，公然声明男性优先，如何甄别其合法性，如属违法又该如何处置？还有设置面试程序者，以及逐步提高面试成绩在总成绩中所占的比例，从而达到拒绝女性面试者，又当如何避免性别歧视和保证招聘的合理性？给监督者、执法者在实际查处性别歧视过程中造成的困境和障碍又会用什么途径排除或消减？

3. 立法内容在许多方面存在空白

立法过程因宪政视野研究不足而导致实际关注对象的局限性。《失业保险条例》和《工伤保险条例》的规定都存在严重的缺陷。如孕妇的工伤处理就缺乏保护的法律依据；侵权救济机制，大多只适用于国有和集体企业的女工，非公有制企业中的就业女工，计划外生育的女职工，以及现实中同居的女性的怀孕、生育问题如何解决？立法保护规制具有明显的滞后性；当然，立法对孕期妇女规定了比较详尽的保护措施及待遇保障，② 现实中，不少企业女职工一旦怀孕，则"休长假"，实际等于被辞退。要么可能因此在进入企业之初即遭到排斥，③ 很多用人单位出台"禁孕"规定，从基本面

① 劳动力市场上就业供大于求，企业摸清了劳动者，尤其是难就业的女性工作者不会轻易投诉的心态，心安理得的享受着这非法行为所带来的利益。

② 例如，禁止让孕期女工从事国家规定的第三级体力劳动强度以上的劳动，高空作业；伴有全身震动的作业；工作中需要频繁弯腰，下蹲的作业等。

③ 如北京某单位在招聘时即要女职工承诺一定时间内不得生育等。

上，反映妇女劳动权益保护存在许多问题。特别是立法至今还只是关注于女性的经济权利及身体健康等基本生理权利，没有以新近频出的女性精神受压抑的个案视角拓展保护契机。

4. 立法在某些方面亟待修改

例如直接影响到妇女与男子平等就业权实现的退休制度。[①] 前面所提到的孕妇工伤赔偿问题及女工失业救济保障制度，[②] 都会形成对妇女劳动权益保护的挑战。有学者认为：改革开放前，妇女的文化水平普遍较低，家庭负担重，考虑到女性的生理状况，为保护妇女的权益而规定女性的法定退休年龄比男性的早五年。[③] 但是，在市场经济发展多年，女性在文化、家庭等各方面水平和地位有所提高之际，建国初所谓"照顾"所依存的客观背景已经消失，随着科学技术的不断进步，除自然不适合女性的工种之外，已没有哪项工作女性不能胜任。法律为何迟迟不作改动？这种退休年龄的不平等会直接导致经济权利的不平等，以及妇女政治权利的不平等。列宁曾专门指出："对妇女同样看待，使男女无论在选举法官或履行法官职务上都享有平等的权利。"[④] 为此，给予劳动权益遭受侵害，妇女在多重领域的参政权利也会遭受侵害。

5. 权益受损救济途径的多重弊端有待解决

第一，向妇女组织投诉。但是，妇女组织只是一个公益性的社会团体，它没有直接解决纠纷的权力，也没有调解纠纷的强制执行力。国外平等权利保护部的做法可以借鉴；第二，向仲裁机构申请仲裁，但仲裁解决的劳动纠纷主要是劳动合同纠纷，仅是劳动纠纷诉讼的前置程序，不具有终局性，也没有强制执行力。改良为诉前调解何尝不可？第三，向行政机关寻求救济。依据《女职工劳动保护规定》看，这种救济比较具体，操作性也很强。但是，它是针对侵害已就业女职工的权益为限，对侵害妇女平等就业权、同工同酬权、晋升机会平等权问题不适用。所以，对机构或企业编制给予性别配额要求，不失为可行的思路；第四，向司法机关寻求救济。"司法是权力救济的最后屏障"，但是，根据《妇女权益保护法》规定，对于侵害妇女劳动权益的救济，只能提起民事诉讼，根据《女职工劳动保护规定》规定，对

---

① 中国建设银行平顶山支行职工周香华诉退休年龄存在不公正案件给予我们的思考。

② 参见郭慧敏等《工伤法中的性别盲区及歧视——孕妇工伤胎儿受损的个案分析》，《妇女研究论丛》2004年第4期；戴敦峰：《女人凭啥无权与男人同龄退休》，《南方周末》2005年10月13日。

③ 周伟观点，转引自戴敦峰《早退休是福利还是义务？》，《南方周末》2005年10月13日。

④ 《列宁全集》第36卷，人民出版社1987年版，第105页。

有关部门的处理不服时才可提起行政诉讼。所以，实践中对于追究侵害妇女劳动权益的行为在诉讼上缺乏直接的法律依据。《妇女权益保障法》、《女职工劳动保护规定》与最高人民法院关于《行政诉讼法》的解释的冲突，以及《民事诉讼法》的举证责任问题，从立法上造成对侵权行为诉讼的不便，对遭受劳动权侵害的妇女来说，无疑也会雪上加霜。[①]

四、宪政研究保障妇女劳动权益之意义与建议

宪政研究应该融入社会性别视角，应该关注妇女劳动权益。其理论价值在于：

（一）在拓展宪政研究领域的同时可以得到多面向的发展

正如周平安教授指出的那样：社会性别视角不仅改变了我们对以往社会关系模式的认识，而且使我们可以注意到："传统法学对法律关系的关注主要集中于公共领域，而忽视了公共领域的政治关系与私人领域中的性别关系之间的联系，从而也就决定了法律所倡导的平等关系由于性别因素的存在而停留于法律文本"[②] 上的弊端。宪政是以宪法为核心的系列法律实施制度的总称。宪法学以宪政问题为主要的研究对象，该研究过程中，我们追问：充满平等、博爱精神的宪政拥戴者何以会在极力推行广泛民主与平等的同时，却对广泛存在的不平等、不合理的性别关系视而不见，甚至采取回避、容忍性别歧视的态度呢？

（二）通过强化宪政研究的影响提升宪法系列问题进步的理论价值

最突出的一点是：我们可以从社会生活的不同面向促使人们感受宪政对女性不仅仅是抽象的人的关怀。因为"传统法律人假设的人是以男性为标准的人，传统法律人权利与义务的设定也多以男性经验和男性需要为基础"，[③] 所以，将性别视角纳入宪法研究领域，将妇女劳动权益保障需要纳入立法及公共政策分析过程，会使立法和公共政策更加人性化。可以改变传统法律对人的定位，以及立法抽象论"人"，或性别化地将生育义务不尽合理地摊派给女性的弊端。女性因生育问题遭到就业歧视成为普遍性例证，以

---

① 参见《中华人民共和国行政诉讼法》、《中华人民共和国民事诉讼法》、《中华人民共和国妇女权益保障法》和国务院《女职工劳动保护规定》等相关法律、法规的规定。

② 周安平：《社会性别与法学研究》，《妇女研究论丛》2006 年第 5 期。

③ 同上。

及法律盲点因没有性别视角而对女性权益保护的欠缺,[①] 应当尽快通过法律得到补救。妇女劳动权是一项重要的人权,劳动权男女平等是宪法原则的具体化,妇女是中国重要的劳动力资源,保证女职工享有平等的劳动权利,有利于调动女职工的生产积极性,促进社会生产力的发展以及和谐社会的构建。

妇女不仅是国家经济建设的重要力量,而且还肩负着繁衍、哺育后代的重任,对女职工实行特殊劳动保护,不仅关系到女职工本身的安全与健康,也关系到民族下一代的健康发展和民族的繁荣昌盛。

(三) 以妇女劳动权益保障为切入点推进宪政视野下平等权问题的研究

劳动权是一项重要的人权。宪政视野的研究可以弥补以往男女平等理论和妇女发展理论的缺陷与不足。[②] 会为性别平等提供立法源头上的、全方位的、可以深入到不同领域的基础性制度支持。传统的男女平等理论主张"男女一样即平等",如赋予女性就业的权利,并给予就业条件的保护,但女性就业的同时还要承担家务,导致女性双重劳累。我们甚至很容易的发现:即使借口以公私领域为由,将女性禁锢在家庭私领域,也不意味女性在家就有主导地位。家庭大件物品的购买权多取决于男性,女性只能多就颜色、形式等细节问题才有一定的发言权。总之,性别角色的定位、性别平等的差异以及性别歧视的多样,决定宪政研究视角的增加或转换会有更多、更深刻的理论意义。

(四) 对于妇女权益保障问题的建议

1. 阶段性立法宗旨应明确,以主体倾向于女性保护的态度立法

男女的不平等对于我们来说,是一个现实的前提性问题。正如,各民族、各地区发展不平衡,国家在大政方针政策方面会有意向该群体提供特殊照顾一样,国家对待女性,也应以看似"不平衡"的立法纠正不平衡的现实,在该阶段性目标实现之后,再以不区别对待(当然女性因生理特征所需特殊保护除外)的态度制定保障规则。

2. 针对企业招用女工成本相对较高采用实效性规则与措施

例如,完善生育保障制度,在我国,除个别省(市)有相关规则及现

---

① 例如我国现行法律体系中,由于有关工伤的认定条件没有性别视角,导致西安一女士孕期触电导致孩子弱智而无法获得法律救济的事例,就非常典型。参见郭慧敏等《工伤法中的性别盲区及歧视——孕妇工伤胎儿受损的个案分析》,《妇女研究论丛》2004 年第 4 期。

② 周安平:《社会性别与法学研究》,《妇女研究论丛》2006 年第 5 期。

实实施措施外，大部分地区未建立完善的生育保障制度。即使有，在具体的生育基金管理及计划发放方面，亦存在不少问题。虽然已婚男性与产妇同样休产假，在调解产妇给用人单位带来不利影响方面，起到了调解作用，但妇女劳动权益因生育导致的瓶颈仍难以突破。所以，尽快建立与完善生育保障制度尤为关键。

3. 在采取保障性措施的过程中，依然要注意的问题是，避免出现某些看似是对妇女劳动权益的保障性措施，实质却加重女性负担的问题

比如，偏重于对女性的保护，而加重用人单位的负担，这样最终还会导致女性在就业过程中遭受歧视。以生育为例：在孕期的妇女不仅有工种及工作时间上的优待政策，并且她们因生育还必然会造成职业生涯的短暂中断。对一个妇女来讲，或许这只是其漫长工作生涯中的一小部分，可以忽略不计。但对于企业，它将时刻面临着不同的在职女工因生育问题而给它带来的隐性损失。即便在生育保障金方面，企业并不用对女职工付出多于男职工的支出，但这种隐性损失更让企业不愿消受。所以，立法应当重视，以对达到一定比例女职工的企业给予税收或其他政策优待，从实质上消除企业招用女工与男工成本上的巨大差异，保护女性就业权。

4. 加强权益保障执法及监督力度

行政权的公定性、确定性、执行性决定了政府有职责而且有能力干预、监督和保障妇女劳动权益的实现问题。因为，保障妇女的劳动权益，政府应负主要责任，所以，以政府的强势纠偏是实现权益保护的最好方式。特别是现代政府是一个服务型政府，在实现优化服务的过程中，完全可以为女性平等劳动权的享有提供必要而及时的保障。在原有保障模式或机制上，可以有针对性地建立平等保障机构或专门的劳动监察机构，以期对妇女在劳动权益所涉范围内的各个环节中的不公现象及时给予纠察，在机关、企业用人的根源处，加大处罚力度，扼制对妇女劳动权益的侵害。并将妇女诉求行政保护的中介环节建立完善起来，保证妇女诉权表达无阻。

5. 建立有利于妇女权益实施的法治文化

现代中国仍是一个法文化、法意识观念比较淡薄的国家。尽管立法已经在保护妇女劳动权的许多方面有了成熟举措，但很多公务人员、法院法官、检察官乃至民众依然意识错位。"进行任何形式的改革必须辅之以观念的变革，制度的变化或许在一朝一夕之间就可以完成，但是观念的完善往往需要一代人甚至几代人的努力。"[1] 所以，从根本上改变一个国家固有的陈旧观

① 陈瑞华：《刑事诉讼的前沿问题》，中国人民大学出版社 1999 年版，第 401 页。

念，固然要从原文化内部切入，但以法治思想的提升带动旧文化、旧观念的变革，或许更为有效和迅速有力。有人认为：女性发展也好，妇女劳动权益保障也好，主要在于女性主体意识的觉醒，反对公共力量的介入和影响。笔者以为，那种把通过国家干预实现女性发展与女性主体意识觉醒对立起来的观点是缺乏科学依据的。这一点从中国共产党在陕甘宁边区时通过政权干预模式开展女性发展的实践中可以得到明证。①

五、本论题难点讨论

（一）将妇女劳动权益纳入宪政研究视野有难度

妇女劳动权益是妇女人权内容的一部分。而且与和谐社会发展既一致又冲突。性别问题，社会分工、平等内涵的模糊性等作为历史研究分析中的一个有效范畴，② 决定性别冲突的双重性，以及研究的方式、时间、手段的局限性。

（二）纳入难点解决的认知途径

概念是人们对客观的主观认识；概念被人们接受有一个自然发展的过程；生活本身的发展不可能完全清晰；人的认识的渐进性决定认识领域的跨越性；系统问题应当系统解决，根本法研究领域及制度性建设对系统问题解决具有前瞻性；性别冲突与社会发展的多元性，会影响人们生活中利益最大化的一致性；伴随时间的延伸，社会公正的价值取向和宪政制度的实施会推进人们对问题解决途径和方式的进一步认识；研究视角决定研究方法，更多的人会因为仁爱或维护自身利益的需要而投入到构建性别平等社会建设活动中，劳动创造一切，妇女的劳动权保障的意义，也会随人们的认识提高而有所增强与改进。届时性别平等与妇女人权一定会因宪政实施的力度增大而接近实现。

（三）论题自身的冲突

1. 宪政涉及的多是与民生有根本关联的问题

保护妇女劳动权益是性别平等问题解决的一个途径，当然仅是推进宪法

---

① 崔兰平、郑军：《抗战时期中国共产党与女性发展》，《太平洋学报》2007 年第 11 期。

② ［美］琼·W. 斯科特：《社会性别：历史分析中的一个有效范畴》，转引自沈奕斐著《被建构的女性》，上海人民出版社 2005 年版，第 120—121 页。

平等原则的一个方面。该问题的解决需要亿万人长期不懈的努力，即使解决了也不代表妇女其他权益问题的解决，更不会意味其他公民劳动权益问题的解决。侵害女性平等劳动权还伴随有新的表现形式，如工作场所的性骚扰问题等亟待解决；城乡妇女劳动权益受侵害的形式和内容事实上也不尽相同。

2. 劳动权益保障中性别问题的排序

因女性劳动权益问题对失业男性以及拖欠工资的劳动权益受侵害问题没有直接触动，所以，该问题的解决只是消减劳动权益给予性别原因产生的不利因素。性别歧视对妇女劳动权益的影响即使受到国家宪法法律的排斥，也会因为人们观念和社会传统的影响而遭遇抵制，不会彻底消失。不同主体的认识基于多种因素的影响而形成的实质性差别决定性别平等推进的不易，以及平等内涵的同一性平等与差异性平等矛盾的长期存在。

3. 宪法、宪政作用的有限性

妇女劳动权益问题即使进入宪政研究领域，也未必可以立即奏效。在社会经济危机来临之际以牺牲妇女劳动权益为代价的就业观可能因宪政研究的深入而减少，但是男女平等问题的解决不会因为妇女劳动权益得以保障而消失。宪政意义上的平等人权的实现，既需要时间更需要男女同胞的共同参与。不仅需要女性的觉醒与呼吁，更需要国家、社会强制力和众多男同胞的呐喊与支持。

参考文献

1. 夏勇：《宪法改革的几个理论问题》，《中国社会科学》2003 年第 2 期。

2. 潘迎华：《19 世纪英国女性主义与自由主义关于妇女劳动权益思想剖析》，《浙江社会科学》2004 年第 2 期。

3. 王江：《论妇女的就业平等权》，《法制与经济》2006 年第 6 期。

4. 慈勤英：《关于女职工生育期劳动权益保护的探讨》，《人口学刊》2002 年第 2 期。

5. 郭慧敏等：《工伤法中的性别盲区及歧视——孕妇工伤胎儿受损的个案分析》，《妇女研究论丛》2004 年第 4 期。

6. 徐秀义、韩大元主编：《现代宪法学基本原理》，中国人民公安大学出版社 2001 年版。

7. ［美］约瑟芬·多诺万著，赵育春译：《女权主义的知识分子传统》，江苏人民出版社 2003 年版。

8. 苏红：《多重视角下的社会性别观》，上海大学出版社 2004 年版。

Promotion of Labor Rights of Women Under Constitutional Government

[**Abstract**] With the addition of respect and protection for human rights to the Chinese Constitution, protection for human rights has become an important topic about national governance and individual freedom and development. Protection of labor rights of women should be one part of constitutional research, which has not only practical significance to women rights in transitional period, suitable distribution of interests, construction of harmonious system but also theoretic value on research of constitution, socialism with Chinese characters and construction focusing on welfare of people. The paper discuses protection of labor rights on women from the angle of constitutional governance and strengthens the necessity of attaching importance to the defects of legal articles on women protection. Finally, the paper explores the reasons for the ignorance of women rights socially and systematically and hurt of women rights during operation of law. Some proposals on legislation and supervision are given hoping to improve labor rights of women.

[**Key Words**] Constitutional government; Human rights; Labor rights of women; Equal mechanism of labor security

Zheng Jun   Guo Yan

（郑　军　汕头大学法学院教授、宪法行政法硕士生导师。）

（郭　艳　西安财经学院助教。）

工作领域性别平等制度的建构

基于生理性别而产生的社会性别制度在女性劳动权利以及救济中会产生一定的影响，这种影响对女性会产生怎样的结果？解决问题的途径与方法有哪些？是本文所要探讨的问题。我们曾对女性劳动权益的案件进行过系列调查，调查与研究的假设是，劳动争议的救济程序像其他法律一样，是男性经验与思维的总结，女性劳动权利所面临的问题是男性未曾面对的。普通劳动争议的救济程序因未能反映女性的需求与处境而存在缺陷与不足。我们希望通过调查验证这些假设。并希望能在分析个案的基础上，发现女性劳动权利救济的独特性解决之道。

一、性别与劳动权益的救济困境

"我们都知道，工作在我们的生活中占有核心地位：它给我们一种目的感并赋予我们以个性，还给我们提供收入以满足我们的物质需要。工作是我们与他人交往的一种主要方式。它既是一份个人责任又是一种社会活动，常常需要在团队中与他人合作。它既可以是尊严与成就之源，但又可成为剥削与挫折之泉。"① 对女性而言，工作是她们获取社会资源与权力、获得自身独立，进而实现男女平等的途径。可是身为现代女性，她们承担着双重的责任，一方面在私领域中以母亲和妻子的形象关怀和照料家人，承担生儿育女的职责，成为家庭的象征；另一方面走出家庭进入公领域，参加社会劳动，实现社会价值和个人价值。但是她们在工作中却必须面对种种不公正的待遇，这些不公正是男女不平等的体现，损害了女性的权利和利益，也进一步加大了性别之间的差距。

现行法律法规中的劳动争议救济程序具有普遍性，没有性别区分。按照我国现行的解决劳动争议的规定，当事人在争议发生之后，可以通过与用人单位协商，或者通过企业的劳动争议调解委员会调解，在纠纷仍未能解决的

---

① 《劳动世界的格局改变》，国际劳工大会第95届会议文件，2006年，第5页。

情况下，当事人可以选择向劳动争议仲裁委员会申请劳动仲裁来解决纠纷，如果对仲裁裁决不服，可以最终通过司法途径，向法院提出劳动争议诉讼。这也就是我国劳动争议的一裁两审，仲裁前置程序。循着这样一个途径解决劳动争议，基本上仍然体现了民事争议的解决途径，即"不告不理"。即使有学者认为劳动仲裁是具有准司法的行政仲裁，但在诉讼阶段劳动争议由法庭依照民事诉讼程序来审理，也在某种程度上确认当事人所维护的劳动权利具有私权利的性质。

但是在实践中出现的频率较高的女性劳动权益问题，进入司法渠道解决的较少。2004年，我们在陕西几个地区做女性劳动权益调查时，女工对这类问题有相当多的反映，如有人说："我们报生育费用少的可怜。从2000年改了，顺产300，难产500，这钱对我们来说根本不够，顺产也不够，难产更不够，可是那又有什么办法呢？"① 因为对相关法律规定了解不清，加之在观念里认为这些事情与单位没关系，在很多私营企业，女工怀孕到不能做工时，都会辞工回家生孩子。还说："这跟厂里有什么关系呢？我要生孩子，不能上班了，当然要辞工，等生完孩子后再找一份工作呗。"在对女工的问卷调查中发现，针对职场性骚扰问题，很多人在问卷上选择没有，但是一旦我们想进一步确认而联系问卷填写人时，她们往往会承认在她们周围确实是有性骚扰存在的，但是"那还是有的，那这怎么说呢？这是人家的事儿，我们也不好说"。某厂女工主席也明确地说："这个问题肯定有，像我们厂里，大家都知道，可是谁也不说，这种事情真的不好说。"调查中有一位女工后来打电话谈了自己被单位领导骚扰的事，但是当我们想做进一步的深入访谈时，她犹豫再三后拒绝了我们。

而同期的媒体上也有相当多有关此类案例的报道，《竟要"男女成双"女生应聘遭遇性别歧视》②；《"性别歧视"，女硕士应聘门缝窄》③；《女公务员怀孕被炒鱿鱼 状告商务部法院不予受理》④；《女生应聘遭孕检确定没怀孕才被录用》⑤；《法律能否杜绝"性骚扰"》⑥；《性别歧视挡了女性就业路》⑦。类似的标题在各类媒体上经常能见到。据北京红枫妇女热线的最新

① 　西北工业大学妇女发展与权益中心所做的当事人访谈资料。

② 　雷雨：《竟要"男女成双"女生应聘遭遇性别歧视》，《北京青年报》2002年11月26日。

③ 　《今日早报》2002年1月24日转引自 http：//www. southcn. com/news/community/shzt/women/career/200403070601. html。

④ 　http：//www. chinahrd. net/zhi_ sk/jt_ page. asp? articleid＝61895。

⑤ 　http：//www. chinahrd. net/zhi_ sk/jt_ page. asp? articleid＝108441。

⑥ 　《华东新闻》，http：//politics. people. com. cn/GB/30178/3557892. html。

⑦ 　http：//law. asiaec. com/blyf/ld/510834. html。

数据统计显示，1992—2004 年，热线共接到有关"性骚扰"的电话 613 个，其中案例多发生在职业场所，在全部案例中有 35% 的"性骚扰"来自上司，15% 来自同事，两者合计占总数的一半。而其中从事商业服务者和公司职员是遭受性骚扰的主要人群，占总数的 45%。[①] "1995 年中国社会调查事务所对 1500 人进行了法律意识调查，其中有 35.95% 的人认为对女性的不平等主要表现在升学就业方面，在各项备选答案中选择率最高。"[②] 2000 年，全国妇联和国家统计局联合组织实施的第二期中国妇女社会地位抽样调查中也出现了同样的结果：以"调查前一周内从事有报酬的工作或劳动"为标准，城镇 18—49 岁的女性在业率为 72.0%，比 1990 年降低了 16.2%。女性的在业率与男性相比下降幅度偏大。国企职工专项调查数据表明，国企下岗女工普遍感到再就业困难，她们中有 49.7% 的人认为自己再就业时受到年龄和性别歧视，比下岗男工高 18.9%。

这类权利问题为什么却较少进入司法程序呢？笔者分析可能存在三种情况。

第一，这类权利很少产生纠纷。在现今社会，当工作成为人们谋生的方式，成为大多数人生活的一部分，而就业压力又日渐增长，在这种背景下，女性的就业处境也只会更困难，基于女性身份产生的问题很多，但却因为没有资源和能力而闹不起纠纷。

第二，即使有纠纷，在进入司法程序之前已经通过其他渠道得到了解决。目前劳动争议的解决方式对普通劳动争议的解决还存在很多障碍，而我们的调查与媒体登载的事实也进一步表明，司法程序之前的争议解决方式很少能对此类问题发挥作用。

第三，纠纷产生后，女当事人采取了放弃权利救济态度。可能认识不到权利重要，也可能因为权利通过司法救济障碍太大而放弃。试想如果当事人能较容易启动司法程序并在程序中能支付较少成本而实现权利的话，这些权利事关个人利益，就不一定要放弃。这类权利被放弃还有另外一个可能的原因：正如性别分工的结果一样，女人和家庭被认为是属于私领域的，而工作场所被认为属于公领域。女性在劳动力市场的遭遇，因为与性别相关，与家庭相关，又再一次地被归为私人的事情，从而顺利地被社会认为是私权利。即使劳动权在今天已越来越被认为是社会权利，但这类事情在传统上属于私人事务因而被忽视，这造成了此类权利在很多情况下让位于其他权利，或者

---

① 王晓鸥：《白领调查：避免职场性骚扰三步走》，《北京娱乐信报》2005 年 9 月 12 日。

② 张丽霞：《试论我国妇女就业权的法律保护——以城镇女性就业权的保护为中心》，《河南大学学报》（社会科学版）2004 年第 1 期。

在救济不畅的情况下被放弃。

女性劳动权利在救济的过程中往往存在障碍，平等倡导与禁止歧视的立法定位不准；母职与工作的矛盾与冲突；证据责任分配的不合理和立法欠缺等，下文试图从这些权利本身与国家法律两个方面进行考察。

二、具有性别特点的女性劳动权利考察

与性别相关的劳动权利，不是男女两性共享的，而是女性在职业环境中独自去面对，独自去体验的权利。女性职业生涯中可能因为自己的女性身份会遭遇这样的问题：进入职业时会遇到就业机会的性别歧视，进入职业后可能面临职业性别隔离、性骚扰，到了生育期会遇到怀孕歧视、晋升晋职时可能面对的玻璃天花板，退休时还会面临退休年龄和退休金歧视。下文所指的女性劳动权利，是带有性别特点的劳动权利，仅针对女性因为性别身份所拥有的特殊劳动权利，而不是指女性这一劳动群体所拥有的劳动权利。

当我们考察劳动者时通常是以一个不具女性特点，确切的讲是以男性为标准的，女性在工作中如果确认自己的女性身份与特点，在某些情况下很难达到以男性为标准设定的工作内容与条件；而如果无视自己的女性身份与特点，虽然实现了"男女都一样"，"男人能做的，我们也能做"，但却给这些女性带来另外的伤害。① 而在劳动就业市场化的今天，即使愿意认同这一男性标准，也被用人单位与社会拒之门外。在男权社会中男女之间持续的、实际的不平等是现实存在的，因此如果在立法上仅仅只是要求形式上的男女平等，其内在逻辑就演变为："要享有男性的特权，女人必须做男人，即以男性价值要求自己，同男性一样进入社会领域运作。"② 这一似乎实现了男女平等的逻辑却包含着不平等：首先它承认了男女平等的标准是以男性为中心的，女性要想平等必须认同男权社会的价值标准，必须向男性靠拢。现有立法的很多规定虽然提倡给女性特殊对待，但在涉及平等工作机会与权利时，行文总是"妇女享有与男子平等的就业权"，这一语义实际也暗含了女性要向男性标准靠拢。在不改变社会性别分工的情况下，女性依然承担家务的负担，要求女性同男性在社会中有一样的表现，才是最大的不平等。无论在何种意义上，女性都不可能摆脱自己的性别身份，对于整个妇女群体而言，工

---

① 认同男性标准是以牺牲自己的性别特征为代价的，最终除了给女性带来身体上的伤害外，更进一步地强化了社会性别等级与男性价值标准。

② 张乐：《刍议男女平等》，《社会科学论坛》2002 年第 6 期。

作领域的平等意味着和男性一样。可性别差异作为现实又客观存在，因此在承认差异的前提下，女性受到了特殊对待。特殊是指针对性别差异而言，社会确认的男性标准作为参照依然没有改变，只是适时修改了针对女性的标准，使其特殊化，进而使区别对待产生的权利也特殊化。

无论是就业歧视还是性骚扰、生育期待遇等毋庸置疑都是劳动权利的一部分。传统观念、文化对性别差异的认识使社会对男女工作有了不同的评价，在就业机会上，男性高于女性，这从各种招聘中都可以看到，用人单位更愿意聘用男性，除非这类岗位已被定位为女性职业。即使女性就业，职业的性别隔离也导致女性很难进入某些机会更多、待遇更好的岗位。如果说工作能给女性带来经济独立和社会价值认同的话，那么女性在职业生涯中的不公正待遇无疑会加深她在工作中的挫败感以及对自身价值的怀疑。而男性在职业生涯中却不会面临如此的困惑，甚至因为这些问题而获得更多的机会，比如说招聘晋升中的只限男性。因此这类权利问题被称为就业与职业中的性别歧视，意味着女性所面临的不平等对待。

三、从国家法律方面考察

男女平等是一项宪法原则和基本国策，大多数情况下，平等指的是相同事物给予同等对待，可是在某些情形下，平等也意味着不同事物不同对待。在性别平等的问题上，男女两性作为社会最大的两个群体，他们有很多共性，但同时也有巨大的差异，此时的平等其实是两个群体的平等。具体到劳动权利问题中，平等意味着考虑到女性基于生理而产生的需求，考虑到女性在历史与现实中的不利处境，在分配权利时，应确认女性有与男性不同的需求，给予女性生育期权利；在就业与职业领域给予女性实质平等而非形式平等的权利。这些区别对待产生的劳动权利都是为了使女性在工作中能够更多的向男性所拥有的机会与待遇靠近，可以说是实现工作中性别平等非常重要的权利。这些权利不实现，性别平等无从体现。从这一意义上，这些权利具有平等权的性质，属于平等权的范畴。

就业性别平等权的内容包括两个方面，一是在职业领域与男性有相同的待遇和机会，二是针对女性的生育保护不会成为女性就业和工作的障碍。

平等权与其他权利相比，有一个最大的特点，它在与其他群体的比较中才存在，并且在与其他群体的比较中才能实现。平等在此时意味着与别人一样，与其比较的对象相同。有学者指出："一个人是否享有平等权固然和国家的性质以及他所属的阶级在国家中的地位有密切的关系，但这种平等权一定要在他和社会其他成员的交往中才能体现出来。"① 要实现这一点仅靠个人的努力是难以达到的，国家对于保障平等权的实现是有积极义务的。"作为权利，在法律上，特别在宪法上的设立，意味着国家负有保障与救济的义务，当平等权利受到侵害或不能实现时，平等保护措施的采取是国家的应尽之责。一个国家的宪法和法律有没有平等权的确立和平等保护条款的设立，反映了一个国家的人民在人权和基本人权上的平等享有程度，也反映了一个国家法治和文明的程度。"②

　　建国以来我们国家和政府一直非常重视对妇女就业权的法律保护，制定了一系列有关保护妇女就业权的法律法规，形成了以宪法为基础，包括法律、部门规章、地方法规和规章在内的保护妇女劳动权益的法律体系。关于男女平等就业权问题也在多部法律法规中得到体现，但是这些法律在现实中实施的情况如何呢？在中国这样处于转型期的社会中，在很多企业包括私人和集体企业，甚至一些效益不好的国有企业，许多国家政策和法律的执行无法得到有力监督。这些企业经常拖延缴付职工保险金和职工补偿费用，钻行政规章的空子，逃避应尽的责任。此外，对职工的一些保护性规定的落实也取决于企业有多少可资利用的资源。

　　正如我们访谈中听到的："几乎不存在妇女劳动权益方面的问题。我们从 1996 年开始签集体合同以后女职工的这些权益，还有一些特殊的保护全部写进集体合同，写进集体合同以后呢，每年必须要执行。比如说男女同工同酬、女职工的四期保护，还有女职工假期产假的一些规定，一些该享受的特殊待遇，我们都在集体合同里头明确地规定的。"这是效益相当好的国有企业，而实际经常发生的情况是，对职工的诸多保护性规定仅仅是纸上谈兵，完全无法落实。在一些政府管制不严的企业中，职工的基本工资也无法拿到，更何况这些权利呢。"但是她如果一旦休产假，她只能拿一百多块钱，那她也不想去闹，休完两年，她可以回来干啊，就是这个样子。如果告了以后，说不定休两年以后，我可以给你解决，但我给你穿小鞋，你就……"。"只要产假期间把我的养老、医疗保险都交了，至于生育费、产假工资这些我不要都无所谓。"

　　现有关于女性就业权保护的法律规定比较笼统，缺少操作性，难以起到应有的保护作用。例如，对就业中大量存在的性别歧视等行为，没有明确的对应性惩罚措施，而仅靠宣言式的原则性规定无法解决实际问题。虽然

---

① 何华辉：《比较宪法学》，武汉大学出版社 1988 年版。
② 刘钊、刘奇耀：《平等权初论》，《政法论丛》2003 年第 4 期。

《劳动法》第95条规定："用人单位违反本法对女职工和未成年工的保护规定，侵害其合法权益的，由劳动行政部门责令改正，处以罚款；对女职工或者未成年工造成损害的，应当承担赔偿责任。"《劳动法》、《妇女权益保障法》、《女职工劳动保护规定》中也规定：在妇女怀孕、生育期间拒绝招收或辞退职工，如果应当录用而拒绝录用妇女或者对妇女提高录用标准，或者以结婚、怀孕、产假、哺乳等为由辞退女职工的，由受侵害妇女所在的单位或上级机关责令改正，并可根据具体情况对直接责任人员给予行政处分。不过，这条规定并不能直接适用于对女职工在雇佣、解雇、培训、升迁等方面进行的性别歧视行为，也不能成为女职工获得相应保护的直接依据。访谈中有人说："那肯定的嘛，而且还要考虑一个结果，我能不能告赢。因为对于现在这整个社会来说，这个女工男女不平等，或者女工受歧视，或者女工劳动保护不到位这种情况很普遍，对吧？我也看了一些关于女工维权保护的一些资料，相当普遍的，所以说你要是真正的诉诸法律，你就包括中国第一例性骚扰的案子，还都是那么艰难的，还没有音儿，那其他的就更不用说了。那就是像那种直接侵犯到人身权利了，这种虽然也算是侵害到女性的权利了，但实际上影响不是很大，虽然是大面积的，但是影响不大。不影响你吃喝，所以说你要真是去打了，不一定能保证你真的就能达到你的目的。"

　　其结果是我国劳动立法中的一些对妇女的保护性规定并没有达到期望的效果。本来用来保护她们的法律却反过来歧视她们，把她们置于劳动市场的不利位置。尽管这些法律的立法目的是保护妇女，但这些法律的实施却对妇女产生负面的影响。"在某种程度上，这种对女工劳动的保护性规定和福利待遇的规定，为企业不雇佣女工创造了机制。在企业必须执行这些保护性规定的条件下，企业则通过规避法律来排斥女性就业，使女性与男性平等就业的权利得不到实现，当然也谈不上同工同酬了。在雇佣女性劳动力的地方，如某些受国家控制较弱的非公有制企业，没有执行对女性的保护性规定，女性的健康受到很大危害，其福利得不到实现。可见，力求通过保护而达到'平等'的立法目的，在实践中并没有完全得到实现，反而有使这种'不平等'的趋势加强的迹象。"[①]

　　审视我国劳动法及相关法律对妇女的特殊保护，可以得出这样的结论：因为女性与男性有生理差别，在立法中的体现主要是生育能力的差别，因此女性不可能像男性那样适合同样的工作岗位与工作机会，建立在这种思维之

---

　　① 高丽蓉：《对女性的特殊保护立法和女性的平等工作权》，http：//www.usc.cuhk.edu.hk/wk_wzdetails.asp。

上的法律在现实中产生了如下的结果。第一，强化了女性的性别身份和家庭责任。比如相关法律对经期、孕期、哺乳期和产期、育儿期的规定，完全强调女性的身份与家庭责任，而没有考虑到男性也是家庭成员，也承担家庭责任。第二，某种类型职业性别隔离的合法化。比如基于女性身体和生理差异而禁止女性进入一些职业，导致这些行业成为男性职业。第三，对女性的保护成为女性就业的障碍。特殊的保护把责任和成本都给了雇主，在这种情况下雇主会做出自己的选择，即通过规避法律拒绝雇佣女性或是在裁员时优先裁减女性。针对雇佣女性的成本与责任增大也强化了传统的歧视女性的观点。第四，虽然宪法、劳动法都申明劳动就业领域的平等权利，但缺乏具体明确的禁止歧视的规定，更缺乏针对歧视的法律责任，导致关于平等就业与工作待遇只沦为口号性质的宣言。第五，如果说法律规定在现实中无法得到严格实施，那么对于当事人而言，在法律无法确保她们权利情况下，她们更不愿意通过冗长的法律程序主张自己的权利。如果没有一个公正的机制实施这些法律，推行这些法律只会增加妇女在就业时的负担。

四、平等权救济中的国家义务

法定权利的平等是相对的，法所确定的平等权是一种形式表达上的平等，权利的抽象赋予并不意味着所有人实际上都享有实现这些权利的手段，能够在同等的程度上和范围内使用这些权利并且实现这些权利。其实质原因在于"个体在能力（素质及其所拥有的实现权利的条件）上，以及社会对权利和义务及其保障在分配上存在着差异。即便是将公民视为平等主体的现代法制体系中，由于社会资源的有限，法律权利和义务的平等分配也只具有形式上的意义。通过形式平等到实际平等，有赖于主体所借助的实现权利的资源在使用上的平等，即首先是资源使用上的平等，然后才有可能做到通过某项权利所获的利益与他人的相平等。由法定平等到现实平等，即平等权由形式转为实在，需要一整套的制度保障，制度保障的力度决定了平等权实现的程度"。① 既然法律仅仅规定平等，还不足以让女性在就业权利上拥有与男性同样平等的现实权利，还无法达成两性现实中的平等，那么如果借用法律权利是一种资源的制度化分配机制的理论，实际上意味着在法定权利转变为现实权利的路径中存在权利资源分配的不

---

① 林喆：《平等权：法律上的一视同仁》，http：//www. sicau. edu. cn/web/xcb/llxx/2004/2004 - 4. htm。

足。当遭遇了不公正对待的女性依据法律的规定而寻求救济，在历尽曲折之后，却发现此路不通时，实际上显示出在平等权利的救济上，当事人拥有的权利资源不足以让其实现权利。在这种情况下，国家应该以积极的姿态出现，帮助当事人寻求救济。当然，在这里并不是通常意义上的法律援助，也不是通常意义上的司法救济，而是指国家应该建立相应的针对平等权利的救济制度。简而言之，除了平等的权利，还要有实现权利的平等救济制度，让在就业中遭受了不公正对待的女性，在为实现平等权利而寻求救济时，能拥有更多的权利资源。

平等权是一项与其他权利存在着密切关联性的权利。在宪法规定的公民基本权利中，除了平等权以外，其他的权利往往仅涉及公民政治或社会生活的某一方面，唯有平等权涉及公民政治、社会生活的各个领域。它表明，作为权利的平等，指的是公民在一切方面的平等。平等权的这一属性意味着，平等权是独立的权利，但却没有非常确定的内容，而是涵盖了宪法规定的基本权利的所有方面，将所有的基本权利都包括了进去。它要靠其他权利的行使才能够体现出它的存在和价值，没有其他基本权利的实现，平等权就无法表现出自己，也就无法表明自己的现实存在。① 而在就业的性别平等方面，则意味着法律所规定的跟女性相关的权利都能得到实现，否则就业与职业领域的性别平等就仅仅停留在法律规定中。

国际劳工组织第 111 号公约《就业和职业歧视公约》第三条提出：凡本公约生效的会员国，承诺以符合国家条件和实践的方法，从六个方面执行《就业和职业歧视公约》，包括制定法规，在一个国家机构的直接控制下执行、遵守、推动该政策。中国政府虽然还未签署该公约，但从 1999 年就与国际劳工组织正式开始关于第 111 号公约的合作活动。"越来越多的国家已经从专门以强制执行不搞歧视的消极义务为基础的法律方式转向一种更为广泛的、包括防止歧视和促进平等的积极义务的法律方式。"② 遭遇就业歧视的人群如果想要获得和他人一样平等的权利和机会，仅仅依靠自身的能力和资源往往是不够的，因为不平等是现实存在的，平等的取得必须借助外力，也就是国家公力来实现，这时国家就有义务让平等成为现实。因此，国家在保障工作领域中的性别平等上的积极义务应该包括立法、行政与司法三个方面：

---

① 王广辉：《平等权的性质和效力》，《中国法学》2002 年专刊，第 71—76 页。
② 国际劳动组织局长报告：《工作中平等的时代》，国际劳工大会第 91 届会议，2003 年，第 57 页。

（一）立法中的性别平等

　　这里的平等不仅是性别平等的原则和宣言，作为一项独立的权利，平等权本身并没有具体明确的内容，因而法律对平等权利的承认，"有可能只是提供了行使这些权利的一种形式机会，而非实际机会"。① 国外的立法实践也证明仅有平等的规定是不够的，还必须有关于禁止具体的歧视行为的规定。要想确保平等权对于个人或某个群体能真正实现，必须在法律中明确平等权之下的具体内容，也就是用"立法行为来配置权利、权力和利益"。② 如果要有效地遏制就业市场中存在的性别歧视，就需要有完善而可操作的反对性别歧视以及对妇女实施特殊保护与照顾的法律。在平等问题上，除了明确规定女性在工作中特有的权利之外，还应该明确禁止工作领域的各种性别歧视，包括直接歧视与间接歧视。③ 还应规定因就业与职业歧视而产生的雇主责任，包括雇主对雇员的平等对待的责任，以及求职者或雇员因为之前卷入其他歧视诉讼而受到雇主的不公平的对待。④ 此外，法律还应对平等权利规定平等保护的条款，提供法律救济的途径。

　　在这方面，可以参考其他国家的立法经验。欧盟制定了大量男女就业平等法律。如：1975 年的《平等工资指令》，该指令进一步规定了男女同工同酬的原则；1976 年的《平等待遇指令》，禁止在就业各个方面的性别歧视；1986 年的《职业社会保障计划平等待遇指令》；1986 年的《禁止对自营就业人员的性别歧视指令》。德国 1953 年通过了《母亲保护法》，1979 年颁布了《母亲休假法》，逐步完善了对妇女包括就业权在内的劳动权益的保障。英国于 1975 年颁布了《性别歧视法》，1970 年颁布了《同酬法》，对歧视的种类与范围及法律补救措施作了详细的规定。爱尔兰 1977 年颁布了《雇用平等法》、丹麦 1978 年颁布了《关于雇用平等男女平等待遇法》、荷兰 1980 年颁布了《男女均等待遇法》。美国 1963 年通过的《同酬法》规定凡在技

---

　　① ［美］E. 博登海默著，邓正来译：《法理学法律哲学与法律方法》，中国政法大学出版社 2004 年版，第 308 页。

　　② 同上。

　　③ 直接歧视，也称差别对待，即雇主以真实的职业资格要求以外的原因拒绝一些能够胜任工作的受保护群体，如有色人种、女性或残疾人等。间接歧视，也称差别影响的歧视（美国）或不利后果的歧视（加拿大），即雇主的雇佣活动表面上是中性的，但统计数据可证明其雇佣活动实际上对某类人产生不利的影响，而且雇主无法证明这种雇佣实践是其经营所必需。参见李微微、Lisa Stearns 主编《禁止就业歧视：国际标准和国内实践》，法律出版社 2006 年版。

　　④ 除了直接歧视与间接歧视，英国 1976 年的《种族关系法》和 1975 年的《性别歧视法》还规定了因牺牲而受歧视。因牺牲而受歧视是指求职者或雇员因为之前卷入其他歧视诉讼而受到雇主的不公平的对待。

术、难度、职责相同，而且在类似的劳动条件下，执行相同任务的工作岗位上，从事同样工作的，雇主必须对男女雇员按相同的工资率支付报酬。1964年通过的《民权法》，规定雇主不得以种族、肤色、宗教、性别或民族出身为借口对申请工作者和雇员予以歧视，该法中关于消除雇佣歧视的条文适用于就业机构、工会和雇主。日本1986年颁布了《女工平等机会和待遇及女工福利改进法》，规定就业机会与待遇男女平等，并帮助妇女就业。为了更好地实施这一法律，日本政府又制定了《关于实施女工平等机会和待遇及女工福利改进法的规定》，1997年修改了《男女雇用机会均等法》，修改后的均等法于1999年4月1日开始施行。此次修改的重点是将该法中的在招工、录用、工作安排、晋升方面，雇佣者对消除男女差别的努力义务规定，改为禁止规定。与此相配套，同时也修改了《劳动基准法》中关于女性的特殊保护规定，在加强对女性的怀孕期、产前产后、哺乳期的母性保护的同时，取消了该法中对工作时间外、休息日加班或者深夜劳动的女性的特殊保护，将原来对女性禁止的深夜劳动等开始对女性开放。同时修改后的育儿休业法中规定了有小学入学前孩子或有需要看护的家属的男女劳动者有拒绝深夜劳动的权利，强调男女共同承担家庭责任。由此反映出日本的女性劳动法制对女性劳动权利的保障，顺应国际潮流，开始由原来的特殊保护向男女平等的方向转换，即从"保护"走向"平等"，迈出了男女雇佣平等法进程中重要的一步。①

在我国就业与职业领域性别平等法律，应该有五个方面的立法内容：宪法与劳动法中有关性别平等的宣言；劳动法中规定女性特有的劳动权利，如果涉及考虑家庭责任，则应该是包括两性在内的，避免强化女性的家庭责任；劳动法中规定禁止就业和职业歧视的明确条款，包括直接歧视和间接歧视；规定歧视行为的罚则，明确雇主的歧视责任，包括保障性别平等的积极义务，违反之后应承担的责任；在相关法律中明确促进与实施工作领域性别平等的行政机构，并赋予其相应的职责与权限。

（二）行政执法领域的性别平等

立法机关通过立法活动，对工作领域的性别平等做出了详细的规定，但这些规定并不能自动地实现。实践也证明，在法律执行方面有许多挑战。"例如，受歧视的受害者发现很难得到充分的法律援助和代理，很难走向法

---

① 何燕侠：《日本女性劳动权利法律保障的新进展——男女雇用机会均等法的修改》，《妇女研究论丛》1999年第3期，第41—45页。

庭或理解法律程序，很难处理长期的延误，很难支付高额的费用，以及很难收集足够的证据来证明自己的案情；也许还要加上律师和法官对平等原则、性别以及文化问题缺乏了解，不适当的裁决、纠正和制裁，以及专门执行机构或法庭缺少资源，存在人员不足、程序和权力不充分的问题。"① 在这种情况下，平等的实现必须有赖于行政机关对其的执行。"因为平等权不像自由权那样基本上是一种消极性的权利，主要依赖于权利主体自己对其的把握，其他公民以及国家机关只要不去限制这种自由，基本上就可以保障公民的自由权的实现。而平等权有很多方面具有积极的性质，必须依赖于国家和社会去积极地创造条件，才能保障其实现。行政机关所行使的行政权力与司法权比较起来，就具有积极性和主动性的特征。因此，公民平等权的实现，在立法机关制定了完备法律的前提下，就有赖于行政机关通过行政管理活动，去积极主动地执行，才能保障公民平等权的现实享有。"②

　　在性别平等的行政执法层面，可以参考国外的立法与司法实践。60 年代女权运动的兴起导致了欧盟范围内对妇女权益的广泛关注。70 年代成立了妇女权利专门委员会，1990 年成立的欧洲妇女游说团，由欧洲委员会出资。在欧洲议会也建立了类似的机构，伴随绿党的兴起，建立了非常活跃的妇女权利委员会。在欧盟委员会内部，1976 年建立了平等机会处，其作用和地位不断扩大。1981 年又建立了男女平等机会咨询委员会。国家和欧盟层面范围的妇女运动产生了强大的压力集团，促成了男女平等政策的形成。③ 为了确保平等劳动权的实现，爱尔兰设立了两个机构分别处理个人投诉以及开展促进平等的活动，即平等事务调查处（Office of the Director of Equality Investigations）和平等事务局（Equality Authority）。前者拥有调查权，并可以做出有约束力的裁决，其对歧视的补偿裁决可以达到两年的工资总额，而后者实际负责平权行为和起草相关法案。④ 瑞典于 1976 年，任命了首位性别平等大臣。美国建立了强制执行由立法机构通过的所有公平就业机会法律的机构，如公平就业机会委员会（EEOC）和联邦合同执行程序办公室（OFCCP）。EEOC 是司法部的一个分支机构，它负责强制实施大多数公平就业机会法律，它负有三项主要的责任：一是调查和解决歧视案件。二是

---

　　① 国际劳动组织局长报告：《工作中平等的时代》，国际劳工大会第 91 届会议，2003 年，第 57 页。

　　② 王广辉：《平等权的性质和效力》，《中国法学》2002 年专刊，第 71—76 页。

　　③ 《就业中的男女平等：欧盟的状况和做法》，http：//www. lm. gov. cn/gb/employment/2004 - 07/19/content_ 40054. html。

　　④ 林嘉、丁广宇：《禁止就业歧视的立法理由及其法律界定》，http：//www. ldbzfx. org/lun-wen/113. html。

搜集信息。EEOC 还扮演着对各种组织的雇佣实践进行监控的角色。那些雇佣人数达到 100 人以上的组织必须向它提供报告，说明自己在各种不同工作类别中所雇佣的女性和少数民族雇员的人数。EEOC 利用计算机对这些报告进行分析，以此来查找那些有可能通过集团起诉来予以打击的歧视模式。三是发布指导性文件。EEOC 通过发布指导性文件来帮助雇主们判断自己的决策在什么时候有可能会违反法律。这些指导性意见本身并非法律，但是当法院审理雇佣歧视案件时却会对这些意见非常重视。OFCCP 负责的主要是适用于同联邦政府有商务往来的那些公司的相关行政命令。从联邦政府获得金额超过 5 万美元以上合同的公司在雇佣的过程中，不可因为种族、肤色、宗教信仰、最初国家来源或者性别等原因而对求职者实行歧视，并且他们还必须提交书面的积极的反歧视行动计划。① "专业化的执行机构可以以非正式和廉价方式协助歧视受害者处理和解决其投诉。普通人一般更易于使用投诉程序，而不是去法庭，而投诉程序对复杂敏感性的歧视案例易于做出反应。在加纳、中国香港和美国，执行机构还有权自己发起投诉和调查，并不需要依赖个人的投诉。"②

我国在工作领域性别平等的行政执法机构明确之后，其工作职责应该包括七个方面：解决投诉，进行歧视案件调查；监督工作领域性别平等法律在现实中的实施，搜集相关信息，必要时自己发起歧视案件投诉与调查；在社会上倡导和宣传性别平等的观念与法律；针对雇主与求职者、雇员发布指导性文件，帮助他们判断是否存在歧视；对于投诉案件的处理结果和法院判决的执行进行督促与监督；对于必要的区别对待或正当职业资格进行审查和批准；针对实施歧视的雇主进行处罚。

（三）司法救济程序的性别平等

司法作为解决纠纷的最终途径，在保障工作领域的性别平等上起着其他任何机构和程序都无法替代的作用。"同其他的法律权利所具有的强制力一样，平等权所具有的强制力是其作为法律规范所不能自动实现的，也就是平等权同其他的法律权利一样，其所具有的强制性是不能自足的，无法靠自身来实现，必须借助于国家权力才能达到。而国家权力一定要由某个国家机关来行使，因此，平等权所具有的强制力实际上具有公力救济的性质，而不能

---

① 徐建平：《论公平就业机会——美国劳动就业中反歧视法律述评》，《牡丹江师范学院学报》（哲社版）2002 年第 4 期，第 18—21 页。

② 国际劳工组织局长报告：《工作中平等的时代》，国际劳工大会第 91 届会议，2003 年，第 58 页。

通过私人来实现。"① 也就是说，当个人所享有的平等权受到侵犯时，必须由一定的国家机关通过运用国家权力来救济。这时的救济程序就只能通过司法程序，通过法院来行使。司法程序的救济是在损害发生以后，当事人依据法律提起诉讼，法官依据法律对纠纷进行裁判。在这个问题上，当事人不愿意寻求司法程序救济的主要原因是胜诉的可能性和诉讼过程中不可估计的成本，以及胜诉后如何保证权利，所以司法程序在设计中就应该着眼于此。"在权利救济的历史上，某一特定的诉讼机制能否达到救济权利并满意地解决冲突的目的，取决于多种因素。首先，权利人选择诉讼救济的意愿；其次，诉讼机制在制度或程序规则方面的完善性，将保证诉讼救济的有序性、合法性和强制性，从而使之能够完成既定的救济任务。② 司法程序在救济平等权时可能面对以下四个方面的问题。

第一，有关工作中平等权利的法律规定将是当事人起诉以及法官判案的主要依据，因此当事人选择诉讼的意愿取决于法律在这一方面规定的是否完备。作为大陆法国家，法官审理案件往往是严格的依据法律，当法律规定不明确或者没有规定时，当事人的权利就很难通过诉讼程序得到保护。诸如就业机会平等、职业性别隔离、职场性骚扰等都可能因为法律无明文规定导致当事人权利受损。因此，正如本文第三部分谈到的，必须明确规定禁止性的歧视行为及其法律责任。然而无论如何制定法律与完善制度都只能是基于经验的总结，因而当法律规定不完善时，当事人能基于宪法的平等原则提起宪法诉讼，这对平等权利的实现、对促进工作领域的平等有积极的意义。此外，当事人选择诉讼时还会存在这样的担心，即诉讼之后实体权利能否实现以及雇主是否会因为诉讼而对其有其他不公平的对待。这也是劳动领域解决争议时必须面对并解决的问题。劳动纠纷和其他法律纠纷的不同在于，劳动纠纷结束后，大多数当事人和雇主依然要维持其劳动关系，当事人的实体权利保障有赖于雇主，可现实却是很多人"赢了官司，丢了工作"。因为歧视行为而诉讼的当事人是为了一个非歧视的待遇和机会，在诉讼结束后，由于之前卷入歧视诉讼，有可能会受到雇主其他形式的不公平对待。此处除了对雇主有相应的法律约束，还需要有明确的机构来监督雇主责任的实施，负责工作领域性别平等的行政机构可以承担这个监督的责任。

第二，实施与运用平等与反歧视的法律对于法院而言挑战在于鉴别歧视是否存在，无论是直接歧视还是间接歧视，都可能存在雇主合理理由的抗

① 王广辉：《平等权的性质和效力》，《中国法学》2002 年专刊，第 71—76 页。
② ［美］E. 博登海默著，邓正来译：《法理学法律哲学与法律方法》，中国政法大学出版社 2004 年版，第 308 页。

辩。直接歧视的合理理由一般与正当职业资格相关，而间接歧视的合理理由因为个案不同则难判断得多。"所有形式的合理理由都要求法院评价和平衡各种不同的利益，比如平等权与安全、效益之间的利益冲突，平等与市场机制之间的利益冲突。"① 这赋予法官很大的自由裁量权，除了要求法官对平等与歧视理论有深刻的理解与把握外，可能还会面临挑战一些固有习惯和传统。

第三，平等权诉讼或者歧视诉讼对于受害人而言是个体救济，只限于纠正原告个人的处境。"直到今天，无论是英国还是澳大利亚，即使成功地确立了间接歧视，通常的救济形式也只是给受害人赔偿，而不可能给雇主下达一个具有一般法律约束力的命令改变其就业实践或政策，进而防止将来的歧视行为。"② 而雇主的就业措施与规定却是面向整个社会的，如果受害人作为女性遭遇歧视，那么一定有其他女性也会遭遇歧视。而按照个体救济的理论，法院的判决只针对雇主与特定的受害人，导致原告受害的歧视规定依然会歧视其他女性。因此，在平等权诉讼或歧视诉讼中，特别是针对间接歧视，有没有可能授权法院向雇主做出一个判决，命令其调整歧视性的劳动就业规定，让它可以适用于所有女性。通过个案诉讼让整个女性群体整体上受益，这对于现行的诉讼救济理论而言意味着一个挑战。

第四，诉讼制度也是影响工作领域性别平等诉讼达到满意效果的重要方面，这里最值得讨论的应该是我国目前一裁两审的劳动争议程序。作为解决劳动争议的程序，当然适用于工作领域的性别平等诉讼，这一制度在处理普通劳动争议时已暴露出明显的缺陷，在性别平等的诉讼中一定也存在同样的不足。鉴于这类诉讼之前可能已经经历了行政处理，比如当事人到负责性别平等的行政机关投诉，未取得满意结果后再次经历劳动仲裁，无形中又拉长了争议处理时间，增加了当事人的负担。作为劳动争议的普通救济程序，学界也存在诸多争论，大多认为现有的程序拖沓，仲裁加上诉讼往往使当事人陷入漫长的程序；仲裁前置而时效又过短，也使仲裁有时成为诉讼必经但对解决问题却无意义的程序，甚至往往成为当事人进入诉讼前无法逾越的障碍。因而有人建议设立劳动争议法庭单独审理劳动争议案件，或者是通过劳动仲裁来解决劳动争议等。劳动争议的制度重建不是本文讨论的重点，无论是哪一种制度，正如前文提到的："诉讼机制在制度或程序规则方面的完善性，将保证诉讼救济的有序性、合法性和强制性，从而使之能够完成既定的

---

① 李薇薇、Lisa Stearns：《禁止就业歧视：国际标准和国内实践》，法律出版社 2006 年版，第 37 页。

② 同上书，第 38 页。

救济任务。"① 女性只有通过劳动就业获得报酬，才能实现经济独立，才能参与社会发展，并在此过程中发现并实现个人价值。工作中的性别歧视剥夺了女性在工作中的发言权和充分参与权，破坏了工作场所中的民主和公正。当女性在工作领域受到歧视时，司法救济制度能够为她再次创造平等的工作与就业机会，提供公平的就业环境，这对女性自身发展，对推动男女两性平等地分担社会角色和家庭角色，为两性的平等与和谐发展将提供有利条件。"如果享有实施与执行法律职能的机关能够使赋予平等权利同尊重平等权利相一致，那么一个以权利平等为基础的社会秩序，在通向消灭歧视的道路上就有了长足的进展。"②

因此，从国外法、国际法的层面，可以看到在推动劳动就业领域的性别平等上，国家的义务不仅仅是在法律中以宣言的形式承认男女平等，而且应当制定出行之有效的实现男女平等的法律。除此之外国家还应该承担更积极的义务，即为了让性别平等的法律得到更好的贯彻与实施，国家应该成立负责实施性别平等法律的专门机构，以此来监督、推动、支持性别平等法律在全社会得到认同与实施。最后，当平等权利受到损害时，司法程序应当提供救济，必要时，当事人依据宪法的平等原则能够启动宪法诉讼来实现自己的平等权。只有这样，有关性别平等的法律才不会对于女性而言成为看得见却摸不着的权利。

五、结论

性别平等要依靠法律上的倾斜与优惠来实现，倾斜与优惠的目的是实质平等，因而必须有一个机制来保证女性在劳动就业领域能最终达到实质平等，这样的机制应该由两部分组成。第一部分在实体法中除了实质平等的原则体现之外，还必须有明确的反对歧视的法律规定，包括明确歧视的定义，歧视的类型，防止歧视的具体措施，歧视的法律责任等。第二部分要建立实现平等的程序上的救济机制，包括设立平等事务的行政执行机构和完善平等权的司法救济。

女性在就业中遭遇的性别歧视只是就业歧视的一种，实际上社会上还存在多种形式的就业歧视。我们知道的就有乙肝歧视、相貌歧视、残疾歧视、身高歧视、年龄歧视等，形形色色的歧视实际上意味着在就业时，某一类人

---

① ［美］E. 博登海默著，邓正来译：《法理学法律哲学与法律方法》，中国政法大学出版社2004年版，第308页。

② 同上书，第309页。

群被区别对待，不能享有群体所拥有的工作权利，如果这种歧视长期存在下去，这些群体的权利得不到保障，必然会影响到他们的经济利益，进而在工作、生活乃至在社会中与其他群体会有越来越大的差距，这对于实现社会公正、促进人权发展显然是无益的。因而平等救济机制不仅是改变性别不平等的重要制度，它也应该是反对就业歧视的有效机制。

参考文献

1. 王政、杜芳琴：《社会性别研究选译》，三联书店 1998 年版。

2. 李慧英：《社会性别与公共政策》，当代中国出版社 2002 年版。

3. 谭兢嫦、信春鹰：《英汉妇女与法律词汇释义》，中国对外翻译出版公司 1995 年版。

4. 张文显：《法理学》，高等教育出版社、北京大学出版社 1999 年版。

5. 邱小平：《法律的平等保护——美国宪法第十四修正案第一款研究》，北京大学出版社 2005 年版。

6. ［加］丽贝卡·J. 库克著，黄列译：《妇女的人权——国家和国际的视角》，中国社会科学出版社 2001 年版。

7. 李薇薇、Lisa Stearns：《禁止就业歧视：国际标准和国内实践》，法律出版社 2006 年版。

8. ［美］E. 博登海默著，邓正来译：《法理学 法律哲学与法律方法》，中国政法大学出版社 2004 年版。

9. 王广辉：《平等权的性质和效力》，《中国法学》2002 年专刊。

10. 刘钊、刘奇耀：《平等权初论》，《政法论丛》2003 年第 4 期。

11. 国际劳工组织局长报告：《工作中平等的时代》，国际劳工大会第 91 届会议，2003 年。

System Construction of Gender Equality at Workplace

[**Abstract**] Although there are a series of regulations on equal employment of women in Chinese legal provisions, it's hard to carry out the equal provisions in real life. What's more, the provisions in term of protection may make women unfavorable. Women must face such problems as unfair treatment because of pregnancy and raising children, sexual harassment at workplace, inequality of employment opportunity and retired age, professional segregation. It's usually difficult to settle the arguments coming from the above by lawsuits, which forms further impact on women's rights and interests and broaden the gap between men and women. The paper analyses character and connotation of women labor rights. Women labor rights belong to equal employment category. Gender equality of employment consists two points. One is women and men have equal treatment and opportunity in career. The other is protection of women on pregnancy and nurture should not become obstacles of their employment and work. At present, the legal protection of women on employment and profession can't meet what we originally wanted. The paper holds that the government has an active duty to confront the problems of inequality and discrimination in the fields of employment and profession legislatively, administratively and judicially. China could get inspiration from the west experiences. It's necessary to articulate legislative content of equal employment, make equal protection provisions for equal rights and provide channel of legal remedy. The reality of equality also relies on administrative effort. It's necessary to set up responsive administrative organs and point out their duties. As to remedy of equal rights, judicial procedure may meet problems from the following aspects: insufficiency of legal regulations; legitimate reason against discrimination; the group's benefiting from individual suits and the impact of litigation system on reality of equal rights. Gender equality mechanism at workplace is not only an important system of improving gender equality circumstance but also a valuable reference against employment discrimination in other fields.

[**Key Words**] Labor rights of women; Equality; Gender discrimination; Legal remedy

Li Yajuan

（李亚娟　西北工业大学人文与经法学院讲师。）

从同工同酬到同值同酬

——性别平等诉求的演进

一、同工同酬与同值同酬概念的形成与发展

在两性工作平等的抗争过程中，对于工作报酬的争取是其中的重点。一开始提出的抗争策略是同工同酬，国际劳工组织大会经国际劳工局理事会召集，于1951年6月6日在日内瓦举行第34届会议，会议通过关于本届会议议程第七项所列"男女工人同工同酬原则"的若干提议，决定这些提议应采取国际公约的方式，于1951年6月29日通过《男女工人同工同酬公约》，我国于1990年批准加入该公约。在这个公约中，"报酬"一词，指通常的、基本的或最低的工资或薪金，以及雇主因雇佣工人而直接或间接向其支付的其他任何现金报酬或实物报酬，"男女工人同工同酬"一词指无性别歧视的报酬率。

欧洲联盟经过40多年的发展，两性工作平等方面的法制已相当完善。它最早始于1957年的《罗马条约》。《罗马条约》第119条针对劳动力市场存在大量性别工资歧视问题，制定了两性同工同酬原则，要求只要是基于雇佣关系而产生的报酬，均应无性别歧视地平等给付，并进一步规定相同的计件工作，应依相同的衡量单位计酬；相同的计时工作，应有相同的报酬。1961年，欧洲委员会为了进一步保障女性的社会、经济权利，制定了《欧洲社会宪章》。该宪章进一步巩固和发展了两性工作平等权的内容，规定了男女同享十多项的劳动权益，其中第八项还对女性工作权益作了特别规定："职业妇女，以及其他受雇佣的妇女，如果怀孕，有权在工作中享受特别保护。"美国政府于1963年颁布的《同酬法》是保障两性工作平等权的重要法律，确定了男女同工同酬的原则，即凡在技术、难度、职责方面相同，而且是在类似的劳动条件下从事同样的工作，雇主必须对男女雇员按同样工资率支付报酬，禁止雇主对女性受雇者加以性别歧视。60年代影响最大，涉及的范围最广的是1964年的《民权法案》第七章。它禁止雇主因性别、种族、信仰等因素而拒绝雇佣、解雇或在工资报酬、工作条件、工作待遇等雇佣条件上有任何歧视待遇的雇佣行为，并设立平等就业机会委员会负责该法

的实施。1965 年发布的总统行政命令规定了与联邦政府有商业交往的任何
私人企业，均不得在就业过程的各个阶段有任何歧视行为，对签订涉及金额
5 万美元或以上的合同的雇主，若拥有员工达 50 人以上，必须递交一份书
面积极行动方案，以便采取具体步骤实现两性工作平等，否则，合同就有被
取消的危险。这是美国联邦政府通过经济手段来制约私人雇主主动采取措施
以便更加积极促进两性平等的有效途径。

　　但因为就业市场存在的性别隔离使得女性大多处于与男性做不同工作的
现实中，博格曼的劳动力市场拥挤理论对此也作出了充分的说明，在这样的
情况之下，要求同工同酬变得不切实际从而没有办法挑战职业结构中深刻的
性别隔离问题。之后，对于工资的抗争转为诉求同值同酬，即相同价值的工
作应得到对等的报酬，70 年代初，欧盟为了合理利用女性劳动力资源，保
护女性劳动权益，开始积极采取步骤推动欧洲共同市场由放任的"自由市
场"向有控制的"社会市场"发展。1974 年，欧盟首次正式采纳"社会行
动计划"，希望在劳动者的就业、劳动条件、公平待遇等各方面取得较大的
成绩。1975 年，在欧洲女权运动的推动下，欧盟相继颁布三个影响较大的
两性平等工作指令，即 1975 年的平等付薪指令；1976 年的平等待遇指令；
1978 年的社会安全平等待遇指令。其中，1975 年的指令是根据 1974 年社会
行动计划制定的第一个对会员国具有法律约束力的规范，明确表达了"同
值同酬"的理念，规定同酬的概念应包括"同等价值的工作"在内。三个
法律文件的颁布，为欧盟女性劳动权益包括提升、职业培训、工作条件以及
女性基于母性的要求而享有的特殊权益的保障提供了坚实的法律基础。1989
年的《欧洲社会宪章》是欧盟保护两性平等法制的重要成果。20 世纪 90 年
代以来，随着 1989 年社会宪章及社会行动方案颁布后，加之女权运动的兴
起，两性平等法制步入成熟阶段，尤其是《马斯特里赫特条约》的签订，
对女性权益保护产生了深刻的影响，有助于两性工作平等法制的统一与发
展。经过 40 多年的努力，欧盟的两性工作平等法制日趋完善，为建立所谓
"社会欧洲"奠定了坚实的基础。随着《阿姆斯特丹条约》的签订，以后欧
盟将在禁止工作场所性骚扰、扩大同值同酬的适用范围、鼓励雇主采取积极
行动等方面采取更加积极的态度。

　　美国 1978 年制定的《怀孕歧视法》规定雇主因受雇者怀孕、分娩或其
他相关医疗情况，而拒绝录用、晋升，拒绝给予津贴、医疗保险，甚至降
职、解雇或强迫其自动离职等，均构成雇佣歧视。80 年代，美国鉴于工作
场所性骚扰事件层出不穷，加大了对性骚扰的打击力度，以促进两性工作平
等权的实现。80 年代初期，随着"可比较价值"理论的兴起，妇女团体提

出了同值同酬取代同工同酬的主张。该主张已为联邦政府的相关人事法规所采用。20 世纪 90 年代以来，美国对女性的晋升和母性保护问题加大了立法力度。1991 年，美国制定了《玻璃天花板法》，成立了玻璃天花板委员会，借用政府公权力的介入来打破两性职业隔离，促进两性平等，以消除女性晋升的障碍。1993 年制定的《家庭及医疗休假法》规定，雇佣工人数达 50 人以上的雇主，应对其正式员工提供每年 12 周的无薪休假，以使他们有时间去照顾自己的新生婴儿、患病的配偶、子女、父母等近亲属，雇主不得干涉员工的这种无薪休假权，更不得加以歧视或解雇。

在国际方面，女性劳动报酬权是人权的重要内容之一。相关的世界人权文件中都规定有劳动报酬权，如《世界人权宣言》第 23 条规定有工作权、同工同酬权。《经济、社会和文化权利公约》（1966 年联合国大会通过，我国 2001 年 2 月 28 日人大批准）第 7 条关于劳动报酬权规定：缔约各国承认人人有权享受公正和良好的工作条件，特别要保证最低限度给予所有人公平的工资和同值工作同酬而没有任何歧视，保证休息、闲暇和工作时间的合理限制，定期给薪休假以及公共假日报酬。劳动报酬权也是国际劳工组织理事会确认的核心劳工标准之一。核心劳工标准特别对男女同工同酬作出规定，同时女性劳动报酬权也是国际劳工组织高度重视的权利，在《国际劳动宪章》中将其列为国际劳工组织要实行的九项原则之一，明确规定"工人应该得到足以维持适当生活程度的工资"；在著名的《费城宣言》中将其作为国际劳工组织要达到的十项目标之一，明确规定"工资、收入、工作时间和其他劳动条件方面的政策，应能保证将进步成果公平的分配给一切人，维持就业者的最低生活费"。

二、同工同酬到同值同酬概念的实质意义

自从国际劳工组织采纳西方许多国家改进女性薪资待遇的实施办法，各国实施成效不一，意大利、瑞典以及芬兰等国将同酬办法视为集体协商的原则，集体协商最直接的效果就是废除女性分别报酬制。历时多年，虽然多数国家有所改变，但是女性的工资仍位居工资报酬的底层。一般工作权益保障法令的制定和改变，都视各国的经济和社会两大因素而定。由于国际上关于同工同酬和同值同酬的概念讨论，以北美的美国和加拿大两国以及欧盟的定义和立法为主，讨论实质意义也主要关注他们的观点。严格说来，劳动报酬平等的相关法律出现在多数国家的宪法，应开始于 20 世纪 70 年代。埃瑞德（Eyrand）认为美国在 1963 年就在同酬法的基础上，又在 1972 年通过《公

平就业机会法》（the Equal Employment Opportunity Act）。所以 20 世纪 70 年代为发达工业国家在同酬的突破的第一阶段，目的在于推动相同工作相同薪资；80 年代则为第二阶段，旨在积极推动消除性别薪资歧视。第二阶段推动的主要项目是对同值提出更确切的定义。90 年代以后属于第三阶段，旨在对同值同酬实施改进程序，提出更具体的办法。① 进入 21 世纪，同值同酬的诉求更为迫切，但发展并不显著。

相对于埃瑞德的分类，坎诺（Cuneo）三个阶段年代分类有些不同。虽然坎诺和埃瑞德的第一个阶段是一样的：同工同酬的立法，只是坎诺主张 1960 年以前为第一阶段。例如：在同工同酬法律之下，如果女焊工报酬低于男焊工可能会违法，但是女焊工报酬低于男模具工和女护士报酬低于男卡车司机则不会违法。坎诺的第二个阶段，始自 1960 年到 1970 年初期，为相似或实质相似的工作，应给付相同薪资；1970 年后期为第三个阶段，此又和埃瑞德的第二个阶段一样：同值同酬立法。在第二个阶段，如果女焊工报酬低于男焊工或低于男模具工可能会违法，但是女护士薪资低于男卡车司机则不会违法。鉴于无法解决女护士和男卡车司机的报酬不平等问题，第三个阶段的同值同酬立法采取更积极的立法政策，换言之，女护士和男卡车司机的工作可能实质非常不同，但是可以比较二者的技术、努力、责任以及工作情形，如果两项工作是具可比较价值者，即同值者，则应给付相同薪资。②

虽然美国的联邦层级仍在第二阶段，但是部分的州，诸如明尼苏达、华盛顿、爱荷华、马里兰等都已进入第三阶段的同值同酬（坎诺，1990）。美国的公平薪资立法从 60 年代的民权法案第七章、就业保障政策（the Affirmative Action Policy）到 80 年代，由于民权和妇女运动的蓬勃发展，对于可比较价值也有些成果，例如，1981 年，崔曼（Treiman）和哈特曼（Hartmann）合编的 *Women, Work, and Wages：Equal Pay for Jobs of Equal Value* 就对可比较价值有进一步的探索。到了共和党的里根时代，特别在联邦政府对于同值同酬的政策不但不支持，还打击和拒绝同值同酬这个概念。民权委员会的主席甚至声称：同值同酬是愚蠢论调的最愚蠢概念（*the looniest idea since Looney Tunes*）。80 年代的美国适值妇女运动的挫折时期，因此，美国

① Eyraud, Francois. Equal Pay：An International Overview，Equal Pay Protection in Industrialised Market. Economies：In Search of Greater Effectivemess. Geneva：International Labour Office，1993，pp. 1—22.

② Cuneo, Carl J. Pay Equity：The Labour－Feminist Challenge. Toronto：Oxford University Press. 1990，pp. 156—176.

的同值同酬立法来自地方和州政府。

相反，同在北美地区的加拿大，已在 1977 年援引加拿大人权法（the Canadian Human Rights Act），加入前瞻的同值同酬（comparable worth）条例，规定不分性别，凡是同等价值的工作都应给予相同薪资，自此加拿大才有明文保障长期挣扎于工作不平等的加拿大女性，在工作场所经济报酬和男性享有同等的待遇。① 值得注意的是，尽管有法律规定，没有颁布施行，缺乏强制执行效力，也是枉然。美国虽然在 1963 年即有同酬法，迄至 1972 年颁布《公平就业机会法》后，公平就业机会委员会（the Equal Employment Opportunity Commission）对工作场所的不平等才有强制性的执行权力。诚如美国，加拿大 1977 年在人权法予以规定，直到 1978 年 3 月该法才付诸实施，所谓同值同酬的强制性才逐渐开始发挥功能。

加拿大是由 14 个不同司法管辖地组成的联邦制国家，关于劳工报酬歧视法律的形式包括一个联邦的，十个省辖的以及三个区域的多重司法管辖，很难勾勒一个单一图像。加拿大的性别报酬歧视的立法也历经三个改革时期：最早的同工同酬，所谓同工立法；接着是同值同酬，所谓同值立法；目前的趋势则是薪资平等立法（pay equity）。20 世纪 50 年代结束时，几乎所有加拿大司法管辖的《劳动基准法》都有同工立法，由于以受雇者主动对雇主提出抱怨为原则，影响其功能。同工立法工作评鉴包括技术、努力、责任以及工作条件项目。1970 年以前，只有工作相同才可以提出投诉。直到 70 年代中期，安大略省法院发现，女性护理助理和男性医院工，虽然从事的工作不是完全一样，但工作内容和法律定义一样，可以算是同工。于是，安大略省法院主动将安大略省的《劳动基准法》（Ontario's Employment Standards Act）中相同的工作修改为实质相同的工作。

安大略省的改革接着被引入加拿大的公平薪资立法，由于未做重大修改，实质相同的工作仍然有其限制。加拿大只有三个司法管辖地将同值立法包括在其人权法中。工作评鉴包括技术、努力、责任以及工作条件项目，和同工立法一样。不同的是，联邦政府的"同值"立法概念主要针对同构型的职业和多数为女性的职业。具备这两项者，才得提出投诉，旨在响应长期结构性的性别歧视。同值立法和同工立法一样，以投诉为原则，雇主可以解释和合理化投诉，但效果仍然不显著。于是，加拿大在 1984 年通过第一个积极性的同酬法案（Pay Equity Act）。积极性的《同酬法》是针对薪资平等

---

① Cadieux，Rita. Canada's Equal Pay for Work of Equal Value Law. in Comparable Worth and Wage. Discrimination. edited by Helen Remick. Philadephia：Temple University Press. 1984，pp. 173—196.

分开立法的，责任归属不再放在受雇者，而在雇主是否有歧视的行动。同时，为了有效执行而设立了专职机构处理。

尽管美国和加拿大立法的阶段不同，但同值同酬的基本逻辑是类似的。从同工同酬到同值同酬的实质意义而言，同值同酬的基本逻辑有以下四点：第一，正当性的市场因素无法解释性别薪资差异；第二，性别的差异源自女性化职业的工作都被低估；第三，工作适当的报酬应该可以通过客观的机制（除竞争市场的力量）来进行评估；第四，评估的执行和隐性的报酬或工资结构的实施目的就是消除性别的偏见。同值同酬不同于同工同酬立法，旨在超越同工，打破性别化分工的不同工现象和揭示性别在工作中的歧视待遇。同值同酬强调同值，从概念上来说，只要相对的调整薪资，不同工作价值的比较并无不妥。援引此思考逻辑，即使工作价值不同，但是工作间的价值可以建立，可比较价值的概念也就无不妥了。

三、同工同酬与同值同酬的本土化

按照马克思主义的观点，女性广泛参加社会劳动，是女性解放的先决条件。恩格斯曾经指出："妇女解放的第一个先决条件就是一切妇女重新回到公共劳动中去。"妇女要获得真正的解放，要取得和男子同等的地位和权利，关键在于要拥有获得独立经济收入的途径。因而妇女就业是妇女获得经济独立和发展的基本保障，是妇女参与社会发展的基本形式之一，也是人类社会文明进步的重要标志。鉴于女性就业权利与男性不平等在全世界仍是普遍现象，联合国《消除对妇女一切形式歧视公约》确认，采取一切措施，消除在就业方面对女性的歧视。欧盟、美国的两性工作平等法律制度经过40多年发展，现已日趋成熟。欧盟和美国在就业平等、工作场所性骚扰、母性保护等方面的立法都值得我们借鉴。在我国，妇女与男子享有平等的劳动就业权利，这一原则早已为《宪法》、《劳动法》、《妇女权益保障法》所明确规定。此外，在《劳动法》、《妇女权益保障法》、《女职工劳动保护规定》、《劳动部关于女职工禁忌劳动范围的规定》等法律法规中，还作出了关于女职工特殊劳动保护的颇为详细的规定。劳动报酬权是劳动者按自己提供劳动的数量和质量取得应得工资收入的权利。劳动者的劳动报酬权有切实的内容，作为劳动者有权要求用人单位按劳动法规、集体合同和劳动合同的规定以货币形式支付各种工资收入，有权获得最低工资保障，女职工有权要求实行男女同工同酬，作为用人单位和国家有义务保障劳动者劳动报酬权的实现。我国《宪法》第6条第2款规定，国家在社会主义初级阶段，"坚持按劳分配为主体、多种分配方式并存的分配制度"；在公民的基本权利和义务一章中确认劳动报酬权是公民的基本权利之一，规定"国家在发展生产的基础上，提高劳动报酬和福利待遇"；同时第 48 条第 2 款规定，"国家保护妇女的权利和利益，实行男女同工同酬"；《劳动法》第 46 条第 1 款规定："工资分配应当遵循按劳分配原则，实行同工同酬。"劳动报酬权是宪法权利，世界各国均在宪法中明确规定劳动报酬权的相关内容，属于政治权利之一。

这些规定为女性实现劳动就业权，提高自身的物质生活水平和精神生活水平，享有人的尊严，实现自身的价值，提供了法律保障。然而，在企业追求利益最大化的市场经济中，妇女与男子的劳动就业权利事实上还并不完全平等。因此，应修订和完善《劳动法》、《妇女权益保障法》，增加其他保护妇女就业权益的法律法规，弥补现行法律的不足；加大检查监督的力度，赋予女职工在受到性别歧视方面的投诉权，执法部门应积极受理关于性别歧视的投诉，并主动监督检查用人单位性别歧视行为，规定违法行为应承担的法律责任，加大对违法者的惩罚力度，对造成的损害给予物质赔偿，同时还应规定对受到歧视者给予援助的办法等。

新中国成立之后，我国政府非常重视妇女就业问题，为了推动并保障妇女就业做出了不懈的努力。首先，从法律上确立了女性与男性同等的就业权利。我国《宪法》规定：我国男女劳动者平等拥有劳动的权利。政府还颁布了众多保护妇女就业权利的法规，如《劳动法》、《妇女权益保障法》等。同时，政府也运用各种政策和行政措施，推动广大妇女走出家庭，参加各种形式的就业。特别是在计划经济时期"统包统配"的就业制度下，政府运用意识形态和行政力量，通过基层动员使女性逐步承担大量工农业生产劳动。1949 年，我国城镇女职工约 60 万人，仅占职工总数的 7.5%，到 1978 年，我国城镇女职工已达 3128 万人，占职工总数的 32.9%。改革开放以来，我国妇女就业数量仍然保持迅猛增长，到 1992 年底，我国城镇女职工人数已达 5586 万人，占职工总人数的 38%。到 2007 年，比例提高到 43%。以上数据只统计了城镇中在正规部门就业的妇女人数，如果再加上在非正规部门就业的妇女和农村劳动妇女，妇女就业人数更为巨大。据 2000 年人口普查资料，15—60 岁城乡有劳动能力的妇女有 87.386% 在业，这在全世界都是罕见的。国务院新闻办公室 1994 年发布的《中国妇女的状况》中指出："目前，中国女性从业人员已占社会总从业人员的 44% 左右，高于世界 34.5% 的比例；1992 年女性从业人口占女性 15 岁以上人口的 72.33%；农村妇女劳动力约占农村劳动力总数的一半，城镇女职工人数已由 1949 年的

60 万人增加到 5600 万人，占全国职工总数的比例也由 7.5% 提高到 38%。"像中国女性这样大规模地参与社会劳动，在世界上实不多见。我国妇女劳动就业的成就是举世瞩目的，对这样的成绩，怎样评价也不为过分。

但是在此高就业率下却隐藏着一些问题，在计划经济体制下实现的女性高就业率，是建立在下述理念的基础上并以女性的隐性失业存在为条件的。理念之一是认为失业为资本主义的固有属性，与社会主义制度不相容。中国政府在就业政策上，以充分就业为目标，实行"三个人的饭五个人吃"的"高就业率，低工资制"的方针，结果造成了企业中沉积着大量的冗员。理念之二是认为女性参与社会劳动具有妇女解放的意义。中国政府认为鼓励女性参与社会劳动是践行"男女平等"原则，实现妇女解放的根本途径，结果助长了女性对政府安排就业的依赖，减弱了她们通过自强来保护自己劳动权利的能力。这些问题随着经济体制改革的发展，计划经济对公民劳动权利保护机制的一步步弱化而日益显露出来。

20 世纪末以来，以市场经济体制为指向的经济体制改革深刻地改变着我国企业的劳动佣工行为。一方面，追求效益的机制使企业不断地排出多余人员，女性职工首当其冲；另一方面，紧缺的就业机会通过竞争机制更多地分配给综合素质较强的男性，女性由于多方面原因在第一次就业和再就业中处于不利地位。20 世纪 80 年代以来，作为我国城市经济体制改革重要内容的国有企业改革分三个阶段全面展开。在第三阶段（1992 年 7 月至今），政府把企业推向市场后，企业成为依法自主经营、自负盈亏、自我发展、自我约束的商品生产和经营单位。在劳动佣工权方面，企业对职工可以公开考核，择优上岗。对于富余人员，企业可以采取发展第三产业、厂内转岗培训、提前退出岗位休养以及其他方式安置。从此，企业劳动人事制度（包括就业佣工制度）发生了深刻变化。改变传统的固定工制度和统包统配模式，代之以市场取向的"自主佣工，双向选择"的模式，成为不可逆转的趋势。各企业纷纷引入竞争机制，建立起"干部能上能下，工人能进能出，工资能高能低"的制度。在这一过程中，冗员越来越多地被剥离出来成为富余职工，企业内部长期积压的隐性失业者大量地显性化。1998—2000 年底，全国累计有 2300 万国有企业职工下岗。而在被剥离的职工中，女职工占多数。据全国总工会在 90 年代对 1230 个企业的调查统计，下岗女职工占下岗职工总数的 60%。这一统计包括七个省和十个省属市的数据，因而 60% 的比例具有一定的代表性。按照这一比例，在每五个下岗职工中，女性三个，可见女性劳动就业权受损的情况超过男性。

相对下岗职工性别比例，女性在择业求职过程中遇到的就业机会不均等、竞争不公平问题更显著地体现了女性劳动就业权的受损。2000 年北京地区大学生就业状况的调查表明：24% 的男生、60% 的女生和 47% 的用人单位认为"存在女大学生就业难现象，并且很严重"。《第二期中国妇女社会地位抽样主要数据调查》的调查数据表明，中国男女两性社会地位的总体差距和分层差距仍然存在，主要表现是女性就业率降低，再就业困难。统计结果表明，2000 年末，18—64 岁的城乡女性在业比例比男性低 6.6 个百分点；与 1990 年相比，城镇男女两性的在业率均有下降，男性从 90% 降至81.5%，女性则从 76.3% 降至 63.7%，与男性相比，女性的下降幅度更大；城镇 18—49 岁的青年女性在业率为 72.0%，也比 1990 年降低了 16.2 个百分点。除了男女就业机会不等，男女收入上也存在相当的差距。一份来自1998 年对江苏省苏州和无锡两市的实地调查表明，外来劳动力男性职工的平均月工资收入为 652.65 元，女性职工的平均月工资收入为 461.37 元，男性外来职工月工资收入平均要比女性外来职工高 200 元，相当于女性职工平均月工资收入的 43.35%。由此看来，在我国女性还是面对着比较广泛的同值不同酬的问题。

　　但是，在西北工业大学妇女发展与权益研究中心所进行的陕西女性劳动权益调查的过程中，却发现有这样一个现象，即女性自身普遍并不认同工作中存在着两性同值不同酬问题。也就是说，在中国两性同值不同酬问题相较欧美等国家并不突出。在陕西女性劳动权益调查的结果中，可以看到这样的数据（见表 1）：

表 1　　　　　　　　　　受访者所在单位男女职工工资差别情况

工资差别	西安		咸阳		宝鸡		榆林		铜川		安康		合计	
	人数	%	人数	%	人数	%	人数	%	人数	%	人数	%	人数	%
没有差别	359	57.3	59	29.6	207	49.6	118	59.3	101	48.6	124	61.4	968	52.3
一样①	229	36.6	110	55.3	214	51.3	57	28.6	78	37.5	57	28.2	745	40.2
女少②	33	5.3	8	4	25	6	13	6.5	12	5.8	8	4	99	5.3
男高③	25	4	25	12.6	59	14.1	8	4	24	11.5	8	4	149	8

---

①　干一样的活，拿一样的工资。
②　干同样的活，女的比男的挣钱少。
③　男的集中在高工资岗位。

续表

工资差别	西安		咸阳		宝鸡		榆林		铜川		安康		合计	
	人数	%	人数	%	人数	%	人数	%	人数	%	人数	%	人数	%
女高①	5	0.8	4	2	7	1.7	—	—	—	—	1	0.5	17	0.9
没注意②	60	9.6	25	12.6	36	8.6	24	12.1	27	13	23	11.4	195	10.5
不知道	46	7.3	17	8.5	17	4.1	14	7	13	6.3	20	9.9	127	6.9
其他	17	2.7	6	3	9	2.2	3	1.5	7	3.4	5	2.5	47	2.5
合计	774	123.6	254	127.6	574	137.6	237	119	262	126.1	246	121.9	2347	126.8

47.1%的受访者月收入在500—1000元之间，加上400—500元和不足400元的人群，也就是说有近83.7%的受访者每月工资不足1000元。尤其在咸阳、铜川、安康三市，受访者中没有人月工资超过1500元。这样的收入状况能满足家庭基本生活需要吗？除了少数受访者表示有剩余外，相当数量的女职工表示不能满足或基本持平。好在50.7%的受访者表示她们能够按月领到足额工资，基本没有拖欠情况。但铜川市的情况不容乐观，能够按时领到足额工资的女职工仅占当地受访人数的17.3%。

大多数受访者所在单位采用计时工资发放形式，17.4%受访者所在单位以计件形式发放工资（在有的地方如咸阳市计件形式比例较高），其他形式如超额提成、计时加奖金、实物等形式共计占25.8%。后两类工资形式往往与职工加班加点相联系。至于男女职工在工作中工资差别的情况，除了13.3%的受访女职工指出"男的集中在高工资岗位上"或"干同样的活儿，女的比男的挣得少"以外，17.4%的受访者表示"没有注意过这个问题"或"不知道"，更多的人则认为男女职工工资是没有差别的。是受访者处于女性较为集中的工作环境，她们更为关注同性的同等待遇而忽略与男性的工资差异现象？还是传统的社会性别观使女性视这种客观存在的工资差异而不见？这个数据本身有许多值得我们分析的问题。

对于这样一个普遍收入不高的女职工人群，购买商品房是非常困难的事情（见表2）。调查显示：有23%的受访者表示现有居住房屋系购买自己单位的福利房，略高于购买丈夫单位福利房的比重，③但不应该将这种现象视

———————————

① 女的集中在高工资岗位。
② 没有注意过这个问题。
③ 占受访女职工总数的19.9%。

为单位分房政策是照顾女性，这其中有抽样单位女性较为集中的原因，如纺织厂；此外还有随着住房制度的改革，福利房是低收入者的最好选择。实际上，相当一部分受访女性认为单位的分房政策是以男性为主的，或表面上不分男女，实际上还是以男性为主（9.6%），抑或对女性的歧视。尽管有14.5%的受访者称现有住房系自己购买的商品房，但从调查中她们的收入状况看，这部分自己购买商品房的女性背后必然有一个收入较高的男性的收入在支撑（还需要看购买的商品房是怎样的房屋）。其次还有较多受访女性居住的房屋是丈夫家的，或宿舍、租私人房。相当一部分受访者目前在经济方面最大的担忧是买不起房子。①

表2　　　　　　　　　　　　受访者所在单位分房政策

分房政策	西安		咸阳		宝鸡		榆林		铜川		安康		合计	
	人数	%	人数	%	人数	%	人数	%	人数	%	人数	%	人数	%
歧视女性	18	2.9	1	0.5	51	12.2	3	1.5	11	5.3	4	2	88	4.8
男性②	51	8.2	6	3	195	46.8	2	1	17	8.2	14	6.9	285	15.5
实际③	53	8.5	2	1	76	18.2	13	6.5	22	10.6	11	5.4	177	9.6
基本一样	295	47.5	135	68.2	142	34.1	140	70.4	137	65.9	124	61.4	973	52.8
其他	247	39.8	63	31.8	40	9.6	55	27.6	41	19.7	62	30.7	508	27.6
合计	664	106.9	207	104.5	504	120.9	213	107	228	109.7	215	106.4	2031	110.3

　　通过调查中观察到的现象，笔者思考两性同值不同酬问题在中国相较欧美等国家并不突出的一个原因是和我们的历史环境，法律法规的制定，劳动报酬的衡量结构等等有直接的关系。是否中国的职工对于同值同酬中的酬的理解和欧美等国家职工对同值同酬中的酬的理解有不同。在《男女工人同工同酬公约》中"报酬"一词，指通常的、基本的或最低的工资或薪金，以及雇主因雇佣工人而直接或间接向其支付的其他任何现金报酬或实物报酬。在我国，尽管《妇女权益保障法》中提到的酬也包括"福利待遇"，工资形式包括计时工资、计件工资、奖金、津贴和补贴、加班加点工资、特殊情况下的保障工资等，但是实际情况是，无论在雇主还是职工的观念中，"基本工资"往往取代了酬，更何况，关于职位升迁，住房福利这样一些直接决定收入水平的因素也被忽略。这个理解上的差异掩盖了显性的酬和隐性

---

① 占受访女职工总数的41.4%。
② 以男性为主。
③ 表面上不分男女，实际上还是以男性为主。

的酬的差异。即使同值同酬的价值体系建立起来，在我国目前的这种状态下，女性仍然会受到实际的歧视。

四、关于同值同酬的争议

尽管同值同酬的立法在各国都取得长足的进步，但是同值同酬工作的推动并没有取得实质性的进展，如香港平等机会委员会在 2006 年分析政府和医院管理局内的薪酬和人事数据后得出结论，称并未发现系统性的性别歧视现象。同值同酬的争议在西方一直存在着，争议的焦点是赞成者和反对者对同值同酬的概念的诠释不同，包括市场和歧视、薪资差距、性别隔离、女性工作的低估以及工作价值的评估等几个方面。赞成者主张男、女被区隔在不同的职业，但是经过工作评鉴认定，两者的工作技术、能力、工作条件都相当，则应获相同的薪资，因此同值同酬立法有必要。赞成者批判市场的运作充满性别歧视，性别区隔，以致产生性别薪资差距、低估女性工作。反对者多数是经济学者，则从自由经济市场和性别人力资本差异反驳，劳动市场亦如消费市场是自由竞争的，薪资的高低源自市场的供需以及个人技术的资本而定，无关乎市场歧视和性别。不同于反对的经济学者，伯格曼（Bergmann）却主张，同值同酬策略的公平薪资是没有歧视的自由经济市场结果，会减少女性的贫穷。同时，伯格曼也强调，同值同酬的工作评鉴认定和无歧视市场的正统理念是和谐的，每个职业的薪资最后仍依照职业要求的人力资本而定。同时，伯格曼批评，反对同值同酬的经济学家的论点，仅根据薪资和价格组合的抽象模型，这些抽象模型并没有包含与经济关系相关的社会和心理因素。此外，伯格曼表示，同值同酬的实施不会扭曲，只会有助于劳动市场的改善。[①]

部分学者包括布瑞尼尔（Brenner）、艾克尔（Acker）和布洛姆（Blum）批评，同值同酬的策略系以资本主义劳动市场的阶层化的分工和薪资区隔为假设前提，资本主义劳动市场的本质没有改变，阶级的改变不大，同值同酬立法意义就不会有多么显著，即同值同酬应包括性别和阶级（还包括族群），否则会产生专业女性和底层女性事务人员的区隔。[②] 虽然，哈特曼同意布洛姆和布瑞尼尔（Brenner）的批评，认为同值同酬只是阶级的转移，

①　Bergmann, Barbara R. Pay Equity——Surprising Answers to Hard Questions. Challenge（May – June）1987, pp. 45—51.

②　Brenner, Johanna. "Feminist Political Discourses: Radical Versus Liberal Approaches to the Feminization of Poverty and Comparable Worth." Gender and Society 1（4）1987, pp. 447—465. Blum, Linda. Possibilities and Limits of the Comparable Worth Movement. Gender and Society 1（4）1987, pp. 380—399.

无助于阶级形式的改变。但是，她表示同值同酬不但对性别关系有革命性的意义，也会提高 10% 到 30% 女性的薪资，对女性的薪资报酬公平仍有帮助。

针对同值同酬的争议，艾克尔强调，如果政府不积极制定政策，改变社会性别阶级的阶层化环境，同值同酬的假设不变，性别阶级的阶层化的结构依旧存在，工作性别不平等就没有消除。阿姆斯特朗（Armstrong）也强调，政府对工作性别不平等的响应和态度很重要。阿姆斯特朗指出，政府不但可以用公共政策规范公共部门的正式经济，也可以用公共政策规范私人企业的正式经济。同时，政府也可以用公共政策规范私领域的家庭结构。加拿大的女性主义学者对于政府是否与女性站在同一边，有不同的意见。自由派的女性主义学者主张，政府是中立的，是可以提供保障、服务以及立法的。[①] 相对于自由派女性主义学者的主张，激进派女性主义学者史密斯（Smith）则主张，政府不是和女性站在同一边的，政府对工人阶级的关心超过对女性的关心。[②] 还有学者则认为政府已失去自主性，完全是男性主宰制的关系和结构。

严祥鸾[③]认为同值同酬工作没有显著进展，政府没有积极的响应是最关键性的原因。陈雅雯甚至主张，女工在工厂的工作大都比较轻易，不应该同工同酬。林忠正主张，目前同工同酬的执行关系技术、观念和实务的困难，应参考美国的精神，设立企业工作评价制度。但是相对的张晋芬主张二者无取代关系，应同时推动。

尽管女性主义学者的理论主张不一，阿姆斯特朗表示，政府至少响应了女性主义学者的诉求，除了性别薪资平等外，还包括工作场所性骚扰、强暴以及财产权，并将这些诉求送到皇家妇女委员会（the Royal Commission on the State of Women）专案处理。对于阿姆斯特朗而言，政府和女性有了互动，政府可以是男性或阶级者的工具，同样也可以是女性的，有助于女性地位平等的提升。虽然争议持续，但是也有不少实施同值同酬的个案。

同工同酬和同值同酬产生如此大争议，究其原因，关键在于缺乏有效的价值评估体系进行操作，这不仅仅是这一单个问题的发展瓶颈，也是目前两性平等立法推动过程中面临的通病，即性别量化衡量标准的缺失。

---

　　① Armstrong, Pat and Hugh Armstrong. Theorizing Women's Work. Toronto: Garamond Press1990, pp. 76—85.

　　② Smith, Dorothy E. Feminism and Marxism. Vancouver: New Star Books 1977, pp. 90—96.

　　③ 严祥鸾：《两性工作平等制度的实质基础：解构社会文化和制度和制度的性别隔离现象》，《欧美两性工作平等制度之比较研究》，台北"中央"研究院欧美文化研究所 1996 年，第 191—220 页。

五、同值同酬价值评估体系的建立

（一）同值同酬价值量衡量标准的缺失

在价值评估体系的建立问题上，价值量衡量标准的缺失是关键，由此而细化的具体问题有以下几点：

1. 应根据什么准则来比较不同工作的价值

劳动成果的形式中，最重要的指标仍旧是薪酬或工资的收入。教育程度、工作经验、职业训练、所从事的职务性质以及工作表现等，都是影响个人工作报酬的重要因素。争议最大的是工作评估制度。包括如何评估？如何建立可比较的价值？工作本身是否就有价值？工作的价值到底由什么来衡量？在众多的因素中，权重如何分配才能适当地体现价值？

2. 如何能在市场供求力量与同值同酬原则之间取一平衡

赞成同值同酬者批判市场的运作充满待遇歧视，以致产生薪资差距。反对者多数是经济学者，从自由经济市场和人力资本差异观点，认为劳动市场如同消费市场是自由竞争的，薪资的高低源自市场的供需以及个人技术的资本而定，与市场歧视和性别无关。由此衍生的问题是谁来承担由推行同值同酬带来的机会成本？这个过程是否会扰乱劳动力市场？反对者的假设有下列几项：如果工作本身不存有价值，我们就无法客观地评估或比较；基本而言，可比较的价值和市场是不兼容的，因此只能择其一。

3. 横向价值链和纵向价值链的价值判断存在系统差异，怎么弥合

处于横向价值链上的工作多属于辅助性的服务型的工作，如财务、营销等；纵向价值链上的工作多属于主导性的产业性的工作。在一般的认识中，纵向价值链创造价值，横向价值链不创造价值，它的主要作用是帮助实现价值。在价值量的判断中，纵向价值链要大于横向价值链，女性多从事横向价值链上的工作，这种系统性差异如何弥合？

4. 是否要包含两性的成本—收益分析

完成同样价值的工作，获得了同等报酬，女性往往比男性要付出更多的代价和牺牲，无论精神成本还是物质成本，在这一平台上是否需要成本—收益分析来明确名义报酬、实际报酬和相对报酬呢？如果需要的话，有可行性吗？

5. 各国各地区是否需要统一的执行标准

同一种衡量标准和具体情况的适用性程度常常发生变化，本土化的过程是否会影响政策实施的目的、手段和效果，本土化的过程是否是政策异化的

过程？如果衡量标准不服水土，这样的标准能否被承认？

6. 应由谁负责进行客观的职业评估

价值衡量的主体是谁？政府？NGO？雇主？专业评估组织？无论是谁，他们有没有足够的或者说愿意提供的资源去制定和实施一个职业评估制度？

7. 应如何处理与薪酬歧视有关的投诉

这是最现实和最紧迫的问题，由于缺乏依据，对与薪酬歧视有关的投诉如何处理就有可能成为司法歧视衍生的来源，更加剧受到不公正报酬待遇的女性的不利处境。例如女性怀孕后受到的降薪待遇，如果该受歧视者提出投诉，有可能彻底失去工作，或者引起雇佣者的习惯性反感，在招聘新员工时有意降低对女性的需求。

（二）解决价值评估体系问题的思路

1. 改变传统文化标准的规训

同值同酬政策要求在对女性主导职业的价值评估中挑战传统标准的文化偏见，并由此注重差异的因素。同值同酬方案所要求的是，男性主导职业与女性主导职业，如果包含着同等程度的技术、难度和强度等等，那么就应该具有相同的工资结构。实行这些政策的关键当然在于设立一些比较这些职业的方法，而这些方法常常是不同的。大多数比较方案都会采用性别中立的标准来尽可能地缩小性别的差异。这些标准包括接受的教育，工作的速度，决策等等。但是这种对工作特性的标准化分类可能带有系统性的偏见，这种偏见往往掩盖了女性主导的职业所涉及的一些特定类型的工作任务。那些具有支配地位的群体以他们的特权使得自己的社会经验与观点被当作是无偏见和客观的。同样的，他们的特权又使得某些群体将他们以群体为基础的能力、价值以及认知方式指定为所有人都应该遵守的规范。我们看到当代的大多数职业场所，尤其是最为炙手可热的部门，都预设了一套男性的生活节奏和行为方式，而女性只被期望去适应这一职业场所的预定规范而已。

"平等对待"要求我们根据相同的标准去评价每一个人，但是事实上并没有所谓"中立的"行为标准。在某些群体享有特权而其他群体受到压迫的情况下，法律、政策与私人机构规则的制定倾向于对特权群体有利，因为这些标准是根据他们特定的经验所制定的。因此，要对女性主导职业中的技巧和复杂性做出一个公平的评估，就要对这类职业的性别差别予以明确的关注，而不是使用无视性别的比较范畴。传统标准的文化偏见的漫长发展和存在使两性都被规训，这是影响价值评估体系建立的历史和文化因素，很难撼动。但是随着两性平等观念的不断渗透，改变传统也是有希望的，需要持久的努力。

2. 以社会性别预算为前提推进同值同酬

社会性别敏感预算计划并不旨在为妇女制定出单独的预算。相反,其主旨是以社会性别观点来分析任何形式的公众支出或者筹集公众资金的方法,通过与男性和男童对比,找到这些政策可能对妇女和女童产生的各种潜在影响和冲击。

社会性别预算分析的两个指导原则是同时以个人和以家庭为基础进行评估和对无报酬照料工作贡献的系统性认定。这两个指导原则给同值同酬价值评估体系中价值量的衡量以强有力的支持。

通过社会性别预算,可以得出计划支出和实际支出的各项指标,例如:专门用于促进社会性别公正的支出在整个支出中所占比例;优先提供给妇女的公众服务支付在整个支出中所占比例;优先提供给妇女的转移支付支出在整个支出中所占比例。各项指标的比例划分可以对价值评估体系中的薪酬分配起借鉴和参考作用。

在宏观经济的这个层面制定社会性别敏感性更高的预算非常重要,因为宏观经济决策可以决定,在多大程度上可以将预算朝着更使社会性别公正的方向进行调整。当宏观经济强调的是削减开支和降低税率,其他条件不变的时候,有可能更难让预算朝着社会性别公正的方向进行改变。这对于价值衡量的主体有决定性的影响。

社会性别敏感预算分析计划的价值在于:该分析作为一项实用的方法,能够将社会性别主流化的议程带入最具力量的各个政府部门。该分析能够促进妇女团体、被选出的妇女代表和女部长进入财政部门。该分析能够让我们从贫困妇女的角度找到“钱的流向”,并且促使公众资金的使用能够实现社会性别公正。

但是也要注意的是,社会性别敏感预算主要关注的还是贫困女性的生存问题,而男女同值同酬主要关注的是两性未受到公正的报酬待遇的问题,在基本面上的差异还是很显著的。

3. 借鉴人力资源管理中的薪酬管理和绩效评估体系

当前人力资源管理理论发展中的薪酬管理和绩效评估体系方法已经非常成熟,绩效评估体系方法包括以素质模型为核心的潜能评价系统、以任职资格为核心的职业化行为评价系统、以 KPI 指标为核心的绩效考核系统、以检讨及中期述职报告为核心的绩效改进系统和以提高管理者人力资源管理责任为核心的绩效管理循环系统。薪酬管理模式包括市场化薪酬模式、基于能力与素质的薪酬模式、基于责任的薪酬模式和基于绩效的薪酬模式。建立同值同酬价值评估体系完全可以借鉴这些模式,前提是:明确两性差异。

值得注意的是，这样的薪酬管理和绩效评估体系愿意被众多的企事业单位和公司组织所引入，非但没有关注两性差异的体现，而是隐藏了两性差异，实际上是通过先进的人力资源管理理论弱化了同值同酬的问题。

4. 参照已推行的促进两性平等实施方法的范式

瑞典在同值同酬的衡量上采取衡量相对责任，相对技术难度和对社区的价值这三个指标。加拿大采用的是技巧、努力、责任及工作环境四大因素的指标。如果环境背景类似，就可以参照这些指标。同样原理，对怀孕、生育这样的女性的社会性工作的价值补偿的做法也值得在建立价值评估体系的过程中参考。在社会制度差异较大的情况下，需要准确考察不同的衡量标准，特别要寻找适合国情，适合行业特点的标准，只有这样，才能确保价值评估体系的可行性。

参考文献

1. Acker, Joan. 1989. *Doing Comparable Worth: Gender, Class, and Pay Equity*. Philadephia: Temple University Press.

2. Cadieux, Rita. 1984. "*Canada's Equal Pay for Work of Equal Value Law.*" pp. 173—196 *in Comparable Worth and Wage Discrimination*, edited by Helen Remick. Philadephia: Temple University Press.

3. Brenner, Johanna. 1987. "*Feminist Political Discources: Radical Versus Liberal Approaches to the Feminization of Poverty and Comparable Worth.*" *Gender and Society* 1 (4): 447—465.

4. Armstrong, Pat and Hugh Armstrong. 1990. *Theorizing Women's Work.* Toronto: Garamond Press.

5. Bergmann, Barbara R. 1987. "*Pay Equity——Surprising Answers to Hard Questions.*" Challenge (May-June): 45—51.

6. Blum, Linda. 1987. *Possibilities and Limits of the Comparable Worth Movement.* " Gender and Society 1 (4): 380—399.

7. Cuneo, Carl J. 1990. *Pay Equity: The Labour-Feminist Challenge.* Toronto: Oxford University Press.

8. Hartmann, Heidi T, 1987. "*Comparable Worth and Women's Economic Independende,*" in Christine Bose and Glenna Spitze (eds.), Ingredients for Women'sEmployment Policy. Albany: State University of New York Press.

9. Smith, Dorothy E. 1977. *Feminism and Marxism.* Vancouver: New Star Books.

10. 严祥鸾：《两性工作平等制度的实质基础：解构社会文化和制度和制度的性别隔离现象》，载台北"中央"研究院欧美文化研究所《欧美两性工作平等制度之比较研究》，1996 年。

11. 信春鹰：《中华人民共和国妇女权益保障法释义》，法律出版社 2005 年版。

12. MBA 编译组：《人力资源管理》，机械工业出版社 2004 年版。

13. 刘咏芳、贺苗：《经济学视角下职业性别隔离成因分析的反思》，载郭慧敏主编《社会性别与劳动权益》，西北工业大学出版社 2005 年版。

From Equal Pay for Equal Work to Equal Pay for Equal Value

——Appeal Evolution of Gender Equality

[**Abstract**] Equal pay for equal work and equal pay for equal value reflect two stages of payment equality. The paper introduces the general development of the two terms: equal pay for equal work and equal pay for equal value and analyzes the significance of equal pay for equal value. Apart from the above, the paper also analyzes the difficulties of legislation in promoting equal pay for equal value and holds that that the establishment of value-assessment system plays an important role in dealing with problems of equal value for equal work. The value-assessment system may cover the following aspects: value standards of comparing different jobs, balance between supply-demand force of market and the principle of equal value for equal work, cost-interest analysis of men and women, relationship of lateral value chain and vertical value chain, assessor of professions, settlement of complaints concerning payment discrimination. Taking the above as premise, there are some suggestions on establishment of value-assessment system such as changing traditional concepts in culture, promotion of equal value for equal work on the basis of gender budget, drawing strong points of payment management and performance appraisal of human resource management and adoption of some successful practice about gender equality.

[**Key Words**] Equal pay for equal work; Equal pay for equal value; Localization; Value-assessment system

He Miao

（贺　苗　西安交通大学经济金融学院博士生，
西北工业大学人文与经法学院讲师。）

招聘广告中的性别歧视及其法律规制

就业过程中女性遭受招聘单位性别歧视现象屡见不鲜，很多单位企业在各式各样的招聘广告中打出如"男性优先"、"仅限男性"等等的旗号，人为制造男女就业机会的不均等。在看到这些不公平现象后，笔者以志愿者的身份先后调查走访了西北工业大学就业指导中心、陕西省人才服务中心、西安市人才服务中心，发现招聘广告中的性别歧视现象非常普遍，并且形式越来越隐蔽，由显性歧视逐渐转向隐性歧视，无论是直接的抑或是隐蔽的，该歧视行为的实质都是招聘单位基于男性和女性生理上的区别，在招聘过程中做出的带有性别偏好的排斥女性的歧视行为，其后果直接导致女性丧失平等的劳动就业机会。这已经严重地制约了女性群体的就业，使得出现女性就业难，女性在劳动力市场不断被边缘化，女性进入一些低收入或低技能工作领域等一系列问题，笔者认为这一现象迫不及待地需要法律的介入。因此，文章从招聘广告中的性别歧视现象入手，做了大量的调查分析，并对招聘广告中的性别歧视行为进行了定义，给出了几点法律建议，希望能推动促进我国反就业歧视法律的出台，有效地遏制并消除招聘广告中的性别歧视现象。

一、问题的发现——招聘广告中的性别歧视

招聘广告，也称招聘信息，一般包括单位或公司简介、职位需求及招聘条件、工资待遇、联系人、工作地址等五大方面的主要内容。笔者共调查了共计1804条招聘广告，采用随机抽取和目的性走访调查相结合的方法，在全国华北、华中、华南、西部四大区域选取代表性城市，通过报纸、网络、校园和人才服务中心四个渠道收集获得信息，其中北京地区425条，上海地区176条，广州地区241条，西安地区806条（见图1、图2）。

（一）调查样本

北京地区和上海地区的调查样本是通过专门的招聘类报纸获得，广州地区通过在网络发布的招聘信息获得，西安地区所调查招聘广告主要来自高校

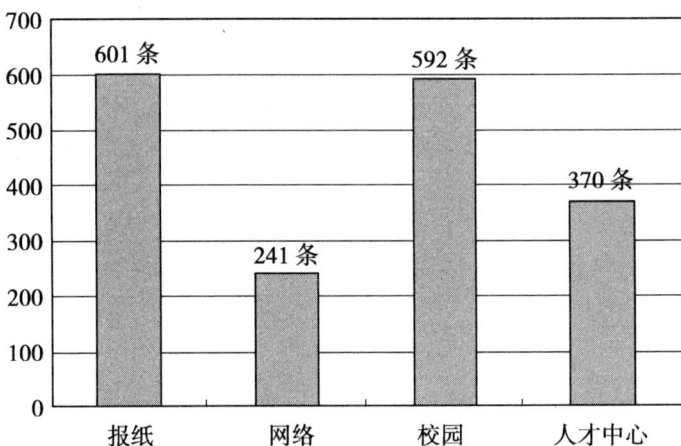

图1　抽样招聘广告来源渠道

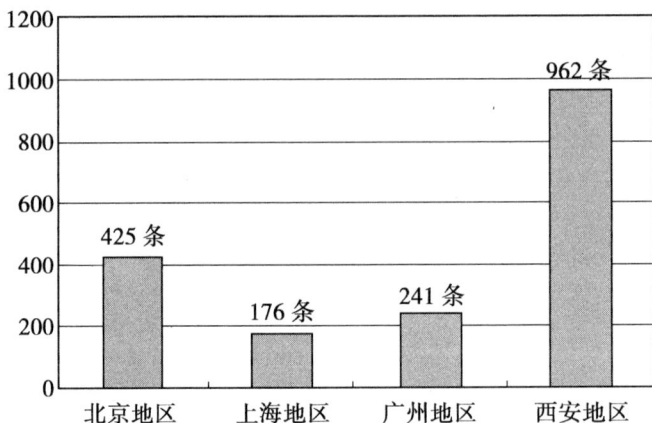

图2　抽样招聘广告地区分布

校园和人才服务中心，详细情况陈述如下：

1. 报纸

《北京人才市场报》（周一、三发刊，三大版块：企业招聘、职业培训、职介招聘），2007年10月13日—2007年12月15日893—910期，招聘广告专版：分广告出版类、装饰设计类、教育培训类、医药美容类、科技通信类、文化咨询类、金融商贸、餐饮旅游、其他。随机抽取了第893期，企业招聘版块（12—23版）：广告出版类71条、装饰设计类15条、教育培训类26条、医药美容类21条、科技通信类18条、文化咨询类121条、金融商贸37条、餐饮旅游21条、其他16条，外加其他版块穿插的79条，共计425条招聘单位的招聘广告。

上海《人才市场报》（一周两次发刊，四大版块：白领金刊、A：人才资讯、B：择业广场、C：一周深造），2007 年 10 月 13 日—2007 年 12 月 15 日 1267—1285 期，择业广场：分服务类、商贸类、制造类。随机抽取了第 1277 期的择业广场（B1—B18）：服务类 23 条，商贸类 22 条，制造类 13 条，头版"白领金刊"30 条，综合类 88 条，共计 176 条招聘单位的招聘广告。

2. 高校校园招聘会

陕西省某高校，2007 年 1 月 5 日—2008 年 1 月 3 日共计 541 条专场招聘会招聘信息；其中包括在这期间 2007 年 10 月 29 日苏州高新区全国部分重点高校巡回招聘会中 11 家招聘单位和 11 月 24 日的江苏省常州市赴陕西某高校招聘团的 40 家招聘单位，共计 592 条招聘广告。

3. 网络招聘

中华英才网广州地区，2007 年 6 月 8 日—11 月 28 日的共 241 条招聘广告。

4. 人才服务中心

2007 年 12 月 17 日上午走访陕西省人才服务中心，该中心交流部公告栏上共粘贴有 102 条招聘广告；2007 年 12 月 18 日下午走访西安市人才市场，其信息发布专区共粘贴 154 条招聘广告（酒店、餐饮、娱乐、服务类 28 条；金融、传媒、生物、医药类 14 条；房地产、建筑、工程、化工、材料类 32 条；IT、电子、机械、设计、电气类 32 条；其他 48 条）；2008 年 4 月 14 日下午再次走访西安市人才市场，其信息发布专区共粘贴 112 条招聘广告（酒店、餐饮、娱乐、服务类 17 条；金融、传媒、生物、医药类 14 条；房地产、建筑、工程、化工、材料类 32 条；IT、电子、机械、设计、电气类 32 条；其他 17 条）。

（二）分析及发现的问题

1. 招聘广告中性别歧视行为有增无减

经过查阅所有收集到的招聘广告，笔者分析总结发现：尽管《中华人民共和国就业促进法》自 2008 年 1 月 1 日已开始施行，其中明确规定用人单位招用人员、职业中介机构从事职业中介活动，应当向劳动者提供平等的就业机会和公平的就业条件，不得实施就业歧视；用人单位招用人员，除国家规定的不适合妇女的工种或者岗位外，不得以性别为由拒绝录用妇女或者提高对妇女的录用标准。用人单位录用女职工，不得在劳动合同中规定限制女职工结婚、生育的内容。但是其中的性别歧视现象仍然屡见不鲜（见表 1、表 2）。

表1　　　　　　　　　　　**2007 年 12 月 18 日西安人才市场**

数据统计 职业分类	广告总数	含有性别限制广告数	所占比例
酒店、餐饮、娱乐、服务类	28	14	50%
金融、传媒、生物、医药类	14	5	37.1%
房地产、建筑、工程、化工、材料类	32	8	25%
IT、电子、机械、设计、电气类	32	16	50%
其他	48	20	42.5%

表2　　　　　　　　　　　**2008 年 4 月 14 日西安人才市场**

数据统计 职业分类	广告总数	含有性别限制广告数	所占比例
酒店、餐饮、娱乐、服务类	17	10	58.8%
金融、传媒、生物、医药类	14	7	50%
房地产、建筑、工程、化工、材料类	32	16	50%
IT、电子、机械、设计、电气类	32	15	46.9%
其他	17	10	58.8%

　　从表1和表2的对比，我们可以看出，2007 年在西安人才市场154 条招聘广告中 63 条有性别要求，各大行业中性别比例要求分别是 50%、37.1%、25%、42.5%、50%；2008 年笔者再次走访西安市人才市场，112 条招聘广告中有男女性别限制要求的所占比例分别为 58.8%、50%、50%、46.9%、58.8%，比例不但没有减少反而增加了。

　　在调查中，《人才市场报》1277 期 B4 择业广场日资企业招聘专版，刊登的六条招聘广告就有三条对性别有限制，比例高达 50%；在陕西某高校调查 2007 年举行专场招聘会的 541 家单位中有 44 家，常州招聘团的 40 家招聘单位中有十家招聘单位都在招聘海报中明确指出男女性别的限制；人才服务中心招聘广告中的男女性别限制比例高达 44.1%。

　　2. 招聘广告中性别歧视行为趋向隐蔽

　　近年来，由于很多地方法规禁止招聘广告中直接出现性别限制，部分招聘单位为了不被抓其性别歧视的把柄，在招聘广告中并不写明性别的限制，但是其隐性的条件依旧是对女性应聘的不公平待遇，比如，有一家招聘安全保卫的单位，其在招聘广告中的要求是"身高在 170CM 以上"，虽然没有写明只招男性，从表面上看是中性的，因为它并没有专门排斥任何人。但它的结果却不是中性的，因为能达到这个身高的女性比男性要少很多，从而剥夺了多数女性申请这一工作的机会。

在陕西某高校 2007 年 11 月 11 日召开的大型毕业生双选会有近 250 家招聘单位，370 多名单位代表参加。招聘会现场，大黄纸张贴的招聘信息都没有关于性别的限制。但是大多数单位当被问及招聘过程中会不会男女有别选择时，都会委婉地说男生很多方面比女生方便。

3. 社会招聘中的性别歧视逐渐向校园招聘蔓延

校园招聘是指企业通过在校园中举办招聘会等形式，提前招聘一些即将毕业的大中专院校学生的一种招聘途径。近年来，校园招聘所占的比重开始增加。高校对招聘单位的诱惑非常大，招聘单位企业已不能仅仅满足于在社会上招聘。据了解，招聘单位通常会从每年的十月份在全国各大高校拉开校园招聘的序幕，或是去高校召开专场的招聘会，或是参加各大高校的毕业生大型双选会。他们到校最首要的任务就是向在校的学生发布招聘广告和招聘信息，一般通过粘贴招聘海报，在高校就业信息网上发布单位简介、招聘需求等途径。

普通高校进行招聘的单位中，招收男生的专业多集中在理工科专业，比如计算机、自动化、机械类、电气类、建筑工程类、航空航天类等；招收女生偏多的专业主要是文科性质，比如文艺类、语言类、管理类、新闻传媒类等。以我们之前已经提过的被调查的陕西某高校为例，来校招聘的单位企业招聘广告中男女比例限制最高为 25%，一般在 10% 左右，平均比例为 12.5%；而在校外的社会招聘广告中最低的比例是 25%，其余的都接近或已经达到 50% 了，平均比例达到了 33.8%；尽管校园招聘广告中的性别歧视比社会招聘中的比例要低，但是这种现象已经在向高校蔓延，图 3 充分显示了这一趋势。

二、招聘广告中性别歧视行为的实质

招聘广告中的性别歧视行为首先是一种招聘单位做出的招聘行为。招聘是招聘单位为了生存与发展的需要，能及时地足够多地吸引具备资格的个人，并鼓励其申请加入他们中来工作，有选择性地面向组织内外以最低成本吸引、吸收、留住适合需要的足量的合格人员和颇具潜力的人才，安排他们到企业所需岗位任职的过程，以及建立人才库来满足企业未来需要的活动过程。[①] 招

---

① 杨倩主编：《员工招聘》，西安交通大学出版社 2006 年版，第 2 页。

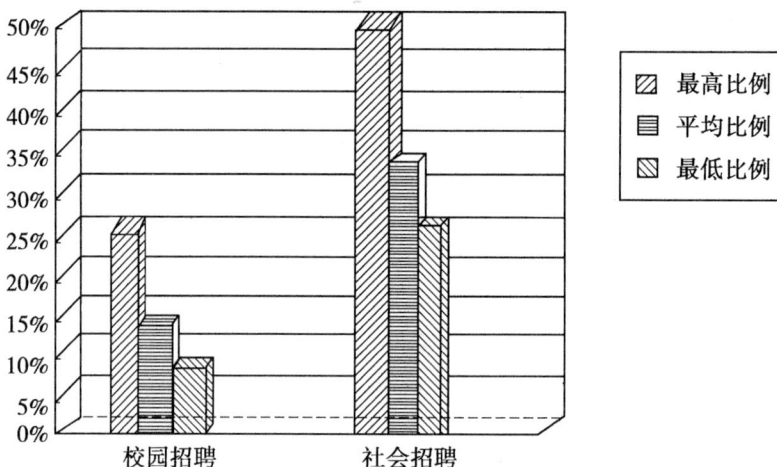

图 3

聘广告的发布就是招聘单位利用广告媒体发布招聘信息，以招聘新成员为目的吸引应聘者补充空缺岗位的一种企业人员外部招聘的方法。

招聘广告中的性别歧视就是女性就业的一道门槛。尽管就业性别歧视这一概念在我国法律中没有明确的定义，但我们可以根据第 111 号公约的规定推论，就业性别歧视是指基于性别的任何区别、排斥或特惠，而取消或损害就业方面的机会平等或平等待遇，使其中一种性别的人处于与异性相比特别不利的地位。但基于特殊工作本身的要求的任何区别、排斥或特惠，不应视为歧视，比如积极行为是为了纠正已经存在的歧视行为，通常被用来帮助早先受歧视的受害者个人或群体。① 招聘广告中的性别歧视行为是一种基于性别所做的损害否认女性在男女平等基础上享有行使就业权的歧视行为，而又不属于暂行特别措施。

因此，招聘广告中的性别歧视行为的实质就是招聘单位基于男性和女性生理上的区别，在招聘过程中做出的带有性别偏好的排斥女性的歧视行为，其后果直接导致女性丧失平等的劳动就业机会。

三、招聘广告中性别歧视的法律化——歧视行为的违法构成

招聘广告中性别歧视行为的出现不仅仅是招聘单位这一单一主体造成的，另外的"帮凶"，即招聘广告的传播主体报纸、网络等中间人才服务机

---

① 邓正来主编：《布莱克维尔政治学百科全书》，中国政法大学出版社 2002 年版，第 218 页。

构也有着不可推卸的责任。他们获得的共同利益是建立在损害女性应聘者平等就业权的基础上，直接导致女性应聘者在求职过程中丧失平等的机会，严重损害了女性平等的劳动就业权益。

（一）主体——招聘单位和传播主体

招聘单位是招聘广告的主要制作者，而招聘广告的传播主体则一般有特定的发布者，它们共同结成了利益的集合体。

1. 招聘单位

招聘单位作为招聘广告的制作主体，是劳动力市场的把握者。招聘人才市场的"重男轻女"现象就是招聘单位追求利润最大化的经济理性起作用的结果。对于招聘单位来说，聘用人员的目的是为了获得能够带来市场价值的那部分劳动。女性存在着一个就业生涯低谷期——生育期。由于国家劳动法明确规定"女职工按规定享受的产假期间，工资照发"。并且妇女比男性要早退休5—10年，领取退休金的时间长，而医药费和福利支出却高于男性。此外我国法律还规定，妇女在劳动就业过程中享有特殊生理保护，比如对女工劳动环境的限制，哺乳时间的规定以及在"四期"期间的特殊保护等，这些规定在维护妇女利益方面有着积极的意义，但同时也增加了女性就业应聘的负担。在这种情况下，招聘单位就会全面衡量使用某种劳动力的"性价比"。

2. 传播主体

招聘广告中的性别歧视行为的出现绝不能仅仅归结于招聘单位和社会传统文化两方面原因，其中中介的"催化"作用往往被人们忽视了。这里所说的中介主要是招聘广告传播发布的主体。

现在信息传播的途径和媒体越来越多，一般可供选择的传播途径和媒体主要有报纸、网络、人才招聘会、人才服务/猎头机构、员工推荐和内部招聘等。然而根据我国《广告法》所称广告，我们现在看到的招聘广告实属一种特殊形式的广告。而招聘广告的发布主体——报纸、网站、校园、人才服务中心则都属于人才中介服务机构。这些招聘广告的传播主体与招聘单位形成了一个利益的集合体。特别是就业服务机构中以营利为目的的私人或民间的职业介绍所，它们往往会像招聘单位一样在经济利益的驱使下对招聘广告中性别歧视现象置之不理。人才中介服务机构报纸、网站、人才服务中心为招聘单位发布招聘广告和招聘信息并不是无偿的，招聘单位需要支付其一定的费用。报纸尽管是最传统的传媒工具，但它同时也是应用最广泛的传媒主体；而新型的网络招聘以其快捷方便的特点也得到了广大应聘者的青睐；

人才交流中心或其他人才机构每年都要举办多场各种类型的人才招聘会，前来招聘的单位则需要支付场地费等相关费用。猎头公司招聘在我国是近年来为适应单位对高层次人才的需求与高层次人才的求职需要而发展起来的，其费用也高于其他招聘方式。

（二）客体——女性应聘者的平等就业权

从历史到现实，男权文化一直是这个世界的中心。男权社会将女性物化、对象化、边缘化，女性总是作为一个需要男性保护的弱者在媒介中登场。这种对女性群体的歪曲性理解，造成长此以往男女关系与地位的不平等存在。布迪厄认为这是一种"看不见的、沉默的暴力"。而女性并不把那些施加在她们身上的暴力领会为一种暴力，反而予以认可，他称此为"误识"。正是这样一种"沉默的暴力"，使得女性对传统社会男女地位的差异产生了"认可"与"误识"。①

"劳动权是由一系列权利所构成的权利系统，在这个系统中各种劳动权按照一定的分工紧密地结合在一起，发挥出权利系统的合力。从逻辑结构来看，就业权是前提和基础，报酬权和福利权是核心，其他权利是保障。"②然而女性这一权利的实现也需要客观的条件。就业就是这一权利得以实现的基础或者前提。没有就业，没有同男性平等的就业机会，尽管享有劳动的权利，但是这种权利无法转化为客观的现实。

（三）内容——招聘广告

统计和分析了具体的广告内容后，笔者在招聘广告内容中发现存在的性别限制主要有对女性的直接就业歧视和间接歧视两种，分别以五种形式存在：

1. 明确要求招聘对象是男性

广东某有限公司在 2007 年 11 月 28 日在中华英才网上刊登的招聘信息，内容是这样的："该公司需要招聘材料设备部经理，职位要求是：男性，45 岁以下，本科或本科以上学历，建材专业或建筑机械设备专业；良好的沟通管理能力，有建筑工程材料和设备管理工作经验，具同等职位工作经验者优先；具有建材采购经验，很强的谈判能力。"这条招聘信息中指明的招聘对象是男性，招聘单位聘用一个人而不聘用另一个人仅仅是考虑后者的性

① 王欣：《就业中的性别歧视研究》，《湖北广播电视大学学报》2006 年第 5 期。
② 李新建、孙淑敏：《欧美国家妇女的劳动权益及其保护》，《妇女研究论丛》2000 年第 1 期。

别，即对后者构成就业歧视。因为这里无论是第一条对学历和专业的要求还是第二条和第三条对能力和经验的要求，都是男性和女性能同时达到的。教育的改革和发展，现今取得高学历的女性大有人在，学习建材专业或建筑机械设备专业的女性也不在少数，而且女性较男性普遍更具沟通能力和谈判能力，工作经验更只是一个中性的指标。这种是招聘广告中最赤裸裸和最直接的性别歧视，因为它首先排除了女性的就业机会，在提供的就业岗位中对女性就造成了机会上的不平等。

2. 明确要求招聘对象是女性

在报纸上刊登的电话业务员招聘信息中限女性的招聘广告也是随处可见。北京某会计咨询服务中心在 2007 年 10 月 13 日《北京市人才市场报》第 19 版文化咨询类刊登的招聘广告中称："本公司现业务需要，急聘电话业务代表若干名。要求：女，20—40 岁之间，户口、学历不限，普通话标准。音质好，口齿伶俐，善于交流，性格外向（有工作经验者优先考虑）。"表面上看，这两则招聘广告中招聘对象只要求的是女性，似乎是女性就业的福音，也不可否认的是这确实给女性的就业带来了更多的机会，但实质上这却是形成职业性别隔离中横向隔离的重要原因。隔离与密集是相对应的，隔离的产生源于密集；正因为某些职业聚集了某一性别的劳动者，所以才产生出与另一性别劳动者在不同职业之间的隔离状态。职业性别隔离分为水平隔离（横向隔离）和垂直隔离（纵向隔离）两种。限女性的招聘广告属于水平隔离即横向隔离，它们主要集中在促销、话务员、业务助理等收入相对较低的行业中，相对的这其实是把更多的高薪收入的就业机会和岗位留给了男性。一些职业声望、技能要求和收入较高的职业将女性排除在外。招聘广告中明确要求招聘对象是女性是导致女性被水平职业性别隔离的重要原因。

3. 男女性的职位供给层次悬殊

招聘广告中男女性的职位供给层次悬殊则是导致女性被垂直职业性别隔离的重要原因。同一家招聘单位高职位的应聘对象是男性，相对低等的岗位则要求的是女性。我们来看上海某投资管理有限公司在 2007 年 11 月 17 日的《人才市场报》B17 择业广场版块商贸类刊登的一则招聘广告，其"职位及要求是：高级贷款顾问：30 名，男，22 岁以上，中专以上学历，有良好的沟通能力和个人形象，具团队合作精神，有一年以上销售经验且熟悉上海交通路线者优先；行政文员：3 名，女，22—28 岁，大专以上学历，能熟练应用办公操作系统，接受能力强，具团队合作精神，有一年相关工作经验者优先。"

这则招聘广告中招聘的对象既包括男性也包括女性，且性别的限制都有标注。我们首先能获取的信息就是高级贷款顾问和业务经理只招男性，行政文员只招女性，同一家单位同时招聘高级贷款顾问和行政文员两个职位空缺上的人才，30 名高级贷款顾问的需求量和 3 名行政文员的需求量似乎有些过于悬殊。在具有较高的技术、责任、地位和收入的职位上，女性人数所占比例低于男性所占比例，并且越往高层，女性所占比例相对于男性在不断下降。招聘广告中女性能应聘的职位只是文员，而男性的应聘职位是高级贷款顾问和业务经理，无论在社会地位、声望和收入各方面都比女性的高，更赤裸的是招聘单位在高级管理层面的职务上只招收男性，将女性拒之于门外。

4. 男女性相同职位录用标准不同

现实中即使在相同的职业上对女性提出的招聘条件和要求要高于男性。在招聘广告中招聘单位表明习惯的做法或标准，常常使得女性与男性相比陷入一种特别不利的处境，这种不利的处境通常是女性不被招聘单位录用。

一些用人单位针对女性设置额外的附加条件，如身高、相貌、年龄、未婚育等，自然而然拒绝掉一批女性求职者。在陕西省人才服务中心第三季度招聘信息公告栏中粘贴有这么一则广告："陕西某光电科技有限公司招聘文员 1 名。普工：男 15 名（23 岁以上，45 岁以下）；女 × × 名（20 岁以上，30 岁以下）"。同样的职位招聘同样的人数，但是括号内的信息我们千万不能忽视，男性 23—45 岁之间，女性 20—30 岁之间，它对男性的年龄的限制比女性的限制放宽了 12 年，这比整个女性在这个岗位上工作的年龄段都还要长两年，而且将女性的退休年龄比目前女性的法定退休年龄缩短 15 年。性别歧视已经不是单一现象，是性别因素与种族、年龄和阶级因素的相互作用。有学者把这种现象称作交汇歧视，是基于两种或两种以上的因素而形成的歧视，如基于性别、种族、阶级、年龄、性倾向、健康等因素而形成的歧视。招聘广告中在性别歧视的基础上再多加的其他歧视，从而出现的多重交叉歧视更是缩小了女性的就业渠道，损害了女性的平等就业权。就业平等权利应该贯穿于劳动关系的建立、解除、报酬、提升、就业训练等多方面，其中建立这一环节当属最基本的保障，否则在不平等的基础上建立起来的劳动关系更无解除、报酬、提升、就业训练等其他方面的平等可言。

5. 男女性相同职位需求量悬殊

男女性别同一职位录用人数的比例差距较大或整体招聘职位中男女性比例严重失调导致了女性被招聘单位边缘化。我们以举行普通高校专场招聘会中的一家招聘单位为例，四川某科技集团股份有限公司于 2007 年 11 月 26 日在陕西某高校举行了专场招聘会，之前已在该校的就业信息网站上发布过招聘信息。该有限公司所有的招聘对象中只有采购员需要 1 名女性，其余的十几个岗位的需求都只限男性；在调查中还有中山市一家招聘单位整体招聘对象男女人数的平均比例接近 4：1，高分子材料和高分子化学的比例更是高达 9：1。简单的数据对比让我们一目了然地看到了招聘单位为男性提供的就业的途径和机会比女性要多很多。

劳动市场的主体招聘单位是就业意愿转化为职业活动的决定者，它们的决策首先表现于招聘广告中。统计性歧视理论认为在市场上追求利润最大化的招聘单位总是愿意雇佣有较高预期生产率的求职者。但是招聘单位得不到确切的每个申请者的有关信息，因为即使招聘测试，某些高才能的女性申请者可能由于某种原因，导致测试成绩反而会低于某些男性求职者，即使有其他的个人资料，如教育水平、经验等为其提供参考，招聘单位仍然得不到准确信息。[1] 于是，招聘单位甘愿冒着承担法律责任的风险，也要避免使用女性劳动力必然带来的各种有形无形的经济负担，在招聘广告中首先排挤女性。

（四）后果——女性丧失平等的劳动就业机会

女性就业是女性获取收入，赢得社会尊重，实现自我价值的基本手段。招聘广告中的性别歧视行为，严重侵害了女性劳动就业权，背离了机会平等的基本规则。

平等是人人都享有的权利。许多人认为，男性和女性的平等就是男女一样。其实，平等并不具有绝对性，因为男女之间存在生理上的差异，责任、义务方面也势必会有一些差别。通过抹杀男女差异来获得男女平等是不公平的，也是荒谬的。两性因生理机制的不同，要求男女在各个领域中的绝对平等，必然使竞争处于不公平状态，但是机会平等往往是实质平等的前提保障。就像在招聘广告中对性别提出限制要求这一行为，女性的劳动就业机会就被人为地剥夺了，男女性就不在同一条件下进行竞争，这种行为导致的直接后果就是女性无法进入到职场，女性参与社会公共事务能力的愿望无法实现，女性无法实行其自身的社会价值。

招聘广告中的性别歧视也就使得女性成员将因为性别原因而无法获得就业的机会，对于被歧视者来说，其劳动权就无法实现。要实现劳动权，就必须消除其中的性别歧视。

---

① 李薇薇、Lisa Stearns 主编：《禁止就业歧视——国际标准和国内实践》，法律出版社 2006 年版，第 473 页。

四、广告招聘歧视行为的法律监管

现在法治国家，通过法律追究机制实现权利救济。要想遏制并逐步消除招聘广告中的性别歧视现象，就必须通过法律法规来规制。笔者在分析了招聘广告中种种性别歧视行为后，给出了自己的一些法律建议：

（一）有力监管招聘广告制作发布主体

对于招聘单位做出的招聘广告中性别歧视行为，法律要加大对其的监管惩罚力度。招聘单位在招聘广告中的性别歧视行为很少受到惩罚或只有很轻的惩罚，很难起到警示的作用，我们应该要加大对该类行为的惩罚力度，使招聘单位为性别歧视行为付出更大成本。2004年5月，"台北市政府劳工局两性工作平等委员会"针对"行政院海巡署"于招生简章中规定，女性招考名额只占145名中的10名，裁定此为性别歧视，并罚款新台币10000元；俄罗斯反垄断局和劳动局正在研究制定一个机制禁止发表含有年龄、性别、居住地和国籍等限制性信息的招聘广告，因为这些信息带有"歧视"特征。违反规定的人可能被以违反广告法的名义予以罚款制裁，罚款金额最高为50万卢布；而对于招聘广告的传播主体，法律也应该规定其相关的法律责任，比如如果报纸、网站、人才服务中心等人才中介服务机构发现招聘广告中有性别歧视的内容知情不报，或者帮助招聘单位发布有性别歧视内容的招聘广告，都应该受到相应的法律制裁和处罚。

除了法律现在规定的各县级以上人民政府工商行政管理部门可以管理之外，报纸、网站、校园、人才服务中心等人才中介服务机构也应该被赋予一定的监管权利。招聘单位要想在这些服务机构发布招聘信息，必须要向它们提供性别平等方面的信息，此类信息包括关于本单位内部不同层次中男女雇员的比例等，而且招聘单位还须保证其选择标准和招聘条件，不论在任何工作部门和任何专业等级程度，都不能有性别歧视行为。人才中介服务机构还可以在内部机构中增加专门的审核招聘广告内容的部门，一经发现其中存在着性别歧视，立即停止公布招聘信息，并且退回原招聘单位予以更正，不予更正的其可以作为公益诉讼主体直接向法院起诉。

（二）严格审查招聘广告内容

首先《广告法》中要统一规范招聘广告的内容，要明确规定招聘广告中不得存在有性别歧视的行为，包括直接的性别歧视行为和间接的性别歧视行为，这就关系到对于这一歧视行为的认定和处理。

1. 明确禁止内容中的显性性别歧视

对于招聘广告中的显性直接性别歧视，这种情况比较好处理，法律可以明确禁止限制，例如，招聘信息发布不得有性别要求，并且对出现者给予重罚。在美国著名的 Griggs v Duke Power Co 一案中，用人单位提出了高学历的要求，而这个要求对于工作性质而言并非必要，并且在美国黑人这一人群往往学历偏低，因此这种高学历的要求大大降低了黑人的录用比例，被法院认为构成歧视。由此我们可类推，如果招聘单位在招聘广告中提出了对性别的要求，而这个要求对于工作性质而言也并非必要，这种对性别的要求大大降低了女性的录用比例，就已经构成了性别歧视。

2. 实行举证责任倒置遏制隐性性别歧视

对于招聘广告中的隐性间接性别歧视，例如调查分析中的对男女性数量招收的比例差距大这种类似的情况，就不太好判定。就应该实行举证责任倒置，即由招聘单位就其对求职者进行区别对待是基于工作岗位的性质而做出的合理要求，而非基于歧视性的考虑承担举证责任。在美国三段论式的举证责任模式中，是由求职者先提出歧视的初步证据，证明招聘单位的行为是造成自己被歧视的原因。此后，证明责任转移至招聘单位，招聘单位需提出合理理由，证明自己的行为不是歧视。然后，求职者需证明招聘单位的理由不成立，实际有歧视意图。在这种证明模式中，主要证明责任在招聘单位，招聘单位要证明自己的"合理理由"。也可以这么说，招聘单位须证明它已经尽到了最大的合理调配，它没有其他任何合理的或现实的其他可选择的方法来避免对个人所产生的不利后果。这种证明责任的分配对于保护女性的合法权益将起到积极作用。

如果女性主张一项就业招聘广告有性别歧视，那么招聘单位有责任举证证明该招聘广告是正当的职业要求。为此需要声明下列两点：第一，该招聘广告的制定和公布，从主观要件上，是善意和真诚的，并无破坏人权立法；第二，从客观要件上，这一招聘广告与安全有效地履行该工作具有合理的必要性，并未对申请该工作的人增加不合理的负担。如果招聘单位不能证明这两点，那么该招聘广告将被认定为性别歧视。

（三）国家政府机构采取积极举措

性别歧视普遍地存在于用人单位的招聘广告中，而且这种歧视又繁衍成全社会范围对其规则的默认，仅凭约束和制裁招聘单位来消除歧视是不可能的，国家还需要对招聘单位宏观地采取一系列的措施、给予不同形式的支援或补偿。两性角色的至关重要的区别是女性事实上承担了生育并抚养照顾后代、管理家庭的主要责任，这将耗费女性大量的时间和精力。招聘单位招收男女员工确实存在雇佣成本和培训成本的差异。基于此，政府就应该建立全国统筹的生育保险制度，建立全国性的生育保险金，建立有效的生育社会补偿机制和保障制度，改变目前社会保障职能由用人单位过多承担的现象，使女职工的生育费用由社会承担，女性生育价值的补偿从用人单位分离出来。

发达地区在这方面的经验我们都可以借鉴。每年增加投入扶持女性就业资金的数额或比例，对不限定女性劳动者比例的招聘单位给予专项补贴，具体数额以该招聘单位女性职工的数量为准，经有关部门确定较科学的补助额。我国台湾地区促进工作平等措施第 25 条就规定："雇主雇佣因结婚、怀孕、分娩、育儿或照顾家庭而离职之受雇者成效卓著者，主管机关得给予适当之奖励。"国家也还可以对性别比达到一定幅度的招聘单位减免税收，或者通过投资抵免，刺激投资者向适合女性就业的行业投资，这样就可以降低企业雇佣女性劳动力的成本，使企业不用因为担心其成本问题而排斥女性。

参考文献

1. 李傲：《性别歧视的界定》，《河北法学》2007 年第 1 期。

2. 李薇薇主编：《禁止就业歧视——国际标准和国内实践》，法律出版社 2006 年版。

3. 杨倩主编：《员工招聘》，西安交通大学出版社 2006 年版。

4. 邓正来主编：《布莱克维尔政治学百科全书》，中国政法大学出版社 2002 年版。

5. 贾依娜：《妇女就业中遭受"隐性歧视"问题的成因及对策浅析》，《中华女子学院山东分院学报》2004 年第 2 期。

6. 苏艳明、曾春媛：《我国劳动力市场性别歧视现状及原因分析》，《当代经济》2006 年第 5 期。

7. 王欣：《就业中的性别歧视研究》，《湖北广播电视大学学报》2006 年第 5 期。

8. 佟新、梁萌：《女大学生就业过程中的性别歧视研究》，《妇女研究论丛》2006 年 S2 期。

9. 《促进就业公平需先遏制就业歧视》，www. hsdcw. com。

10. 《荷兰反就业歧视研究报告》，www. china. com. cn。

Gender Discrimination of Employment Advertising and Its Solution

［**Abstract**］The limitation of gender in Employment advertising is widespread gender discrimination. The discrimination has direct and indirect. Worker units and advertisers should be responsible for the discrimination. The paper explores the subject, content, object and consequence of discriminative action and considers that it's necessary to deal with gender discrimination in advertising by advertising law and law on equal employment.

［**Key Words**］Employment advertising; Work units; Gender limitation; Employment discrimination

Chen Lingfei

（陈玲飞　西北工业大学人文与经法学院研究生。

本文由导师郭慧敏教授指导。）

对《劳动合同法》的性别分析

　　社会性别是生理性别的对称，泛指社会对两性及两性关系的期待、要求和评价。社会性别常常在社会制度中以及个人社会化的过程中得到传递、巩固。① 与社会性别相对应的是生理性别，但社会性别并不排斥生理性别，它强调的核心观点是：生理性别是与生俱来的，社会性别则是由文化构成的，是可以通过后天的社会性别制度和社会性别文化重新建构的。1975 年联合国决定将社会性别意识纳入决策主流，中国政府也从 1995 年联合国第四次世界妇女大会开始全面推进"社会性别主流化"。目前我国一些法律法规也针对女性的生理特点做出了一些特殊的保护规定，具有一定社会性别视角。然而，我国更多的法律却是中性的，在这些法律中，对男女两性在法律上权利义务的规定都是相同的，从表面上看不出对女性有任何直接歧视。但如果从社会性别平等角度来审视，某些对男女做出同样规定并同样适用的法律规定，其施行的结果并不能真正使女性获得与男性完全平等的法律保护。

　　从妇女的劳动权保护层面来看，传统的社会分工导致现代社会妇女在就业中遭受种种歧视，所谓歧视是指"基于种族、肤色、性别、宗教、政治见解、民族血统或社会出身等原因，具有取消或损害就业或职业机会均等或待遇平等作用的任何区别、排斥或优惠"。② 而性别歧视则是"基于性别的任何区别、排斥或优惠"，歧视又分为直接歧视和间接歧视，直接歧视也称为差别对待，③ 间接歧视在欧盟指令中定义为："间接歧视是指表面上看似中性的规定和标准，将使（属于特定性别、种族或信仰等的）个人处于与他人相比特别不利的地位，除非这种规定、标准或实践是基于合法的目的并有客观的法律理由，而且实现该目的的手段是必要的和适当的。"④ 现实中对女性的歧视主要是间接歧视。在劳动权方面主要表现为男女就业、择业、用人选拔、退休制度等方面，女性受到了一定的区别、排斥或优惠，在一定

---

① 联合国开发署：《社会性别与发展培训手册》，第 11 页。
② 国际劳工组织：《（就业和职业）歧视公约》（第 111 号公约），1958 年，第 1 条。
③ 李薇薇主编：《禁止就业歧视：国际标准和国内实践》，法律出版社 2006 年版，第 19 页。
④ 同上书，第 27 页。

程度上限制了女性与男性同等的就业和发展权。劳动合同制度是保护每一个劳动者合法劳动权益的基本法律制度，用社会性别的视角来审视《劳动合同法》，考察《劳动合同法》是否将男性和女性同时作为主体，来平等和有效的保护每个劳动者的权益，便不难发现《劳动合同法》对女性劳动权保护存在的一些问题。

一、对《劳动合同法》的社会性别分析

由于不是一部专门保护妇女权益的特别法，所以在《劳动合同法》中只有个别条文涉及对妇女劳动权的保护。纵观《劳动合同法》的全部98条内容，只有第42、52两条明确涉及到女性。从表面上看它是一部中性法律，但是深究其内容，一些法律条文的规定和实施隐含着对女性劳动权益保护的缺位和歧视。

（一）相关立法模糊不清，缺乏可操作性

《劳动合同法》第88条规定："用人单位有下列情形之一的，依法给予行政处罚；构成犯罪的，依法追究刑事责任；给劳动者造成损害的，应当承担赔偿责任：以暴力、威胁或者非法限制人身自由的手段强迫劳动的；违章指挥或者强令冒险作业危及劳动者人身安全的；侮辱、体罚、殴打、非法搜查或者拘禁劳动者的；劳动条件恶劣、环境污染严重，给劳动者身心健康造成严重损害的。"在该条第四项的规定中，"劳动条件恶劣"的含义到底是什么？由于法律规定的模糊不清，造成司法实践中难以界定。例如，2001年7月，陕西省西安市某国有公司一位30岁女职工童某将其所在公司的总经理告上法庭，童某因此成为中国首例性骚扰诉讼案件的原告。童某在诉状中称，早在1994年该公司总经理就以将她调到好岗位工作为诱饵，在办公室里对她动手动脚。遭拒绝后，该总经理开始在工作中处处对童某进行刁难，甚至停止她的工作，并无故扣发她的奖金和福利。2001年10月24日，西安市莲湖区法院公开审理了此案，最终以缺乏证据为由驳回了童某起诉。[①]

本案中，童某称自己的上司"在办公室没人的时候对我有动手动脚的行为"，[②] 童某在办公室不仅遭受到了上级主管的性骚扰，同时还使童某的

---

① 《性骚扰问题日益凸显，专家称劳动法应管管性骚扰》，中新网，2005年6月6日。
② 《全国第一例性骚扰案讨论》，载郭慧敏主编《社会性别与劳动权益》2005年版，第129页。

工作环境变得"非常恶劣"——当劳动者的工作环境充满了歧视、威胁、嘲弄或侮辱，而且这种现象变得相当普遍和严重时，便彻底改变劳动者的劳动环境，更有甚者，会人为地制造出一种敌意的工作环境。在现实工作中，类似的还有来自同事的不堪入耳的黄段子、色眯眯的窥视或盯视、在工作场所张贴煽情的裸露海报、传阅色情书刊、制造不必要的身体碰触等。这些行为和现象虽然没有直接影响当事人工作权益，却会间接地影响当事人的工作心情和工作表现，同时产生了对当事人不友善、令人恐惧甚至充满敌意的工作环境，这样的劳动条件又如何能够保障劳动者的身心健康呢？

依照社会性别的理论来分析《劳动合同法》第88条，这条规定对于男女两性来讲主要是物质因素对两性身心的损害（当然不排除对男性的性骚扰），而在现实职业场所中的性骚扰更多的是针对女性的。所以从该条表面上看，并没有显示不保护女性，可实际上恰恰缺失了对女性在职业场所中身心健康的保护。这即为"差别影响的歧视"或"不利后果的歧视"，即间接歧视。

关于规制性骚扰的法律规定，我国目前只在《妇女权益保障法》中有相关规定。修改后的《妇女权益保障法》第40条规定："禁止对妇女实施性骚扰。受害妇女有权向单位和有关机关投诉。"第58条规定："违反本法规定，对妇女实施性骚扰或者家庭暴力，构成违反治安管理行为的，受害人可以提请公安机关对违法行为人依法给予行政处罚，也可以依法向人民法院提起民事诉讼。"从以上的法律规定中不难看出，其中最大的立法缺陷一是没有界定性骚扰的内涵和外延；二是没有确定归责原则；三是没有设定救济程序。因此，《妇女权益保障法》对反性骚扰缺乏可操作性，只是一纸空头支票，如果不出台相关的司法解释，其立法缺陷在所难免。

在1993年联合国大会通过的《消除对妇女的暴力宣言》中，将"在工作场所、教育机构和其他场所的性骚扰"规定为对妇女的性暴力的一种。关于职场性骚扰，学界一般认为有两种形式：交换性性骚扰和敌意工作环境的性骚扰。① 而《劳动合同法》第88条的规定是概括式的，当劳动者在一个充满敌意、而且具有性意味的工作环境中工作，是否可以称为"劳动条件恶劣"？是否可以依照防止性骚扰的法律规定来维护自己的合法权益？能否构成敌意工作环境的性骚扰？迄今为止，在《劳动合同法》和《妇女权益保障法》中都没有明确的法律规定（或司法解释）。

我国《职业病防治法》第13条第（五）项规定：设备、工具、用具等设施符合保护劳动者生理、心理健康的要求。国际劳工组织1981年制定的《职

---

① 中华女子学院法律系编写：《妇女权益保障法释义》，光明日报出版社2005年版，第91页。

业安全和卫生及工作环境公约》中第四条第（二）项规定：把工作环境中内在的危险因素减少到最低限度，以预防来源于工作、与工作有关或在工作过程中发生的事故和对健康的危害。在该公约的第五条第（二）项中，还规定要考虑工作的物质要素与进行或监督工作的人员之间的关系，及机器、设备、工作时间、工作组织和工作过程对工人身心能力的适应。笔者认为，国际劳工组织的以上规定，对我国女性在职业场所的保护是可资借鉴的。

（二）立法重复、违法成本低廉

《劳动合同法》第 42 条规定："劳动者有下列情形之一的，用人单位不得依照本法第四十条、第四十一条的规定解除劳动合同：（一）从事接触职业病危害作业的劳动者未进行离岗前职业健康检查，或者疑似职业病病人在诊断或者医学观察期间的；（二）在本单位患职业病或者因工负伤并被确认丧失或者部分丧失劳动能力的；（三）患病或者非因工负伤，在规定的医疗期内的；（四）女职工在孕期、产期、哺乳期的；（五）在本单位连续工作满十五年，且距法定退休年龄不足五年的；（六）法律、行政法规规定的其他情形。"其中第（四）项规定与《劳动法》第 29 条重复。在《妇女权益保障法》第 27 条中规定："任何单位不得因结婚、怀孕、产假、哺乳等情形，降低女职工的工资，单方解除劳动（聘用）合同或者服务协议。但是女职工要求终止劳动（聘用）合同或者服务协议的除外。各单位在执行国家退休制度时，不得以性别为由歧视妇女。"

国际劳工组织在 2000 年出台的《保护生育公约（修订）》（第 183 号公约）第 8 条规定："1. 雇主在妇女妊娠期间或是在休第四条或第五条所说假期而缺勤期间，或是在其重返工作岗位后国家法律或条例规定的一段时间内，终止其就业是非法的，除非终止的理由同妊娠或分娩及其结果或哺乳无关。证明解雇的理由同妊娠或分娩及其结果或哺乳无关的责任，由雇主承担。2. 要保证妇女在其产假结束后返回同一岗位或工资相同的岗位的权利。"目前，虽然我国尚未签署国际劳工组织的《保护生育公约》，但我国相关法律的规定与该公约的要求基本一致。我国现行相关法律对女性在"三期"期间的保护，应该说是没有明显缺陷，遗憾的是在现实中法律规定却很难落到实处。

现实生活中，经常会看到媒体的相关报道，如 2005 年我国商务部的怀孕歧视案件。① 本案中，由于当事人怀孕，商务部就要解除与当事人订立的

---

① 《怀孕女公务员状告商务部，歧视还是准妈妈缺诚信》，www. whnews. cn，2005 年 4 月 1 日。

劳动合同。再如"女职工怀孕期被解除劳动关系怎么办?"① 女性在"三期"期间的权益是有法律明文规定保护的,但实际上女性在"三期"期间的合法权益却屡屡遭受损害,用人单位在女职工孕期解除劳动合同的行为是违反法律强制性规定的违法的无效行为。但在法律有明确规定的情况下,用人单位还是置法律于不顾,对女性的"三期"保护流于形式。用人单位的做法,只能说明如果法律只停留在条文上而缺乏可操作性,法律便会成为一纸空文。此类违法案件多发,也反映了我国目前对有关劳动立法的执行缺乏有效的检查和监督。执法不严使违法者的违法成本低廉、法律责任不能有效地被追究,进而导致更多的用人单位有法不依,甚至知法犯法。缺乏追究法律责任的配套规定,从而使得现有的相关规定仅仅是起到了宣扬权利的作用,对于广大女性而言形同一纸空文。"法律的生命在于它的实行。"② 我国现阶段对女性"三期"的法律保护普遍存在立法重复、实践中怠于执行等现象,致使这些法律规定实际上丧失了自己的生命,很难实现法律的价值和其自身的功能。

(三) 应使对女职工权益保护的专项集体合同制度落到实处

《劳动合同法》第 52 条规定:"企业职工一方与用人单位可以订立劳动安全卫生、女职工权益保护、工资调整机制等专项集体合同。"女职工权益保护专项集体合同,是用人单位与本单位女职工根据法律、法规、规章的规定,就女职工合法权益和特殊利益方面的内容通过集体协商签订的专项协议,它对用人单位和本单位的全体女职工具有法律约束力。

结合用人单位的工作实际制定的女职工特殊权益保护专项集体合同,往往具有较强的针对性、实效性和可操作性,是切实维护女职工合法权益和特殊利益的重要机制和手段。例如专项集体合同里规定企业与女职工建立劳动关系应当订立劳动合同,实行男女同工同酬;在企业工会委员会、职工民主管理和进修、培训、出国考察、挂职锻炼时企业必须安排一定比例的女职工参加;根据女职工的生理特点,对经期、孕期、产期和哺乳期的女职工给予特殊保护;企业不得在孕期、产期、哺乳期,降低其基本工资或终止、解除其劳动合同;单位每年对女职工 (含离退休女职工) 进行一次妇科检查;集体合同还对合同的检查和监督等方面进行了明确规定,使女职工合法权益得到了切实的维护和保障。2007 年"工会十五大的召开,对工会女职工工

---

① 《女职工专项集体合同锁定目标快速推进》,《工人日报》2008 年 11 月 19 日。
② [美] 庞德著,邓正来译:《法理学》(第一卷),中国政法大学出版社 2004 年版。

作提出了更高的要求，各级工会女职工组织进一步增强了做好工会女职工工作的责任感和使命感。"目前，全国各级工会女职工组织将推进女职工专项集体合同工作作为工作重点，锁定目标，大力推进，力争在 2008 年底，在全国已建立女职工组织并签订集体合同的单位中，基本实现女职工专项集体合同签订率达到 80% 的目标，切实维护广大女职工的合法权益和特殊利益。① 但现实的签订率是很难让人乐观的。

从以上的法律条文来看，如果在所有涉及女性权益的部分都特别标注女性权益，又难免会陷入与其他法律重复的境地。并且特别保护女性的方式也往往让女性权益更难实现，比如保护性的条款可能成为女性就业的障碍。因此如何既能考虑到女性利益，又能有效地维护女性权利，立法的语言与方式很重要。中性的不含性别区分却考虑性别利益的文字与语言，否则可能产生隐性歧视。

二、劳动合同实践中的性别歧视现象亟待规制

我国《宪法》、《劳动法》及《妇女权益保护法》都明确规定，妇女享有与男子平等的劳动权利。劳动权主要包括平等的就业权和自主择业权，劳动合同是劳动者和用人单位确立劳动关系、明确双方权利义务的协议。在劳动权的实现过程中，劳动合同的签订又是保护劳动者的一个重要途径。订立劳动合同能消除诸多不稳定因素，对当事人双方的权益都是一种有效的保护。而目前女性在平等就业和自主择业的过程中，性别歧视是女性遭遇到的歧视中较多的一种歧视。性别歧视现象主要有：女性人口在下岗和失业中所占比重大、女性找工作难、男女职业和收入存在较大差距等。② 女性在劳动合同的签订、履行和解除过程中，常见的性别歧视现象主要有：

（一）家政工等群体的劳动权益保护问题

1990 年以来，中国劳动领域出现了一个明显变化，女性在城镇、企事业单位的从业人员比例大幅度减少而采取灵活弹性方式就业者逐年增多；采用非正规方式就业的妇女要比男子更为普遍。家政服务业这种非正规就业方式已成为女性从事的主要职业。

根据劳动和社会保障部对上海、天津、重庆、沈阳、南京、厦门、南

---

① 《女职工专项集体合同锁定目标快速推进》，《工人日报》2008 年 11 月 19 日。
② 李进：《我国就业性别歧视的法律经济分析》，载郭慧敏主编《社会性别与劳动权益》，西北工业大学出版社 2005 年版，第 116—117 页。

昌、青岛、武汉 9 个城市的调查统计，9 个城市的家政服务从业人员共计
23.96 万人，其中男性占 14.9%，女性占 85.1%。① 以从业人员的城乡结构
看，城镇从业人员略高于农村从业人员。在《劳动合同法》颁布之后，许
多地方家政公司和家政工签的合同由原先的《劳动合同》变为《委托管理
合同》，与雇主签订的则从《服务合同》改名为《家政中介合同》。更有甚
者，许多家政公司就不与家政工签订任何合同，在全国范围内，实行"员
工制"的家政企业逐步"退化"到"中介制"似乎成为一种趋势。家政公
司出于规避应负担的义务与潜在风险的需要，也在削弱对家政工的权益
保障。②

（二）集体合同中女性劳动者权益的保障

在女职工相对集中的服装加工、餐饮服务、商贸等行业，劳动时间过
长、加班加点现象严重且报酬偏低的问题普遍存在。不少民营、私营企业有
意避开结婚生育段的妇女，只招聘 18—22 岁的女职工，以谋求其利益最大
化。而且，对已录用的女职工往往只签订半年至一年的劳动合同，当女职工
们面临孕、产、哺乳期时，其合同早已到期，劳动关系已告终止。一些女职
工为保住饭碗，迟迟不敢生育，或不得不"自动放弃"和缩短法定休假时
间。在订立女职工专项集体合同时，存在女职工参与程度低、专项集体合同
的条款过于笼统、量化不细等现象，使女职工权益保护专项集体合同流于形
式，很难增强女职工权益保护专项集体合同工作的针对性、实效性和可操
作性。

（三）企业大多没有为劳动者创造安全的、无性骚扰的工作环境

2005 年中华女子学院的调查表明，接受调查的 2730 人中，32.7% 的女
性和 8.3% 的男性曾经受到过性骚扰，在工作场所受到性骚扰的比例男女均
占 30% 左右。③ 在发生的大量性骚扰事件中，地点多发生在工作场所，而用
人单位正是每个劳动者工作环境的创造者和保护者。用人单位在与劳动者签
订劳动合同或者在制订内部管理规章制度时，基本上都没有禁止性骚扰的内
容。已经生效的《劳动合同法》应在以后的修改中或在相关的司法解释中，
明确职场性骚扰的概念、含义，并赋予企业保护女性在职场中的权益，更好

①　《我国家政就业非正规，劳动法无法保护小保姆》，《中国青年报》2006 年 3 月 9 日。
②　《家政企业"退化"：家政工权益保障成问题》，《工人日报》2008 年 4 月 16 日。
③　马冬玲：《差距、挑战与对策——反对工作场所性骚扰国际研讨会综述》，《妇女研究论丛》
2005 年第 3 期。

地保护职场中的每一位女性。

（四）用人单位违法解除劳动合同的问题

某些用人单位以女职工怀孕、哺乳为由随意违法变更和解除劳动合同的现象在现实中大量存在。当女职工因怀孕、哺乳而无法满足用人单位的需求时，用人单位往往置法律规定于不顾，违法解除与女职工的劳动合同；还有一些用人单位对孕期、哺乳期女工采取降职、降薪手段，使女职工在怀孕、哺乳期间的合法权受到非法侵害，甚至在签订劳动合同时订立禁止当事人"在劳动合同期间结婚或怀孕"的非法条款。如"合同期内乙方（某女士）不得怀孕，如有违反，甲方（公司）有权辞退乙方"。[①]

上述问题究其原因除了经济因素起决定性的作用以外，我国的现行的生育保险制度存在着事实上的缺陷，也应引起全社会的高度关注。我国的生育保险制度，早在1996年就开始实施，但是事实上，一些积极措施的实施，不仅没有起到预期的效果，反而进一步加剧了就业歧视。例如，早在1994年劳动部出台的《企业职工生育保险试行办法》中，就要求企业必须为女职工缴纳生育保险费用，建立生育保险基金。该规定设置的初衷在于对女职工进行特殊劳动保护，但由于生育保险社会化程度普遍不高，又非强行性的规定，单方面加重了企业招用女职工的负担，反而成为用人单位不愿意招用女职工的重要原因之一。于是加剧了对女性的歧视，而且这种歧视会持续不平等，因为它不考虑现实世界中实际存在的不同。

《劳动合同法》出台伊始伴随着好评如潮的同时，争议也不少。鉴于该法的目的是构建和发展和谐稳定的劳动关系，保护劳动者的合法权益。因此，在《劳动合同法》中关注性别平等议题，将之体现在相关条款中，有利于更好地维护女性的劳动权，从而实现这一立法目的。但从上述的分析中可以看出，《劳动合同法》对女性劳动权的保护，有的是表述不明确，有的是现实情况与立法目的及法律规定明显不符，因此，完善女性劳动权的保护成为当务之急。

三、完善我国《劳动合同法》中对妇女劳动权保护的建议

从以上对《劳动合同法》的性别分析看到的法律问题，以及现实中存在的种种性别歧视现象，笔者对完善我国《劳动合同法》中对妇女劳动权

---

① 《女职工和"三期"劳动保护》，www. southcn. com，2005年7月26日。

保护提出以下几点建议：

（一）完善相关立法，保护女性的劳动权益

首先应建立反性骚扰制度，以规制工作场所的性骚扰。

由于性骚扰（尤其是对女性的性骚扰）大多发生在工作场所，《劳动法》及《劳动合同法》理应承担起反性骚扰的重任。在我国《妇女权益保障法》的立法还存在制度性缺陷时，可以先在《劳动合同法》的司法解释或实施条例中加以具体化，明确法律概念，细化法律内容，提高其可操作性，使广大妇女职工的合法权益得到可靠保障。权利的核心在于救济，无救济即无权利。

其次要完善生育保险，实现生育保障社会化。

完善生育保险制度，使招用女职工特殊成本得到分摊，利于创造女性就业的有利环境。如果生育保险制度没有得到实施，女职工的生育津贴和一些医疗费用由用人单位支付，必然增加企业的劳动力成本，从而可能导致更多用人单位从利润最大化角度出发，拒绝招收录用女职工。事实上，生育保险制度的不完善一直是导致我国就业性别歧视现象严重的一个重要原因。目前，一些地方政府制定了关于企业职工生育保险的地方性法律法规，以完善生育保险制度。如北京市政府于 2005 年 1 月 31 日颁布，于 2005 年 7 月 1 日起实施的《北京市企业职工生育保险规定》。根据该规定，生育保险费用由企业负责缴纳，其企业缴费总基数为本企业符合条件的职工缴费基数之和，而所谓符合条件的职工，是指与该企业形成劳动关系的具有本市常住户口的职工。强制生育保险制要求，不论男女、不论是否生育，都按统一标准缴纳保险费。

（二）注重立法技术，提高女性参与立法的比例

在《劳动合同法》中显示的、或与女性有关的法律，存在规定不详或立法重复的情况，故在立法时，应提高立法技术，节约立法成本，不照抄、重复立法，注重法律调整社会的实际效果。并考虑不同法律的相关部分之间的相互协调，让这些法律不要只停留在成文阶段，规范法律内容，使法律在实践中具有可操作性，弥补法律的缺陷和漏洞，维护法制的统一，更好地发挥法律的功能与作用。

同时立法时应加大对性别问题的关注，提高女性参与立法的比例。我国的立法者大都是男性，据统计历届人大代表中女性人数的最高比例为 22.63%（第四届人大，1975 年）。在制定法律和公共政策的过程中，应注

重倾听女性的声音，提高劳动法律起草和修改过程中女性的参与比例。如果立法者能有男女平等的社会性别观念，那么在立法过程中，必然会反映男女平等的价值观，就不会在法律中直接或在法律背后间接歧视妇女。现实社会中，男性常常是无法体会女性的感受，所以在出台相关法律的时候，应重视女性意志的法律表达，至少立法者中应有合理比例的女性参与，真正做到男女享有平等的话语权，让女性真正参与立法，这样才可能用女性的视角来审视女性的权利，从而维护自己的权利。

（三）充分发挥工会和妇联在反对性别歧视中的作用

我国各级工会和妇联虽说属于非政府组织，但工会和妇联在反对性别就业歧视中，可以变成一个有效的监督或者倡导的组织。建议修改《工会法》，确立工会在反对性别歧视中的职责，赋予工会支持被歧视者甚至代表被歧视者申请仲裁、起诉，主动监督、纠正用人单位的用人歧视行为的权利。在我国现行民事诉讼的构架下，对于妇女就业歧视的个案，妇联并不享有诉讼权，不能以自己的名义对有关侵害妇女就业平等权的用人单位提起诉讼，妇联也没有独立的司法行政职能。笔者以为，可以考虑赋予妇联以一定的司法行政职能，甚至可以赋予其独立诉权，以切实保护广大女性的就业权益。妇联作为女性代言人，也应该对其赋予受理性别歧视案件的投诉的职能，帮助或代表被歧视的女性起诉，纠正用人单位的歧视行为。建议修改《妇女权益保障法》，赋予各级妇联反歧视保护职能。在可能的情况下，由这些组织推动，促使政府给予关注，采取立法及其他的措施，真正实现社会的公正与平等。

（四）进一步扩大《劳动合同法》的适用范围

《劳动合同法》虽然扩大了1995年《劳动法》的适用主体，如在《劳动合同法》的第二条中增加了民办非企业单位也为劳动合同的主体，同时沿袭了《劳动法》对劳动关系当事人"用人单位"、"劳动者"的称谓，但仍然将非正规部门的部分劳动者和自然人雇佣的劳动者排除在外。而在德国，劳动合同被定义为："一方当事人对于他方，在从属的关系中，提供其职业上的劳动力，而由他方给付报酬的契约。"建议我国立法可采用"拿来"的办法，以进一步扩大劳动合同法的适用范围，使家政工等女性群体可以纳入法律的保护范围，避免因主体的性别问题导致权利的丧失，而去保护每一个女性劳动者的权利。

综上，妇女就业平等是衡量社会文明程度的主要指标。我国在建立和谐社会的今天，应将《劳动合同法》对女性的保护提高到维护妇女基本人权的高度，进一步完善《劳动合同法》、加大对女性劳动权的保护力度，促进平等就业、以期更好地建立和谐的劳动关系，让男女真正享有平等的劳动权。

参考文献

1. 联合国开发署驻华代表处：《社会性别与发展培训手册》，1998 年。

2. 国际劳工组织：《（就业和职业）歧视公约》（第 111 号公约），1958 年。

3. 李薇薇主编：《禁止就业歧视：国际标准和国内实践》，法律出版社 2006 年版。

4. 《性骚扰问题日益凸显，专家称劳动法应管管性骚扰》，《中新网》2005 年 6 月 6 日。

5. 郭慧敏主编：《社会性别与劳动权益》，西北工业大学出版社 2005 年版。

6. 中华女子学院法律系编写：《妇女权益保障法释义》，光明日报出版社 2005 年版。

7. 《怀孕女公务员状告商务部，歧视还是准妈妈缺诚信》，www. whnews. cn，2005 - 4 - 1。

8. 《女职工专项集体合同锁定目标快速推进》，工人日报 2008 年 11 月 19 日。

9. ［美］庞德著，邓正来译：《法理学》（第一卷），中国政法大学出版社 2004 年版。

10. 《我国家政就业非正规，劳动法无法保护小保姆》，《中国青年报》2006 年 3 月 9 日。

11. 《家政企业"退化"：家政工权益保障成问题》，《工人日报》2008 年 4 月 16 日。

12. 马冬玲：《差距、挑战与对策——反对工作场所性骚扰国际研讨会综述》，《妇女研究论丛》2005 年第 3 期。

13. 《女职工和"三期"劳动保护》，www. southcn. com，2005 年 7 月 26 日。

Gender Analysis of Law on Labor Contract

[**Abstract**] The Law on Labor Contract aims at constructing and developing harmonious labor relationship and further improves measures of rights' protection. But it has some problems from the standpoint of gender. The law doesn't list men and women as the subjects respectively at the same. There are few provisions involving labor rights of women and there are no clear limitations against gender discrimination. In a time to construct harmonious society, people should pay much attention to the problems in order to realize gender equality of labor rights. The following are some proposals: to set up the system against sexual harassment, encouragement of women in social life, to make full use of labor unions and women federations in efforts against gender discrimination and to extend the application scope of the law on labor contract.

[**Key Words**] Gender; Labor contract; Labor rights of women

Lei Hong

(雷 虹 陕西警官职业学院副教授。)

劳动合同中的禁孕条款研究

一、禁孕条款及其表现

随着市场经济的发展，新生事物层出不穷，伴随着新事物应运而生的侵害女性合法权益的事件也屡见不鲜，对此我国现行妇女权益保障法律体系在不少新侵权问题，例如禁孕条款面前，显得无能为力。也就是说当禁孕条款这类问题出现时，我国现行的妇女维权法规不能为受到侵权女性寻找到适当的法律救济。

（一）案例及问题提出

实践中经常发生以下现象，即企业要求受雇女性接受怀孕即需离职条款或者在劳动合同之外与女性订立"承诺书"约定相似的内容。

案例一：深圳某通信发展公司传呼部自 1997 年起，就对传呼部的女工制订了一条"不成文"的规定，即要求凡是到适合结婚、生育年龄的女职工在填写"续约征询表"的同时，如果想继续留任的，均要立下一份名为"生育保证书"的字据，内容如下：本人某某保证在某年某月至某年某月的合同期内不怀孕，如有违反将做自动离职处理。①

案例二：南京女大学生同某银行签完就业协议时遭遇"尴尬"事，她被该银行要求附签一份"禁孕协议"，条件是要求该学生在工作的前三年内不得怀孕。②

案例三：王丽丽三年前研究生毕业，由于专业不是太好，在找工作时遇到了很多困难。等了好久终于等到了一次机会，可到了签订合同的时候，她才发现，合同中竟然有这样的条款："5 年之内职员不能怀孕，否则便以自动离职处理。"③

案例四：已婚女士小高在一年前与一家酒店签订了一份为期二年的劳动合同。合同规定："凡在本酒店工作的女性员工，在合同期内不得怀孕，否

---

① 中国妇女网，http：//www. women. org. cn/allnews/1301/25. html。

② 《扬子晚报》2006 年 7 月 12 日第 3 版。

③ 妈妈宝宝网，http：//www. mom – baby. com. cn/。

则酒店有权解除劳动合同。"①

案例五：肖小英是某厂女工，1995 年入厂与企业订立了为期十年的劳动合同。该厂在与肖小英等人订立劳动合同时规定"从签订劳动合同之日起，5 年内不准领、养小孩，否则一律开除"②。

类似的案例在实践中比比皆是，利用禁孕条款，用人单位以和女性约定的条款来限制女性怀孕，女性在工作就业压力之下，最终将这种限制由用人单位的意愿转化为女性主动的一种承诺行为，一种自我的主动积极行为，当在发生争议的时候用人单位又可以以女性自愿承诺放弃怀孕生育为由来摆脱自身的责任。但是因为怀孕生育是女性才具有的能力，是女性特有的生育特征，所以以怀孕生育的禁孕条款来解雇女性员工，显示出"女性单方挑起育幼、家庭责任"的歧视性预设立场。③

（二）禁孕条款界定及表现形式

所谓禁孕条款，是指用人单位在招录女性劳动者时，以在劳动合同中明列条款、另立承诺书等形式，约定女性劳动者"怀孕即离职"，规定女性劳动者不得怀孕生育，一旦怀孕，女性就要自动离职。

在案例一、二中，通信公司以专门的"保证书"和银行要求签专门"协议"的形式要求女性在工作期间不得怀孕，否则离职。而案例三、四、五中，用人单位在招录女性职工与其签订劳动合同时，明确地在劳动合同中列出条款要求女性职工不得怀孕，否则离职。因此案例中的"生育保证书"、劳动合同中规定合同期内不得怀孕、劳动合同中明列条款约定一定时间内不得怀孕……这都无外乎是禁孕条款的典型表现形式。综合案例，我们发现：禁孕条款一般有两种典型的表现形式——劳动合同外另立以"怀孕即离职"为内容的承诺书和劳动合同中明确规定"怀孕即离职"条款。

但是随着市场经济的发展，劳动关系必然成为社会中最重要的法律关系，因此除了以上的典型的禁孕条款表现形式外，必然还会有禁孕条款新形式的出现。例如：我国台湾地区部分航空公司规定，空姐怀孕，应该在得知怀孕八周后根据医生的证明申请停薪留职或者暂时调离，如果不愿意调离，或停薪留职，公司可以予以开除。台北市劳工局针对航空公司这种强制空姐怀孕停薪留职的规定举办公听会，会上认为这种规定不只是性别歧视，更是

① 食尚网，http：//manage. 3eat. net/jd/20070213/27061. html。
② 吴亚平：《女职工劳动权益维护》，中国劳动社会保障出版社2000 年版。
③ 郭玲惠：《我国妇女劳动法制之探视》，《律师杂志》（台湾）1997 年第24 期。

对做母亲的一种惩罚，无疑是"变相的禁孕条款"、"新形式的禁孕条款"。①

二、禁孕条款法律性质

禁孕条款在实践中普遍存在，但其法律性质如何却没有一个明确的答案，而其存在的原因更是我们解决问题值得关注的。

（一）禁孕条款法律性质

我国《劳动合同法》第 36 条规定，用人单位与劳动者协商一致，可以解除劳动合同。这是对劳动合同中"合意解除"劳动合同最直接的法律规定，而且按照合同解除条件的依据是法规还是合同，可分为法定解除和约定解除，这里的"合意解除"就是后者约定解除。

那么签订劳动合同的双方当事人在订立劳动合同时约定：如果该女性于将来怀孕时，必须自动离职，也就是发生解除劳动合同的效力，这种以将来不确定事实的成就，使合同失去其效力的条款，应该是一种"解除条件"，是双方"合意解除"。②

但是对于劳动合同外另立保证书承诺"怀孕即离职"的情形是比较有争议的，在法律上并未有明确的规定，自动辞职究竟是受雇女性职工单方终止合同，还是双方"合意解除"劳动合同。很多学者认为后者比较可取。③在这里，本文也支持后一种观点，虽然法律上没有明确规定，但女性通过合同外另立保证书的形式承诺"怀孕即离职"，本身也是以双方共同约定将来不确定事实的发生为合同解除效力的条件，因此后一种禁孕条款性质应为"合意解除"。

但是劳动合同是一种强烈人格属性的合同，如果因为"合意解除"的行使使双方的权利义务溯及的消灭，那么已经给付的劳动报酬、已经取得或者可能取得的福利待遇……都将无法恢复原状。如果有重大原因或违反国家强制规定时，当事人可按规定行使撤销权或使合同归于无效，但允许当事人间特别是劳动者处于一种经济弱势地位，协议使合同自始的归于消灭，这就

① 《破除禁孕就业歧视》，《网氏女性电子报》1998 年 3 月 8 日。
② 郭玲惠：《男女工作平等——法理与判决之研究》，台北五南图书出版公司 1999 年版，第 51 页。
③ 王泽鉴：《劳动契约上之单身条款，基本人权与公序良俗》，载王泽鉴《民法学说与判例研究》1996 年第 7 册，第 38—40 页。

抹杀了"合意解除"的本质，存在了一种规避法律的可能性。又因为这两种情形当事人所采取的"合意解除"行为，在解除劳动合同时，合同并不溯及既往的无效，对于"合意解除"行为，并非使劳动合同溯及既往失去效力，而是仅具有"终止"的效力。因此学者支持将"合意解除"劳动合同视为一种"合意终止"劳动合同。

综上，禁孕条款应为一种"合意终止"劳动合同，它的性质是以后一份承诺书或者合同约定的将来不确定事实成就，作为使第一份合同效力归于消灭的"停止条件"，在"停止条件"成就前，第一份合同仍然有效。

（二）"合意终止"劳动合同的合法性

劳动合同中"合意终止"是有一定积极的意义，用人单位和劳动者可以借"合意终止"劳动合同避免用人单位单方的使用劳动法的规定来随时解除劳动合同，忽略劳动者的利益。例如《劳动合同法》第 38 条规定用人单位有下列情形之一的，劳动者可以解除劳动合同：未按照劳动合同约定提供劳动保护或者劳动条件的；未及时足额支付劳动报酬的；未依法为劳动者缴纳社会保险费的；用人单位的规章制度违反法律、法规的规定，损害劳动者权益的；因本法第 26 条第 1 款规定的情形致使劳动合同无效的；法律、行政法规规定劳动者可以解除劳动合同的其他情形。用人单位以暴力、威胁或者非法限制人身自由的手段强迫劳动者劳动的，或者用人单位违章指挥、强令冒险作业危及劳动者人身安全的，劳动者可以立即解除劳动合同，不需事先告知用人单位。

因此根据合同自由原则，"合意终止"劳动合同有一定的作用，但是要注意到关键的问题——如何限制和使用"合意终止"劳动合同，防止用人单位利用它来规避法律。

我国《劳动法》规定："订立和变更劳动合同，应该遵循平等自愿、协商一致的原则，不得违反法律、行政法规的规定。"具体而言，指当事人依法享有缔结合同、选择相对人、决定合同内容、变更和解除合同、确定合同方式等方面的自由，这就要求当事人之间是以一种平等地位来自由选择是否订立劳动合同及对劳动合同内容自由的决定，因此劳动合同这种人格属性强烈的特殊合同，要体现出合同自由原则。而我们前面所举的案例，它们反映的都是用人单位在雇佣劳动者时因劳动合同内容引发的争议，其劳动合同内容虽文字上有差别，但本质上都是以直接、明确的方式在限制女性怀孕的条款，禁止女性的怀孕生育。从过程上看，女性在签订"怀孕即辞职"为内容的"合意终止"劳动合同时，并未对合同期内不能怀孕的条款表示异议，但这种漠视是基于这些女工急于参加工作而不敢提出异议的前提下做出的，本身不能反映她们的真实意愿；从形式上看是体现了协商一致的原则，但却不是在平等自愿的基础上订立的合同。

台湾有学者（林秉信）认为，禁孕条款存在着合同自由原则和合同正义原则的冲突。① 合同正义原则是指公平正义，强调合同的给付和对待给付是等值的，情势变更原则等也适用合同正义原则，来补充合同自由原则。事实上为保证合同自由，也是以合同自由原则为基础，当事人能在平等自由的地位决定是否签订合同，协商内容，但是将怀孕作为辞职原因的"合意终止"合同的签订通常双方当事人并不在一个平等自由的位置。因此"禁孕条款"是否可以用合同自由原则作为存在理由值得讨论。

三、处理禁孕条款的法律措施

海外在处理禁孕条款问题上各有不同，例如德国、中国台湾地区、中国大陆等，下面我们针对不同的措施分别加以说明。

（一）德国处理禁孕条款法律措施

关于禁孕条款无效的考察，德国有很好的先例，德国法院为防止出现利用"合意终止"劳动合同来规避法律，做了以下的规定，法院认为只有符合下列情形之一者，才可以允许使用"合意终止"劳动合同：该条件内容是完全基于劳动者的利益来衡量；有特别的正当理由，使该行为合法；该法律行为的生效与否，完全取决于劳动者个人的意愿。根据以上规定，无论是劳动者利益、正当理由还是劳动者个人意志，禁孕条款显然都不符合。

德国联邦劳工法院在审理案件时认为，条款的无效，是因为违反德国宪法基本规范，即违反基本法第6条第1款（婚姻与家庭保护），第1条（人的尊严），第3条（人格自由发展），……宪法上若干重要基本人权不仅在于保护个人自由权，对抗国家，而且也是国民社会生活的法律原则，对于私法上交易也有直接规范性，私法法律行为也不能违背此项法律秩序之基本结构。由此可见，德国判例认为，认定禁孕条款无效的法律基础是"宪法上若干重要基本人权"，不能以私法——民法中的规定来认定该条款无效。而德国采取这样措施的原因主要有两个，即：德国宪法明文规定基本权利视为

---

① 林秉信：《禁孕条款问题之探索》，台北国立大学法学网，http://www.ntpu.edu.tw/law/paper/03/2001a/9071103a. PDF。

直接有效的法律，拘束立法、行政及司法；纳粹时期，法西斯德国有践踏人权的罪恶纪录，二战后，德国特别重视对基本权利的保护。

（二）中国台湾地区处理禁孕条款法律措施

中国台湾地区在判决中解决禁孕条款问题大致可以分为三个方面去讨论：是否违反强制或禁止性规定；是否违背公序良俗原则；是否违反诚实信用原则。因劳动合同有其特殊性，尤其是用人单位与劳动者在经济上的悬殊地位，用人单位在行使自主权时是否利用其在经济上的优势地位导致不公正，甚至产生禁孕条款这类本身不自由支配意志的行为。劳动合同法对用人单位单方解除合同作了严格限制，但是根据合同自由原则，并不排除女工自由解除合同，这就使得用人单位可以利用禁孕条款来规避法律，我们要处理好这个问题，一定要思考，到底用人单位和劳动者"合意终止"与合同自由的界限在哪里？

而目前中国台湾地区宣告禁孕条款无效多以民法上的公序良俗原则为依据，依据中国台湾地区民法第72条规定："法律行为，有悖于公共秩序或善良风俗者，无效。"公序良俗的明确定义，在中国台湾地区没有做明确解释，只对违反时的法律结果作了具体说明，而由其历年"最高法院"的判决和判例可区分为三大类型：违背社会的一般利益；违反公共秩序；违背一般道德观念和善良风俗。而违反善良风俗和公共秩序是不同的概念，但是事实上针对个案却很难严格区分，中国台湾地区立法技术上便从法律效果上来考察，采用了笼统的立法方式。①

以上类型中哪个为宣告禁孕条款无效的基础或者都是，中国台湾地区学术上存在着争议。多数学者支持以公共秩序为主，理由是社会道德的时代性太明显，容易随着时间的变化产生变化，当人们观念发生变化的时候，社会道德在人们中的标准自然也会发生变化。如果以公共秩序为禁孕条款无效基础更有益于保护弱势一方，而且较为稳定，但是公共秩序所指的"社会的一般利益"（中国台湾地区"最高法院"意见）仍然缺乏一个比较明确的判断标准。

（三）中国大陆处理禁孕条款法律措施

在我国，《民法通则》第7条"民事活动应当尊重社会公德，不得损害

---

① 林秉信：《禁孕条款问题之探索》，台北国立大学法学网，http：//www. ntpu. edu. tw/law/pa-per/03/2001a/9071103a. PDF。

社会公共利益"和第 58 条"违反法律或者社会公共利益的民事行为无效"。不少学者认为，本条规定应概括为公序良俗原则，本文支持这种观点，但因各国民事立法思想不同，国情不同，"公序良俗"的内涵也不同，或有本质区别。认定民事行为无效时，以国家政策为基点；认定是否违反公共秩序，以社会大众的一般道德观念为标准，来判断是否违反善良风俗。应该逐渐形成案例类型，以促进法律适用。

我国也有学者从学理上讲违反"公序良俗"类型有：危害国家公序类型；……违反劳动者保护的行为类型；暴力行为类型。表面看起来禁孕条款以限制劳动者怀孕为内容属于以上类型的第 9 条，没有对劳动者进行保护，反而是在侵害劳动者的权益，构成了违反"公序良俗"原则，可以根据《民法通则》宣布其无效。

但是"公序良俗"极其抽象，是极富弹性的条款，法官并不能直接援用而进行三段论的逻辑操作而作出判决，立法者并没有为它们确定明确的特征，以使法官可据以进行逻辑操作。他只是为法官指出一个方向，要他朝着这个方向去进行裁判，至于在这个方向上法官到底可以走多远，则让法官自己去判断，它们又类似"白地委任状"，赋予了法官充分的自由裁量权，以弥补立法的漏洞与滞后。

因此我国以"公序良俗"原则为法律基础宣告禁孕条款无效，而法律上又没有对"公序良俗"判断标准作一个明确规定，实践中处理起问题比较困难。

我国在 2005 年 8 月 28 日第十届全国人民代表大会常务委员会第十七次会议《关于修改〈中华人民共和国妇女权益保障法〉的决定》修正中，于第 4 章——劳动和社会保障权益，第 23 条第 2 款明确规定：各单位在录用女职工时，应当依法与其签订劳动合同或服务协议，劳动合同或服务协议中不得规定限制女职工结婚、生育的内容。第 2 款的要求单位不得在劳动合同中限制女职工生育，是在法律上对禁孕条款的一个规定。但是真正调整劳动关系的《劳动法》和《劳动合同法》则缺乏具体的监督用人单位无歧视招聘的规定，也缺乏界定用人单位招聘是否存在歧视女性行为的具体判断标准。

四、解决禁孕条款问题的法律建议

虽然《妇女权益保障法》对于禁孕条款有明确规定，但是实践中可操作性不强，女性即使遇到这样的问题也无法利用这部法律去诉讼。而遗憾的是，在新的《中华人民共和国劳动合同法》中，没有涉及预防和禁止禁孕条款的相关条款，就以上缺陷，本文提出对于解决禁孕条款问题的法律建议。

首先需要在法律中明确禁孕条款的含义与外延，对此我们可以借鉴英国劳动法规，将标准分为两类：直接的标准，即用人单位明确的要求女性签订保证不怀孕承诺书或在劳动合同条款中约定不怀孕；间接标准，即以看似很中立的条款而实质上基于怀孕理由对女性造成不利影响和显失公平的结果。如果用人单位辞退了该名女性，再录用的下一名仍然为女性，并且用人单位不能证明它的要求是合理的，这就可以构成间接歧视。

其次要认定这是一种歧视行为，必须具备相应的构成要件——就业中的禁孕条款行为构成歧视的关键在于，用人单位因为女性的怀孕可能而要求保证不怀孕，否则不录取，而保证"怀孕即离职"并非胜任该工作的必须或必要，即女性的怀孕与用人单位的拒绝录用行为间具有不合理的因果关系。

因此，对于女性在求职过程中因为不保证"怀孕即离职"而受到不平等待遇时，该如何客观地、成功地主张权益，以及用人单位该怎样抗辩其拒绝雇佣行为与女性不保证"怀孕即离职"无关，在举证、辩护、救济程序等具体规则方面应当有所规定。

特别是在举证责任方面，应该实行"举证责任倒置"是更为合理的程序设置。在涉及禁孕条款的案件中，首先，由原告提出一个具有初步证据或直接证据的案件，原告证明自己被拒绝录用的事实及用人单位具有歧视效果的行为，原告无需证明自己被拒绝录用的原因是未同意签订禁孕条款。

然后由用人单位举证说明拒绝录用原告的原因所在，或证明其具有就业中歧视效果的拒绝录用行为是基于必要的职业资格——不怀孕是胜任该工作的必须和必要，如果成立，用人单位的行为可视为具有歧视效果，但不具有歧视目的，因而是合法化的抗辩。

若用人单位能满足该举证责任，则举证责任又返回给原告，由原告进一步举证证明用人单位的抗辩不成立，其抗辩的目的在于掩盖其要求签订禁孕条款禁止女性怀孕的本质。①

参考文献

1. 郭慧敏：《社会性别与妇女人权问题——兼论社会性别的法律分析问题》，《环球法律评论》2000 年第 1 期。

2. 慈勤英：《女职工生育期劳动权益保护探讨》，《人口学刊》2002 年第 2 期。

3. 高崇惠、刘博：《男女平等与保护妇女合法权益探析》，《云南大学学报》（法学

---

① 谭琳等：《社会性别平等与法律研究和对策》，社会科学文献出版社 2007 年版。

版）2006 年第 1 期。

　　4. 伍劲松：《美国两性工作平等制度研究》，《法学家》2004 年第 3 期。

　　5. 李炳安：《欧盟与美国两性工作平等法制之比较》，《武汉大学学报》2004 年第 3 期。

　　6. 郭玲惠：《两性工作平等法实施成效之检讨》，《国家政策季刊》2005 年第 4 卷第 1 期。

　　7. 裴桦：《关于〈妇女权益保障法〉实施机制的几点思考》，《金陵法律评论》2005 年秋季卷。

　　8. 姚青林：《中国妇女保护与平等工作的权利》，《求实》2005 年第 2 期。

　　9. 谭琳等：《社会性别平等与法律研究和对策》，社会科学文献出版社 2007 年版。

　　10. 郭玲惠：《男女工作平等——法理与判决研究》，台北五南图书出版公司 1999 年版。

Restrictive Clause on Pregnancy in Employment Contract

[**Abstract**] Restrictive clause on pregnancy in employment contract refers to the clause that forbids a woman worker being pregnant during work. The restrictive clause is a kind of gender discrimination, which influences equal rights of economy and employment and increases conflicts between career and child bearing. Although the restrictive clause in labor contract is not allowed by law, it can be seen easily in life. Legislative suggestions are given by analyzing cases involving restrictive pregnancy clause and adopting experiences of other countries.

[**Key Words**] Employment contract; Restrictive clause on pregnancy; Gender discrimination

Liu Xiaofang
（刘小芳　西北工业大学人文与经法学院研究生。
本文由导师郭慧敏教授指导。）

职业性别隔离现状及成因分析

进入职场是女性参与社会经济活动的一个重要方式，一个女性在进入职场时所面临的职业选择机会是其实现有偿劳动、体现其经济权利的起点，在西北工业大学妇女权益与发展研究中心开展的"女职工劳动权益状况调研"中，职业性别隔离是我们关注的重点，本文从"女职工劳动权益状况调研"所得数据，分析职业性别隔离的现状和成因，并探讨消除或减少职业性别隔离的法律措施。

一、问题提出和概念界定

职业隔离是在劳动力市场上常见的一种现象，职业隔离是以求职者一定的生理特征差异为基础，判断其具有不同的行为模式，从而在职业选择上给予潜在雇员设置职业进入障碍。职业隔离的形式呈现多样化特征，比如性别、种族、年龄、身高、相貌，这些特征指数具有先天性，与针对学历、工作经验的差异而形成的职业选择限制不同。其中，最为典型的是以性别为基础的职业隔离。

在考察职业隔离问题时，一些学者首先对隔离与聚集的概念进行了界定。隔离与聚集本身具有一定的内在对称性。易定红、廖少宏区分了职业性别分布中的隔离与聚集，"隔离涉及到不同职业工作的男性和女性相互横跨所有职业的问题……聚集涉及到在某一职业或系列职业中劳动力的性别组成。隔离指的是两性之间的跨职业的分离，聚集指的是某一性别在职业内具有较高的比例"。[①] 运用职业隔离概念，实质上具有术语中性意味，因为职业隔离对男性与女性来说是一样的，有所谓"男性职业"和"女性职业"的对称性。

---

① 易定红、廖少宏：《中国产业职业性别隔离的检验与分析》，《中国人口科学》2005 年第 4 期。

职业的性别隔离（occupational gender segregation）一词最早由 Gross 提出，[①] 意指在劳动力市场中劳动者因性别不同而被分配、集中到不同的职业类别，担任不同性质的工作。[②] 也就是各职业中从业者的性别分布呈现双峰偏好的状态，且进入和升迁的途径被大部分性别比例的人口所垄断。职业的性别隔离被认为是理所当然的现象，基于这种预期性的社会化结果，使得男性和女性在进入不同职业的选择中，自觉或被迫地维持这固有的性别界线，同时也造成职业成就和薪资等方面的差异。

性别职业隔离通常可分为：水平隔离（horizontal segregation）和垂直隔离（vertical segregation）。水平职业隔离是指男女两性分别从事不同的职业，且职业中的性别比例分布不均；而垂直隔离是指在同一职业中职位分配失调现象和流动呈现性别差异现象，也就是男女两性虽然从事同一职业，但是女性通常处于低职位、低薪资与较少升迁机会状况。

在 1970 年以后，女性大量投入劳动市场，特别是女性教育水平地不断提高，不断进入一些传统上应为男性所从事的职业领域，使得性别职业隔离现象稍有缓和，但职业隔离现象仍然普遍存在。对职业性别隔离的测度，在国际上，许多学者提出了很多的指数来测量。1955 年杜肯（Duncan）等人最早提出相异指数（Index of Dissimilarity）测量职业性别隔离，[③] 被称为杜肯指数；Hutchens 2004 年提出"平方根指数"，[④] 这些技术化工具对于职业性别隔离现象具有较强的解释力。

新中国成立以来，我国妇女在经济生活中的地位不断提高，在去"性别化"的职业进入导向下，很多传统上的男性职业不断有女性进入，比如，第一位女飞行员、第一位女拖拉机手等，社会鼓励女性进入传统男性职业领域。需要指出的是，这种积极鼓励女性进入职场的措施并未消除职业性别隔离，大量工作依然是以性别为基础来划分的。[⑤] 改革开放之后，由于企业更多地以经济利益为基础，而女性又被视为劳动力市场的"劣质品"，职业性别隔离问题又进一步凸现。针对我国的职业性别隔离，很多文献应用杜肯指数与平方根指数等方法对职业性别隔离的现状进行了定量描述与分析。赵瑞

---

① Edward Gross. *Plus Ca Change…? The Sexual Structure of Occupations over Time*, *Social Problems* October 1968, Vol. 16, No. 2, pp. 198—208.

② 吴愈晓、吴晓刚：《1982—2000：我国非农职业的性别隔离研究》，《社会》2008 年第 6 期。

③ Duncan, O. D. and Duncan, B. *A Methodological Analysis of Segregation Indices*, *American Sociological Review* 20 1955：pp. 210—217.

④ Robert Hutchens. *One Measure Of Segregation*, *International Economic Review*. Vol. 45. No 2.

⑤ 金一虹：《"铁姑娘"再思考：中国文革期间的社会性别与劳动》，《社会学研究》2006 年第 1 期。

美根据第三次、第四次和第五次人口普查和 1995 年全国 1% 人口抽样调查
资料计算其 D 指数（即杜肯指数），发现我国就业人口的 D 指数值从 1982
年的 10.13 上升到 2000 年的 11.44，在近 20 年间，D 指数值出现了较大波
动，由 1982 年的 10.13 先下降到 1990 年的 9.45，后又逐渐回升，1995 年
上升到 10.03，接近 1982 年的水平；2000 年时已达 11.44，超过了 1982 年
的水平。总体来看，我国的职业性别隔离程度较改革开放前呈加重的趋
势。① 易定红和廖少宏运用杜肯指数及平方根指数，考察了我国城镇从业人
员所从事的 16 种职业从 1978 年到 2001 年性别隔离水平的变化趋势。② 吴愈
晓、吴晓刚对我国 1982 年、1990 年和 2000 年三次人口普查微观数据进行
了定量分析，对中国非农职业的性别隔离在不同时期的水平及其变化趋势已
经有了比较系统清晰的认识。在 80 年代，非农职业的性别隔离呈上升趋势，
而在 90 年代则呈现下降趋势。③

二、劳动力市场职业性别隔离的现状

2005 年西北工业大学妇女发展与权益研究中心开展了女性劳动权益状
况调研，本次调查的合作方之一是陕西省总工会，因此受访者比较集中在国
有及集体企业（占受访总数的 71%），私营企业、三资企业比重低，调查中
有 46.5% 的受访者目前从事的职业是一线工人和服务人员。

在这次调查中，我们发现劳动力市场的职业性别隔离现状主要表现在以
下几个方面。

（一）职业进入渠道

由于受访者集中在国有及集体企业，她们中大多通过毕业分配和招聘进
入现工作单位，占受访者总数的 69.5%；④ 受访者进入现工作单位的次要渠
道是职业介绍、安置和调动，占 17.7%；通过调查可以发现，市场化的职
业进入渠道正在成为女性进入职业领域的主要渠道，这也给女性在拥挤的劳
动力市场上与男性竞争提出了挑战。

---

① 赵瑞美：《改革开放以来我国职业性别隔离状况研究》，《甘肃社会科学》2004 年第 4 期。
② 易定红、廖少宏：《中国产业职业性别隔离的检验与分析》，《中国人口科学》2005 年第 4
期。
③ 吴愈晓、吴晓刚：《1982—2000：我国非农职业的性别隔离研究》，《社会》2008 年第 6 期。
④ 其中毕业分配占 35.8%，招聘占 33.7%。

（二）职业选择机会

调查结果还显示：有超过半数的受访者在职业生涯的选择中机会很少，现有工作单位是她们进入职业生涯时唯一的选择，这一类受访者占总量的56.1%，这说明，受访者的职业选择权相对缺失，也有43.9%的受访者表示她们曾经有两个或更多的选择机会，而具有更多选择机会的女性大多是在改革开放之后进入其职业生涯的，也反映出改革开放后相当一部分女性的就业渠道更宽、更广，有了一定选择的空间。

（三）工作变动

在所有受访者中，有51.9%的人就业后没有工作变动。在变动过工作的人群中，变动原因主要包括以下情形：调动（占有工作变动人群的55.7%）、下岗再就业（16.1%）、辞职（12.9%）等。其中，西安市辞职①及下岗人群②比例与其他五座城市相比均为最高。西安市作为陕西省的省会城市，经济相对发达，市场化程度相对较高，女性在拥有较多选择机会的同时，也面临较大的竞争与生存压力。在变动过工作的受访者中，有61.8%的人认为变动前后的工作"各有利弊"、"无法比较"，可见大多数变动过工作的受访者并没有因为这种工作单位的变化而给自己带来职业生涯"质"的飞跃，传统的社会性别观念及就业中的性别职业隔离往往制约着女性的选择，更多的女性即便是有了工作变动的机会，但其工作性质并无太大的变化。

（四）受访者对就业机会平等的认识

1. 什么是就业机会平等

在调查中，77.3%的受访者对"就业机会平等"含义的基本解读是："男女一样"，而对于"男女一样"的具体含义，受访者的理解是：不限制城乡户口，不严格要求年龄，不区分民族，不要求身高及容貌，不区分宗教，不严格要求学历等，这从一个侧面反映了女性在职业选择过程中所遇到的年龄、身高、容貌等方面有别于男性，在职业选择过程中常常受到的与男性相比不一样的对待。

2. 女性职业发展的主要障碍

调查中还发现，大多数被访者认为在工作中切实存在影响女性职业发展

---

① 占当地受访女职工数的9.8%。

② 占当地受访女职工数的11.9%。

的障碍。这些障碍主要表现为知识与能力、学历常常比男性低，人际关系较男性单纯，在社会网络结构中处于弱势，在年龄、性别方面，女性往往面临特殊的要求，可见，职业女性的发展不仅存在与男性之间的显性差距，传统社会性别的角色设定也严重禁锢了她们对许多问题的分析与思考。例如：受访者对于女性比男性早退休政策的看法，有 55.8% 的受访者认为女性比男性早退休政策是对女性的"照顾"，认为这一政策可以"缓解就业压力"的受访者占总量的 39%。可见，职业性别隔离是一个制度化隔离过程。

（五）培训、晋职和晋级

1. 培训

在调查中，75.8% 的被访者把提高职工学历或专业素质为内容的女性在岗培训视为提高自身素质和能力的有效途径，并且认为是她们应该享受的普遍的平等权利，同时也是女性晋升和提拔的有效途径，但她们少有机会参加培训。30.7% 的受访者没有参加过任何进修和培训，35.4% 的受访者仅参加过单位组织的职业技能培训，即便是参加过业余学历、学位教育和在职进修培训的受访者，大都由她们自己承担培训所需费用。

2. 晋职和晋级

在本次调查中，有 42.6% 的受访者认同男性在提拔、晋升和在职培训等方面更容易得到机会，尤其在效益好的样本单位，如宝鸡市（抽样单位普遍效益较好），认同者达到了 60.2%。还有 13.3% 的受访者认为在单位中，女性非常难以得到晋职晋级这样的好事情。很多女性认为"女性受家务拖累太大"了，从另一侧面印证了明塞尔（Mincer）以人力资本为基础的家庭分工论对女性超负荷劳动影响其职业生涯的分析，此外"女性上进心不强，也不自信"，"女性自身素质低、学历太低"这两个选项具有明显的自我歧视，体现杜肯（Duncan）社会制度约束思想，最终使女性将社会性别观念带来的后果作为自我谴责的理由。

通过以上的调查我们可以发现，职业性别隔离现象日益突出，已经成为制约女性职业发展的重要障碍，这些障碍主要表现为职业垂直隔离现象明显，本次调查的受访女性主要集中于纺织、餐饮服务和制造业，占总量的 59.6%。她们所从事的职业大多是一线工人和服务人员，占受访者总数的 51.5%，这些行业及职业是传统的女性主导的领域（female-dominated occupations），这里不仅反映着职业的被预期性和性别标签化（sex labeling），也深刻反映了当今劳动力市场的大量性别不平等。

职业性别隔离现象的另一个重要表现是女性大多集中在报酬比较低、职业技能要求不高、社会地位一般的领域，调查中62.7%受访女性的年龄集中于31—45岁，正应该处于劳动力的黄金阶段，但从她们的工资状况看，大部分人月工资集中于401—1000元之间，这些以女性为主的行业与职业往往与低薪和低技术密切相连。40.3%的受访者认为自己的收入状况很难满足家庭基本生活需要，51.8%认为自己的收入对于家庭支付而言只能基本持平。

两性劳动力所组成的不同职业，不仅隐含着职业的被预期性和职业的性别标签化，即职业被分为：男性主导的职业（male-dominated occupations）、女性主导的职业（female-dominated occupations）与中性职业（neutral-dominated occupations），另一方面，也隐含着劳动市场的性别不平等。通常男性主导的职业会受到较多的青睐，享有较高的薪资给付、评价和社会地位；相反，女性为主的职业则受到不同的待遇贬低（devalue），认为女性劳动力是较低技术性、低薪资的，且视女性为产业后备军。男性劳动者多分配、集中到主要的经济部门，享有良好的工作条件，而女性则多在家庭角色的束缚和父权的意识形态运作下，成为次要部门的主要劳动力来源。

三、职业性别隔离成因的经济学分析

在以上的描述中，我们发现职业性别隔离是劳动力市场上性别歧视的主要方式之一。职业性别隔离现象可以通过差异指数法等形式化方式加以测量，但是对于职业性别隔离的成因却解释不一，主要理论有人力资本理论，统计性歧视，前劳动力市场歧视理论，德瑞格和皮埃尔（Doringer，P. & Piore，M.）的劳动力市场分割理论；明塞尔（Mincer）的以人力资本为基础的家庭分工论；杜肯（Duncan）的社会制度约束论；修罗的多种歧视类型相互作用的垄断模型、劳动力市场拥挤假说、歧视对工资和利润影响的一般均衡框架、搜寻成本歧视理论，相比之下，女性主义经济学对职业性别隔离问题的综合分析框架比较全面具体地描述了职业性别隔离的形成机制。

（一）新古典经济学框架下对职业隔离成因的解释

新古典经济学继承了主流经济学的分析传统，从市场需求与供给两个角度出发，强调古典经济学理论基础——个人理性选择和完全竞争市场的研究前提，引入多种分析框架和模型，针对劳动力市场职业性别隔离的现状分析其成因。具体而言，包括以下理论：

1. 个人偏见歧视模型

最早由贝克尔（Bekcer）构建的个人偏见模型。贝克尔用歧视品位

（taste discrimination）来加以描述，包括雇主歧视、受雇者歧视以及消费者歧视，本文所指是在职业选择时雇主或同事在实际工作中对男性的偏好。贝克尔对歧视的这种定量表述，为评估歧视成本提供了工具。[①] 然而从贝克尔的分析可以推导出，既然这种歧视是非理性选择，在完全竞争条件下会自动消失。但事实上，以个人偏见为基础的歧视并未消失，因歧视导致的不同群体间的就业差别和工资差别始终存在。因此，阿罗（Arrow）、卡恩（Kawrnece）等人又进一步发展了贝克尔的理论。阿罗在歧视研究中，加入成本调整因素和劳动力存在不完全替代性因素，拓展了贝克尔受雇者歧视模型。[②] 卡恩认为，在顾客存在歧视的情况下，歧视性工资差异存在与否，取决于顾客需求、技术和少数群体劳动力的相对规模，从而拓展了贝克尔有关顾客歧视理论。

2. 统计性歧视（statistical discrimination）

统计性歧视的根源在于信息的不完全、获取信息需要支付成本以及人力资本存在差异，企业在劳动力市场上雇佣时，会根据以往经验，将求职者的个体特征聚集为群体特征，并将求职者的群体特征推断为个体特征，这种成本低的甄别机制使不利群体遭受统计性歧视。如果不利群体的总体统计性特征中，随机扰动项越大，即总体特征中个体差异越大，那么利用群体特征来推断作为甄选标准的代价就越高。

阿罗（Arrow）、菲尔普斯（Phelps）、斯彭斯（Spence）、埃格肋和克恩（Aigner & Cain）等从不同的角度对统计性歧视作出深入研究。[③] 如菲尔普斯（Phelps）通过建立模型来解释统计性歧视问题，菲尔普斯的研究指出，当男性和女性劳动者有着相似的教育成就和工作经验，雇主会根据团体的数据资料（group data）比较某职业中两性实质生产力差异。所以在聘雇的过程中，雇主看似"客观"、"理性"的抉择行为，导致男、女性从事不同的职业，进而造成职业性别隔离。而作为潜在雇佣者的群体，由于掌握雇主有关统计性歧视的信息，也会在职业选择中，为降低自己的工作搜寻成本，而有意识地选择社会认为自己更为适合的职业，从而使雇主的统计性歧视在潜

---

① ［美］加里·S. 贝克尔著，王业宇、陈琪译：《人类行为的经济分析》，上海三联书店 1995 年版。

② 大卫·桑普斯福特泽弗里斯·桑纳托斯主编，卢昌崇、王询译：《劳动经济学前沿问题》，中国税务出版社 2000 年版，第 232 页。

③ 姚先国、谢嗣胜：《劳动力市场中统计性歧视的模型分析》，《数量经济技术经济研究》2004 年第 9 期。

在雇佣者那里内在化为其最优行动策略。①

统计性歧视可能会使企业因放弃使用高效率的女性潜在雇佣者而形成效率损失，但是对于企业来说，这仍是不完全信息下的高效率做法，与雇主利润最大化目标一致，所以统计性歧视在劳动力市场上将会长期存在。

3. 多重歧视的垄断模型

修罗（Lester C. Thurow）认为，歧视理论很大程度上是分隔理论，并由此构建了多种歧视类型相互作用的垄断模型，修罗解释了七种歧视类型，即雇佣歧视、工资歧视、职业歧视、人力资本歧视、垄断势力歧视、资本歧视、价格歧视。主导群体作为垄断者在很大程度上控制了从属群体的交易，垄断者相机抉择，以提高他们的货币收入和社会距离。不论考察哪一种歧视都可以促进其他类型的歧视，它们处在一个相互作用的系统中。当所有的歧视被综合起来考虑的时候，作为父权制的主导群体——男性不会在歧视中遭受显著损失，结果终止歧视的经济压力也就很微弱。

4. 劳动力市场拥挤假说

埃奇沃思（Edgeworth）提出拥挤假说，认为女性收入低于男性在于她们就业被限制在狭窄的职业领域。伯格曼（Bergmann）将此假说做了形式化处理，根据拥挤假设模型分析歧视的局部均衡，得出结论是，职业隔离形成的拥挤效应使女性集中低收入、低社会地位的工作中，使男性免于女性的竞争而获得高收入、高社会地位的工作。这种隔离不仅造成女性收入的降低，两性职业选择自由缩小，而且从整个社会来看，由于隔离背后的歧视现象的存在，经济偏离了帕累托最优标准，导致社会福利净损失。

Z. 桑纳托斯（Z. Tzannatos）进而用埃奇沃思—鲍利矩形箱来分析歧视的一般均衡问题。他的分析指出，职业性别隔离所形成的差别对于相对报酬较高的职业群体是绝对有利的，对雇主和相对报酬较低的职业群体的损害与否要取决于要素的集中度、价格以及初始消费模式。但是受益群体的收益不能抵补受损群体的损失，社会福利存在净损失。

5. 劳动力市场分割理论

德瑞格和皮埃尔（Doringer, P. & Piore, M.）② 按照雇佣和报酬支付等特征，将整体的劳动力市场分割为两大非竞争性部门：一级市场（也称为内部劳动力市场、核心劳动力市场）和二级市场（也称外部劳动力市场、

①　Phelps, E. S.. *The Statistical Theory of Rzcism and Sexism*, *American Economic Review*, LXII, September 1972, pp. 659—661.

②　Doringer, P. & Piore, M. *Internal Labour Markets and Manpower Analysis.* Lexington, Mass: D, C. Heath, 1971.

次级劳动力市场）。一级市场提供相对较高的工资率、较为稳定的就业、良好的工作环境以及进一步发展的机会；而二级市场提供较低的工资率、不稳定的就业以及较差的工作条件，并且缺乏职业发展空间，在次级劳动部门中，教育和经验的边际收益接近于零。劳动力市场分割理论给出劳动力市场歧视的一个描述性的解释。修罗（Thurow）运用求职列队理论对这种歧视性的就业模式给出一个解释，解释两个指标是求职列队和统计性歧视。从历史经验来看，男性大部分聚集于一级劳动力市场，而妇女大部分聚集在二级劳动力市场，导致了不同劳动力市场的性别化特征。

6. 人力资本理论（human capital theory）

人力资本理论基本假设是劳动市场是理性且是完全竞争的，由于女性可能因结婚、生育因素及家务角色与照顾小孩，产生职业中断，人力资本投资缺乏连续性，因此女性喜欢从事具有母职角色的职业与时间较有弹性的工作，选择较易进入和离开的低技术性职业，这些职业通常是收入低、升迁机会或工作稳定性较差。由于女性在教育、工作训练和工作经验与男性的差距，也在高薪职岗位上缺乏竞争性，所以性别职业隔离是女性自愿选择的结果。人力资本理论着重于劳动力供给面的分析，而忽略了其他社会、制度因素对人力资本投资主体职业选择的影响，对于职业性别隔离的解释力有限。

7. 前劳动力市场理论

前劳动力市场理论可以追溯到冈纳·缪尔达尔（Karl Gunnar Myrdal）的累积性因果原理，缪尔达尔在《美国的困境：黑人问题和现代民主》有充分的论述，他认为歧视的另一种根源是累积性的历史因素。① 由于社会偏见的存在，雇主对雇员的人力资本特征所支付的价格因种族、性别等不同而出现差异。这些因素的作用体现在人力资本的歧视性投资上，即社会的歧视性投资和被歧视群体的自我歧视性投资。克鲁格（Anne O. Krueger）指出，社会的歧视性投资表现在社会公共资本的非最优配置上，特别是在教育投资上。② 而被歧视群体在作出自我投资决策时，就已经对未来可能的歧视作出了预期的反应，就会作出减少人力资本投资支出的决策。

8. 搜寻成本理论

从市场拥挤和双重劳动力市场的角度对职业性别隔离所做的解释是建立在这种假说基础上的：即女性从一个女性为主的职业群体向男性为主的职业

---

① Gunnar Myrdal. *An American Dilemma: The Negro Problem and Modern Democracy*, New York: Harper & Row, Publishers, 1962.

② Krueger, A. O. '*The Economic of Discrimination*', Journal of Political Economy, 1963, Vol. 71, No. 5.

群体流动受到严格的限制。然而这种限制到底是怎样做出的，搜寻成本理论试图给出解释。

搜寻成本理论起源于斯蒂格勒的研究，[①] 求职者存在搜寻工作的成本，搜寻的对象越多，对企业的工资分布就越了解。假设劳动力市场存在差异性，劳动力价值被贬低的群体（即被歧视群体），在给定搜寻企业数目时，其最高工资期望值要小于没有被歧视群体的工资期望值。只要存在歧视性雇主，被歧视群体的工作搜寻成本就会上升。

布莱克（Dan A，Black）[②] 的搜寻模型将厂商行为中的买方独家垄断模型同市场拥挤和职业分隔现象结合在一起，得出的结论是，那些具有较高搜寻成本的工人很可能会被安排到工资率较低的工作职位上去。

如果提高被歧视群体的搜寻成本，而使得这些群体的劳动力寻求另外一种就业机会的可能性更小，那么他们的工作匹配质量也更差。于是较高的搜寻成本意味着：被歧视群体成员找到能够最大限度地利用他们能力的雇主的机会很小。

（二）女性主义经济学对职业性别隔离问题的综合分析框架

在以上的描述中，我们不难看出职业性别隔离是劳动力市场上性别歧视的主要方式之一。古典经济理论从市场需求与供给角度分析，认为女性低收入的原因主要是劳动生产率低下造成的，女权主义学者对此提出质疑，福西特（Fawcett）考察了一战期间军火企业男女工人的生产效率，发现射弹厂的女工产量是工会会员的男工的两倍，福西特（Fawcett）通过分析得出结论，她认为女性总体收入低是由于她们在产业部门中受到广泛排挤，这些产业部门被男性主导的工会所控制。[③]

20世纪60年代以来，大批妇女进入劳动力市场参加工作，工资的性别差距、职业的性别分割等许多男女不平等现象凸显出来。因此，劳动力市场中的性别不平等现象成为女性主义经济学家的研究重点。对这一现象，新古典经济理论仅从供求两方面用人力资本理论和歧视理论作了解释。而女性主义经济学家一方面在理论上对新古典经济学派的解释提出批判，并主要从制

　　① George J. Stigler. *The Economics of Information* ，*Journal of Political Economy*，1961，Vol. 69，No. 3.

　　② Dan A. Black. *Discrimination in an Equilibrium Search Model*，*Journal of Labor Economics*，1995，Vol. 13，No. 2.

　　③ Fawcett. *The Position of Women in Economic Life.* London：Allen &Unwin，1917. *Equal Pay for E-qual Work.* Economic Journal，1918，转引自姚先国、谢嗣胜《职业隔离的经济效应——对我国城市就业人口职业性别歧视的分析》，《浙江大学学报》（人文社会科学版）2006年第3期。

度经济学、社会学、心理学等学科引入相关理论，对劳动力市场问题作了更合理的解释。

劳动力市场中衡量女性经济地位的主要指标是职业和收入（工资）。妇女受到的不平等对待主要表现为职业分割和工资差距。对于职业性别分割，新古典主义经济学者的分析角度有一定的差异，从供给角度出发的经济学家否认存在歧视，他们认为，如果妇女的经济地位是她们理性选择的结果，或是某些职业本身存在对性别的特殊要求，这并不构成市场歧视；人力资本理论则认为，工资差距来自于生产率差异，生产率差异是人力资本存量和人力资本追加投资方面的不同造成的；从需求出发的经济学家认为存在"偏好性歧视"（taste discrimination）① 和统计性歧视（statistical discrimination），② 歧视理论依然认为在完全市场竞争条件下，职业性别隔离总体上是理性选择，是无须干预的。

女性主义经济学家批判了这些理论的基础——个人理性选择和完全竞争市场，并对每种理论与现实世界的一致性进行检验。她们指出，供给学派所谓个人理性选择是有限理性，社会建构起来的性别分工观念、各种经济和社会制度因素影响着个人职业规划的理性选择。而偏好性歧视理论没有对职业性别偏好的起源和演化过程作出合理解释，如果这种偏好是不可改变的，那么为提高女性经济地位而制定的促进性别自由择业权的政策就会失去价值。对于统计性歧视理论，它隐含着将市场中存在的工资差距和职业分割等现象合理化的导向，承认存在即合理，是女性主义经济学所反对的。

女性主义经济学分析了新古典经济学的职业性别隔离模型，由于模型解高度依赖于对模型本身的设定，女性主义经济学指出该模型是将生育成本和禀赋差距看作外生变量，并将其作为研究的假设与前提，认为由于女性人力资本的边际效用低于男性，使得女性成为核心劳动力市场的劣等品，从而造成女性被排除在核心劳动部分之外拥挤在次级劳动力市场的现实。③ 据有女性主义思想色彩的职业性别隔离模型以家庭分工理论和社会制度约束论为代表。

1. 家庭分工论

在经济学界明塞尔（Mincer）和波拉切克（Polachek）最先提出了家庭

---

① ［美］加里·S. 贝克尔著，王业宇、陈琪译：《人类行为的经济分析》，上海三联书店、上海人民出版社 1995 年版。

② 它的理论依据是人力资本差异和信息不完全，具体指从全社会总体来看，男性的工作价值要大于女性，又因为雇主和雇员间的信息不对称，鉴别雇员能力的费用太高，只好采用这种成本最低的甄别机制。这种做法对少数人来说可能存在偏差。

③ 刘咏芳、贺苗：《经济学视角下职业性别隔离成因分析的反思》，载郭慧敏主编《社会性别与劳动权益》，西北工业大学出版社 2005 年版。

分工论,[①] 认为是家庭的劳动分工导致妇女过多负担家务责任,从而预见到自己较短而又经常中断的工作期限,妇女将选择前期投入准备少、开始工作时报酬较高,且对于中断劳动引起工资削减惩罚较轻的职业,避免那些需要大量人力资本投资的独有专业技能性工作。

明塞尔和波拉切克的家庭分工论提出的假说,认为社会中家庭分工中的男女差异预期导致前期男女的人力资本存量差异,使得最终男女边际生产率有差异,造成性别职业隔离。在调查中,75.8%的被访者都以提高职工学历或专业素质为内容的女性在岗培训视为提高自身素质和能力的有效途径,并且64.5%的受访者认为是她们应该享受的平等权利,但她们少有机会参加培训。30.7%的受访者没有参加过任何进修和培训,35.4%的受访者仅参加过单位组织的职业技能培训,且大都由她们自己承担培训费用。这也说明受访人群对自身人力资本投资的重视程度。

在本次调查中,有42.6%的受访者认同男性在提拔、晋升和在职培训等方面更容易得到机会,45%的受访者认为女性难以得到晋职晋级的重要原因是"女性受家务拖累太大"了,从另一个侧面印证了明塞尔和波拉切克以人力资本为基础的家庭分工论对女性超负荷劳动影响其职业生涯的分析,由于家庭劳动投入、生育、照顾小孩的责任以及其他家庭责任,女性经常中断的工作期限影响其工作选择。

2. 社会制度约束论

杜肯(G. Duncan)和霍夫曼(Hoffman)从种族和性别角度研究职业培训与收入差异问题,分析了职业隔离的形成机制,提出了制度障碍假说。[②] 由于男权思想占统治地位的社会制度阻止妇女获得必要的劳动能力,在以男性为主导的职业环境中,妇女常常被安排在缺乏培训、锻炼机会少的工作岗位。与此类似,从社会学角度出发的 Corcoran 和 Courant、[③] Marini 和 Brinton[④] 认为妇女并不是自由选择职业,强调了前劳动力市场的力量对妇女决

---

① Jacob, Mincer. Solomon, Polachek. "Family Investments in Human Capital: Earnings of Women", *Journal of Political Economy*, 1974.

② Duncan, Greg J.; Hoffman, Saul. "On-the-Job Training and Earnings Differences by Race and Sex". *Review of Economics & Statistics* Nóv./1979, Volume: 61, Issue: 4, pp. 594—603.

③ Corcoran, Mary E. and Courant, Paul N. "Sex Role Socialization and Labor Market Outcomes", *American Economic Review*, May 1985.

Corcoran, Mary E. and Courant, Paul N. "Sex-Role Socialization and Occupational Segregation: An Exploratory Investigation", *Journal of Post – Keynesian Economics*, Spring 1987, pp. 330—346.

④ Marini, Margaret Mooney and Mary Briton. "Sex Typing in Occupational Socialization" in Barbara F. Reskin (eds). *Sex Segregation the Workplace: Trends, Explanations, Remedies.* D. C.: National Academy Press, 1984.

定性的影响，如父母亲、学长、老师的态度，媒体中常常出现的性别规训。在我们的调查中，21.1%的受访者将女性缺乏晋职晋级机会归咎于"女性上进心不强，也不自信"，21.4%的受访者认为是由于"女性自身素质低、学历太低"，这两个选项具有明显的自我歧视，体现社会制度约束思想，最终使女性将社会性别观念带来的后果作为自我谴责的理由。Bain 和 Feber 通过对高中生的职业抱负的调查，也证明社会习俗观念在解释妇女的职业抱负方面是非常重要的。

需要指出的是，社会性别理论对社会制度约束论具有重要意义。在女权主义运动中，女权主义学者在探索将妇女的从属地位理论化的过程中，曾借鉴过马克思的阶级概念，但是人类在经济活动中产生的阶级与性别的问题有许多不同之处。女权主义学者在 20 世纪 70 年代初期发展了"社会性别"的概念，提出社会性别是人类组织性活动的一种制度，种种社会体制习俗把人组织到规范好的"男性"、"女性"的活动中去，包括职业选择。可见，社会性别是人类社会的一种基本组织方式，也是人的社会化过程中一个最基本的内容。社会性别规范无处不在，其内涵也不断变化。因此在劳动力市场上，社会性别的等级含义不断被调动起来，被各种文化或知识生产者复制，从而不断巩固已有的社会性别观念；而这种无处不在的社会性别文化观念、语言、符号又时时参与对人的主体身份的塑造。

性别（gender）有别于生物特性的性（sex），性别强调的是互动过程中社会建构的产物。随着每个人生理特性的不同对于不同性别都有一套与之相对应的行为模式，这套行为模式就是社会化的产物，影响着人们的行为和社会角色的扮演。

性别特质为男性和女性的行为范本，标示着男性应具有的特质，如理性、独立、冒险、有野心和权威等特质，而女性化的特质，如柔弱、情绪化、依赖和照顾等。不但如此，性别刻板印象也影响男性（女性）该扮演什么角色和该做什么工作。Anker[1] 认为，性别特质影响了男性与女性对职业的选择，如女性具有照顾人的特质，所以会选择和女性特质相近的职业，如护士。由此可知，性别角色与特质，不仅影响着人们日常生活的行为模式，也影响着个人对职业的选择，造成职业性别标签化，进而延伸为职业性别隔离。

可见，女性主义经济学综合分析框架引入了其他学科的研究成果，强调

---

[1] Anker, Richard. *Theories of occupational segregation by sex: An overview*, International labour review, Vol. 136 (1997), No. 3 (autumn).

性别差异是不断被制度复制建构出来的。在社会性别不断被复制和发展的机制中，职业所需要的禀赋差异被人们以性别加以归类，并赋予不同的价值，从而造成了两性的禀赋差距，这种禀赋差距已经不是基于性别的自然禀赋，而是由社会性别所建构的社会禀赋差距；同时，尽管生育是社会再生产的组成部分，但是当生育被看作是"私领域"的生产时，其在劳动力市场上的经济则完全由女性承担而不是两性共同承担。生育及两性禀赋差距也是劳动力市场职业性别隔离模型的函数，一旦这种被人为建构起来的两性差异成为社会意识，在社会知识学习偏差影响下，将会不断复制职业性别隔离。所以我们说，这两大假设前提应当是劳动力市场职业性别隔离模型的内在化因素。①

因此，女性主义经济学家对于劳动力市场的解释抛弃了供给或需求二分法，重点将外生的制度影响内部化，指出劳动力市场和社会制度间存在着复杂的反馈机制。现有的职业性别隔离鼓励妇女有意识地回避那些核心劳动力市场中男性占主导职业的技能培训，更多地拥挤在次级劳动力市场，而以性别为基本特征的职业工资差距会鼓励夫妻双方在市场和家庭间采取传统的分工方式。女性主义经济学家还通过借用制度学派和社会学理论，研究了性别与社会制度的交互作用过程。

女性主义认为："职业性别隔离是社会性别建构的结果，体现了两性对社会资源利用的差距。职业性别隔离作为人类社会的一项制度安排……作为一种社会经济秩序，体现了'父权制'在建构涉及两性关系的社会规则和社会制度变迁过程中的决定作用。"②

由于职业性别隔离的制度建构因素，女性主义者要求通过社会干预矫正职业性别隔离中的不平等性，向政府提出"肯定性行动计划"③（affirmative action）、同工同酬（pay equity）、最低工资等建议，为妇女争取到更多的劳动权益。

---

①　刘咏芳、贺苗：《经济学视角下职业性别隔离成因分析的反思》，载郭慧敏主编《社会性别与劳动权益》，西北工业大学出版社 2005 年版。

②　同上。

③　肯定性行动是美国政府为改善黑人社会经济状况（后扩大到妇女等社会弱势阶层），确保有关法律的贯彻实施，最终消除就业和教育等领域的种族、性别及其他形式的歧视，以总统行政命令的形式于 20 世纪 60 年代中期颁布施行的补偿性计划，其直接的法律依据是《1964 年民权法案》。1961 年，小霍马特·泰勒在起草 10925 号行政命令时首次使用了"肯定性行动"（Affirmative Action）一词。

四、促进平等就业，消除职业性别隔离的法律措施

通过上述研究，我们可以得出这样的结论：职业性别隔离限制了两性特别是女性的劳动选择权，是在劳动力市场上对女性的歧视。在职业性别隔离的条件下，劳动力市场根据性别划分为不同的集团，女性就业被限制在狭窄的职业范围，使得在给定的职业范围内女性劳动力的边际生产力水平低于男性。通过对我国城市就业人口的职业性别隔离的研究表明，职业性别隔离是造成我国城市就业人口性别收入差距的重要原因之一，并且造成社会福利净损失。

如果消除职业性别隔离，劳动力性别资源重新在职业、职位间配置，达到男女劳动力边际生产力水平相等，那么，女性的就业范围将进一步扩展，工资水平也将有较大幅度提高，然而，女性就业人数可能会相应下降，特别是在女性集中的低技能、低工资的职业领域，关于局部效应分析还有待于实证分析的深入。

可见，消除职业性别隔离不仅会改变职业分布的性别构成和男性女性工资报酬比例，经济总产出也会因为性别劳动力资源配置效率的提高而有一定程度的增长，因此经济总产出就会发生相应变化。

如何消除职业性别隔离，西方国家实施的政策措施主要包括三个方面：一是提高女性教育水平，职业性别隔离受前劳动力市场的影响，特别是与就业者教育程度和技能呈显著相关性，所以提高女性教育水平，是打破职业性别隔离的重要基础。二是采取配额制，通过政策倾斜，使高层次、高工资报酬职业中保证一定数量的妇女参与。三是立法，根据国外的经验，同酬法案只适用于工资歧视，解决职业性别隔离，还要实施反性别歧视法，禁止就业过程中因性别而对女性加以歧视的行为。

虽然很多国家都制定了相关的法律和政策，但是这些法律和政策的净效应到底怎样，一直以来是学界争论的对象。主要集中在同工同酬、同值同酬和雇佣配额问题上。

同工同酬是发起于西方的女性劳权运动，在提高女性工资方面起到重要作用。但经济学家指出，同工同酬在现有市场歧视框架下，令妇女失去了一些就业机会，导致女性雇佣水平的下降；而且事实上，即使实现同工同酬，并不能改变女性集中在工资相对较低的职业、男性相对集中于高工资的职业的现实。另外，同工同酬也没有要求雇主在对待具有相同生产率的不同性别群体提供相同的就业和晋升机会，这样同酬法案在提高女性经济地位方面的

作用就非常有限。

同值同酬也称为可比价值，基于对同工同酬的反思，可比价值原则把同工同酬原则推广到一个新的高度，要求对类似的或可比工作提供相同的报酬，采用基于各种工作所需要的技能、努力程度和责任的付酬制度取代工资的市场决定。雇主不仅对相同的工作付相同的工资，而且对可比价值的工作付相同的工资。倡导同值同酬的学者认为女性占主导地位的职业比如护理、基础教育、文秘职位以及照料性工作（如保姆）等，报酬较低并非完全由于市场的力量，与这些职业的性别标签显著相关。然而，也有学者指出，依照可比价值原则提高"女性职业"的工资，可能会导致雇主削减这些职业的雇佣劳动数量，从而降低女性的就业量，进一步造成职业内的性别拥挤，不仅不会减轻职业性别隔离，反而会强化职业性别隔离。

雇佣配额最典型的政策运用就是美国的肯定性行动，比如美国联邦政府的合同配套计划，目的在于责成厂商制定计划改变妇女和少数民族成员所面临的就业机会不平等的问题，采用的干预形式是雇佣配额。将雇佣配额作为旨在增进性别平等、改善职业性别隔离的临时救济措施，具有较好的操作性。然而，雇佣配额制的反对者认为，性别雇佣配额在某些情况下会对另一性别群体产生反向歧视。这种临时救济措施在一个具有性别标签的职业中，会给少数群体提供免受市场竞争力量的庇护，比如北京市东城区教委为了提高中小学教师性别比台政策，在招聘中优先考虑男教师，力争将男教师比例由 13% 提高到 50%，[①] 在竞争日趋激烈的就业市场，这些优惠政策形成对女性的逆向歧视。

现有阶段，形成职业性别隔离的主要原因依然与女性在生育和家庭领域的负担有直接的关系，推进生育保险，实施鼓励间断性劳动投入的制度（比如弹性工作时间等）具有现实意义。在立法层面，推进平等就业立法及反歧视立法，增加司法的可操作性，才有可能在一定程度上消除职业性别隔离。由于职业性别隔离是一个社会系统过程，因此，我国劳动力市场中职业性别隔离还将在一段时间内长期存在，必须予以重视。

参考文献

1. 易定红、廖少宏：《中国产业职业性别隔离的检验与分析》，《中国人口科学》2005 年第 4 期。

---

① 《小学男教师太少　北京推"阳刚计划"》，《人民日报》2005 年 11 月 13 日。

2. 吴愈晓、吴晓刚：《1982—2000：我国非农职业的性别隔离研究》，《社会》2008年第 6 期。

3. 金一虹：《"铁姑娘"再思考：中国文革期间的社会性别与劳动》，《社会学研究》2006 年第 1 期。

4. 赵瑞美：《改革开放以来我国职业性别隔离状况研究》，《甘肃社会科学》2004 年第 4 期。

5. ［美］加里·S. 贝克尔著，王业宇、陈琪译：《人类行为的经济分析》，上海三联书店、上海人民出版社 1995 年版。

6. 大卫·桑普斯福特泽弗里斯·桑纳托斯主编，卢昌崇、王询译：《劳动经济学前沿问题》，中国税务出版社 2000 年版。

7. 姚先国、谢嗣胜：《劳动力市场中统计性歧视的模型分析》，《数量经济技术经济研究》2004 年第 9 期。

8. 姚先国、谢嗣胜：《职业隔离的经济效应——对我国城市就业人口职业性别歧视的分析》，《浙江大学学报》（人文社会科学版）2006 年第 3 期。

9. 刘咏芳、贺苗：《经济学视角下职业性别隔离成因分析的反思》，载郭慧敏主编《社会性别与劳动权益》，西北工业大学出版社 2005 年版。

10. Duncan, O. D. and B. Duncan, *A Methodological Analysis of Segregation Indices*, *American Sociological Review* 20 1955, pp. 210—217.

11. Robert Hutchens. *One Messure of Segregation*, *International Economic Review*. Vol. 45. No 2.

12. Phelps, E. S.. The *Statistical Theory of Racism and Sexism*, *American Economic Review*, LXII, September 1972, pp. 659—661.

13. George J. Stigler. *The Economics of Information. Journal of Political Economy*, 1961, Vol. 69, No. 3.

14. Dan A. Black. *Discrimination in an Equilibrium Search Model*, *Journal of Labor Economics*, 1995, Vol. 13, No. 2.

15. Jacob, Mincer. Solomon, Polachek. *Family Investments in Human Capital*: *Earnings of Women Journal of Political Economy*, 1974.

16. Corcoran, Mary E. and Courant, Paul N. *Sex Role Socialization and Labor Market Outcomes*, *American Economic Review*, May 1985.

17. Corcoran, Mary E. and Courant, Paul N. *Sex-Role Socialization and Occupational Segregation*: *An Exploratory Investigation*, *Journal of Post-Keynesian Economics*, Spring 1987, pp. 330—346.

18. Marini, Margaret Mooney and Mary Briton. *Sex Segregation the Workplace*: *Trends*, *Explanations*, *Remedies*. D. C.: National Academy Press, 1984.

19. Anker, Richard. *Theorie of occupational segregation by sex*: *An overview*, International labour review, Vol. 136 (1997), No. 3 (autumn).

Development and Present Situation
of Sex Segregation of Occupations

[**Abstract**] With social progress and economic development, women's widespread participation into social production and economic activities has become an unavoidable trend. The first chance of professional selection is the starting point of a woman for her to realize her labor with payment and embody her economic right. The historical division of labor impacts on women's profession selection and limits them in certain professions. Therefore, sex segregation in terms of occupations is produced. The paper, based on data about women rights, analyzes the present situation of sex segregation in terms of occupations and its limitation of professional of men and women. In addition, the paper examines the interpretation of neoclassicism of economics on sex segregation in terms of occupations. By introducing theories of economics, sociology and psychology, the paper summarizes the frame of analyzing sex segregation in terms of occupations. The unequal treatment of women mainly lies in accupational segregation and payment distance. Legal measures can be taken in elimination of accupational segregation.

[**Key Words**] Sex segregation of occupations; Division of labor; Gender

Liu Yongfang

（刘咏芳　西北工业大学人文与经法学院讲师。）

"禁止性骚扰"法律成本的性别不平等分配

讨论"禁止性骚扰"法律成本的性别分配问题，首先面临一种方法的挑战，性别分析的目的在于解构性骚扰立法中的隐含的性别建构，[①] 并防止不合理的性别重构；法律经济学分析的目的在于考察立法的动态效益，是不断寻找和优化制度的过程。二者结合的尝试是想探寻一种动静交叉的女性权利成本效益的分析方法，并揭示同一法律关系中不同性别权利主体背后的利益差异。性别分析方法和法律经济学方法是否能结合使用，法律经济学的效益目标是否能与性别分析的平等目标达到某种程度的整合与互补？我们将在本文中进行探讨。

一、问题的提出——免于性骚扰的权利成本

新修《妇女权益保障法》（以下简称《妇女法》）有关性骚扰的专门规定集中在第 40 条和第 58 条。前者为实体规定，后者为程序性规定。第 40 条规定："禁止对妇女实施性骚扰。受害妇女有权向单位和有关机关投诉"，此条位于人身权利章，等于界定了性骚扰的人身权属性。人身权作为财产权的对称，一般指与民事主体的人身不可分离的，不具有直接财产内容的民事权利，人身权又可分为人格权和身份权。性骚扰侵害的客体到底是什么？学界众说纷纭，至少有平等权说、劳动权说、人身权说等几种。禁止性骚扰立法的目的在于保护妇女的人身权利。但"权利保护的质量与程度依赖于公共成本，也依赖于私人支出，由于权利同公共预算一样也对私的当事人施加成本，所以权利必须对一些人比对另一些人更有价值"。[②] 之所以在《妇女法》中专门规定妇女的人身权，是因为在国家立法意识中妇女比男性的身体更需要保护，更大程度上是女性之"性"（但不一定是性自主权）更具有

---

① 郭慧敏：《社会性别与妇女人权——兼论法律与性别的分析方法》，《环球法律评论》2005 年第 1 期。

② ［美］史蒂芬·霍尔姆斯、凯斯·R. 桑斯坦著，毕竞悦译：《权利的成本——为什么自由依赖于税》，北京大学出版社 2004 年版，第 8 页。

保护价值。第 58 条规定："违反本法规定，对妇女实施性骚扰……构成违反治安管理行为的，受害人可以提请公安机关对违法行为人依法给予行政处罚，也可以依法向人民法院提起民事诉讼。"

　　将性骚扰纳入法律调整的范围，随之将可能因性骚扰法律事实而建立了一种新的法律关系。法律关系是具有主体资格的当事人建立的具有法定权利义务内容的社会关系。以工作场所的性骚扰为例，在一个性骚扰的法律关系中，因违法行为产生骚扰与被骚扰的法律关系，产生一个损害人身权（应该也包括劳动权）的法律后果，但对这一否定后果的法律追究依赖于完善的责任制度和机制。

　　我们试分析《妇女法》中关于性骚扰立法的逻辑框架：（见图 1）

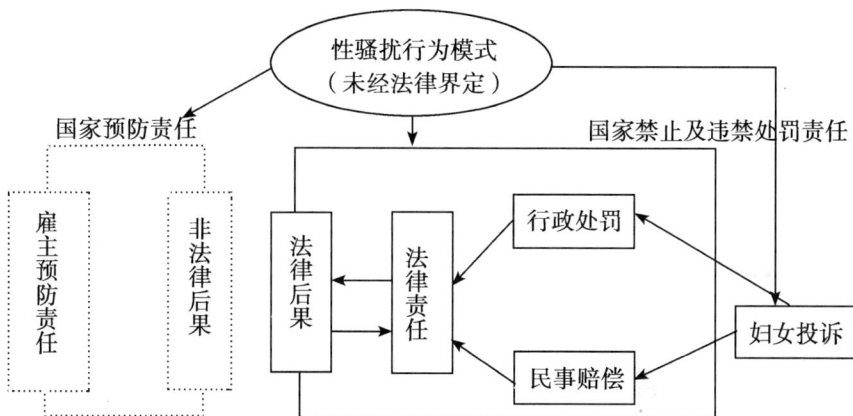

图 1　《妇女法》中关于性骚扰立法的逻辑框架

　　一个完整的法律规则应该包含（不一定在一个法条内）权利主体、权利内容、责任主体、责任内容。该立法框架中的前一个虚线框部分为预防责任部分，本应由国家预防责任加雇主预防责任组成，但这恰恰是在《妇女法》立法中缺位的部分。而在国外有关性骚扰立法中，这一点正是性骚扰立法与其他立法的主要不同点。雇主作为国家责任转移的主要承担者，在职场性骚扰预防和事后责任承担方面处于主要的法律关系中，负有预防和连带赔偿责任。以中国现有立法意图，本可将雇主扩大到场所主。"场所主"是本文特指性骚扰发生地的"单位"责任主体，如雇主、医院、学校或公共场所、所属商家等。但有时候责任主体泛化则可能导致法律责任无法落实。这是未来立法需要建构的部分。后一个实线框为国家禁止及违禁处罚部分，这一部分依《妇女法》的立法逻辑推论，主要靠妇女投诉来启动国家行政处罚和司法处罚系统。但是由妇女启动责任追究系统工程可行性如何，是需要论证的问题。

这样，我们的问题是：如果前一个虚线框缺失，导致禁止性骚扰无责任主体，而这种缺失又以泛主体方式出现。好像都有责任，又都无法落实。后一虚线框部分存在不能完全实现的可能性或救济风险：其中表现之一是同一天公布的《治安处罚法》根本没有关于性骚扰的规定；性骚扰也不是法定的民事立案的案由，《刑法》中更无此罪名。《妇女法》的规定则明显的存在立法要件不完全的问题，在这种立法约束的条件下，禁止性骚扰立法的效益和妇女人身救济的高风险和高成本则可预测。

法律的成本与效益分析是法律经济学最基本的分析方法。目的在于优化配置法律这种稀缺性资源，为立法者提供比较各种行为的有利（社会效益）和不利（社会成本）方面，从而选择能取得最大净收益的行为方式和理性依据。分析中有几个概念需要界定：法律效益、法律成本、违法成本、权利成本。禁止性骚扰立法的目标是禁止发生在公私领域的性骚扰行为，保护妇女的人身权益。法律实施后产生了禁止性骚扰的法律效果，在现实生活的作用中合乎目的的有效部分就是法律的效益。结果越接近目标，法律的效力越高。[①] 而为达到立法目标，实现法律效益所付出的成本是法律成本。法律成本包括国家公共成本和以雇主为代表的"场所主"成本。违法成本是潜在的施害人为其违法而付出的成本。包括国家公共成本和以雇主为代表的"场所主"成本。违法成本是潜在的施害人为其违法而付出的成本。权利主体（这里指女性）为实现自己的人身权而付出的成本是权利成本。立法的效益不是通过法律预先设计的目标追求即应然价值本身来体现，而是通过法律规范的实际作用结果，即实然价值与应然价值的比较来实现。实然价值越近似于应然价值或实现实然价值的成本越节省，法律效益就越高，否则，实然价值越远离应然价值或实然价值的成本越高昂，法律效益就越低。

利用法律经济学的方法对《妇女法》有关禁止性骚扰的立法分析如下：
禁止性骚扰的法律成本为多项成本的总和，即：

$$C = Cx + Cy + Cz + Cd \qquad (公式1)$$

公式1中只列出了几项主要成本：国家成本为 Cx；以雇主为代表的场所主成本为 Cy；施害人的违法成本为 Cz；受害人的权利成本为 Cd。

其中国家成本包括立法成本、执法成本、司法成本。从图1立法框架可推知：国家成本中的在一种执法和司法程序不启动的状态下，等于只有立法

① 李晓安、曾敬：《法律效益探析》，《中国法学》1994年第6期。

成本，如果不进行专项立法，性骚扰的立法成本在搭便车的情况下也可以忽略，这样国家成本几乎为零，即 Cx = 0；因为法律没有规定以雇主为代表的"场所主"责任，其成本为零，即 Cy = 0；施害人若不尽性骚扰的消极不作为义务，其行为承担的不利法律后果则须以受害人提起诉讼且胜诉为前提，如果性骚扰诉讼障碍很多，其他救济渠道缺失，受害人胜诉的可能性极低，施害人的违法成本也几乎为零，即 Cz = 0；这样我们是否可以推出这样一个近似的结论，在国家成本、场所主成本、违法者成本均为零的情况下，性骚扰的法律成本实际或者几乎等于女性的人身权利成本：即 C = Cd。

也就是说，妇女要想实现其免于性骚扰的权利将要付出的成本，几乎等于该项立法法律成本的总和。这样不但不可能实现立法的目标和效益，更可能产生新的不平等。禁止性骚扰的法律效益的实现有赖于禁止成本的付出和责任成本的合理承担。但目前的立法似乎产生了一个悖论：我们的目的是为了禁止性骚扰，防止性别歧视，但由于法律成本分配的不合理，则可能重构不平等。

二、权利成本的女性化及权利的义务化

权利成本女性化是指本该由国家社会及违法者承担的成本均不合理转移为女性承担的过程。但是这个过程为何出现，又是如何完成的？性骚扰立法的分析对其他妇女权益的设定可能有代表性意义。

（一）立法设计中的女性受害人假设

之所以在妇女法中设计禁止性骚扰，是因为立法者已经假设，性骚扰受害人均为女性。国外和国际立法的经验告诉我们：性骚扰日益被认为是工作场所的一个重大问题，它影响了工人的福利，破坏了生产力和性别平等。在国际劳工组织，实施公约和建议书专家委员会已经认定性骚扰是 1958 年歧视（就业和职业）公约（第 111 号）所禁止的、基于性别的歧视形式，之所以被认为是性别歧视，是因为受害人大部分是妇女。[①] 卢森堡的国家调查发现，高达 90% 的受访妇女在工作中有过性骚扰的遭遇。但是在一些地区，男人也正在举报有关性骚扰的遭遇。[②]

[①]　国际劳工局理事会：《国际劳工大会第 96 届会议（2007 年）议程建议》，http://www.ilo.org/public/chinese/standards/relm/gb/docs/gb291/pdf/gb - 2.pdf。

[②]　Di Martino，Hoel，Cooper：《预防工作场所的暴力和骚扰》，http://www.ilo.org/public/chinese/standards/relm/gb/docs/gb291/pdf/gb - 2.pdf。

在中国，将性骚扰纳入法律调整走了一条与国际妇女运动不同的道路，是国际推动（主要是九五世界妇女大会的影响）和本土需求相结合的产物。其间重新经历了从社会学到法学的再建构，是一个外来推动到内在需求提出相结合的过程，也是妇女立法参与推动的结果。正是由于妇女推动，没有男性受害人的声音，也没有认真吸纳国外立法的最新成果，性骚扰被视为主要是妇女问题在《妇女法》中规定，而其他法律没有规定，从而将这一问题的性别归属绝对化。容易造成既然是妇女问题，就该由妇女承担成本的错误逻辑。

（二）人身权设计豁免了雇主责任

人身权一般指与民事主体的人身不可分离的，不具有直接财产内容的民事权利。人身权是财产权的对称。人身权可分为人格权和身份权。根据民法通则的规定，公民的人身权包括生命健康权、姓名权、肖像权、名誉权、荣誉权、婚姻自主权。但对女性来讲，一个重要的权利没有被人身权重视——性自主权，免于性骚扰的权利实际上是含有性自主、人身和精神安全、人格尊严以及工作与社会环境安全的复合权利。性骚扰立法的国际经验之一，就是强化雇主责任，这也是为什么很多的国家在劳动法中规定禁止性骚扰的原因之一。而中国规定为人身权，使雇主容易规避劳动关系中的性骚扰场所安全责任。在美国，性骚扰在开始是为了适用1964年《民权法》第七章性别歧视的规定，才有性骚扰是性别歧视之说。这一学说成为性骚扰立法的主流学说。美国女性主义法学家麦金侬认为：性骚扰正由一种现实中的经验发展成一个法律概念，过去种种久被压抑的愤怒逐渐凝聚为对现实的不满，隐藏在女性内心的抗拒，如今也得以重见天日，渐渐发展成一种可以寻求法律救济的诉因。但这种转变过程并不是那么直接的，现实经验转变成法律概念，法律要再反过来型塑现实经验的过程，是十分迂回的。性骚扰这个概念，在经过法律的规范后，重新回到社会的脉络中。①

在美国，性骚扰是借助《民权法》的性别歧视条款得到法律救济的，将性骚扰定义为一种工作场所的性别歧视是一种女性权利策略。之后在中国台湾地区，将之同时放入人身安全议题，至今仍有一些争论。中国《妇女法》修订时，也有过雇主责任的讨论，终因"考虑到性骚扰是否限于工作

<hr/>

① ［美］麦金侬·A. 凯瑟琳著，赖慈芸等译：《性骚扰与性别歧视——职业女性困境剖析》，台北时报文化出版企业有限公司1993年版，第88页。

场所，用人单位采取什么防范措施，情况都比较复杂，还需要进一步研究"① 而放弃，同时可能还有一个大而全的考量：如《郑州晚报》、新浪网最近的"性骚扰调查问卷"结果显示，性骚扰最容易发生的地方是公交车和办公室，两者人数分别为 13989 人、6599 人，所占比例分别是 69.04%、32.57% ;② 立法试图将所有公私领域的"性骚扰"行为一网打尽，立意当然没错，但却忽视了义务主体过分泛化而产生的实际缺位。也容易造成女性人身是性骚扰唯一客体的错觉，而弱化女性。雇主只是针对工作场所性骚扰而言，因为雇主责任的设计可以既加强预防，又能在实际侵权发生时保证对受害人的经济赔偿，减少其他如解雇等对受害人工作权的不利影响。立法设计中将之放入人身权，不利于雇主责任承担，也不利于对抗工作场所性别的权力控制关系。而且性骚扰行为场所的泛化，处理起来可能更困难。要禁止性骚扰，至少要有三个义务主体，也是责任主体，才能保证权利享有人权利的实现：一是国家；二是雇主；三是潜在的侵权者。但该法将义务主体窄化为单一潜在的被禁止的侵权者。没有雇主作中介，国家以现在的法律很难追究潜在的义务人责任。国家和雇主积极责任及雇主赔偿责任豁免的后果之一，是女性将要承担主要或全部的权利成本。

(三) 权利成本增大，权利逆转为义务

一般而言，立法首先设定静态行为模式（法定权利与义务），在这里，妇女具有免于性骚扰的人身权，国家（在这一立法意图中也许主要是公安机关）和用人单位有"禁止"的作为义务，潜在的侵权者有消极不作为义务。在一个性骚扰侵权的法律关系中，侵权人、受害人、侵权行为模式和法律后果构成一个完整的结构。然而，《妇女法》的现有规定，在第一性——调整性的法律关系中很难起作用，只有到第二性——保护性法律关系中才能发生作用。而第二性法律关系的启动是公共力量的介入，本处的立法机关设计由于不完整，致使公力介入困难，立法设计中依赖于女性的反抗自觉以达到法律的目的。

对于妇女而言，免于性骚扰的权利成本可分为三种情况：一是不用付出成本，由于国家和以雇主为代表的场所主的积极预防，造成潜在的施害人担心违法成本过高，而不敢作为。妇女享受到了一个人身安全的环境，没有性骚扰事件的发生，这样权利成本最小；二是即使发生了性骚扰事件，但权利

---

① 全国人大常委会关于《中华人民共和国妇女权益保障法修正案（草案）审议结果的报告》，信春鹰主编：《中华人民共和国妇女权益保障法释义》，法律出版社 2005 年版，第 183 页。

② 《性骚扰多发于公交车办公室 领导性骚扰危害最大》，《郑州晚报》2005 年 6 月 28 日。

救济障碍不大，通过内部投诉或行政、法律救济能够使损失得到补偿，虽付出成本，但效益还不错；三是权利受到侵犯，受害者要么忍气吞声，要么经过诉讼，劳民伤财，不仅得不到补偿，还可能受到二次伤害，这样权利成本最大。但目前的立法设计恰恰使第三种状态可能成为一种常态。在现有立法框架下，妇女想通过投诉解决问题，须投入大量成本，如果其他渠道不能解决问题，女性免于性骚扰的权利成本实际上等于诉讼成本。以民事诉讼为例：诉讼成本包括以下部分：案件受理费；证人、鉴定人出庭的交通、食宿和误工补偿费；采取诉讼保金措施的申请与执行费；判决书、裁定书或调解书的执行费；法院认为应当由当事人负担的其他诉讼费用；诉讼代理费；上诉者的精神等心理成本等。受害人的诉讼成本为以上各项显性和非显性"费用"之和。要说明这一点，我们分析全国首例性骚扰案就可以看出问题：

案卷号为西安市莲湖区民初字〔1315〕号民事判决，2001 年 6 月起诉，10 月开庭，12 月以证据不足为由驳回起诉。在西安市某国企办公室做内勤工作的 30 岁的童女士，向西安市莲湖区法院提出起诉，指控她的上司总经理对她进行了长达七年的性骚扰，侵犯了她的人身权利，要求总经理对她赔礼道歉（案卷上标明的讼由也是赔礼道歉）。当时没有性骚扰立法，立案困难。七年中，为了讨个公道，原告经历了向上级部门投诉、要求调离办公室工作、律师咨询、妇联求助、律师非诉讼调解、起诉等可资利用的全部程序和手段。好不容易立了案，庭审时因为证据问题使诉讼搁浅。原告代理律师提供的一份关键证据是：一位证人在提供的书面证据中说"你不要这样！"的拒绝言辞，童女士要求调动也是一个证据，但法院不予采信。[1]

这次诉讼的负面效果是：童女士败诉后经历了身体和精神的多重打击，后来我们希望访问她时，一再被拒，听说个人婚姻也受到影响。这其中的成本到底有多大？

由：$C = Cx + Cy + Cz + Cd$……（公式 1），如果 C 为固定值，则推出：$Cd = C - (Cx + Cy + Cz)$……（公式 2）。

如成本主要由女性承担，则在立法的法律成本的性别分配上，法律将这一成本分配给了女性或主要是女性；而我们如果将 Cx + Cy + Cz 看作是以男性为主的联合成本，则这一部分在立法中全部或部分缺失。结果可能是：该项权利成本女性化，权利成本又投诉成本化。也就是说，要想实现禁止性骚

---

[1] 《全国第一例性骚扰案讨论》，载郭慧敏《社会性别与劳动权益》，西北工业大学出版社 2005 年版，第 129—132 页。

扰的立法效益，可能导致没有其他成本的投入，而单一依赖于妇女自身的反抗，反抗的方式是投诉，如果发生了性骚扰，不管能否胜诉，妇女有"义务"将自己卷入一种高风险的诉讼。如果不去投诉，你就没有权利。靠投诉进行的女性人身权成本要大到承担所有法律成本的程度。而且会产生这样的逻辑：免于性骚扰的权利 = 投诉义务。

三、禁止性骚扰法律效益成本解构

假定性骚扰的立法效益为：

$$\mu = R - C \qquad\qquad （公式3）$$

μ 为性骚扰的立法效益的净收益总值；R 为禁止性骚扰的法律收益；C 为禁止性骚扰的法律成本。

我们已经知道：禁止性骚扰的法律成本为多项成本的总和：

$$C = Cx + Cy + Cz + Cd \qquad\qquad （公式1）$$

分别解析如下：

（一）禁止性骚扰的国家成本

国家成本为达到禁止性骚扰立法目的国家需要投入的成本，Cx 又可以分解为多项：立法成本（Cx1）、执法成本（预设的行政救济成本，即立法中规定的依治安处罚法进行的行政救济）（Cx2）、司法成本（预设的民事救济成本）（Cx3）、公民法制教育成本（即普法宣传）（Cx4）。而国家立法的前提首先是性骚扰行为的客观存在且需要立法禁止，因此，立法成本（Cx1）具有静态成本特征，而公民法制教育成本（即普法宣传）（Cx4）紧随立法成本，包含在静态成本之内。执法成本（Cx2）和司法成本（Cx3）只有当事人受到性骚扰且投诉，法院也受理情况下才会产生，为动态成本。

国家成本的计算方法为：

$$Cx = \beta1 （Cx1 + Cx4） + （Cx2 + Cx3） P \qquad\qquad （公式4）$$

其中，x1 和 x4 为静态成本，x2 和 x3 为动态成本。

$\beta1$ 取值 [0，1]，是国家为禁止性骚扰而付出的立法及普法的预防成本系数，为简化研究，姑且认为国家投入预防成本，则 $\beta1 = 1$，若未投入预防成本则 $\beta1 = 0$。

P 为性骚扰行为发生的概率，$1 > P > 0$，即性骚扰行为发生的潜在可能转化为实际行为的概率。

根据性骚扰法律事实是否能启动一个救济性的法律关系，做不同的假设分析：

　　0 没有发生性骚扰，但具有性骚扰行为发生的可能性　　0 没有提起诉讼

　　1 发生了性骚扰　　　　　　　　　　　　　　　　　　1 提起诉讼

　　1. "00" 状况，在国家不专门投入预防成本的情况下，没有性骚扰行为发生时，国家成本为静态成本，事实上，如果立法缺乏法制教育及普法宣传，性骚扰发生的可能性往往会转化为实际发生的性骚扰，"00" 状况存在的成本基础应为，$Cx = x1 + x4$，"00" 状态下，国家成本付出的潜在收益就是无性骚扰行为的发生；

　　2. "10" 状况，即使发生性骚扰行为，国家不主动追究，如果受害人未提起诉讼或采用其他法律手段主张权利，国家成本依然为静态成本，即 $Cx = (x1 + x4) \beta1$，由于受害人权利没有得到基本的保护，受害人权利成本增加，那么，禁止性骚扰的立法收益则为 0，国家成本中的静态成本无论其系数 $\beta1$ 是多少，都可能闲置造成浪费。

　　3. "11" 状况，在性骚扰发生，当事人也投诉，法院又受理的情况下，才出现动态成本，即行政处罚和司法成本。此时，$Cx = (x1 + x4) + (x2 + x3)$，如果考虑到权利争夺是一个动态博弈过程，"11" 状况会减少以后的性骚扰行为，使其回归 "00" 状态，这也是立法者的立法意图所在。

　　4. "01" 状况，无解。

（二）禁止性骚扰的以雇主为代表的 "场所主" 成本

　　本文所称以雇主为代表的 "场所主" 是一个集合概念，比一般工作场所性骚扰关系中的雇主意义更为广泛。众所周知，性骚扰最多发地为工作场所，也会发生在医院和学校。通常人们将发生在前述三个地方在雇主与雇员间（包括高级雇员与低级雇员）或医生与患者间、老师与学生间的性骚扰称为有权力控制关系的性骚扰。对于发生在公共场所没有固定权力控制关系的性骚扰，由于被骚扰人通常都作为消费者与商家形成某种商业消费关系，故我们也将之假设为 "场所主"。按照有无权利控制关系我们将之分为：有权力控制关系的性骚扰：工作场所雇主雇员、医患之间、校园师生性骚扰；无权力控制关系公共场所的性骚扰：商场、交通工具、公园。

　　场所主的成本 Cy 又可分为预防成本和事件发生后的损失成本。具体包括：制订规则费用（Cy1）、培训费用（Cy2）、设立内部投诉机制的费用（Cy3）和发生了性骚扰后单位的赔偿成本（Cy4）和单位的名誉损失（Cy5）。前三项 Cy1、Cy2、Cy3 为预防成本，后两项 Cy4、Cy5 为损失成本。

场所主的成本可用以下公式计算：

$$Cy = (Cy1 + Cy2 + Cy3)β1 + (Cy4 + Cy5)β2 P \quad （公式5）$$

β1 为场所主的干预系数，β2 为场所主的损失成本系数，由于场所主干预后免责，假定 β1 + β2 = 1。

P 为性骚扰行为发生的概率，1 > P > 0，即性骚扰行为发生的潜在可能转化为实际行为的概率。

如果立法设定场所主具有预防责任，则会产生场所主的预防成本，则 β1 = 1，由于场所主尽到了性骚扰积极预防责任，发生性骚扰后的单位免责，故损失成本系数 β2 = 0，即场所主的成本为：C = y1 + y2 + y3；若场所主没有预防措施，则 β1 = 0，那么场所主则要负担性骚扰行为发生的损失成本，即 β2 = 1 即场所主的成本为：

$$C = (y4 + y5)β2 P$$

场所主是否采取预防措施，承担预防成本的性骚扰后的总损失之差为：

$$△Cy = (y1 + y2 + y3)β1 - (y4 + y5)β2 P$$

（三）潜在施害人违法成本

潜在施害人违法成本包括发生了性骚扰并被投诉及处理后对潜在施害人的工作影响、名誉损失且诉讼败诉需要支付的赔偿金等。

$$Cz = (Cz1 + Cz2 + Cz3……)Pz \quad （公式6）$$

Pz 是发生性骚扰行为后被追究法律责任的概率，Pz 不等同于前文中的 P，因为不是所有的性骚扰行为都被追究，所以一般而言 Pz < P，如果潜在施害人违法行为得不到追究，即 Pz = 0，则其损失 Cz = 0，没有违法成本。

（四）受害人成本

受害人的成本 Cd 包括发生了性骚扰后对受害人产生的身体损害 d1、名誉损失 d2 以及权利救济成本 d3。

$$Cd = (d1 + d2) + d3(1 - Pz) \quad （公式7）$$

如果将以上四种成本（可能不只四种）代入公式1，我们得出禁止性骚扰总成本的计算公式为：C = Cx + Cy + Cz + Cd

$$C = β1(Cx1 + Cx4) + (Cx2 + Cx3)P$$
$$+ (Cy1 + Cy2 + Cy3)β1 + (Cy4 + Cy5)β2 P$$
$$+ (Cz1 + Cz2 + Cz3……)Pz$$
$$+ (Cd1 + Cd2) + Cd3(1 - Pz) \quad （公式8）$$

公式 8 建立在两个行为假设的基础上：一是假定受害人不会借性骚扰之名进行诬告。二是性骚扰立法要件完备，诉讼障碍不多，受害人较易胜诉。

四、禁止模式选择及成本分配优化——汉德公式的启示

汉德公式（the hand formula）又称 BPL 公式，由美国联邦上诉法院著名法官勒尼德·汉德在 1947 年国家诉 carroll 拖船公司（united states v. towing co. 159 f. 2d 169 2d cir. 1947）一案提出，此案系某驳船由于拴系不牢，脱锚后碰撞、损坏码头中其他船只的情况，目的在于确定该船船主有无过失。汉德的见解是：任何船只均有脱锚的可能性，脱锚后可能对邻近船只构成威胁，船主的预防义务由三变量决定：事故的发生率 P（probability）；事故可能的损害 L（loss）；预防事故措施成本 B（burden）。

如果 B < PL，也就是说，如果船主可以较小的成本预防而未尽责，就应该承担过失责任。反过来，如果 B > PL，应该免除责任。之后，美国各级法院在侵权案件中经常使用汉德公式作为判定过失有无的标准。判断是否承担过失标准是义务主体是否进行了"合理关注"（reasonable care）和足够预防。目的在于确定"预防的责任者"提高"预防理性"。汉德公式，包括法律经济学的观察视角是一种整体观，注重整体效益，把侵权案件中的原、被告当成了一个整体。但我们要注意的不但是整体效益，还要注意各主体的不同效益，否则，妇女作为个体的存在将会被淹没在整体之中。

以汉德公式审视性骚扰：

国家预防成本 B < PL，首先应确定禁止性骚扰是一种国家责任，但是国家预防责任可能通过法律和政策进行转移，如在立法中规定雇主责任，并将之作为这一个劳动监察的内容。

雇主预防成本 B < PL，雇主的预防成本包括：制度告知、培训、内部投诉机制。以法律经济学的观点，应该将成本分配给对其因付出成本对之影响最小的一方。所以性骚扰的预防主要应该由以雇主为主的场所主承担。

施害人的预防成本 B < PL，施害人（主要是男性）只需要明确什么是性骚扰，只要对其禁止即可。

潜在受害人预防成本（主要是女性）B < PL，在一个高发生率的情况下，女性对性骚扰是基本上防不胜防，即使愿意付出成本，也不一定会真正预防。但这并不否定妇女在反性骚扰中的能动性，如在与雇主签订劳动合同时，尽可能将反对性骚扰写进合同。另外尽可能争取在性骚扰发生时说"不"的权利。

有一个著名的案例——300 名女员工诉日本三菱汽车公司在美国伊利诺伊州制造工厂案可能是对一个企业是否选择预防模式的一个很好的注脚：

1998 年发生了至今为止最大赔偿额的性骚扰案件，日本三菱汽车公司在伊利诺伊州的制造工厂，超过 300 名以上的女工对工厂提起性骚扰起诉。诉称：她们在工厂里常听到低级黄色笑话，看到色情图片，一些男工对她们做出下流动作，并强行触摸她们。虽经多次向管理层反映，问题却长期没有得到解决。在美国平等就业机会委员会（EEOC）的干预下得到处理，结果是，三菱公司向 EEOC 代表的受害者共支付了 3400 万美元（当时汇率合 43 亿日元）赔偿金，另外还向那些进行相同投诉的私人原告支付了几百万美元的赔偿金才达成和解。三菱案件的巨大影响仍然在告诫其他的雇主未能在工作场所控制性骚扰的巨大不良后果。[①]

日本三菱公司经历诉讼后做积极的努力，其主要措施是：雇佣前劳工秘书利恩·马丁（Lynn Martin），负责监督和防止 EEOC 规则所禁止的情况和环境的出现；采纳和执行零度容忍政策（zero - tolerance policy），根据零度容忍政策，公司成立一个完全独立的部门——机会项目部（OPD）为执行机构；培训员工有关于零度容忍政策。要求员工每两年参加一次反性骚扰培训；积极调查骚扰投诉，对骚扰者进行纪律处分。

尽管有学者认为此种做法增加了雇主服从于法律字面含义而不是法律的内在精神的风险，这些措施的采用并不一定真正能阻止骚扰行为的发生，而只是为雇主做免责抗辩。因为事实证明，此后的性骚扰案件处理中，每个采用合适的措施防止骚扰的雇主都可以通过积极抗辩免除责任，而没有采用合适的措施防止骚扰的雇主则受到了惩罚，法院很少考虑雇主所采取的措施在阻止进一步的骚扰中是否真正有效。这种做法还违背了《民权法》第七章有关阻止歧视行为发生的最初目的。[②] 但本文认为这种做法对目前中国立法有相当的借鉴意义。中国完全可以以立法或《妇女法》实施办法的方式进行预防责任分配。这种旨在推进预防投入的计算公式经实践操作后，时刻以一种"可计算的问责理性"压制住"理性经济人"的预防惰性，进而为积极承担性骚扰的预防责任而进行实质性的投入。

根据以上分析，我们可以得出结论：《妇女法》关于性骚扰的立法设计，虽然是历史的进步，但也隐藏着较大缺陷，难以达到立法目标所设定的

---

① ［日］性骚扰问题研究会著，竺家荣译：《性骚扰应对》，中信出版社 2001 年版，第 216—217 页。

② Joanna Grossman. *Sexual Harassment in the Workplace*：*Do Employers' Efforts Truly Prevent Harassment*，*or Just Prevent Liability*. http：//writ. news. findlaw. com/grossman/20020507. html.

禁止性骚扰的目的。改进的方法可以选择建立以预防为主的禁止性骚扰立法模式，并将预防成本分配给国家、以雇主为主的场所主、潜在的违法者。通过预防责任的强化和合理的成本分配达到禁止性骚扰的目的，从而达到维护妇女免于性骚扰的权利并降低权利成本的目标。

参考文献

1. 郭慧敏：《社会性别与妇女人权——兼论法律与性别的分析方法》，《环球法律评论》2005 年第 1 期。

2. ［美］史蒂芬·霍尔姆斯、凯斯·R. 桑斯坦著，毕竞悦译：《权利的成本——为什么自由依赖于税》，北京大学出版社 2004 年版。

3. 裘宗舜、秦荣生编著：《经济效益学》，中国财政出版社 1990 年版。

4. 李晓安、曾敬：《法律效益探析》，《中国法学》1994 年第 6 期。

5. 国际劳工局理事会：《国际劳工大会第 96 届会议（2007 年）议程建议》，http：//www. ilo. org/public/chinese/standards/relm/gb/docs/gb291/pdf/gb-2. pdf。

6. Di Martino，Hoel，Cooper：《预防工作场所的暴力和骚扰》，http：//www. ilo. org/public/chinese/standards/ relm/gb/docs/gb291/pdf/gb-2. pdf。

7. ［美］麦金侬·A. 凯瑟琳著，赖慈芸等译：《性骚扰与性别歧视——职业女性困境剖析》，台北时报文化出版企业有限公司 1993 年版。

8. 全国人大常委会关于《中华人民共和国妇女权益保障法修正案（草案）审议结果的报告》，信春鹰主编：《中华人民共和国妇女权益保障法释义》，法律出版社 2005 年版。

9. 《性骚扰多发于公交车办公室 领导性骚扰危害最大》，《郑州晚报》2005 年 6 月 28 日。

10. 《全国第一例性骚扰案讨论》，载郭慧敏《社会性别与劳动权益》，西北工业大学出版社 2005 年版。

11. ［日］性骚扰问题研究会著，竺家荣译：《性骚扰应对》，中信出版社 2001 年版。

12. Joanna Grossman. *Sexual Harassment in the Workplace*：*Do Employers' Efforts Truly Prevent Harassment，or Just Prevent Liability*. http：//writ. news. findlaw. com/grossman/20020507. html.

Women and the Legal Cost from Prohibiting Sexual Harrasment

[**Abstract**] It's a historical improvement that the new issue of "Law of the People's Republic of China on the Protection of Rights and Interests of Women" stipulated that the sexual harassment was forbidden. However, there is a shortcoming in this lawmaking exercise as it has not built bridges with other relevant laws and it therefore remains incomplete and cannot be enforced and attain its value as expected. Moreover, this law has failed to establish employers and other entities as habeas corpus in case of sexual harassment. Only relying on potential victims, who are often women, to bring forth complaints to stop sexual harassment then unfairly distributes higher costs for them to seek compensation and to take risks of litigation against unfriendly legal culture and barriers in procedures. This will result in a reversion in rights and duties and creates unequal distribution of litigation cost between women and men.

[**Keywords**] Sexual harassment; Law cost; Sex distribution

Guo Huimin   Yu Huijun

（郭慧敏　西北工业大学人文与经法学院教授。）

（于慧君　现西安交通大学经济管理学院计量经济学博士生。
写稿时为西北工业大学人文经法学院研究生。）

我国女性退休年龄问题研究

我国实行男女不同龄退休的制度由来已久，随着计划机制向市场机制的转轨以及诸多社会条件的变化，最初确立的以照顾女性为初衷的退休制度的弊端已逐步地显现，尤其是随着我国就业压力的不断增大以及人们权利意识的逐步确立，要求享有平等劳动权的呼声越来越高；而且，男女不同龄退休制度还直接引发了女性在获取养老金利益方面的严重受损，造就了一系列社会不公平现象的出现。基于此，在法学界及其他社会领域展开了一场关于男女退休年龄的大讨论。与此同时，因退休年龄问题而引发的仲裁及诉讼案件也不断出现，上述引例就是一个较为典型的案件。

一、我国现行的退休及养老制度及其由来①

我国的退休制度从 20 世纪 50 年代起实行至今一直都存在着男女退休年龄差异的问题，由此引发养老金利益的差异。

（一）男女不同龄退休政策与立法的历史沿革

我国实行男女不同龄退休的公共政策，可追溯到 20 世纪 50 年代新中国成立之初。1951 年 2 月政务院发布的《中华人民共和国劳动保险条例》第 15 条率先在职工、职员养老待遇的规定中实行了基于性别的差别对待。该条规定：男工人与男职员年满 60 岁，一般工龄已满 25 年，本企业工龄已满 10 年者；女工人与女职员年满 50 岁，一般工龄满 20 年，本企业工龄已满 10 年者，得享受本条规定的养老补助费。在井下、低温、高温工作场所工作的，或者直接从事有害身体健康工作的，男工人与男职员年满 55 岁，女工人与女职员年满 45 岁，得享受养老补助费待遇。其后，国务院于 1958 年 2 月颁布的《国务院关于工人、职员退休处理的暂行规定》（以下简称"暂

---

① 薛宁兰：《退休年龄性别差异政策与立法的检讨》，载《社会性别与劳动权益》，西北工业大学出版社 2005 年版，第 154—155 页。

行规定"）进一步明确了企事业单位和国家机关的工人、职员的退休年龄。第2条规定："国营、公私合营的企业、事业单位和国家机关、人民团体（以下简称企业、机关）的工人、职员，符合下列条件之一的，应该退休：（一）男工人、职员年满60周岁，连续工龄满5年，一般工龄（包括连续工龄，下同）满20年的；女工人年满50周岁、女职员年满55周岁，连续工龄满5年，一般工龄满15年的；（二）从事井下、高空、高温、特别繁重体力劳动或者其他有损身体健康工作的工人、职员，男年满55周岁、女公务员年满45周岁，其连续工龄和一般工龄又符合本条（一）项条件的；（三）男年满50周岁、女年满45周岁的工人、职员，连续工龄满5年，一般工龄满15年，身体衰弱丧失劳动能力，经过劳动鉴定委员会确定或者医生证明不能继续工作的。"该"暂行规定"第一次以行政法规形式分门别类地明确了男女工人、职员的退休年龄，并将他们应当退休年龄的差别定为10岁或5岁。

　　1978年，第五届全国人大常委会批准了《国务院关于工人退休、退职的暂行办法》（以下简称"暂行办法"），1958年国务院的"暂行规定"废止。"暂行办法"在工人退休年龄的规定中，继续援用了以前的规定，仍然将男女工人正常退休年龄的差别定为10年。[①]另一方面，80年代初期，国务院也有相关规定，对具有高级职称的专家，教育、卫生、科技领域的中级专业技术人员的退休年龄问题，作出可以适当延长的规定。但是，对具有中级职称的专业技术人员的退休年龄，特别指出："延长后的退休年龄，女同志最长不得超过60周岁，男同志最长不得超过65周岁。"[②]

　　20世纪90年代，在国家干部人事制度改革过程中，1993年国务院颁布了《国家公务员暂行条例》。该条例在第78、79条分别对公务员"应当退休"年龄的上限，和"可以提前退休"年龄的下限作出了男女有别的规定，即：男公务员年满60周岁，女年满55周岁，应当退休；男公务员年满55周岁，女公务员年满50周岁，且工作年限满20年的，本人提出要求，经任免机关批准的，可以提前退休。这一规定基本是新中国成立初期规定的

---

　　① 《国务院关于工人退休、退职的暂行办法》第1条规定："全民所有制企业、事业单位和国家机关、人民团体的工人，符合下列条件之一的，应该退休：（一）男年满六十周岁，女年满五十周岁，连续工龄满十年的。（二）从事井下、高空、高温、特别繁重体力劳动或者其他有害身体健康的工作，男年满五十五周岁、女年满四十五周岁，连续工龄满十年的。本项规定也适用于工作条件与工人相同的基层干部。"该"暂行办法"已于1987年被第六届全国人大常委会决定予以废止。

　　② 前者见1983年9月12日《国务院关于高级专家离休退休若干问题的暂行规定》；后者见1983年9月12日《国务院关于延长部分骨干教师、医生、科技人员退休年龄的通知》，载《中华人民共和国法律法规全书》（第3卷）行政法编，中国民主法制出版社1994年版，第747—745页。

延续。

2005 年 4 月 27 日颁布的《公务员法》对退休年龄未作明确的规定，仅在第 87 条中规定："公务员达到国家规定的退休年龄或者完全丧失工作能力的，应当退休。"

（二）与退休制度相关的养老金制度

我国退休金是一种"就业收入关联"养老金。与养老金所关联的条件，从全世界的范围来看有：年龄、收入（工资）、就业（工龄）、居龄（居住年限）、生活水平等。"年龄"在世界各国都是获得养老金的必要条件，尽管男女退休年龄有的国家相同有的国家不同。除了"年龄"，各国的规定不完全一样，常见的关联条件是收入和就业，还有居龄（居住年限）、生活水平，等等。

关于退休金支付，我国现行的关联办法（计发标准）对"工人"和"干部"有所不同。对于男女"工人"，工龄满 20 年，都可以得到工资替代率为 75% 的退休金；对于男女"干部"工龄满 30 年，都可以得到相当于规定工资 85%—90% 的退休金。下面是更加精确的表述及出处：

首先，对于男女"工人"有如下规定："中华人民共和国成立以后参加革命工作，连续工龄满 20 年的，按本人标准工资的 75% 发给。"《国务院关于颁发〈国务院关于安置老弱病残干部的暂行办法〉和〈国务院关于工人退休、退职的暂行办法〉的通知》（1978 年 6 月 2 日国发（1978）104 号）；其次，男女"干部"现行退休金关联办法（计发标准）是 1993 年制定的。《国务院办公厅关于印发机关事业单位工资制度改革三个实施办法的通知》（1993 年 12 月 4 日国办发（1993）85 号）中《机关工作人员工资制度改革实施办法》规定："实行职级工资制后离退休的人员，在新的养老保险制度建立以前，离退休费暂按下列办法计发：离休人员的离休费，按原基本工资全额计发；退休人员的退休费，基础工资和工龄工资按本人原标准的全额计发，职务工资和级别工资按本人原标准的一定比例计发。其中，工作满 35 年的，职务工资和级别工资两项之和按 88% 计发；工作满 30 年不满 35 年的，职务工资、级别工资两项之和按 82% 计发；工作满 20 年不满 30 年的，职务工资、级别工资两项之和按 75% 计发。对于在机关工作的工人，有如下计算办法：退休时工作满 35 年的，退休费按 90% 计发；工作满 30 年不满 35 年的，按 85% 计发；工作满 25 年不满 30 年的，按 80% 计发。"上述通知中《事业单位工作人员工资制度改革实施办法》说："这次工资制度改革后离退休的人员，其离退休费的计算办法，在新的养老保险制度建立前暂作如下规定：离休人员的离休费，按本人职务工资与津贴之和全额计发。退休人员的退休费，按本人职务（技术等级）工资与津贴之和的一定比例计发。其中，退休时工作满 35 年的，退休费按 90% 计发；工作满 30 年不满 35 年的，按 85% 计发；工作满 25 年不满 30 年的，按 80% 计发。"

　　1997 年，《国务院关于建立统一的企业职工基本养老保险制度的决定》发布，我国开始实行"社会统筹与个人账户相结合"的现代养老社会保险制度。在新制度下，男女退休年龄不变，养老金不再与工龄挂钩，开始与缴费年限挂钩；"个人账户"中男女平均余寿都是 10 年；由于工资货币化程度提高，养老金工资替代率约下降为 58.5%，其中"社会统筹"约占 20%，"个人账户"约占 38.5%。机关与事业单位新的养老保险制度正在研究制定过程之中。[①]

二、关于男女不同龄退休问题的论争[②]

　　早在 20 世纪 80 年代后期，《国家公务员暂行条例》颁行之前，一些知识女性对国家的男女退休年龄性别差异政策就提出了异议。[③] 在全国妇联推动下，1990 年国家人事部在《关于高级专家退（离）休有关问题的通知》中规定，女性高级专家，凡身体能坚持正常工作，本人自愿的，可以到 60 周岁退（离）休；对年满 60 周岁的少数女性高级专家，确因工作需要延长退（离）休年龄的，按国发［1983］141 号和劳人科［1983］153 号文件规定执行。[④] 1992 年 9 月，中组部、人事部《关于县（处）级女干部退（离）休年龄问题的通知》，从发挥女性领导干部作用和有利于女性干部的培养选拔角度，也作出变通："党政机关、群众团体的县（处）级女干部，凡能坚持正常工作，本人自愿的，其退（离）休年龄可到 60 周岁。"

　　上述两项规定，要么是政府部门文件，要么是党内规定，都因缺乏法律、法规所具有的国家强制力，而没有得到普遍执行。其后颁布的国务院行政法规《国家公务员暂行条例》却再次将新中国成立初期退休年龄性别差

---

　　① 潘锦棠：《男女退休年龄与女性权益——评〈中国妇女报〉关于"男女退休年龄"的九篇报道》，《妇女研究论丛》2001 年第 4 期，第 38 页。

　　② 薛宁兰：《退休年龄性别差异政策与立法的检讨》，载《社会性别与劳动权益》，西北工业大学出版社 2005 年版，第 155—156 页。

　　③ 冯媛：《从同龄退休的争论看公共政策的决策过程》；丁娟：《也谈男女是否应享有平等就业权与平等的离退休待遇》，2003 年 11 月全国妇联妇女研究所关于男女同龄退休问题座谈会论文。

　　④ 西安劳动定员定额学会、西安职业中介机构学会编：《最新基本劳动保障法规精选》，2001 年。

异政策在公务员阶层中制度化。

2000 年，政府机构改革由中央推向了地方，在各省政府机构改革中，一些省市政府部门依据《国家公务员暂行条例》制定了本地区机构改革中人员分流办法，推行女公务员提前五年退休的政策。这在各地女公务员中引起强烈反响。许多女性公务员认为国家实行性别差别的退休年龄政策，损害了这一阶层女性的经济利益，也是一种人才的浪费，应当予以调整。① 从 2000 年 8 月 17 日开始，《中国妇女报》专版推出《退休年龄不平等导致女性权益受损系列报道》。

2003 年 8 月，中国妇女第九次全国代表大会在北京召开。会议期间有代表透露，《妇女权益保障法》修订专家组正在对男女同龄退休问题进行专题讨论，修订后的《妇女权益保障法》有望在此问题上做出明确规定。② 一时间，在各种媒体上展开了要否将男女同龄退休纳入法律的讨论。

这次讨论借助互联网的优势，引起了更为强烈的社会反响。一些人指出我国就业形势越来越严峻，妇女提前退休可以缓解国家就业压力，让更多的女大学毕业生找到工作。还有人认为，女性到了 55 岁，正处于更年期阶段，性格和生理发生许多变化，工作精力受限，反应迟钝，工作效率低下，成了单位的照顾对象，有什么必要强干到 60 岁？实行不同龄退休，符合女性生理特征，是国家对女性的照顾。③ 更有人说，法律上的平等并非相同，50 岁以后的女性，因为更年期，其"行为能力"受到限制，所以，不同龄退休并不违宪。

一时间，男女同龄退休问题似乎成了妇女界不顾国家利益的过分要求，反对的浪潮压过要求的呼声。2003 年岁末，立法机关宣布："统一男女退休年龄是一个重大政策问题，不同经济发展水平的地区、不同行业和不同职业的女性对现行退休规定存在不同看法，统一男女退休年龄问题应当结合国家退休养老保险制度的完善以及就业和再就业形势，做进一步调查研究。"

随着 2005 年《公务员法》的出台及 2006 年《妇女权益保障法》的修订，对男女退休年龄问题的回避使得对该问题的讨论暂时平息。

三、基于歧视理论对男女不同龄退休制度的分析

根据歧视理论，歧视包括直接歧视和间接歧视。其中，直接歧视也称差

---

① 《退休年龄不平等导致女性权益受损系列报道》，《中国妇女报》2000 年 8 月 17 日至 9 月 2 日。
② 《男女同龄退休有望写入法规》，www.yzdsb.com.cn，2003 年 9 月 1 日。
③ www.jsw.com.cn，2003 - 08 - 27；www.rednet.com.cn，2003 年 10 月 28 日。

别对待或差别待遇的歧视。尽管各国对歧视的定义不同，但其立法基础都是形式平等，即相同情况应该相同对待。这是各国宪法中所确立的平等权原则的延伸。在确立直接歧视的成立时，应考虑以下几方面的要素：一是在相同情况下受到比其他人不利的待遇；二是该不利的待遇与立法所保护的诸如性别、种族、残疾等特征之间是否存在着一定联系；三是是否有合理的理由和例外允许这种不利的待遇。① 下文以这三个要素为标准对男女不同龄退休制度进行分析。

（一）在相同情况下女性在退休制度中是否受到了比男性不利的待遇

从现有的退休制度来看，要求男性 60 岁退休，女性干部 55 岁退休，女性工人 50 岁退休。从表面上就可以看出，这一制度是根据年龄对男女因性别不同而设定了差别待遇或差别对待。那么，这种差别待遇是否出现了事实上对女性不利的后果呢？这一问题已被很多学者进行过论证。如彭希哲在《运用社会政策工具，推进社会性别平等——以对中国养老制度的分析为例》一文中，通过对国务院 1997 年颁布的《关于建立统一的企业职工基本养老保险制度的决定》（简称 97 方案）的模拟计算，得出这样的结论：在退休后的前十年中女性退休人员从个人账户中每月得到的养老金为男性的83%。通过对 2005 年 12 月《国务院关于完善企业职工基本养老保险制度的决定》（简称新方案）的分析，得出了“在新方案中男女两性基础养老金的差异被扩大了”的结论。② 这一结论同样在陈卫民等人撰写的《退休年龄对中国城镇职工养老金性别差异的影响分析》论文中得到了印证。该论文通过建立模型及分析，提出：“从退休前后相对收入变化的角度来看，中国养老保险制度中有关男女职工不同退休年龄的规定就总体来说是对女性不利的。”③ 更有部分学者由此推出老年女性贫困化的结论。当然，这一结论并未得到广泛认可，如在妇女发展蓝皮书《中国妇女发展报告》中关于妇女与贫困的研究中，并未将因男女不同龄退休作为老年女性贫困的原因之一。这种不利待遇不仅表现在退休后养老金的差异上，而且还表现在女性人力资

① 李薇薇、Lisa Stearns 主编：《禁止就业歧视：国际标准和国内实践》，法律出版社 2006 年版，第 20 页。

② 彭希哲：《运用社会政策工具，推进社会性别平等——以对中国养老制度的分析为例》，选自谭琳等主编《社会性别平等与法律研究和对策》，社会科学文献出版社 2007 年版，第 29、31 页。

③ 陈卫民等：《退休年龄对中国城镇职工养老金性别差异的影响分析》，选自谭琳等主编《社会性别平等与法律研究和对策》，社会科学文献出版社 2007 年版，第 43 页。

源投资的回报率低、减少了工资收入以及工资外收入、女性晋升机会因此受阻①等方面。

（二）上述不利待遇与立法所保护的性别等特征之间是否存在着一定联系

这里首先要确认基于性别这一特征在立法上是否提出了给予保护。在我国宪法中规定"中华人民共和国妇女在政治的、经济的、文化的、社会的和家庭的生活等各方面享有同男子平等的权利"，《中华人民共和国妇女权益保障法》也规定："实行男女平等是国家的基本国策。国家采取必要措施，逐步完善保障妇女权益的各项制度，消除对妇女一切形式的歧视。""各单位在执行国家退休制度时，不得以性别为由歧视妇女。"我国加入的《消除对妇女一切形式歧视公约》中规定，"对妇女的歧视"一词是指基于性别而作的任何区别、排除和限制其作用或目的是要妨碍或破坏对在政治、经济、社会、文化、公民或任何其他方面的人权和基本自由的承认以及妇女不论已婚未婚在男女平等的基础上享有或行使这些人权和基本自由。缔约各国应采取一切适当措施，消除在就业方面对妇女的歧视，以保证她们在男女平等的基础上享有相同权利，特别是：……（e）享有社会保障的权利，特别是在退休、失业、疾病、残疾和老年或其他丧失工作能力的情况下，以及享有带薪假的权利……这些都充分说明，基于性别特征而从立法角度给予平等保护已是一个不争的事实。

然后要确认上述不利待遇与立法所保护的性别这一特征是否存在着联系。从现有的退休制度来看，明显地存在着基于性别而作出的退休制度差异。这一差异的合法性早已受到了人们的质疑，在本章的引例中，申诉方的代理人周伟的看法很好地总结了这一问题。周伟提出，首先存在着下位法违反上位法的问题。单位依据的《国务院关于安置老弱病残干部的暂行办法》（简称《办法》）作为国务院颁布的一个行政法规，效力级别低于《宪法》和《劳动法》等法律。根据我国《宪法》和《立法法》的规定，《办法》中的这部分条款无效。而且，"男女平等是我国的一项基本国策。但我国妇女在很多方面的角色还没有被定义在社会领域。我们希望这次仲裁能引起各方面对于男女平等的关注"。正是基于此，周伟认为，本案的仲裁及诉讼意义并不在于个案的审理结果，而在于借助这一个案推动对此问题的违宪审查

---

① 潘锦棠：《提高女性退休年龄的利弊分析》，http://www.sconline.com.cn，2003年8月29日。

以及社会的关注。这也正是这一问题的复杂性所在。

（三）是否存在正当的理由允许这种不利待遇

从现行的男女不同龄的退休制度的立法初衷来看，的确有其存在的合理性。制定男女不同龄退休标准的初衷，是为了保护妇女利益。在我国，几千年来，妇女的地位低下。新中国成立后，大批妇女参加工作。从生理条件上讲，妇女天生要弱于男子，理应得到照顾。这在 20 世纪 50 年代是一项"进步观念"。究其具体原因，一是当时中国妇女整体上，在文化程度、健康状况等方面普遍低于或劣于男性。文盲中的 70% 以上是妇女，1949 年前，男性平均期望寿命是 34.85 岁，女性为 34.63 岁；[①] 二是新中国成立初期，家务劳动的社会化程度甚低，女性多育、多子女，加之受"男主外，女主内"传统性别分工模式的影响，生儿育女、从事家务劳动和照料老人等主要由妇女承担，职业妇女双重角色冲突尖锐。三是新中国成立初期科学技术落后，社会产业结构以重工业为主，妇女从事的大部分工作与体力劳动相关，劳动强度大，一些重体力劳动需要妇女承担，不少妇女因此患上了疾病。因此，让女性比男性提前退休 5 年，既是为了照顾女性的生理特点，保护她们的身体健康，又是为了维护家庭生活的和谐、减轻女性的双重负担。这在当时的社会历史条件下是合理的，也得到了广大妇女的拥护和支持。[②]

经过半个多世纪的发展，无论是女性自身，还是国内社会环境以及国际环境等社会条件都发生了巨大的变化，这就使得男女不同龄退休制度失去了赖以存在的客观依据。

1. 人口寿命延长，女性发展空间扩大

根据国家统计局的统计资料，2000 年进行的第五次全国人口普查资料显示，我国人口平均预期寿命已达 71.4 岁。与 1990 年普查数据相比，提高了 2.85 岁。其中男性平均预期寿命为 69.63 岁，女性为 73.33 岁。其中男性提高了 2.79 岁，女性提高了 2.86 岁。我国人口的平均预期寿命比世界平均水平高 5 岁，比发展中国家和地区高 7 岁。城镇人口平均预期寿命为 75.21 岁，农村为 69.55 岁。[③]

新中国成立以来，我国女性文化水平有了较大的提高。据最新统计，

---

① 朱楚珠、蒋正华：《中国女性人口》，河南人民出版社 1991 年版，第 99 页。

② 薛宁兰：《退休年龄性别差异政策与立法的检讨》，载郭慧敏主编《社会性别与劳动权益》，西北工业大学出版社 2005 年版，第 157 页。

③ 景志强：《延长退休年龄的隐忧——是否会增加就业压力》，www.people.com.cn，2004 年 9 月 9 日。

我国在校的女大学生总数以及女研究生总数比 20 世纪 50 年代增长了 50
多倍。独生子女的政策实行，使女性的家庭负担大大减轻，女性参与国家
和社会事务的管理能力空前提高。女干部占干部队伍总数比例已达
35.7%，所有这些，都奠定了妇女与男子平等参与国家和社会公共事务管
理水平的基础。

　　2. 我国的养老压力增大

　　目前我国 60 岁以上的人口占总人口的比重已超过 10%，开始步入老龄
化社会。中国退休人数与在职职工之比，1978 年为 1∶303，1986 年为 1∶
128，1996 年为 1∶61，2000 年为 1∶41，预测 2030 年将达到 1∶18。由于
退休职工的迅速增长，退休金将迅速膨胀，2000 年退休费比 1987 年增长 13
倍，预计 2030 年将比 2000 年增长近 67 倍。在人口老龄化加速、退休人员
不断增多的背景下，我国的基本养老保险基金支付压力越来越大，当期征收
的养老保险费和所需支付的养老金存在一定缺口。专家预测，照目前的状
况，今后 20 多年，我国养老资金缺口累计 1.8 万亿元左右，平均到每年约
700 亿元。基于此，国际社会保障协会观察员罗兰德·西格指出，在工业化
国家，应对人口老龄化的主要方法是推迟退休期和使劳动力队伍老龄化。
"困扰发展中国家的种种困难各不相同，但工作通常是人们唯一的选择。"
所以说，提高妇女退休年龄可以延长妇女劳动者的劳动时间，为社会创造更
多的财富和减少对老年人口的社会赡养时间。

　　当然，这并非仅仅是我国面临的问题及做法。为了应对人口老龄化带来
的养老金支付危机，大多数国家（地区）都选择了提高退休年龄的做
法——计划将本为 60 岁左右的法定退休年龄，逐渐推迟到 65 或 67 岁。如
为了减轻愈来愈沉重的社会保障支出给国家财政带来的压力，美国国会参议
院财政委员会发出建议，将美国人的退休年龄延迟到 69 岁。①

　　3. 同世界各国（地区）相比，我国女职工退休年龄偏低

　　根据潘锦棠对 1999 年世界已有资料的 165 个国家（地区）男女退
休年龄的统计分析，结果表明：①男女退休年龄相同的国家（地区）多
于男女退休年龄不同的国家（地区）。相同的有 98 国，占 59.4%；不
同的有 67 国，占 40.6%。五大洲中除东欧和前苏联地区男女退休年龄
都不相同外，其余地区相同数多于不同数。②男性平均退休年龄高于女
性。1999 年，世界 165 个国家（地区）平均退休年龄：男性为 60.5

---

　　①　欧叶：《美参议院建议：推迟美国人退休年龄至 69 岁》，Http：//news3.xinhuanet.com/
world/2005 - 06/15/content_ 3088997.htm。

岁，女性为 58.6 岁。我国退休年龄男性 60 岁，女性 55—50 岁，其中男性"工人"与女性"工人"退休年龄差距为 10 年，是世界上两性退休年龄差距最大的国家。① 而且，与世界各国（地区）相比，我国女职工退休年龄偏低。据 1999 年对 165 个国家（地区）的统计数据显示，世界各国（地区）女性平均退休年龄为 58.6 岁。在 172 个国家（地区）中只有 9 个国家规定女性退休年龄为 50 岁。同属亚洲的日本、中国香港，女性退休年龄同男性一样是 65 岁；韩国为 60 岁，印度为 55 岁。

综上分析，笔者认为，我国现行的男女不同龄退休制度构成了对女性的基于性别的歧视。

四、对提高女性退休年龄的利弊的论证

在发出提高女性退休年龄呼声的同时，学者们还对此进行了系统的分析和论证。潘锦棠在《提高女性退休年龄的利弊分析》② 一文中从国家、企业、女性三个方面进行了利弊分析。他认为，提高女性退休年龄对国家有利有弊。有利方面在于：国家可以增加对女性的养老金筹集 5—10 年，同时减少对女性的养老金支出 5—10 年，减缓了养老基金的支付压力。社保专家估计：在我国退休年龄每延长一年，养老统筹金可增收 40 亿元，减支 160 亿元，减缓基金缺口 200 亿元。不利方面在于：国家的就业压力因此增加。

针对这一问题，也有人提出了不同的观点，国家发展和改革委员会经济研究所副所长杨宜勇副所长和中国人民大学劳动人事学院姚裕群教授一致认为退休年龄延长后，会对年轻人特别是大学生就业产生一定的影响，但程度有限。姚教授认为，大学生就业走向有二：国家公务员和企事业单位员工。企事业单位用人机制灵活，单位与员工双向选择，退休年龄延长不会阻止单位解雇不合适的老员工，也不会影响老员工主动辞职，所以影响不大。能够提供给毕业生的公务员岗位数特别有限，"200 万左右的毕业生，只有 7900 人左右能成为国家公务员，即使算上各省市政府的招聘人数，占的比重也是

---

① 桑敏兰：《论中国妇女法定退休年龄的界定与调整》，《宁夏党校学报》2003 年第 6 期。

② 潘锦棠：《提高女性退休年龄的利弊分析》，http：//www.sconline.com.cn，2003 年 8 月 29 日。

特别小！"① 德国政府社会政策顾问委员会主席伯特·鲁鲁指出，从欧洲多数国家的实践来看，目前尚没有证据表明延长退休年龄会给就业带来不利影响。安妮·邦哈特介绍说，美国在推迟退休年龄的同时，通过缩短在职职工的工作时间使人们"分享"岗位，提高劳动力市场的参与率，有效地化解了其对就业的压力。

潘锦棠提出，提高女性退休年龄对企事业用人单位来讲，同样是有利有弊。但对大多数经济独立的企业单位来说提高女性退休年龄弊远远大于利。

提高女性退休年龄对女性自身来讲，同样是有利有弊。有利的方面在于增加晋升机会、提高工资等收入；但不利于尽快实现部分人希望的清闲生活，也会减少退休金收入。而且，对不同单位的女性来讲，其利弊多少不均衡。相对企业单位的女职工而言，机关事业单位女职工通过提高退休年龄所获得的好处更多，因此，女性公务员和事业单位女性职员的呼声更高。根据在广州进行的一次调查和访问，发现近七成中年妇女不愿延龄退休，她们多为普通企事业单位职工；而愿意延龄退休的则多为知识型女性，以政府公务员、高级知识分子、行业技术精英为主。②

对于女性本人来讲，对于提前退休到底持怎样的看法？根据西北工业大学妇女发展与权益研究中心 2003—2005 年开展的女职工劳动权益状况调研显示，其看法不一，有的认为是构成性别歧视，有的认为是对女性工作权利的剥夺，相当一部分人认为是国家缓解就业压力的一种做法，大多数人认为是照顾女性（见表1）。

表1　　　　　　　　　　受访女职工对女性比男性早退休政策的看法

退休看法	西安		咸阳		宝鸡		榆林		铜川		安康		合计	
	人数	%	人数	%	人数	%	人数	%	人数	%	人数	%	人数	%
性别歧视	144	23	14	7	93	22.3	54	27.1	45	21.6	45	22.3	395	21.4
剥夺③	131	20.9	6	3	89	21.3	50	25.1	41	19.7	34	16.8	351	19
缓压④	235	37.5	65	32.7	194	46.5	70	35.2	79	38	78	38.6	721	39
照顾女性	326	52.1	166	83.4	216	51	89	44.7	119	57.2	117	57.9	1033	55.8
其他	43	6.9	15	7.5	17	4.1	6	3	11	5.3	8	4	100	5.4

（资料来源：西北工业大学妇女发展与权益研究中心所进行的陕西女工劳动权益调查。）

---

① 《退休年龄延长不影响就业 首先延长女性退休年龄》，2004 年 9 月 24 日。
② 《国家相关提议引争议 女性延龄退休抢后生饭碗》，南方网 2004 年 9 月 24 日。
③ 剥夺女性工作权利。
④ 缓解就业压力。

五、我国解决男女退休年龄差异的几点构想

针对解决男女退休年龄差异，人们提出了延长退休年龄、弹性退休制、按最低工作年限退休等设想。

（一）延长退休年龄的构想

近些年来，不断有人提出延长退休年龄的想法，根据德鲁克（Peter Drucker）的判断，在"知识社会"里，"知识劳动者"的退休年龄可以提高到80岁以上，[①] 这种推断为延长退休年龄提供了一种可行性依据。世界各国也有不断延长退休年龄的做法，如意大利是从1994年1月1日到2000年逐步把正常退休年龄从过去的女57岁、男60岁提高到女60岁、男65岁；日本从1994年11月2日起把全额养老金的支付年龄提高到男65岁、女62岁；到2005年把妇女退休年龄改为64岁，并酝酿男女在65岁同龄退休。一些东欧转轨时期的国家，它们正在计划延长妇女退休年龄，像爱沙尼亚、捷克、匈牙利、保加利亚等。从世界各国的发展趋势看，是在不断提高妇女退休年龄，以延长妇女的劳动工作时间，缩小男女之间的差别。[②]

我国近三年来，"两会"期间均有代表提案主张提高女性退休年龄，2003年"妇代会"期间又听到了同样的呼声，具体包括下列几种可供选择的方案。

1. 男女应同龄退休

现在提出男女同龄退休的一个基本的原因是，在现在的社会经济条件下，男女在体力、智力方面的差别已经很小很小，中国女性健康状况、文化水平有了较大提高。在大多数行业中，男女之间实行同龄退休已经不存在体力和智力方面的障碍。而且，延长女性退休年龄对于社会发展、人力资源再开发以及减轻政府社保压力等都不无裨益。

同龄退休是拓展女性的选择空间。女性比男性早退休的政策制定于新中国成立初期，当时女性受教育的机会相对较少，家务负担较重。现在，男女大多享有同样的受教育机会，随着经济的发展，女性受家务的拖累也少了许多。国务院发布的《中国性别平等与妇女发展状况》白皮书数据显示：2004年，全国普通高等院校在校女生达609万人，占在校生总数的45.7%；

---

① 汪丁丁：《老龄化的经济学含义》，《财经》2004年第20期。
② 桑敏兰：《论中国妇女法定退休年龄的界定与调整》，《宁夏党校学报》2003年第6期。

女硕士、女博士的比例分别达到 44.2% 和 31.4%，知识女性真的顶起了"半边天"；女干部占干部队伍总数的比例也已达到近 40%；计划生育政策的实行，更使女性的家庭负担大大降低。很多女性到 50 多岁时，孩子已经长大，无后顾之忧，且身体健康，精力充沛，进入人们说的"第二个黄金年龄段"，而且经验丰富，工作更加得心应手。这时让女性退休，无疑是对人力资源的浪费。所以说，延长退休年龄是给女性一个自主选择的弹性空间，只要她们能够胜任工作，即可以将退休年龄延长到 60 岁，这是对女性权益的更大尊重与保护。应该说，男女同龄退休是一种趋势。国际上一些发达国家已越来越认同"男女同龄退休更有利于鼓励女性释放工作热情"的观点。[①] 不过，并不是每个人都适宜延长退休的，比如一些长期劳动强度大的女性，她们的退休年龄就不能一刀切，而应将是否延长退休的选择权交给女性。这也是女性享有平等的参与社会发展的权利、消除性别歧视的体现。

我国立法中已经确立了男女平等权，但在女干部的使用上，一般 50 岁左右的处级女干部不再继续提拔，而同龄、同职的男性仍可以继续提拔，男女干部退休年龄不一致，严重挫伤了女干部参与国家和社会事务管理的积极性，造成人才资源的浪费，这也违背了"国家保障妇女享有与男子平等的政治权利"。

全国妇联多次要求延长女性职工的退休年龄，以求女性和男性拥有同样的工作期限，在工作权利上男女平等，尽管在立法中并未得到支持，但实践中，已得到一些部门的认可，如中国社会科学院就是这样，所有职工不分男女，都是 60 岁退休。这一做法在推动男女退休制度上的平等方面迈出了很大的一步。

2. 女性同龄退休

女干部 55 岁，女工人 50 岁退休的规定，在世界上只有中国一家。尽管在当时有其存在的合理性，1984 年《中华人民共和国劳动法》颁布后，打破了计划经济时代女性工作人员在身份上的界限，"女干部"与"女职工"的鸿沟其实已经随着市场经济大潮的到来而逐渐消失，她们一个共同的身份就是"企业的职工"。因此，实行女干部 55 周岁退休、女职工 50 周岁退休的政策已经失去了它的理论依据和执行依据。而且，最为主要的问题在于造成了女性之间由身份而引发的不平等。所以，现在一个重要的议题便是确定女性工作人员新的客观上的平等身份，以此推动退休年龄的一致化。

3. 统一推迟退休

---

① 参见徐翔《专家认为男女同龄退休将成大势所趋》，www.gzpi.gov.cn，2004 年 9 月 13 日。

关于统一延长退休年龄的构想，目前已成为国际社会发展的趋势，以美国、英国、法国等为代表的许多西方国家正在考虑将法定退休年龄由原来的65 岁推迟到 70 岁，欧洲许多国家的退休年龄均在 65 岁左右。所以，有人提出，我国也应该将退休年龄推迟，因为随着经济的发展和生活水平的提高，以及卫生、健康事业的发展，人们的平均寿命已经大大提高，60—65岁属于年轻的老年人，健康状况也良好，完全有能力在 55 或 60 岁以后继续工作。而50—60 岁的人在工作经验、阅历方面的积累也已经达到了顶峰状态，延长退休年龄从这个角度讲是一种人力资源的再开发。[①] 而且，推迟退休年龄，可以获得更多的养老保险费。工作时间长了，交纳的保费会更多，这样退休后，可以拿到更多的养老保险金，退休后可以生活得更好。

该方案计划用 20 年的时间逐步取消男女退休年龄差异，在此基础上逐步推迟男女退休年龄。第一步，用 5 年时间清理和取消提前退休工种，基本达到严格按法定退休年龄执行；第二步，用 5 年时间取消女工人、女干部退休年龄的差别，女职工一律 55 岁退休；第三步，用 10 年时间初步将退休年龄推迟至 65 岁。

延长工作年龄是可行之策，但最重要的一点是要循序渐进。美国在1983 年就通过法律要将退休年龄从 65 岁推迟到 67 岁，直到 2000 年才真正开始实施。而且，步骤也非常缓慢：2003 年，年满 65 岁的职工将延长工作两个月；2004 年，年满 65 岁的职工将延长工作 4 个月；如此直至 2015 年，退休年龄被延长到 67 岁。这样做是为了让人们有充分的时间做好准备。随着全球老龄化的进程，调整退休年龄已经成为一种趋势，但各国都很慎重。[②] 因此，我国如果调整退休年龄也应遵循这一做法。

（二）实行弹性退休制的构想

在国际劳工组织 1980 年通过的第 162 号《老年工人建议书》中，建议各国政府采取行动使老年工人能够继续在令人满意的条件下工作；还规定如有可能应采取措施保证退休自愿，对领取退休金年龄的规定应有灵活性。由此可以看出，该建议书提倡采取弹性退休制度。

从法理角度，或者具体说从人权价值和经济价值层面，实行男女同龄退休（即都为 60 岁退休），都是势之必然。但目前，我国各地区、各行业的发展不太平衡，女性的工作地点不同、工作性质不同，由此带来的女性的工

---

① 参见叶南客《专家认为男女同龄退休将成大势所趋》，www. gzpi. gov. cn，2004 年 9 月 13日。

② 《延长退休年龄是中国应对人口老龄化的选择之一》，新华网，2004 年 9 月 24 日。

作负担也不平衡，一律要求 60 岁退休，将有可能让有些女性背负沉重的负担。所以基于从事脑力劳动和体力劳动具体分工的不同，无论男职工女职工，最好是实行弹性退休制，退还是不退，把选择权最终归还给劳动职工本人。在我国目前国情下，实践操作中，退休还是义务，但从理论上讲，退休应是一种权利。

退休年龄弹性理念，已经在西方国家成为现实。① 西方发达国家一般实行的比较理想的职工退休模式是：没有年龄限制，个人可根据自身的身体状况、个人技能的发挥等，决定工作还是退休。我国目前还很难做到如同西方发达国家一样没有退休年龄限制，但可以考虑建立弹性的退休制度。这样，无论男职工女职工、脑力劳动者还是体力劳动者，退不退休都不用一刀切，而是自主决定。② 应该根据本人的情况、家庭的情况让妇女有个人选择的自由。因此，不妨制订灵活的政策：在 55—60 岁之间都可以退休，具体什么时间退休由女性本人决定。愿意继续工作，应该保障她们工作的权利；不愿意继续工作也可以办理退休手续。这样，有一个年龄上的"弹性空间"，把男性区别开来，体现了对女性的格外保护；同时把选择的权利更多地交给女性，也真正体现了对不同条件下女性工作权利的尊重。③

这一设想在我国一些地方已有所体现，如根据重庆市政府《关于进一步稳定和用好现有人才若干政策的意见》（以下简称《意见》），企事业单位可根据需要与骨干人才签订终身合同；高级人才可延缓退休，高级技师也可延长退休年限。《意见》规定：支持企业、事业单位与其专业技术和管理骨干人才在双方自愿的前提下，按本人达到法定退休年龄的年限，签订工作终身制合同，调动其工作积极性。《意见》规定：各类企业、事业单位中在岗从事与其专业技术职称相应工作（返聘的离退休人员除外），并具有副高级及以上专业技术职称资格的人才，由其所在单位视其工作需要，按人员管理权限批准，可延长退休年限 1—5 年。全市企业、事业单位中在岗从事与其专业技术职称相应工作，并具有博士学位、正高级专业技术职称资格的人才、关键岗位上的在岗高级技师，由其所在单位视其工作需要，按人事管理权限管理，可以延长退休年龄 1—10 年。④

---

① 《专家：职业女性退休年龄应弹性安排》，http：//www.xinhuanet.com，2004 年 9 月 14 日。
② 参见鲁英《国家相关提议引争议 女性延龄退休抢后生饭碗?》，南方网，2004 年 9 月 24 日。
③ 《55 岁是低还是高？延长女性退休年龄说引起反响》，南方网，2004 年 9 月 24 日。
④ 《重庆：高级人才可延缓退休 骨干人才可签终身合同》，新华网，2004 年 9 月 24 日。

（三）按最低工作年限退休的构想[①]

该种构想认为，改革以年龄画线退休的规定，用规定最低工作年限退休的制度取而代之，可以更科学更有效地发挥知识分子对社会发展、对经济建设的作用。具体构想是：以高中毕业为基准，规定大专以上学历者毕业后工作年限最低要达到42年，方可退休。身体较好、能坚持正常工作、岗位有需要的高级专家，还可以适当延长退休时间。对两院院士、国家有突出贡献的专家可以终身不退。对因病身体条件不允许继续工作的，也可按规定程序取得证明批准提前退休。至于男女是否要加以区别，部分人认为不要区别，但也有人认为，体力劳动者应加以区别，脑力劳动者可以加以区别，也可以不区别。

按照工作年限来退休，博士毕业生要到70周岁，硕士生也要到67岁，（如果女性规定少5年，则博士生为65周岁，硕士生为62周岁）方能退休。这是否可行，有无科学依据？支持该方案的人从以下几个方面进行了可行性论证。

第一，知识分子一般从事的是脑力劳动，与从事体力劳动在体力上要求不同。一般情况下，60岁以后，人的体力是随年龄增加而呈递减状态，但脑力劳动者对体力的要求不是那么高。而脑力在60岁以后仍然很好，一个人晚年仍拥有上等的智力，在70岁以前是很常见的。

第二，现代生命科学揭示，在正常的健康的生活环境下，人能活到150岁以上。心理学家研究表明，人的衰老是客观的、渐进的，尤其是心智的衰老，进展更缓慢。美国科学家近年在这方面的研究成果证明，老年人的脑细胞会收缩，但不会大量死亡，从20—70岁之前，一般人将损失10%的大脑细胞，但不会因此而减少大脑的正常运作功能，只是完成一项任务需要稍多一点时间。随着人的年龄增长而损耗的主要是头脑中的"硬件"，即用于信息处理的数十亿个电话线似的通信线路和信息转换开关。头脑中的"软件"，即人在一生中存储在头脑中的信息，并不是必然会衰变的。知识分子受过多年的专门教育即工作后的不断学习、进取、研究，大脑皮层受到较多刺激，皱褶比受刺激少的人要多要厚，储存的知识信息自然就丰富。实际上，人的知识积累、经验形成、能力养成，都是随着年龄的增长而增长的。心理学专家已经证明，人到80岁时其心智仍像30岁时一样灵活。因此，按工作年限划定退休时间从心理和生理方面来看是完全可行的。

[①]　于龙才：《关于按工作年限退休的构想》，《中国社会保障》2000年第12期。

第三，随着现代生活质量的提高以及医疗条件的改善，人的寿命普遍延长了。社会老年化已经成为必然趋势，从人的一生四个时期（学步、学龄、工作、退休）来看，相应延长工作年限是社会的需要，也是人体自身的需要。

六、关于提高女性养老金利益的建议[①]

从我国当前的养老金制度可以看出，由于现行的男女不同龄退休制度引发女性养老金利益严重受损，使得女性在晚年面临相对贫困的生活状况。因此，变更男女退休年龄差异制度是解决养老金利益问题的根本举措。但从当前来看，由于各方面原因，短期内不可能推行男女同龄退休制度，所以，采取必要的措施以缓解女性养老金利益受损问题就成为当务之急。关于如何提高女性养老金利益，有以下几方面的建议。

（1）国家有关部门至少应即时改变现行退休金支付方式的明显错误，将女性获得满额退休金的工龄从 35 年降低至 32 或 32 年以下，使获得满额退休金的机会男女平等。

（2）将退休金分成两部分，把其中一部分退休金实行男女平均分配，另一部分退休金与工资和工龄（或缴费年限）挂钩。由于女性工资低工龄短，平均分配的退休金比例越高对女性就越有利。我国新的养老保险制度已经开始实行"基础养老金"（男女平均分配）与"个人账户养老金"（与工资和缴费关联）相结合的办法。妇联作为女性利益的压力集团，可以争取提高"基础养老金"的比例。

（3）实行退休金与物价水平和在职职工平均工资水平挂钩，让退休职工分享经济发展的成果。

（4）建立遗属保险制度。使那些没有退休金的老年女性不会因为老伴去世而陷于贫困。

（5）完善我国企事业单位的工资收入结构，提高工资货币化程度，降低工资外收入的比例，增加与退休金挂钩的工资收入。这将有利于退休较早的女性。

参考文献

1. 潘锦堂：《提高女性退休年龄的利弊分析》，《中国社会保障》2004 年第 8 期。

---

① 潘锦棠：《提高女性退休年龄的利弊分析》，http://www.sconline.com.cn，2003 年 8 月 29 日。

2. 潘锦棠：《男女退休年龄与女性权益——评〈中国妇女报〉关于"男女退休年龄"的九篇报道》，《妇女研究论丛》2001 年第 4 期。

3. 于龙才：《关于按工作年限退休的构想》，《中国人才》1999 年第 9 期。

4. 桑敏兰：《论中国妇女法定退休年龄的界定与调整》，《宁夏党校学报》2003 年第 6 期。

5. 汪丁丁：《老龄化的经济学含义》，《财经》杂志 2004 年第 20 期。

6. 薛宁兰：《退休年龄性别差异政策与立法的检讨》，载《社会性别与劳动权益》，西北工业大学出版社 2005 年版。

7. 彭希哲：《运用社会政策工具，推进社会性别平等——以对中国养老制度的分析为例》，载谭琳等主编《社会性别平等与法律研究和对策》，社会科学文献出版社 2007 年版。

8. 陈卫民等：《退休年龄对中国城镇职工养老金性别差异的影响分析》，载谭琳等主编《社会性别平等与法律研究和对策》，社会科学文献出版社 2007 年版。

9. 李薇薇、Lisa Stearns 主编：《禁止就业歧视：国际标准和国内实践》，法律出版社 2006 年版。

On Retirement Age of Women in China

[**Abstract**] In the retirement system of China, retirement age of women is different from that of men. With social transition from planed economy to market economy, the original system, aiming at caring for women, has shown its defects gradually. The social circles including the law circle are discussing retirement age of men and women. The paper introduces the development of present retirement and pension system, analyzes the present retirement system with different retirement ages between men and women and sees the discrimination of women of the present retirement system based on gender. Extension of retirement age has advantages and disadvantages. In order to deal with the different retirement ages between men and women, it's possible to adopt the following models such as extension of retirement age, elasticity system of retirement and the minimum working years. The paper also analyzes pension problem and give some suggestions on increase of women pensions.

[**Key Words**] Women; Retirement age; Pension; Retirement at the same age

Yang Yunxia

（杨云霞　西北工业大学人文与经法学院副教授。）

"家属工"养老保障法律问题探析

从我成长到开始明白什么是社会保障的年龄开始，我逐渐发现在我们的周围有这样一个带着浓重时代色彩的特殊社会群体：这部分人大多数是年龄在60岁以上的女性，在她们还年轻的时候，跟随着自己的丈夫，响应国家的号召，参加生产工作。而为国家贡献了近大半辈子的她们在步入老年的时候，却过着没有退休金，没有医疗保险的艰苦生活。她们中有些人甚至仅仅依靠领取已故老伴的抚恤金过活，连最低生活保障标准的水平都无法达到。这些人，就是我们通常所谓的"家属工"。

本文试图通过对"家属工"概念的建构及对其社会保障现状、成因的分析，提出应将"家属工"纳入我国社会保障体系，解决历史遗留问题，维护社会公平正义，实现公民权益的保障，构建和谐社会，促进具有中国特色社会主义事业的发展。

一、"家属工"概念的建构

（一）"家属工"的含义

"家属"一词在人们日常的生活习惯中使用，是相对于一家之主的职工而言的附属家庭成员，由于就业以男子为主体，"家属"几乎专指妻子。

"家属工"是计划经济时代的产物。1958年，在"大跃进"的背景下，国家为了鼓励女性就业，绝大多数的城市职工家属和其他家庭妇女都被发动和组织起来，安置到国营单位和街道集体企业。到了20世纪60—70年代，为了落实知识分子政策并解决夫妻两地分居的问题，根据毛泽东的"五七"指示各行各业先后兴起一系列诸如"五七"工厂、"五七"农场、"五七"连以及"五七"班等的由知识分子家属、职工家属、军属组成的生产组织，成为当时妇女职工队伍中又一具有时代特色的组成部分。至70年代末城市劳动年龄内妇女就业的比率已达90%以上。[①] 从夫安居的家属们走出家庭，

---

① 蒋永萍：《两种体制下的妇女就业》，《妇女研究论丛》2003年第1期。

迈上生产自救的"从夫工"道路。由于当时计划内招工指标有限，她们没有被招收为国有职工或集体职工，而是一直从事"临时工"工作。或是因为在国家未实行社会基本养老统筹前就已失掉工作，或是因为实行社会养老统筹初期集体企业的参保意识不强，这部分"家属工"未参保就达到了法定退休年龄，很多"家属工"只领取很低的生活费，有的甚至没有生活费。家属工既是家属又是工人。

（二）"家属工"的特点

1. "家属工"绝大多数为女性

在从夫居传统的影响下，20 世纪 50—70 年代的大多数女性嫁入男方家后，从夫居住。当国家建设需要她们的丈夫工作调动到其他地区时，她们也要从夫到其他地区安家生活。基于这样的原因，她们自身没法拥有固定工作，成为社会闲散劳动力。在"五七"道路兴起的情况下，这些女性很自然的就成为"家属工"，从"从夫居"发展到"从夫工"。当然，这并不排除，有男性家属工的存在。但男性家属工所占比例非常少，并且他们的情况较于一般男性也比较特殊，因此本文对于男性家属工不再探讨。

2. 现今"家属工"多为古稀之年的老人

"家属工"是计划经济时代下的一种特殊的用工形式。从 1958 年的"大跃进"开始兴起，一直持续到 20 世纪 70 年代末。"家属工"们响应国家号召投身于国家生产建设时都正年富力强。但随着时间的推移，她们都已从当初的年轻女性变成了经历沧桑、年迈体衰的老人，现今年龄多在 60 岁以上。

3. "家属工"工龄绝大多数在十年以上

邓小平曾明确指出："要大幅度地改变目前落后的生产力，就必须要多方面地改变生产关系，改变上层建筑，改变工农企业的管理方式和国家对工农企业的管理方式，使之适应于现代化大经济的需要。"[①] 随着我国经济体制的改革的不断深入，"家属工"这种用工形式不再适应时代需要，她们原在的生产组织也先后解散。"家属工"们除了已到应退休年龄而被辞退的，都一直工作到其原单位解散。但不论是怎样失去饭碗的，她们的连续工作时间绝大多数都在十年以上。

4. "家属工"以"临时工"身份参加工作

20 世纪 50—70 年代，我国实行计划经济，为了鼓励妇女就业，落实知

---

① 《邓小平文选》第 2 卷，第 135—136 页。

识分子政策以及解决夫妻两地分居的问题，国家组织家属工进行生产劳动。但是由于国家计划内招工指标有限，全国各地在没有正式招工指标的情况下组织"家属工"进行生产劳动，但她们没有被招收为国有职工或集体职工，一直从事"临时工"工作。

5. "家属工"是被多次社会边缘化的弱势群体

"家属工"本身是职业边缘化的产物。20世纪90年代中期，"家属工"们成为企业改革的绝对利益受损者，不仅失去了饭碗，并且失去了相应的社会福利，特殊的历史背景使她们作为"家属工"再次被社会边缘化。并且"家属工"绝大多数都为随夫安居，随夫工作的女性。随夫性使她们丧失了很多本身应有的机会与权益。

二、"家属工"社会保障权利的现状

依据计划经济时期的法规政策，"家属工"是计划外用工，她们领取远低于正式工的工资外，既没有任何的社会福利及保障，也没能履行正式的招用手续，在企业中属于"二等公民"。而我国现今实施的《中华人民共和国劳动法》、《中华人民共和国劳动合同法》等相关法律法规对于"家属工"养老问题的解决也没有明确的规定，实际操作起来很难。政策目前涉及的也只是国有、集体企业。而我国养老保险制度和最低生活保障制度也都将"家属工"排除在覆盖对象的范围之外。社会转型过程中制度供给缺失和社会保险管理方式的滞后导致"家属工"社会保障缺位。主要表现在以下方面：

（一）"家属工"身份界定存在法律误区

1971年，国务院、中央军委发布了《国务院、中央军委批转国家计委、国家建委关于内迁工作中几个问题的报告》（现已失效），根据该报告对内迁职工家属安置问题做出的详细规定，家属工被吸收为固定工有其前提条件，即"如生产需要，本人符合条件"或者是"全民所有制企业有招工指标，本人符合条件"。[①] 但在当时国家计划招工十分有限，她们没有被招收为国有职工或集体职工，一直从事"临时工"工作。到了1979年，国务院又发布《关于处理当前部分人员要求复职复工回城就业等问题的通知》（现

---

① 国务院、中央军委：《国务院、中央军委批转国家计委、国家建委关于内迁工作中几个问题的报告》，http：//www.51labour.com/LawCenter/lawshow-15894.html。

已失效），该通知第九条规定"临时工、合同工、家属工等，不能转为正式工"。① 通知虽现已失效，但这条规定在当时的适用对家属工问题的解决无疑是增加了一道障碍。1992 年国家推行全员劳动合同制，1995 年《中华人民共和国劳动法》的实施标志着"临时工"这一身份在我国已不复存在，这本可以解决"家属工"们尴尬的处境，但因法律执行、企业经营现状等诸多原因，她们仍然没有能够与企业签订合同，享有社会保障。

（二）"家属工"不具备参保条件，无法享受养老保险

1984 年，中国各地进行养老保险制度改革。1997 年，中国政府制定了《关于建立统一的企业职工基本养老保险制度的决定》，开始在全国建立统一的城镇企业职工基本养老保险制度。或是由于在国家未实行社会基本养老统筹前就已失掉工作，或是由于实行初期集体企业的参保意识不强，"家属工"未参保就达到了法定退休年龄。而她们现今年龄绝大多数在 60 岁以上，依照现在的相关法律法规之规定，她们已经不具备参保的条件，无法享有养老保险。

（三）"家属工"处于法律救济的空白地带

现在家属工原工作的单位多已解散、停产、破产或者是资产重组，而在解散、停产、破产或者是资产重组的过程中，她们的权利没有得到保障，现在再提起权利保障问题，相对方已经不存在了，也没有任何资产可供申请。并且大部分案件都已超出诉讼时效，根本无法进入诉讼程序。家属工处于法律保护的空白地带。

（四）我国最低生活保障费的申请标准将大部分"家属工"排除在外

按照国务院 1999 年发布实施的《城市居民最低生活保障条例》第 2 条之规定，"持有非农业户口的城市居民，凡共同生活的家庭成员人均收入低于当地城市居民最低生活保障标准的，均有从当地人民政府获得基本生活物质帮助的权利"。② 即最低生活保障费的申请是以申请人家庭的平均收入作为判断标准的。但"家属工"中大部分人与家人一起生活，家庭平均收入多高于其所在地方规定的最低生活保障费申请标准，从而无法享有最低生活保障。

---

① 中共中央、国务院：《关于处理当前部分人员要求复职复工回城就业等问题的通知》，http：//www.51labour.com/lawcenter/lawshow-22594-2.html。

② 国务院：《城市居民最低生活保障条例》第 2 条，http：//www.people.com.cn/GB/historic/0928/4873.html。

三、"家属工"养老保障法律问题解决对策

"家属工"纳入社会保障体系的必要性与紧迫性日益体现出来。通过对"家属工"社会保障现状及其成因的分析，笔者认为解决"家属工"养老保障问题的核心在于政府，政府应尊重历史，担负起"家属工"的养老责任。针对现实问题，对于"家属工"养老保障法律问题的解决现构思如下。

（一）基本方案——将"家属工"无条件纳入低保

年龄超期，权利相对主体多已灭失，大部分诉讼已超过时效等法律事实导致家属工的身份界定问题无法解决，导致将"家属工"纳入我国正式的社会保险体系在现实上不可能。但"家属工"是过去的劳动者，她们对国家发展作出的重大贡献是不能省略不计的，她们的养老问题也不能不予解决。为了维护社会公平正义，维护公民合法权益，笔者认为应该将"家属工"无条件纳入社会救济体系，即享受城市居民最低生活保障，不再计算家庭平均收入。

（二）法律依据

将"家属工"纳入社会救济体系，即享受城市居民最低生活保障，不再计算家庭平均收入的法律依据，笔者认为主要有以下四项。

（1）《中华人民共和国妇女权益保障法》（1992 年）："国家发展社会保险、社会救济和医疗卫生事业，为年老、疾病或者丧失劳动能力的妇女获得物质资助创造条件。"①

（2）《中华人民共和国老年人权益保障法》（1996 年）："老年人有从国家和社会获得物质帮助的权利，有享受社会发展成果的权利。"②

（3）《关于切实做好企业离退休人员基本养老金按时足额发放和国有企业下岗职工基本生活保障工作的通知》（2000 年）："未参加社会保险而又停产多年的，其退休人员和下岗职工直接纳入城市居民最低生活保障范围，

---

① 全国人民代表大会：《中华人民共和国妇女权益保障法》第 27 条，http：//acftu. people. com. cn/GB/67588/4585835. html。

② 全国人民代表大会常务委员会：《中华人民共和国老年人权益保障法》第 4 条，http：//www. axhzjj. com. cn/ArticleShow. aspx？id＝1687。

按规定享受最低生活保障待遇。"①

（4）《关于贯彻国务院 8 号文件有关问题的通知》（2000 年）："对于未参加社会保险且已经停产多年、无力缴费的集体企业不再纳入养老、失业保险覆盖范围，其退休人员和下岗职工直接纳入城市居民最低生活保障，按规定享受最低生活保障待遇，具体办法由各地民政部门会同劳动保障、财政部门研究制定。"②

（三）学理依据

"家属工"带有明显的历史时期或事件特征。身份意味着获取社会资源的份额和权利。不同身份决定了一个人最初享有社会资源的不同，而这些资源又会成为获取更多社会资源的基础。由于女性在整个生命周期和社会发展中常常处于不利的地位，这种性别劣势和步入老年后的年龄劣势叠加在一起，使得老年妇女成为社会最为弱势的一个庞大群体。身份劣势使老年妇女在生命历程中始终处于享有社会资源的不平等位置。

她们与其所在单位在事实上构成了劳动关系，但由于特殊的历史条件，使她们享受不到正式工待遇，加上社会保障的缺位使得维护家属工权益的重担完全落到了家庭内部，通过家庭代际转移的方法来解决。

"家属工"是过去的劳动者，为今天和未来的发展奠定了基础。不能由于特殊的社会原因，就使年事已高的她们无法享受社会发展的成果，养老得不到保障。随着我国用人体制的改革，劳动者之间已无身份差别，那为什么在养老待遇上还有等级存在呢？老有所养是和谐社会的基石，是基本人权的体现，国家应承担一定的养老责任。

（四）"家属工"养老保障问题中各主体的责任

为了保障"家属工"社会保障权益得到切实维护，就应当明确各主体的责任。解决"家属工"养老保障问题涉及国家、地方政府与"家属工"个人三方主体。

1. 国家的责任

国家在解决"家属工"养老问题中必须担负的责任有三。

一是政策责任。社会保障是社会政策的核心，造成"家属工"社会保

---

① 国务院：《关于切实做好企业离退休人员基本养老金按时足额发放和国有企业下岗职工基本生活保障工作的通知》，http：//www. eol. cn/html/c/fagui/？article/472. shtml。
② 劳动和社会保障部、民政部、财政部：《关于贯彻国务院 8 号文件有关问题的通知》，http：//www. eol. cn/html/c/fagui/？article/475. shtml。

障缺位的重要原因是社会转型过程中制度供给缺失和社会保险管理方式的滞后。因此政府的重视与政策上的支持是建立该项制度的根本前提。

二是财政责任。公共财政的基本职能就是满足社会公共需要，社会保障是社会公共需要的一个重要组成部分，完善社会保障体系，保证社会保障支出需要，是社会主义市场经济条件下公共财政的一项重要职能。将"家属工"纳入最低生活保障体系的覆盖范围是社会经济发展过程中保证每一个家属工基本生存的必然举措，政府有义务根据国家财政和社会经济发展水平来推动其实行。

三是法律责任。对"家属工"的养老问题进行相关立法，就是要通过完善的法律规范来调整"家属工"社会保障关系，确保"家属工"合法权益在遭受侵害的情况下能够依法获得救济。加强这项立法完善工作非常重要，对整个社会保障体系的建立和完善都具有促进作用。

2. 地方的责任

各地区应当担负的责任主要有三个方面。

一是通过对城市居民最低生活保障工作进行调查，了解掌握家属工现状和存在的问题。

二是依照国家相关规定，从自身实际情况出发制定相关地方性法律规范，确定家属工最低生活保障费用发放金额及程序，合理安排地方预算。

三是依程序审核申请人申请要件，及时办理家属工最低生活保障费用的发放手续，并合理发放最低生活保障费，规范"低保"工作管理行为。

3. 个人的责任

个人应当提高自身维权意识，树立权利本位的思想观念。

（五）完善相关监督体系，切实保证家属工合法权益的得以维护

历史经验表明，权力不受制约和监督，必然导致滥用和腐败。在有法可依的情况下，对行政机关及其行政人员的行政行为能否实现全方位的有效监督就成为能否实现依法行政的关键。因此在这整个家属工养老问题解决方案的构建中，需要有一个有力的监督体系来监督整个家属工最低生活保障发放程序以及促使有关部门履行责任。我国目前已建立了一套比较完善的监督体系，主要包括政党监督、权力机关监督、国家专门行政机关监督、司法监督、群众监督、新闻舆论监督等，这些监督从不同的渠道保证了行政机关对行政法律规范的正确实施。完善我国现有监督体系，将各种监督制度相结合，这样就可以有效地保证家属工合法权益得到切实的保障。

正如胡锦涛总书记在十七大上指出的"发展为了人民、发展依靠人民、发展成果由人民共享"。① 处于老年妇女这一劣势身份的"家属工"是过去的劳动者，曾经为国家建设、社会发展和民族进步作出了重大贡献，为今天和未来的发展奠定了基础，我们不能忽略或否认"家属工"所做出的奉献。老有所养是和谐社会的基石，是基本人权的体现。国家应尊重历史，担负起一定的"家属工"养老责任，将"家属工"纳入社会救济体系，即享受城市居民最低生活保障，不再计算家庭平均收入，以解决历史遗留问题，完善社会保障体系，维护社会公平正义，实现公民权益的保障，构造和谐社会，促进具有中国特色社会主义事业的发展。

参考文献

1. 蒋永萍：《两种体制下的妇女就业》，《妇女研究论丛》2003 年第 1 期。

2. 《邓小平文选》第 2 卷。

3. 国务院、中央军委：《国务院、中央军委批转国家计委、国家建委关于内迁工作中几个问题的报告》，http://www.51labour.com/LawCenter/lawshow-15894.html。

4. 中共中央、国务院：《关于处理当前部分人员要求复职复工回城就业等问题的通知》，http://www.51labour.com/lawcenter/lawshow-22594-2.html。

5. 国务院：《城市居民最低生活保障条例》，http://www.people.com.cn/GB/historic/0928/4873.html。

6. 全国人民代表大会：《中华人民共和国妇女权益保障法》，http://acftu.people.com.cn/GB/67588/4585835.html。

7. 国务院：《关于切实做好企业离退休人员基本养老金按时足额发放和国有企业下岗职工基本生活保障工作的通知》，http://www.eol.cn/html/c/fagui/?article/472.shtml。

8. 劳动和社会保障部、民政部、财政部：《关于贯彻国务院 8 号文件有关问题的通知》，http://www.eol.cn/html/c/fagui/?article/475.shtml。

9. 胡锦涛：《要深入贯彻落实科学发展观》，http://news.xinhuanet.com/newscenter/2007-10/15/content_6883157.htm。

---

① 胡锦涛：《要深入贯彻落实科学发展观》，http://news.xinhuanet.com/newscenter/2007-10/15/content_6883157.htm。

Legal Analysis on Social Security
of Family-member Workers

[**Abstract**] Family-member Workers refer to the women workers who left his original inhabitant place, came to work units of their husbands and were employed by work units of their husbands. The paper attempts to provide a new legal frame by analyzing the concept, characteristics, the social security situation of the workers in order to embrace them into social security system, solve problems left by history, protect civil rights protection and construct a harmonious society.

[**Key Words**] Family-member Workers; Old Women; Disadvantaged Group; Social Security

Xu Bingqing
(徐冰清 西北工业大学人文与经法学院劳动法方向研究生。
本文由导师郭慧敏教授指导并修改。)

工会在女劳权救济中的功能

　　劳权是指劳动权，它是劳动者就业前、工作中和失业后的一个权利集合，这个权利集合在《中华人民共和国劳动法》第 3 条中得到了完整的体现。① 女劳权（女职工劳动权益或女性劳动权益）是指法律赋予女职工在劳动关系方面享有的基本权利和利益。女劳权有广义和狭义之分。广义的女劳权是指女性和男性一样平等地享有法律规定的就业和选择职业的权利、劳动报酬权、休息休假权、劳动安全卫生保护权、职业技能培训权、社会保险福利权、提请劳动争议处理权以及法律规定的其他劳动权利。② 狭义的女劳权则指由于女性在生理方面不同于男性的特点（经期、孕期、产期和哺乳期）而应该享有的一些特殊权益。本文主要是从广义的角度来探讨工会③在女劳权救济中的功能。本文中的女劳权救济，是指女职工享有或应当享有的劳动权利，在事实上遭到否定或侵害时，通过一定的程序、制度安排或行为予以补救的一种权利保护方式。女劳权救济包含了对女性劳动权利实施救济这一基本含义。对女劳权实施救济意味着女性劳动权利是救济的依据，也是救济所追求的目标。它包含了两个方面的预设：一是女性劳动权利的存在；二是发生了女性劳动权利受侵害的事实。④

　　按照 2001 年《中华人民共和国工会法》修正案（以下简称《工会法》），"工会是职工自愿结合的工人阶级的群众组织"。⑤《企业工会工作条例（试行）》第 2 条规定："企业工会是中华全国总工会的基层组织，是工会的重要组织基础和工作基础，是企业工会会员和职工合法权益的代表者和

---

　　① 《中华人民共和国劳动法》第 3 条规定："劳动者享有平等就业和选择职业的权利、取得劳动报酬的权利、休息休假的权利、获得劳动安全卫生保护的权利、接受职业技能培训的权利、享受社会保险和福利的权利、提请劳动争议处理的权利以及法律规定的其他劳动权利。劳动者应当完成劳动任务，提高职业技能，执行劳动安全卫生规程，遵守劳动纪律和职业道德。"

　　② 《中华人民共和国劳动法》第 3 条。

　　③ 本文中所说的工会既指普遍意义上的工会，但更多时候是指企业工会，因为工会只有在为劳动者维权时才体现其本质的意义。

　　④ 《平反冤假错案与权利救济：1978—1982》，http：//www.govyi.com。

　　⑤ 《中华人民共和国工会法》（2001 年修正，下同）第 2 条。

维护者。"按照上述规定，工会及企业工会都是依法成立的职工自愿结合的非政府组织，作为组织就应该具备组织行为学中关于组织的要素和特征。根据组织行为学有关理论，组织（工会）是存在于特定社会环境中的一系列个体（职工）为实现某种目标（维护劳权使其不受侵犯），按照一定的等级秩序和结构方式建立起来的人群系统。这个人群系统一般包括五个方面的要素：组织目标、组织规范、成员构成、组织权威和物质条件。组织中各要素有机联系，通过不同方式形成一定结构，结构的合理性、有效性、科学性决定组织的功能，也就是说有什么样的组织结构就有什么样的组织功能。[①] 本文尝试运用组织要素构成及组织结构相关理论对工会（女工组织）在劳权（女劳权）救济中的功能[②]进行分析，探讨现有工会构成要素及组织结构中的问题，以期发现其组织目标及功能实现的障碍。

一、工会的法定功能与现实功能

按照组织行为学的理论，任何组织都须具备下列功能：完成个体不能完成的任务；满足成员的心理需要；有利于资源优化配置；有利于应付环境和技术的挑战等。工会组织也不例外，因为在强资本、弱劳工的社会转型期，资本在以营利为目标的运作中，劳动者的劳权易受伤害，狭义女劳权更是如此，而作为个体的劳动者往往难以完成自我权利的维护和救济，个体的力量需要通过一定的方式组织起来，以个体劳动者的联合形成一股力量，在资本（企业管理者）和劳工（劳动者）这个不平衡的天平上投入自己的"砝码"。正因为这样，工会从一开始就被法律赋予了特定的功能，但这种法定功能与现实功能是否"合拍"，则需要通过细致考察进行评估。

（一）工会的法定功能

1. "维权"是工会"最基本"的法定功能

《工会法》规定：工会"代表职工的利益，依法维护职工的合法权

---

① 结构功能主义理论源于社会学。它揭示了组织结构与组织功能之间的密切关系。该理论认为，组织结构在很大程度上决定了组织功能，组织要达到目标，必须具备一系列功能：模式维持、适应、执行和整合功能……同时，通过组织结构也可反映出组织的基本属性。一方面，结构决定组织功能，有什么样的结构就有什么样的功能；另一方面，功能又反作用于结构，功能的转变必然导致结构发生相应的变化。

② 功能通常指事物和方法所发挥的有利作用。本文中的功能是指工会作为一个组织应该发挥的作用。亦包括职能、作用。

益"。① 工会有维护、参与、教育、建设的职能,② 其中"维护职工合法权
益是工会的基本职责"。③ 在法律定位中,工会最重要的功能就是为职工维
权。可见,工会作为一种正式社会组织在其成立之初,就将维护职工的劳权
作为它的组织目标,在这里,组织目标与法定功能统一为一个整体。尽管
《工会法》将"维权"设定为工会的基本功能,但是《中华人民共和国劳动
法》却没有对工会的这一功能提供足够依据。在《劳动法》所有章节、条
款中,"工会"一词只在第 5 章的 8 个条款中出现,"分别涉及劳动者组织
工会的权利、管理方裁员程序、管理方解除劳动合同的程序、集体合同、加
班时间、劳动争议调解和仲裁机构组成、劳动法律监督检查等内容"。④ 而
在一些涉及工人切身利益的内容中,如:"工资支付、劳动安全卫生、女职
工和未成年工特殊保护、社会保障等,均没有规定工会的维权职能。"⑤ 由
此可见,尽管《工会法》中规定了工会的"维权"功能,但却缺乏与《劳
动法》相关内容的协调和衔接。

　　2. 女劳权的维护和救济

　　在工会中,女工组织⑥"代表和维护女职工的合法权益和特殊利益"。⑦
这一点和工会的"基本"法定功能几乎没有区别,只是增加了"女"和
"特殊利益"的字样。与《工会法》相似,该条例还规定了女工组织的其他
功能:"参与有关保护女职工权益的法律、法规、政策的制定和完善,并监
督、协助有关部门贯彻实施。"⑧"参加本单位的民主管理和民主监督。企业
工会女职工委员会代表女职工参加企业民主管理和平等协商,参与涉及女职
工特殊利益的劳动关系协调和劳动争议的调解。"⑨ 女工组织"依法维护女
职工在政治、经济、文化、社会和家庭等方面的合法权益和特殊利益,同一
切歧视、虐待、摧残、迫害女职工的行为作斗争"。⑩ 从上述内容中,我们

---

　　① 《中华人民共和国工会法》第 2 条。

　　② 《工会法》第 5—7 条。

　　③ 《工会法》第 6 条。

　　④ 《法律与现实的差距:对工会法实施难点的分析》,载《中国劳工通讯》2004 年 11 月。

　　⑤ 同上。

　　⑥ 是指在现有工会(即"职工自愿结合的工人阶级群众组织")体制下所设立的女职工部门
或女职工委员会,这里的"组织"意为"部门",因为它只是工会的一个下属机构或部门(女工委
员会或女工部等),并非独立于工会组织之外的其他工会组织。(段燕华:《工会女工组织的功能障
碍分析》,载郭慧敏主编《社会性别与劳动权益》,西北工业大学出版社 2005 年版。)

　　⑦ 《工会女职工委员会工作条例》第 2 条。

　　⑧ 《工会女职工委员会工作条例》第 6 条。

　　⑨ 同上。

　　⑩ 《工会女职工委员会工作条例》第 5 条。

可以发现，这些条款按照族群的方式将维护和救济女职工"合法权益"和"特殊利益"的功能赋予了女工组织——这个在组织结构中本是工会的一个下设部门——却承载了与工会"平行"的法定功能定位，女工组织被夸大为"女工会"，其法定功能不仅局限于女劳权的维护和救济，还包括女职工"在政治、经济、文化、社会和家庭等方面的合法权益和特殊利益"，这样"宏大"的功能赋予，范围甚至超过了对工会的法定功能定位，使得女工组织法定功能"过胀"。

3. 女劳权的救济途径

《工会法》在赋予工会和女工组织法定功能之时，也设定了工会的权利和义务。《工会法》第20—27条，连续用了四个"可以"①、三个"应当"②和四个"有权"③以强调工会的权利。如果企业侵犯了职工的劳动权益，④"工会可以依法要求企业承担责任"⑤；如果协商解决不了问题，"工会可以向劳动争议仲裁机构提请仲裁，仲裁机构不予受理或对仲裁裁决不服的，可以向人民法院提起诉讼"⑥。"工会参加企业的劳动争议调解工作。"⑦ 问题是，法律赋予工会的这些"应然权利"是否能真正转化为"实然权利"？在组织结构中，如果企业工会（女工组织）的地位与企业不对等，即使法律赋予工会（女工组织）再多的权利，这种"权利"也不能化为"权力"；即便工会（女工组织）参加劳动争议调解，劳权（女劳权）救济也难有实现的路径。"无救济即无权利"，工会（女工组织）缺少劳权救济的实现途径，那么，当劳权（女劳权）受到侵害时便无法获得补救。⑧

---

① 可以"依法要求企业承担责任"，"向劳动争议仲裁机构提请仲裁"，"向人民法院提起诉讼"（第20条），可以"请求当地人民政府依法作出处理"（第22条）。

② "职工认为企业侵犯其劳动权益而申请劳动仲裁或者向人民法院提起诉讼的，工会应当给予支持和帮助。"（第21条）"工会应当代表职工与企业、事业单位交涉，要求企业、事业单位采取措施予以改正。"（第22条）"工会应当代表职工同企业、事业单位或者有关方面协商，反映职工的意见和要求并提出解决意见。"（第27条）

③ "企业、事业单位处分职工，工会认为不适当的，有权提出意见。"（第21条）"工会发现……职业危害，有权提出解决建议，企业应当及时研究答复"；"发现危及职工生命安全的情况时，工会有权向企业建议……企业必须及时作出处理决定"。（第24条）"工会有权对企业、事业单位侵犯职工合法权益的问题进行调查，有关单位应当予以协助。"（第25条）

④ "（一）克扣职工工资的；（二）不提供劳动安全卫生条件的；（三）随意延长劳动时间的；（四）侵犯女职工和未成年工特殊利益的；（五）其他严重侵犯职工劳动权益的。"（见《中华人民共和国工会法》第22条。）

⑤ 《中华人民共和国工会法》第20条。

⑥ 同上。

⑦ 《工会法》第28条。

⑧ 《法律与现实的差距：对工会法实施难点的分析》，载《中国劳工通讯》2004年11月。

(二) 工会的现实功能

西北工业大学妇女发展与权益研究中心曾对陕西省 11 家大型企业工会的劳权救济状况进行了定性调查，调查结果显示，无论是工会还是女工组织都不能对劳权或女劳权进行有效救济，其现实功能大都偏离了法定功能定位：缓解矛盾、协助生产、福利管理、曲线维权取代了工会及女工组织的法定功能。①

1. 缓解矛盾，减轻企业管理者的压力是工会（女工组织）的首要功能

调查显示，11 家企业的工会及女工组织都把缓解转型期企业管理者和劳动者之间的矛盾、减轻管理者的压力作为其主要功能。虽然法律赋予工会（女工组织）"代表"劳动者（女性劳动者）的利益，但是，由于在组织结构中工会地位的偏差，"工会的地位是由企业领导给的"，② 如果工会"不顺着领导，还替职工说话，你先下岗"。"工会干部的饭碗捏在企业领导手里"③ 等原因，工会（女工组织）的法定功能发生了"变异"：由"维护劳权（女劳权）"变为"双维护"——"工会要维护职工的利益，但要在维护企业利益的同时维护职工的利益"。④ "我们工会要维护厂里的大局，女职工要服从。"⑤ 工会（女工组织）就这样"变通"了法律赋权，以冠冕堂皇的理由把为职工维权"变异"为"双维护"，并以"中立者"的身份，靠"面子"和"巧嘴"说服职工以"企业利益"和"大局"为重，以各种方式使她们放弃自己的权利主张，实则让职工的权利让位于企业的利益，表现出较强的为企业管理者"减压"的功能。

2. 充当企业管理者的生产管理助手

工会（女工组织）的另一项现实功能是充当企业管理者的生产管理助手。按照受访工会主席（女工委员）的说法，"应该先有'大家'才有'小家'"。⑥ "大河有水小河才有水，有国才有家。"⑦ "企业有效益的情况下才能保护工人的利益。"⑧ 在工会（女工组织）看来，企业效益是职工利益

---

① 《法律与现实的差距：对工会法实施难点的分析》，载《中国劳工通讯》2004 年 11 月。
② 《陕西企业劳动争议状况调查材料》(11)（王小梅、周风景访谈、整理），西北工业大学妇女发展与权益研究中心项目资料。
③ 同上。
④ 同上书 (10)。
⑤ 同上书 (9)。
⑥ 同上书 (3)。
⑦ 同上书 (10)。
⑧ 同上书 (7)。

实现的前提，只有企业有了经济效益，职工的利益才能实现，企业的经济效益上去了，工会才能达到维护职工利益的目标。因此，为了企业这个"大家"、"大河"的效益，工会最常组织的活动便是"组织职工开展一些活动，如技术比武、生产练兵、评选先进等"。①"开展劳动竞赛、技术练兵、评选劳动模范。"②……上述情况在全国各地企业工会普遍存在。工会组织的此类劳动竞赛一直长盛不衰，推陈出新。③ 在一些工会参与制定的企业工会条例中，组织劳动竞赛成为工会的一项职责。④ 工会（女工组织）事实上成为企业管理者的生产管理助手。

　　3. 为企业管理者承担大量行政事务

　　工会（女工组织）的现实功能还包括为企业管理者承担了大量的行政事务。调查中，一些工会主席（女工委员）多次提到"我的工作很杂、很乱、很累"。⑤"家庭矛盾、邻里纠纷都来找工会调解，家里暖气不热、厂里分房发生问题也来找工会解决。"⑥"每年的六一，我们对孩子也要有表示，给孩子送礼物，搞书画展，摄影比赛，开各种类型的座谈会，还有文艺演出，家庭演出，挺丰富的。"⑦"文体活动，法律宣传，答题竞赛，知识竞赛，组织各类讲座：女性生理健康，心理调试，子女教育。两年一次妇女病普查……"⑧ 工会（女工组织）通过承担行政事务为管理者提供协助，客观上提高了自身的地位，在这个过程中，容易形成工会（女工组织）对管理者的依附，这种依附性使工会（女工组织）逐渐丧失了作为劳权（女劳权）维护和救济的主体身份，当发生劳权受侵害时，即使工会（女工组织）干部对劳动者心存同情，也缺少替他们出面进行劳权维护和救济的勇气与能力，他们甚至成为企业的管理者。⑨

　　① 《陕西企业劳动争议状况调查材料》（3）（王小梅、周风景访谈、整理），西北工业大学妇女发展与权益研究中心项目资料。
　　② 同上书（8）。
　　③ 肖树臣、董平、张萌：《河南省工会坚持不懈开展劳动竞赛纪实》，http://www.xinhuanet.com，2003年9月11日；张玺：《来自内蒙古工会职工经济技术创新工作的报道》，《工人日报》2003年8月28日第1版。
　　④ 《黑龙江省私营企业工会条例》（2002年），《辽宁省私营企业工会规定》（1999年），《福州市私营企业若干规定》（2001年）。
　　⑤ 《陕西企业劳动争议状况调查材料》（1）（王小梅、周风景访谈、整理），西北工业大学妇女发展与权益研究中心项目资料。
　　⑥ 同上书（10）。
　　⑦ 同上书（5）。
　　⑧ 同上书（10）。
　　⑨ 何春祥：《工会最该维护谁》，《当代工人》2003年第5期。

　　综上可见，工会（女工组织）的实际功能与其法定功能出现了较大的偏移，实际上，当劳权（女劳权）受到侵害时，工会（女工组织）不能有效维权或进行权利救济。那么，是什么原因使得工会及女工组织的上述两种功能无法统一呢？我们运用组织行为学中组织构成的要素及组织结构与功能实现间关系的理论对工会（女工组织）在劳权（女劳权）救济中的障碍进行分析。

二、工会功能实现的组织要素障碍

　　按照组织行为学的相关理论，工会组织的构成要素主要包括工会的组织目标、组织规范、成员构成、组织的权威性和组织的物质条件五个方面，它们相互联系、相互作用（如图1所示）。在上述五要素中，作为工会的组织目标是清晰的：维护劳权不受侵犯。它具体包括：一方面要维护劳动者的合法权利，另一方面当劳动者权利受到侵害后要及时进行劳权救济。这样的目标代表着工会组织的发展方向和存在理由，失去目标就没有了组织存在的意义。工会的组织规范主要体现在《工会法》、《女职工委员会工作条例》、《企业工会工作条例》等法律、法规、政策及文件中，它们细致明确地规定了工会组织运作的各种标准，这是工会目标及功能实现的组织规范条件。上述内容在前面已有所论及。但是，工会组织的目标实现和规范落实需要该组织其他构成要素的协调、配合，如果细致分析会发现，现有工会构成要素中存在的诸多问题是致使该组织功能实现受阻的重要原因。

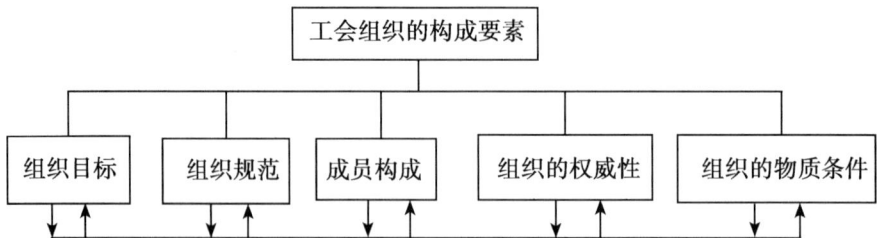

图1　工会组织的构成要素

（一）工会功能实现受阻的成员构成因素

　　在一般意义上，工会成员由全体会员构成，会员又可分为基本会员和在工会各机构担负一定职责的工会干部。工会目标和功能的实现主要是工会干部通过具体劳权维护和救济行动去实现的，他们肩负的任务十分重要。然而在我们调查的 11 家企业中，工会干部的成员构成无一例外地在"机构精简"中被高度"浓缩"。11 家受访企业的职工数均在 1000—8000 人，① 而多数企业的工会干部为三人，最少的为一人，最多为五人（其中多为兼任），其中有一人为女工委员，但兼任情况普遍。我们在调查中获得了这样的信息：企业工会下设数个基层（车间）分会，但所有分会干部都为兼任，甚至是车间主任兼任。工会干部要兼任大量企业管理者的行政性工作，一方面造成了工会干部的工作"很杂、很乱、很累"，而且，由于"工会的基层领导由行政兼职"，② 工会常常被动工作，无法主动维权或进行劳权救济，"所以作用发挥就很成问题"。③ 工会成员数量大，转型期他们遇到的劳权问题也较多，而工会干部的行政化和普遍兼任情况，使得工会成员构成要素与该组织其他要素难以协调，使工会目标、功能实现受阻。

（二）权威不足导致工会目标、功能实现受阻

1. 工会的权威没有得到企业认可

权威是一种合法化的权力，工会的权威就是工会获得认可的权力。尽管工会在理论上具备法理权威，④ 但工会的实际"权威"更像是传统型权威⑤和魅力型权威⑥的综合产物。从工会是职工"自愿结合"的"群众组织"的法律规范看，工会代表职工的利益，它与企业不应该有隶属关系，当职工的劳动权益被侵害时，工会才有权威使其在劳动者和企业关系的天平上投入的砝码具有效力。然而，现实是工会与企业是事实上的行政隶属关系，如果"企业不认可工会的工作，工会就没有地位……甚至自身难保"。⑦ "我们工会只是企业的一个附属机构。"在企业转制时期，恰是劳动者的权益最容易遭受侵害的时候，也是最需要工会以其权威为劳动者撑腰的时候，然而工会

---

① 11 家受访企业的职工数分别为：1000、8000、1700、5800、2400、1500、3883、4000、1715、3000、2400 人。参见《陕西企业劳动争议状况调查材料》（1—11），西北工业大学妇女发展与权益研究中心项目资料。

② 《陕西企业劳动争议状况调查材料》（8）（王小梅、周风景访谈、整理），西北工业大学妇女发展与权益研究中心项目资料。

③ 同上。

④ 按照韦伯的观点，法理权威是通过人们认为合法的程序而形成的、具有合理性的权威。

⑤ 按照韦伯的观点，由于世袭等原因而形成的权威，下级对上级的臣属和忠诚是这种权威的重要特征。

⑥ 按照韦伯的观点，这是由于个人具有超人的才能而形成的权威。

⑦ 《陕西企业劳动争议状况调查材料》（10）（王小梅、周风景访谈、整理），西北工业大学妇女发展与权益研究中心项目资料。

却成了企业的"附属机构"，它的权威无法抗衡企业的权威。① 可见，工会的权威并没有获得企业的认可。

2. 工会权威依附的工会干部职位要靠企业任命

根据韦伯的理论，工会（女工组织）的权威是依附于工会主席（女工委员）的职位的。一个人居于工会主席（女工委员）这一职位，他就具有该职位的权威，当他离开这一职位时也就失去了相应的权威。可是，"工会理解工人的难处，但没有权，我们也要在人家的手里吃饭，受人制约"②。"工厂给工会、女工的位置不正。女工部（委员）不像其他部是处级待遇，她只是比一般干事高半级，位子（职位）不到无法开展工作，许多会议不能参加，不能参加合同的订立，怎么监督，怎么替女工说话维护她们的权益？虽然《工会法》有规定，但到不了位。"③ 工会权威需要依附工会干部的职位，而在企业管理者看来，工会干部是企业任命的，职位是企业"给"的，企业承认"你就是工会领导"，而一旦"不顺从"企业就成为"麦秆"。在这样的情形下，工会的权威只能让位于企业的权威。

3. 工会干部需借助"双重"乃至"多重"身份提升"权威"

调查表明，多数工会干部为兼职，即除了工会干部的身份，还有一个企业行政管理者的身份。在协调生产方面，他们通常视自己为管理者，在维护企业利益上站在管理者的立场关注职工情绪的变化，在充当企业"谋士"时也能顺便表达工人的诉求。这样的双重乃至多重身份的工会干部在企业里很有"面子"，"我们下去找基层协商，利用自己的'面子'……多数问题就解决了"。④ "主席（工会身份）Z 主任（企业管理者身份）去沟通一下，矛盾都能化解……主席是老同志，和下面相处几十年，处理纠纷时也有个看面子（问题）……谁也不想把矛盾扩大……上厂劳动仲裁的问题还没有。"⑤ 这些身份能够增强他们在企业的"权威"。但是，由于企业与工会组织目标的不一致性，这样靠多重身份使工会干部增强的"权威"并不会体现在工会组织里，反而会使工会的权威下降。当发生权益纠纷的时候，这些多重身份的干部通常能借着管理者的权威和工会干部的身份充当"调解人"，而一旦矛盾不可调和，他们只会选择背弃劳动者权益而实现"自保"。

---

① 《陕西企业劳动争议状况调查材料》（6）（王小梅、周风景访谈、整理），西北工业大学妇女发展与权益研究中心项目资料。

② 同上书（10）。

③ 同上书（2）。

④ 同上。

⑤ 同上书（8）。

综上所述，工会并没有足够的权威：工会的"权威"并没有得到企业管理者的认可，工会权威依附的工会干部职位要从企业管理者那里获得，工会干部的"权威"需要借助其企业管理者身份来提升。权威不足，会使组织成员信心减少，组织的资金等物质条件获得也会受到影响，进而影响组织目标和功能的实现。

（三）工会运作所需的物质保障不足

根据相关理论，没有必要的物质条件，任何组织的存在与发展都不可能，工会的物质保障不足会影响该组织的存在与发展，目标、功能的实现也会成为空话。按照《工会法》的规定，工会的经费和其他物质条件是有保障的。[①] 但是调查发现，如果没有企业管理者的支持，工会的物质条件是无法具备的。由于本应来自企业拨款的工会的经费日益减少，"工会现在一点经费都没有……有时看个病号回来，给行政要钱报销，拿脸皮去贴"。[②] "（我们的工会经费）1995 年停发，女工活动靠临街门面房租金收入。"[③] 调查还发现，工会的"成绩"很大程度上取决于企业管理方的财政支持，而工会干部与厂长、经理等主要管理者的关系，"往往决定工会能否获得活动经费以及获得经费的数额"。[④] "我们工会的资金比以前增加了，大多数企业给工会的经费这几年在减少。"而这一切，"主要得益于××公司的领导好，对工会工作重视。企业领导重视与否关系到工会工作开展得好坏"。可见，工会的物质条件受制于企业管理者，工会能否得到资金和其他物质条件的支持取决于工会干部与企业管理者的关系，当工会的"目标"与企业的目标"一致"时，工会就能够获得物质上的支持。反之便可能因为缺乏物质条件而无所作为。工会缺乏独立发挥功能、实现目标的物质条件。

综上所述，在工会构成的诸多要素中，成员构成、组织权威、物质条件等方面均存在问题，这些要素中的问题使得它们在相互联系和作用过程中也势必出现问题，不能实现组织目标和功能。

---

① 经费的法律保障和其他物质的保障分别见《中华人民共和国工会法》第 42 条和第 45—46 条。

② 《陕西企业劳动争议状况调查材料》（6）（王小梅、周风景访谈、整理），西北工业大学妇女发展与权益研究中心项目资料。

③ 同上书（1）。

④ 《法律与现实的差距：对工会法实施难点的分析》，载《中国劳工通讯》2004 年 11月。

三、工会功能的组织结构障碍

根据组织行为学理论，组织结构能够反映组织内部要素及要素间相互关系的构成情况。我们调查的大多数企业工会的组织结构呈部门式结构（见图2）。即工会实际隶属于企业之下，企业根据自身情况决定工会下设何种部门，如办公室、女工部等，一般有专兼职人员3—5人，各车间设置相应分工会部门，全部为兼职人员。从工会组织结构中看，女工组织所处的地位更低，它只是工会的一个下属部门。从外部来看，无论工会还是企业劳动争议委员会都只是企业的下设机构。在这样的组织结构中，由于企业工会所处的地位，纵使工会制定了理想的目标和严密的规范，它也必然受制于企业行政，其人员编制、人员工资、工会经费、办公条件、活动场所、工会的权力都依赖于企业，使工会（女工组织）的维权功能及劳权救济出现障碍。

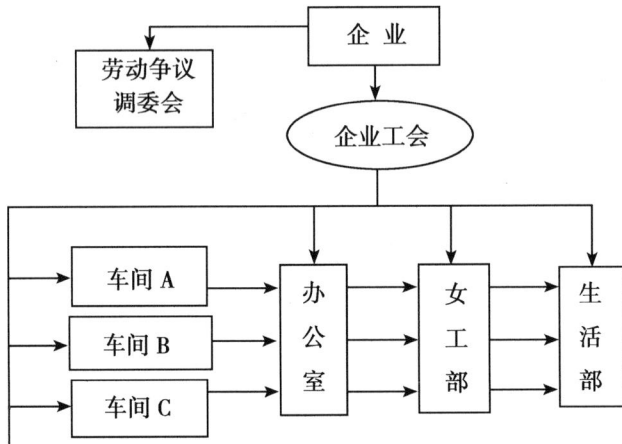

图2　企业工会的组织结构

（一）工会在劳权救济中无法作为

调查表明，工会（女工组织）的劳权（女劳权）救济行为一般是"软骨"的，这取决于工会（女工组织）在组织结构中的地位。在现有结构下，工会（女工组织）劳权（女劳权）救济只能依赖企业管理者的"开明度"和留给工会的空间来进行。在进行权利救济时，工会一般是通过"抹平"的方式到达"目标"的。工会干部（女工委员）会让职工以企业利益和大局为重，以不要"计较""个人得失"为名使职工自我放弃权利主张。"工人也知道厂里没有钱，（发不出工资）工人也感到很无奈。"但"厂里的职工很体谅工厂，从没有闹过事"①。就这样，"没有闹过事"和"没有权利被侵犯"的界限变得日益模糊，并逐渐被画上等号。也许劳动者不太清楚自己的什么权益被侵犯，而作为权利救济主体的工会的干部不仅没有主动进行权利救济，反而认为这是因为"我们工人觉悟高，没说什么"②。

由上可见，工会（女工组织）的"软骨"在于它是企业的下属部门，它无法站在与企业平等的地位独立行事。至于工会应该参加的劳动争议调解，调查了解到的实际状况是：11家受访企业中真正进行过劳动争议调解的只有一家。大多数企业表示基本没有发生过劳动争议。"劳动争议调解委员会的组织编制，常常只是写在文件里或是显示在墙上的一种例行公事。当我们访谈问及时，当事人大都说不清劳动争议调解小组的人员及架构，只是说'有'，但要'查一下'。"③按照受访工会的说法，没有值得上劳动争议调解委员会的问题。更进一步的问题是，即使劳动纠纷进入了劳动争议调解委员会，"代表职工"的工会代表是否能和企业代表拥有平等的地位？工会代表是否还会代表劳动者说话？在这样的组织结构下，工会为职工维权的工作程序通常是：职工找到工会，工会干部就去找当事领导说一说，依赖"人情"、"脸面"和"工作关系"，互作让步就能把问题"解决"，如果行政领导"不买账"，工作就很难做，有时工会干部替职工说了话，反而会遭到报复甚至攻击。工会的劳权救济实际难以进行。

（二）女工组织在组织结构中地位尴尬

结构功能主义认为，组织功能取决于组织结构。在企业工会的组织结构中，企业、工会、女工组织三者依次存在隶属关系，即女工组织是工会的一个下属部门，从组织关系上看，它不仅受制于工会，更受制于企业。这样的组织结构导致女工组织在权利救济时面临尴尬。

1. 女工组织的地位无法与其法定功能对接

女工组织在工会组织结构中的定位是：它是工会的一个下属部门，其组织定位决定它只能在企业和工会的领导下行事。但是这个企业和工会的"下属"部门却拥有"女工会"的"过胀"功能——进行女劳权救济，这仅从理论上讲便无法行得通。

① 《陕西企业劳动争议状况调查材料》（1）（王小梅、周风景访谈、整理），西北工业大学妇女发展与权益研究中心项目资料。
② 同上书（4）。
③ 《企业劳动争议访谈后记》（王小梅、周风景），《西北工业大学妇女发展与权益研究中心项目资料》。

　　实践中的情况是：面对女劳权尤其是特殊权益受侵害的现象，女工组织无力救济。"有的女职工怀孕……就什么也不要了，只要将来保住岗位。"① "虽然已在全厂实行男女同工同酬，但在女职工生育待遇等方面、调工资等方面女性明显处于弱势。"② 面对这样的女性劳动权益受侵害现象，女工组织无法主动救济。"全厂实行轮岗淘汰制（末位淘汰），干部工人都实行，女工因生育影响，打分上不去，只能被淘汰。"③ 这样的问题即使找到女工组织，女工委员也只能说找行政"商量"，如果对方不同意，女工组织也无能为力。还需要关注的是，女职工由于生育问题引发的扣发、停发工资、随意转岗甚至下岗等权益受侵犯的事情，女工组织却将原因更多归咎于女性自身，"女的劳动争议不多，都是生育问题……主要问题在本人（女职工）。"④ 反映出女工干部性别意识存在问题。

　　2. 女工组织在组织结构中的定位反映出性别偏见

　　法律为一个工会的下属机构——女工组织赋予了"女工会"的功能。从工会组织结构中没有一个"男工部"可以分析，这一方面反映了与女性劳动者相比较，男性劳动者在与企业的劳动权利关系上处于较强势地位。女性在劳动关系中的权利尤其是特殊权利遭受侵害的现象较为普遍和严重。女工组织本应针对女性的那些区别于男性的特殊权益，需要女工组织通过各种工作要求企业对女性的特殊权益做出与男性不同的对待，而其他属于男女两性普适的劳动权益则由工会的其他配套机构进行救济。然而，现实中对女工组织功能的定位偏差还在于本来应该按业务进行的分类被重新划定，女工组织被赋予了为整个女性族群进行劳权救济的功能，把本来属于工会其他部门的功能只因涉及女性这一不同于男性的性别，全部纳入女工组织，让一个组织结构中权力及人员配置有限的"第三级"部门承担工会也难以承载的功能，是将女劳权边缘化的一种表现，这种性别偏见只能导致女工组织功能受阻。

四、结论

　　法律赋予工会（女工组织）最基本的功能：代表职工（女职工）的利益，依法维护职工（女职工）的合法权益（和特殊利益）。但在现实中，工

---

　　① 《陕西企业劳动争议状况调查材料》（2）（王小梅、周风景访谈、整理），西北工业大学妇女发展与权益研究中心项目资料。

　　② 同上。

　　③ 同上。

　　④ 同上书（7）。

会（女工组织）无法有效进行劳权（女劳权）救济，也没有救济的途径。事实上，工会（女工组织）的现实功能大都偏离了法定功能，它们常常以多重身份出现，更多扮演了企业管理者的角色，把缓解企业管理者和劳动者的矛盾，充当企业管理者的生产管理助手，为企业管理者承担了大量的行政事务。工会（女工组织）的现实功能偏离法定功能的原因，可以从工会组织的构成要素和工会（女工组织）的组织结构中进行探讨。

在工会构成要素中，成员构成中工会干部构成问题较多，如人手极少及企业行政兼职；工会的权威不具备与企业的对等性，企业并不承认工会的权威，因为工会权威所依附的工会干部职位任命有赖于企业，工会干部只能借助多重身份，尤其是企业管理者的身份提升"权威"，但这一"权威"的目标是多元的；工会运作还缺乏物质上的保障。尽管国家不断出台措施通过税收减免等方式促进企业建立工会并保障工会的费用，但事实上，工会能否得到这些费用仍然取决于企业管理者。上述诸多工会构成要素中的问题会对工会组织目标和功能实现带来影响。

从工会的组织结构看，工会只是企业的一个下属部门，当劳动者权益受到企业侵犯时，工会面对上级部门的企业只能是"软骨"的，而处于工会下属部门的女工组织情况更是如此。工会（女工组织）在进行劳权（女劳权）救济的时候，只能依赖企业管理者的"开明度"和留给工会的空间进行。因为即使劳动者和企业的劳动争议交给了企业劳动争议调解委员会，劳动者和工会的权威相加也不可能形成"合力权威"，这也使得"劳动争议调解委员会常年无争议"成为普遍现象。女工组织在工会结构中的地位更加尴尬，处于企业和工会的权力控制之下，却要承担与工会平行的功能，这种对接从理论上讲都行不通。从女工组织的组织结构及功能定位还反映出性别偏见的问题。

由于上述种种障碍，工会（女工组织）的法定功能无法转化为现实功能。工会（女工组织）淡化了权利救济的重要义务，转而和企业管理者一起教育职工"企业利益＝集体利益＝国家利益"，"职工权益＝职工利益＝个人利益"，[①] 个人利益应当让位于集体利益——这是我们多年形成的思维和习惯。面对劳动者权益受侵害的现象，工会只能像"小媳妇"般在企业行政的容忍度内"维权"。如果工会不从构成要素和组织结构上有所改变，工会的依附性就不能改变，为劳动者维权必然是空话。而无论如何，我们相

---

① 王小梅、周凤景：《企业劳动争议访谈后记》，西北工业大学妇女发展与权益研究中心项目资料。

信"工会的这种状况迟早会成为历史的一页翻过去，但也许还要时日"。①

参考文献

1. 关怀：《劳动法》，中国人民大学出版社 2005 年版。

2. 竺乾威、邱柏生、顾丽梅：《组织行为学》，复旦大学出版社 2002 年版。

3. 陈树文：《组织管理学》，大连理工大学出版社 2005 年版。

4. 孙冰：《企业女职工维权工作刍议》，《中国劳动关系学院学报》2006 年第 4 期。

5. 《中国劳工通讯》（1—10），http：//www. clb. org. hk。

6. 张千帆：《保护劳工权利可尝试工会改革》，《南方周末》2008 年 8 月 28 日。

7. 田芝健、韦刚：《政治文明视野下的工会维权》，人民出版社 2007 年版。

---

① 王小梅、周风景：《企业劳动争议访谈后记》，西北工业大学妇女发展与权益研究中心项目资料。

Function of Labor Unions During Remedy of Labor Rights on Women

[**Abstract**] It is well-known that the women branch of labor unions is empowered to guarantee legal rights of women workers. But there is a distance between empowerment and practice. The paper examines the reasons from standpoints of organizational factors and organizational structure. The reasons from standpoint of organizational factors may include limited cadres and multi-identity of cadres, less of authority and material guarantee. The reasons from standpoint of organizational structure may include inequality of enterprises and labor unions, which make labor unions, especially women branch, shrink and remedy impossible. The organizational structure embodies gender prejudice. If the above problems can't be resolved, it's difficult for labor unions to perform his functions.

[**Keywords**] Labor unions; Women branch; Labor rights of women; Function; Remedy of labor rights

Duan Yanhua　Ma Changrui
（段燕华　西安建筑科技大学人文学院副教授。）
（马长蕊　西安建筑科技大学人文学院研究生。）

女性劳动权的法律援助

一、法律援助的概念

法律援助是国家为了充分的保障公民的法律权利，对涉及法律事务而无经济能力聘请律师的当事人由国家代为支付律师费用的制度。

我国目前的法律援助制度是 1994 年由司法部提出建立的。为了规范法律援助市场，充分调动已有资源更好地开展法律援助工作，司法部一直在积极推动法律援助的立法工作。这项工作主要是从两方面展开的：一方面积极制定律师法律援助工作方面的法律法规；另一方面大力加强与工会、妇联、残联、共青团等社会团体的合作，推动这些社会团体利用已有的资源对特有人群的法律援助工作。

在律师法律援助工作的开展方面，1997 年开始，司法部先后独立制定或者与最高人民法院、最高人民检察院联合下发了多部文件，计有 1997 年 5 月《司法部关于开展法律援助工作的通知》、1997 年 7 月《最高人民法院和司法部关于刑事法律援助工作若干问题的联合通知》、1997 年 11 月《司法部关于开展公证法律援助工作的通知》、1999 年 4 月《关于民事法律援助工作若干问题的联合通知》、2001 年 4 月《最高人民检察院、司法部关于在刑事诉讼活动中开展法律援助工作的联合通知》、2001 年 11 月《司法部关于进一步加强法律援助工作的意见》等。

在与社会团体合作方面，也先后制定了多项政策法规：1996 年 11 月 12 日司法部、共青团中央联合制定《关于保障未成年人合法权益，做好未成年人法律援助工作的通知》；1996 年 10 月 23 日司法部、民政部《关于保障老年人合法权益，做好老年人法律援助工作的通知》；1997 年司法部、全国妇联《关于保障妇女合法权益，做好妇女法律援助工作的通知》；1996 年 11 月 5 日司法部、中国残疾人联合会《关于做好残疾人法律援助工作的通知》；2002 年 11 月 21 日司法部、全国总工会《关于保障职工合法权益，加强职工法律援助工作的通知》。

这些法律法规的颁布施行，为维护社会公正、保障公民合法权、推动我国的法制建设起到了不可替代的积极作用。但仍然存在不少困难和问题：法律援助的性质不明确，援助经费严重短缺；法律援助人员身份不明确，缺乏激励社会执业律师从事援助工作的激励机制；没有社会团体、事业单位等社团组织人员参与法律援助的空间，造成了法律资源的浪费和法律服务市场的混乱。有鉴于此，经过多年的酝酿，2003 年 7 月 16 日，《法律援助条例》经国务院第 15 次常务会议审定并通过。[①]

《法律援助条例》参照国外的立法例，将法律援助分为国家援助和民间援助。明确规定："国家支持和鼓励社会团体、事业单位等社会组织利用自身资源为经济困难的公民提供法律援助"，第一次以法律的形式肯定了民间法律援助的独立法律地位。

二、针对女性的民间法律援助

民间法律援助的受援人主要是四大弱势群体：老年人、未成年人、残疾人、女性。在上述群体中，前三类都是以年龄和生理方面的弱势来划分的，主体可能是男性，也可能是女性，唯有第四类是以性别划分的，专门针对女性，可见女性权利的保护是被国家视为一项重要工作来进行的。专门针对女性的民间法律援助工作是在综合分析了女性对法律援助的需求和女性法律援助的供给后确定的一项以性别为视角的援助工作。

（一）女性法律援助需求[②]

1. 女性法律权利与现实权利的差距

（1）立法层面。男女平等是一个不争的事实，而且我国还是世界上将男女平等作为基本国策写进宪法的较早的为数不多的几个国家之一。从《宪法》到《妇女权利保障法》，从《婚姻法》到《劳动法》，涉及女性的权利很多，涵盖了政治、经济、文化、社会权利的方方面面。这些权利分为两个方面，一是以男性为参照的平等权，一是基于女性特殊生理特点而规定的特殊保护。这些权利包括：政治权、文化教育权利、劳动权、财产权、人身权、婚姻家庭权共六项。法律的权利只是展示了一幅国家意志所勾画的理想画面。法律在现实中的实施是一个复杂的过程，最终的绩效取决于多方面的因素：与传统文化是整合还是碰撞、[③] 司法成本的投入、程序法的设定、舆论的导向等。

---

① 国务院法制办政法司等编：《法律援助条例通译》，中国法制出版社 2003 年版。
② 郭慧敏：《民间妇女法律援助问题探讨》，《妇女研究论丛》2001 年第 3 期。
③ 朱苏力：《法制及其本土资源》，中国政法大学出版社 2004 年版。

（2）司法现状。第一，法律赋予女性的很多权利，因与本土文化的冲突而无法在现实中实际享有，也就是这些法律权利在现实中是缺失的。中国近现代的立法史从某种意义上讲就是一部外来法律的移植史。清末的立法修宪，就是在外来列强的变革压力下，从日本移植而来的德国法律体系。进入20世纪80年代，因为国家法制建设的需要，新颁布了一系列法律法规：《民法通则》、《继承法》、《合同法》等，这些法律法规的制定，也同样缺乏对本土文化的反思，没有有效地建立起与本土文化融合的桥梁。就说《继承法》吧，明确规定男女有同等的继承权。但在传统文化氛围厚重的农村地区，女性仍然没有继承权。这在有的地区已经形成共识，不但男性如此认为，女性也承认这一现实。有的地方政府对农村所谓"双女户"的特殊政策优惠，从表面看是对这些农户的利益的保护，但实质上是对女性地位的漠视，是以女性无法赡养父母、无能力顶门立户为政策设计的前提的。

第二，我国法律中所赋予女性的大多数权利不具有可诉性，权利的享有没有可靠的法律保障。举一个众所周知的例证：《妇女权益保障法》中明确规定："国家机关、社会团体、企业事业单位在任用干部时必须坚持男女平等的原则。"但很多与男性能力相当、甚至比男性更有能力的女性却无法得到提拔，这就是学界所称的"玻璃天花板现象"。面临这种处境的女性是投诉无门，更别提用法律手段维权了。新中国成立50余年来，未有一起因性别而未获提拔的案例浮出水面，权利的不可诉性由此可见一斑。

第三，法官的法律素养欠缺，有时也是案件胜诉难度大的重要原因。就拿轰动一时的雷曼、童女士、何女士状告男性上司"性骚扰"案件来讲，只有何女士因持有上司手写的道歉信这一直接证据而获胜外，其余两案均以败诉而终结。在童女士一案中，有证人证明曾听见从被告的办公室传来童女士反抗的声音，但法院认为因为证人不能证明童女士反抗的是被告，证据不能采信。如果法官不是僵死的从文意上理解证据的真实性的含义，而是从法理的高度了解民事证据的优势证据原则，加上合理的社会逻辑推理，童女士的案件应该有另一种结果。

2. 女性群体处于权利弱势地位

西蒙·波夫娃在《第二性》一书中，客观、无情地阐述了女性的现实地位，撕下了原来罩在女性身上的、掩盖了女性无助的真实地位的面纱，让两性同为这种残酷的现实所震撼。女性被定位于一个需要男性保护的地位，为了得到这种保护，女性必须付出代价——尊严、自立、平等。无论女性是按照男性社会设定好的模式去生活，还是反叛这种模式，在一个男权的社会里，她都是无助的。如果她接受这种模式，按照规则她必须能够寻找到一个男性愿意担当保护者的角色——她的父亲或她的丈夫。如果这个保护者不合格或过早地离开她，她将无法保护自己的权益。即使幸运的碰到一个好的保护者，她面临的处境是交付自己的所有权利。19世纪的英国，妻子不经丈夫的同意，甚至不能接受任何赠与。① 如果她反叛这种规则，社会将视她为另类，甚至她的同性也会排斥她。在收获自由和尊严的同时，她备受伤害，倍感孤独。当今社会对于女强人的评价，不正反映了女性的这一矛盾吗？一个男人在事业取得成功时，可以很骄傲地称自己的妻子是贤内助，为自己牺牲了很多。而同样的一个女性成功人士最大的可能是没有家庭，即使有，她也只能心怀内疚地说：愧对丈夫、孩子，为了事业忽略了他们，希望能够被原谅，自己会在以后尽力弥补。如此的反差，不也正说明了女性在社会生活中的尴尬处境和权利弱势地位。

3. 女性权利救济障碍

（1）经济障碍。在现实生活中，女性的高等级职务和社会财富的占有量都小于男性，导致女性在经济上的平均承付能力低于男性。而我国诉讼法上所设置的案件程序，耗时耗力，一般的女性当事人根本无力承担。据广州市劳动保障局的一个调查，一件劳动争议案件平均需要1207天才能结案。如此长的周期，仲裁委、法院的不时传唤，这些成本对经济上本就弱势的女性而言其承受力远低于男性，这也成为部分女性无法将诉讼进行到底的重要原因。

（2）社会人际障碍。普通老百姓结合现在的司法现状，把诉讼又叫"打关系"。传统的中国家庭是"男主外，女主内"，女性的生活以家庭为圆点，孩子为半径，社交机会少，社会网络小，在诉讼中人际障碍大于男性。符合法律援助条件的受援人更是处于边缘，这种现状会加大她们的恐惧心理，谈诉讼色变，甚至可能导致她们放弃权利。对于这类受援人，客观地分析案情，理性预见维权后果，帮助她们建立维权的信心是至关重要的。

（3）文化障碍。中国传统文化里，公认的女性美德是：含蓄、忍让、贤惠，要求女性内敛、不张扬，连笑都最好不要露出牙齿，抿嘴一笑有那么个意思就行了。而诉讼是要据理力争、出头露面的，与传统文化对女性的认知是背道而驰的。因此，当女性通过诉讼维权时，公众舆论会给她打上"难缠""刁钻"的烙印，而男性却会被视为"不好惹""难对付"。对于男女两性评价的差异，往往导致女性因名声不好而在诉讼中不利，但男性往往

---

① 莫泊桑《漂亮朋友》一书中，杜洛瓦的妻子玛德莱茵得到了一笔遗产，但按照当时的法律规定，妻子的民事行为须有丈夫的认可，杜洛瓦要求妻子转赠给自己一半，作为同意的条件。虽然是文学作品，但这个描述不会背离当时的社会环境。

因为人们怕惹麻烦而获利。加之中华民族是一个"厌诉"的民族，任何事情一旦诉讼，双方的交往就往往因此而终结。女性通过诉讼维权要背负比男性更大的心理压力。

（4）家庭分工导致的障碍。在家庭里，女性比男性承担了更多的家务活：带孩子、洗衣物、做饭，这些内容几乎占据了女性大部分的非工作时间。当权利受到侵犯时，不论是用诉讼的方法还是调解的方法，都是需要投入大量的时间。如果找不到妥善的办法来解决这个问题，女性有可能在维护一个权利的同时丧失了别的权利，付出的代价远远高于男性。在现实中，有的女性为了照顾家庭，只好放弃权利诉求；有的是将诉求的权利让渡给家庭中的男性，由男性代为诉讼；有的因为诉讼忽略了家庭，导致家庭不和……女性承担了较男性更多的家庭义务，在客观上形成女性维权成本高于男性的现实，加大了女性权利救济的难度。

4. 女性权利意识的觉醒。在原有的计划经济模式下，出于政治的需要，国家赋予女性很多的特殊保护。而且这些保护措施在强大的国家调控手段的强力推行下，得到了完备的保护推行。但随着计划经济向市场经济的转轨，国家调控力量的减弱，女性特殊保护愈来愈受到漠视，女性权利的国家保障力度愈来愈小。权利的被侵犯，逐渐改变了女性被动接受保护的心态，她们开始主动争取权利。另一方面，随着改革开放的进程加快，开放的领域愈来愈多，西方的权利理念愈来愈多地传播进来。尤其是1995年世界妇女大会在怀柔的召开，是一次集中地将多年妇女运动的理论和实践带入中国的大会，这也极大程度地推动了女性的权利观。在新形势下，女性开始有了自主的权利要求，呐喊出女性自主的权利话语。女性权利意识的觉醒，极大地扩展了女性权利的内需。

（二）女性法律援助的供给

女性法律援助主要涉及两方当事人：援助者和受援助的女性。从供求关系的角度来讲，援助者是法律援助的供给者，受援的女性是法律援助的需求方。供给和需求是一个问题的两个方面，缺少任何一方将导致所探讨的问题虚无化。因此，在谈及女性的法律援助时，单单强调需求是不够的，供给方面存在的问题也同样彰显着将女性作为特定援助对象的法律援助工作的重要性。

1. 在国家援助中，主要的援助人是社会执业律师

社会执业律师较其他的援助人来讲，因为长期专业的从事诉讼、咨询等法律工作，有更丰富的社会实践经验；现有的执业律师大多经过了法学院校

的专门培训，拥有扎实的理论基础，由他们来对受援人提供法律援助有其优势，但在专门为女性而提供的法律援助方面，社会执业律师确实存在明显的弱势：

（1）大部分社会执业律师缺乏以社会性别为视角来看待社会、法律等问题的理论指引。我国的公安、法院等部门又被称为"政法部门"，法学院校都称为"政法院校"，法学教育有着浓厚的政治色彩。中国是社会主义国家，奉"男女平等"为基本国策。因此，男女在法律上是不存在差异的，对现实中的男女不平等现象是作为社会主义社会还未来得及消灭的阶级丑恶现象来抨击的，缺乏理性分析这种现象的社会的、历史的、人类的深层根源的土壤。反映到法学教育中，就是社会性别视角理论的缺失。而从事对妇女的法律援助工作，这种视角的缺失将直接导致不能很好地维护妇女的权益。

（2）社会执业律师从事法律援助工作，是在背负着激烈的社会竞争的条件下因为社会责任感而为的一项工作。因此，社会执业律师在工作中更可能钻研的是社会需要的、能带来经济收入的刑事、民事方面的法律法规，针对女性权益的专门的研究可能较少，至少现在在媒体的宣传方面还没有见到这样的专职律师。这方面专门研究工作的减少，势必影响到代理的质量，最终影响到女性权利的维护。

（3）律师长于诉讼或者是非诉调解工作，对在女性援助工作中需要应用到的其他工作方法相对陌生，比如：赋权的方法、心理疏导的方法、整合社会力量的方法、推动立法的方法等。女性援助工作的重点并不是一事一案的成败，更主要的是通过个案的经验，给女性赋权，提高整个女性阶层的权利意识，起到以点带面、事半功倍的作用。这是社会律师所不擅长的。

从上面的分析可以看出，单纯由社会执业律师来从事女性法律援助是远远不够的。

2. 除国家的法律援助外，民间法律援助也是法律援助工作的有效补充

四大弱势群体的法律援助工作，分别由残联、妇联、共青团等机构来援助。但只有妇联一家是专门从事针对女性的援助工作的。中国女性的实际地位，按照1988年加拿大蒙特利市"世界生产力科学联盟第六届大会"的评定，在150个国家中排第132位，依据美国人口危机委员会的综合指标，在99个国家中排第51位，现实并不乐观。而且中国幅员辽阔、人口众多，存在大量权益问题的女性多分布在远离城市的边缘地区，光靠妇联一家的力量要解决如此庞大、分散的群体的问题，有一点捉襟见肘。其他民间法律援助机构参加到这项工作中来是非常必要的。

三、对女性的劳动权益实施法律援助

《劳动法》、《妇女权益保障法》规定了女性的六大权利：政治权、文化教育权、劳动权、财产权、人身权、婚姻家庭权。这六大权利对女性而言都是至关重要，缺一不可的，同时每一项的法律权利与现实权利之间又是有极大差距的，并不是每一项权利都在现实中能够实现。每一个民间援助机构的资源——人力资源和经济资源都是有限的，不可能在向女性提供法律援助时将自己的工作范围涵盖所有的法律权利，只能选择一至两个法律权利作为自己的工作重点。我们选择女性的劳动权益作为工作重点，是经过了长时间的工作实践，通过大量的案例、访谈等工作了解到女性的需求后做出的选择。

（一）六大权利的关系

六大权利是为了便于理解而进行的学理上的划分，是对应然权利的高度概括总结，现实权利并不是按照这样的规定而存在的，现实权利也不可能像法律权利那样与邻近领域的区分是泾渭分明的。因为这一原因，一方面，六大权利在外延方面是互有交叉的。教育权中的职业教育和培训权，又是劳动权的一部分；所谓同工同酬权、获得劳动报酬的权利即是劳动权也是财产权的内容；参与企业的民主管理，既体现了政治权中参与经济事务管理的权利，也是劳动权的重要内容；反对职场性骚扰，既保护了女性的人身权利又保障了女性的劳动权利……另一方面，六大权利联合起来构成一个有关女性权利的完整的保护网，六大权利在这个权利保护网中是互动的，任何一个因素的改变，都可能会造成其他因素的变化，而这个变化又会再反作用于原来的自变量，导致一个循环往复的不停的变化。在这个网中，没有任何一个权利的变化可能是孤立的。举例来讲，女性劳动权得到保护，女性就会有稳定的经济来源，这会提升女性在家庭中的地位，成为家庭和睦的一个变量。家庭中良好的男女平等教育，耳濡目染，会影响到孩子在社会上对待异性的态度。无数个平等的态度，会改变社会风气。社会风气的改变形成良好的社会氛围，又有力地促进女性权利的保护；另一个变量可能是社会不再歧视女婴，增multe了女孩受教育的机会，女性的地位得到提高，劳动权得到保障：不同的因变量会导致变化沿着不同的轨迹发展下去。且自变量和因变量的关系在现实中并不是一成不变的，它们可能互为因果，如此过多形成一个良性循环。当权利的保护陷入恶性循环时，任何一个权利都可以作为工作的突破口，凭借它的变化来带动全局的变化。初始自变量选择的不同，可能影响到的是绩效最终出现的时间的长短。选择有的权利作为突破口，我们所期望的绩效会在很长时间以后才出现；而另一些选择，会使这一时间大大缩短。

选择劳动权作为工作重点，就是充分考虑到劳动权与其他权利之间的关系以及劳动权自身的特性，判断以劳动权作为突破口开展工作，可能在婚姻、子女教育、社会稳定方面的绩效能更快地产生。

（二）随时代的变迁，劳动权与女性自身利益的结合愈来愈紧密

中国有句俗话叫"男怕入错行，女怕嫁错郎。"在婚姻和事业这两个亘古不变的话题中，传统的观念将事业与男性结合，而将婚姻捆绑在女性身上。但随着"五四"新思想在中国大地的传播，男女平等的观念愈来愈被大多数人所接受。尤其是新中国成立后，共产党大力推行男女平等国策，并通过种种措施积极地将女性推向社会工作岗位，"工作"也逐渐成为女性生活的重心，既怕入错行，又怕嫁错郎，成为女性双重的担心。在最初三年的法律援助工作中，也曾以婚姻作为工作重点，希望能够通过法律手段保护在婚姻中受到伤害的女性。但三年的援助工作，我们经常会发现这样的话语："如果我有能力自己养活女儿，我一定和他离婚。你都不知道我这几年过的是什么日子！就是因为孩子要上学，我没有办法承担那些开销，才和他凑合的"，"我如果有房子，早就搬出去了，还受他那窝囊气"。"他看不起我，还不就是因为我没工作，要他养活"。这些话语隐含着一个被忽视的浅显道理：家庭权利有时候是社会权利的晴雨表。当社会权利缺失的时候，家庭权利可能很难争取到。女性在这种情况下，只能选择忍受，同时她们意识到，要解决女性的实际问题，更应该是向社会要权利，提高女性的社会地位，让女性有参与社会活动的空间，谋求与男性平等的经济权。有几个成功的案例也印证了这一点：北大妇女法律研究与服务中心在 2002 年援助的河北一个受虐女性，就是因为重塑信心，从卖早点开始逐步取得独立经济权后，彻底走出了婚姻的阴影。劳动权成为女性重要的人权。劳动权的实现，女性取得了独立的经济地位，也获得了在社会大舞台上充分地展示自己的机会，不必再将自己囿于家庭的小范围里。

（三）在社会变革中，劳动法律关系的变化导致女性权利边缘化的程度强于其他法律权利的变革所带来的影响

随着社会的变革，女性六大权利在现实社会中也受到冲击，较以前的现实状态有不同程度的变化。这种变化有向好的，也有日趋恶化的。政治权和

文化教育权总的来讲是有好的发展，虽然在局部有恶化的现象存在。女性因为接受高等教育的人数呈绝对增多趋势，相应的，在领导岗位上的女性也就成正比的增加了。独生子女政策推行已二十余年，大多数家庭都只有一个孩子。原来因资源有限而取决于性别偏好的资源分配问题，失去了依存的条件。加之舆论对知识重要性的宣传，导致每一个家庭格外认同对教育的投资，其最终结果是无论男孩女孩都能够在家庭现有的条件下享有最好的教育。但其他权利的现状却不容乐观。贩卖妇女、强迫妇女卖淫、性骚扰的案件屡见报端；离婚率呈逐年上升趋势，女性独自带孩子的单亲家庭愈来愈多；女职工因为生育、拖欠工资、违规辞退而与用人单位对簿公堂的情形也屡见不鲜；女性退休或失去工作岗位后的贫困化问题也愈来愈严重，有的有病不敢治，有的甚至捡拾菜场的烂菜叶为生……在这种种情形下，与男性、与其他法律权利的改变相比，女性在劳动地位的改变上经受的震荡更大，被边缘化的速度更快，程度更深。女性就业人群按照是否曾进入职场，分为下岗女工、在岗人员和新生劳动力；按照女性的社会身份又分为城市女职工和打工妹。

（1）下岗女工。当面临工作人数众多和经济效益下滑的双重压力时，必然有一部分劳动者会被挤压出来，首当其冲的是女性。在这个过程中，女性下岗人数与男性下岗人数之比明显高于原职工人数中女男性别比。在再就业工程中，女性的再就业人数与男性再就业人数比又明显低于下岗职工中的女男性别比。女性再就业大多数的岗位是家政工，也即将女性原来在家庭中的角色社会化了。这种工作技术含量低，经过少量的培训就可以胜任，竞争力低，不利于女性的自我发展，与社会保障系统的接轨方面也存在着许多障碍。如果作为解决问题的近期现实目标还是具有可行性的，但如果在再就业工程中长期将其作为方针来推广，会不利于女性的发展。

（2）新生的女性劳动者进入职场的障碍也增加了。在计划经济体制下，国家出于政治需要和保护劳动资源的目的制定了一系列专门保护措施，因为政府对用人单位约束力的下降，已经很难得到落实。20世纪80年代，陕西省政府为了解决铜川煤矿职工女性孩子的就业问题，曾下发文件要求陕西的各大棉纺厂在招工时优先录用煤矿子女。但在现在的企业自主经营的情况下，政府已经失去了这种特权。而企业在追求效益最大化的原则下，会选择成本更低的男性劳动者。

（3）外来打工妹。因为中国现行的城乡完全隔离的户籍制度，打工妹有着比城市女性更多的困惑，她们除了受到性别歧视外，还受到身份歧视。因为"城市移民"的身份和工作岗位的不稳定，打工妹难以进入社会的保障系统；缺乏社会支持网络；权利意识缺失，有时意识不到权利受到侵犯；即使有了这方面意识，也不知道如何维护。她们的权利受到侵犯的情况更严重。

女性的劳动权在某种意义上就是女性的基本生存权，是女性人权的重要内容。保障女性的劳动权，就是保障女性的人权。

（四）顺应政府的下岗再就业政策，借助外力，更好地为弱势女性提供法律援助

我国的下岗再就业政策是 2003 年 4 月 1 日开始实施的。从 1996 年开始，我国第一次出现了经济和就业的不同步增长，到 1998 年形势更加严峻。1998 年 5 月召开了全国下岗职工再就业工作会议，设立了下岗再就业中心，逐步采取措施解决职工的生活问题。2001 年经过三年多的努力，在初步保障了下岗职工的基本生活的情况下，工作重心转为下岗再就业问题。通过积极的财政政策、稳健的货币政策，以提高经济增长对就业的宏观拉动力，创造就业。同时实现与市场匹配的劳动力政策，缓解结构性失业，减少失业。政府并制定了多项鼓励下岗职工自谋职业的优惠政策，建立社会保障系统，保障职工的基本生活。劳动权利关乎社会稳定，政府对于职工劳动权益是高度重视的。我们的工作方向与政府的工作重点的吻合，能够得到多方面的支持，充分利用多方面的资源，更好地保障女性的权益。

四、法律援助工作的方式和策略

（一）工作的方式

1. 咨询

咨询是了解女性法律问题的最直接窗口，也是女性权利出现问题后寻求帮助的首选途径。很多小的纠纷通过咨询就可以解决，因此，在咨询的过程收集到的信息量比诉讼阶段的要大得多、全面得多。从中可以分析出女性共同的权益问题和不同阶层的女性的不同的权益需求。比如在女性提前退休的问题上，普通的女职工愿意比男性更早的脱离工作岗位，而职位较高或者是知识女性，却认为女性比男性更早的退休是一种对女性的歧视政策，这就是女性群体对于权利要求的差异性。认为用人单位不愿意录用女职工的现象是不公平的，则是女性的共识。咨询阶段的工作，不是仅仅掌握法律知识就可以应对的，还需要具有情感支持方面的经验，发现女性不便于言表的隐含问题的技巧，对志愿者的要求很高。

2. 导诉

因为资源有限，不可能对所有的案件都提供直接的帮助。对于一些法律关系比较清楚、事实简单、当事人有能力自己解决的问题，我们一般是派出律师给予指导，并不直接代理出庭或者调解，用一句通俗的话讲，我们这时是"幕后军师"。选择这样做，一方面是出于提高资源利用率的考虑，另一方面是希望通过独立解决个案，向受援人赋权。在提升她们能力的同时，以她们为圆点，将维权知识传播开去，以点带面，最大限度地发挥有限资源的使用效率，使更多人受惠。

3. 代理

代理是最主要的援助形式。是指接受受援人的申请，指派援助人，代理受援人完成某一阶段的诉讼或者是非诉讼法律事务。受援的案件一般需要具有一定的典型性，案情比较复杂，涉及法律法规的盲点问题，仅凭受援人自己的能力无法完成。援助人是专职律师。对这些难度较大的"硬骨头"案件的直接参与，能更深刻地探究到案件中的权益问题，为我们的研究工作提供第一手的翔实的资料。对这些在案件中发现问题的深入研究，为解决这一类带有共性的案件寻求立法或者是司法上的更好的解决方案。

（二）策略

1. 为女性赋权、提升女性权利自治能力

在法律援助中为女性赋权是一个很好的理念和方法，主要有个案辅导和女性培训两种模式。通过个案辅导，使女性了解法律的一般框架，不仅可以处理当前的问题，还学会了解决问题的方法、策略，有的甚至可以在同伴遇到同类问题时现身说法，提供帮助。进行女性培训，是因为在工作的过程中发现有的女性有严重的依赖思想。计划经济体制下依赖政府，现在是依赖工会甚至是援助者，而忽略了对自身资源的挖掘和自治能力的提升。培训的目的是让受援人发出自己的声音，讲出自己的诉求，重塑信心，使权利意识和自治能力得到提升。在法律资源有限的情况下，为受援人赋权，能够扩大有限的资源，带来更多的经济效应。

2. 专职律师轮换制和志愿者的有限参与相结合

专职为女性提供法律援助的民间法律援助工作者的前景存在一定问题：《律师法》中规定律师执业资格的取得必须由律师事务所来申请，而大量的民间援助机构不可能是律师事务所。因此，我们的律师都是通过律师事务所申请执业证的，这给民间援助机构的发展制造了障碍。有鉴于此，我们建议

专职律师只工作 2—5 年，这对一个机构可能是损失，但对于法律援助工作将会是一个无形的推动。律师的轮换，将会使一些有益的工作理念和方法得到传播。志愿者的有限参与，不仅可以调动人力资源的优化组合，还兼顾了不同的志愿者的不同的工作需要。比如说，法官可以参与培训、案例讨论。而法学教师可以直接代理案件、媒体宣传。这样，机构的发展和个人的发展有效协调，有利于形成一支稳定的志愿者队伍。

参考文献

1. 李中春：《法律援助与和谐社会的构建》，《中国律师》2005 年第 6 期。

2. 宫晓冰、高贞：《中国法律援助的实践、探索与前景》（下），《中国司法》1997 年第 6 期。

3. 司法部法律援助中心调研组：《社会组织参与法律援助工作的调研报告》，《中国司法》2005 年第 10 期。

4. 王立民：《法律援助与"诊所法律教育"》，《政治与法律》2005 年第 1 期。

5. 《中国法律援助的理论与实践》（妇女法律援助发展研讨会论文集），中国人民公安大学出版社 2002 年版。

6. 房文舒：《妇女劳动权的法律保障研究》，东北师范大学出版社 2007 年版。

Legal Aid of Labor Rights on Women

[**Abstract**] The legal aid system in China was born in 1994. The government noticed the existence of social groups such as labor unions, women federations and disabled associations at the birth of the legal aid system. At present, governmental agencies on legal aid mainly touch necessary criminal defenses and a few civil litigations. The prosperous development of non-governmental agencies makes up for what the governmental agencies ignore and effectively lightens contradiction of short supply in legal aid. Different non-governmental agencies focus on different social groups, which make legal aid special. Traditionally, the old, children, women and the disabled are treated as disadvantaged groups. Of them, only women are listed according to gender, which shows not only special protection of women but also the disadvantaged position of women in gender. The law on women's rights and interests stipulates six leading rights of women. The six rights are independent respectively and interactive. In order to promote virtuous circulations of protection of women, it is wise to select one of the six rights as target and produce demonstration effect. In practice, we choose protection of labor rights as focus. What we do, such as employment of women, professional training, promotion, labor protection and payment, centers around empowerment and improve women ability.

[**Key Words**] Legal aid; Non-governmental legal aid; Women; Labor rights

Gao Tao

（高　涛　陕西大秦律师事务所律师。）

国外工作中男女平等法律制度的比较研究

　　工业化以来，女性越来越多地参与到劳动力市场的竞争中，第一次世界大战期间由于劳动力短缺，女性大面积进入职场。战争结束，男性虽然又接管了大部分工作，但是就业的性别模式已被打破。第二次世界大战上述过程重演，战后性别分工发生了戏剧性的变化。① 女性进入劳动力市场受到诸如经济、女性自身需求、国家制度等多因素的影响。家庭的经济压力改变传统家庭的模式，许多家庭发现为了维持一种理想的生活方式需要双份收入；还有一些女性是为了实现个人的愿望，并响应 20 世纪 60 年代和 70 年代妇女运动所倡导的男女平等的号召而选择进入劳动力市场。② 女性参与比率从 1949 年的 26%，发展到"现今，女性在全球劳动力中占到了 40% 以上，其中大约有 70% 分布在发达国家，发展中国家 60% 的女性从事有薪工作"。③ 这一数据的变化表明，男女在工作中的平等本身并不是一蹴而就的，是一个渐进的过程，与国家采取法律与政策的手段是密不可分的。这些制度中有共性的一面，也有根据各国不同的情况建立的特有的法律制度。制度上的差异也使我们看到各国在实现男女平等就业方面的差距。④ 以欧盟为例，女性在劳动力市场的比例最高为瑞典（48%）、芬兰（47%），最低的为西班牙（35%）和意大利（36%），⑤ 所以我们有必要了解国家之间的不同，以更好地实现男女工作中的平等权。

---

　　①　［英］安东尼·吉登斯著，赵旭东、齐心、王兵等译：《社会学》，北京大学出版社 2003 年版，第 494 页。

　　②　同上书，第 495 页。

　　③　ILO：*Facts on Women at Work*，www. ilo. org/public/english/region/eurpro/budapest/download/womenwork. pdf.

　　④　在国际劳工组织和世界经济论坛建立 2008 年性别差异指数的综合排名中，北欧国家位于各国的前列，男女之间的差距较小。欧盟大多数国家排名较前。与大多数发展中国家相比较，发达国家总体排名较前。

　　⑤　EU：*Industrial relations in the EU Member States and candidate countries*，30 September，2002 http：//www. eurofound. europa. eu/eiro/2002/07/feature/tn0207104f. htm.

一、工作中男女平等法律制度在国内法的演进

工作中男女平等是"男女平等"在工作领域的延伸，核心是平等权利的实现。男女平等是指男女的人格尊严和价值的平等以及男女权利、机会和责任的平等。[①] 学术界对平等权有不同的理解，一般认为平等权是宪法和法律规定的实体性权利，同时又是现实中实际运行的权利。[②] 工作中男女平等法律制度从无到有，从特别保护逐步发展到平等保护。

（一）从"人人平等"到女性在工作场所中的特别保护制度

前资本主义立法，不可能涉及女性就业，美国1776年《独立宣言》公然将法律面前人人平等的"人人"将妇女排除在人权的概念之外，被誉为"人权的古典正义"的法国1789年《人权宣言》所体现的"人人生而平等"的"人人"也是男人，而且是有财产的白人男子。[③] 追求"自由、平等、民主"人权革命的胜利显然并不属于女性的所有。在资本主义社会早期，女性并没有获得法律上的人格。

工业化早期，英国、美国、法国、德国等国家女工出现在工厂的商店，以纺织厂和服饰店为主。有的国家的女工人数甚至超过了男工。19世纪是"工业化世纪"，也是"女工的世纪"，是妇女由分散走向集中的时代，是妇女成批离开家庭加入"工资劳动者"行列的时代，是妇女的群体意识和觉悟开始形成的时代。[④] 工业大生产使用机器的后果，是把妇女和儿童驱入工厂。他们成了资本的奴隶。[⑤] 在制造业中，女性因为低工资而比男性更具有竞争力。但是女性一天要工作12个小时，工作环境往往会对其造成伤害。妇女争取劳动权利的斗争，推动了女性劳动保护的法律制度。

英国1802年6月22日颁布的《工厂立法》（在矿山和纺织厂学徒和受雇者健康和道德保护法）是最早的工厂立法，也是劳动法雏形。1847年英国通过了允许女性和儿童工作10小时的法律，1844年适用于矿山和纺织工业的妇女劳动者，限制工作时间和禁止夜晚工作。1847年公布《十小时法》

---

① 杨成铭：《人权法》，中国方正出版社2004年版，第204页。
② 同上书，第189页。
③ 同上书，第204页。
④ 端木美等：《法国现代化进程中的社会问题——农民·妇女·教育》，中国社会科学出版社2001年版，第130页。
⑤ 马克思：《卡·马克思关于在资本主义制度下使用机器的后果的发言记录》，载《马克思恩格斯全集》第16卷，人民出版社1971年版，第641页。

规定女工和 13 岁以下的童工每日劳动时间为 10 小时。1901 年《工厂和工作场所法》涉及工作时间、休息时间、工资支付的规定。

美国直到 1910 年才通过立法限制工作时间和工作条件。美国宪法第 19 条修正案,公布于 1920 年 8 月,规定:"合众国公民的投票权,合众国或任何一州不得因性别关系而加以取消或剥夺。"美国妇女为了争取自由平等权利,进行了长期艰苦的斗争,直至 1920 年才获得形式上的选举权。①

德国在 1891 年对《工会法》的修改中就规定了禁止女工从事夜间工作;德国 1919 年《魏玛宪法》第 157 条规定:"劳力,受国家特别保护",由国家公权力②以给予宪法的保护。对于女工分娩前后应停止工作八星期,工资照给。1934 年在对《国家劳动秩序法》的修改中,规定了禁止女工从事夜间工作;《产假保护法》都有保护女工的条款。③

法国 1874 年 5 月的一个法令规定,劳动每天不得超过 12 小时以后,又多次修正,1892 年和 1902 年分别降到 11 小时和 10 小时半,1904 年为 10 小时。在劳动保护方面,1874 年 5 月法令和 1892 年 11 月法令禁止妇女从事地下作业和夜间作业,1900 年法律规定车间卫生和安全措施。特别是 1900 年 12 月 31 日的《椅子法令》,即在每个商店中,老板必须为每个女售货员准备椅子,使她们能坐着等待顾客的光临。1909 年 12 月的法令把孕妇和产妇的劳动保护提到日程上来,它规定怀孕的就职妇女可享受 8 个星期的产假,但不发工资,雇用者不能在此期间中止合同。1910 年又有所发展:女教师不仅可享受两个月产假,而且工资照发,1911 年这项权利扩大到邮政女职工。1913 年法律禁止让刚满产假的妇女承担重活。④

前苏联 1934 年宪法确立了前苏联妇女在经济的、国家的、文化的和社会—政治的生活各方面享有同男子平等的权利。妇女的这些权利可能实现的保证是:妇女享有同男子平等获得劳动、劳动报酬、休息、社会保险和受教育的权利;国家保护母亲和儿童的利益;国家补助多子女的母亲和单身母亲;妇女在产前产后有保留原工资的休假;广泛设立助产院、托儿所和幼儿园。前苏联的劳动法典严格保护妇女——女工和女职员的劳动,并为她们规定了许多优待和特殊权利。根据妇女的生理特点,禁止录用妇女——女工和

---

① 许春清:《西方法理学要览》,甘肃民族出版社 2005 年版,第 249 页。

② 白鹏飞:《比较劳动法学大纲》,http://sshtm.ssreader.com/bookinfo.aspx? ssid = 11338301&lib=12,第 209 页。

③ 黎建飞:《劳动法的理论与实践》,中国人民公安大学出版社 2003 年版,第 246 页。

④ 端木美等:《法国现代化进程中的社会问题——农民·妇女·教育》,中国社会科学出版社 2001 年版,第 156 页。

女职员从事繁重的和有害健康的工作，对妇女从事搬运重物的工作规定了一定的限制。① 孕妇和产妇的保护，包括法定休假、休假保留原职，对以怀孕为由拒绝录用孕妇的人规定了严格的处分。对哺乳母亲给予一系列的优待，不得以妇女有未满一岁的婴儿为由拒绝录用或降低工资，否则受到刑事处分。不得加班或从事夜班工作。应该给其一定哺乳时间。未经工会允许不得辞退没有满一岁婴儿的单身母亲。

　　劳动保护……问题，都不是按照劳动法律关系参加者的个别主动性，而是按照根据法律制定出来的决议来解决的；如果单从双方当事人平等和有表达意见的自由这样一个标准出发，也不可能理解劳动合同本身以及由此而发生的法律关系，因为劳动条件中有很大一部分不决定于个人的协议，而决定于具有固定性质并不得由双方当事人随意变更的相应的法律规章。② "劳动保护不专在防止劳动力被过度榨取，并在谋劳动力之增进，而予以维持及培养。因劳动力为全生产上最重要的要素。故将劳动力置于国家特别保护之下。对女工与童工给予特别保护者，盖因女工童工为弱者中之弱者。从国民保护上，国民道德上，国民经济上，母性保护上各种立场均有其必要也。"③ 工作中男女平等的法律制度是以改善女性待遇状况为内容的，女性劳动保护内容包括限制女性工作时间、工作种类、女性生理期间休假制度等。

（二）以平等保护为基础的工作男女平等法律制度

　　第二次世界大战结束后，由于人们意识到对人权的恶意践踏带来的严重危害，通过了一系列保护人权的公约，要求各国普遍遵守。女性平等权的保护从国内立法走向国际立法，同时国际条约义务又促进了男女平等在国内法的实现。

　　1. 男女平等原则写入一些国家的宪法

　　宪法是一国的根本大法，1968 年美国宪法规定平等权利已有一个世纪了，但直到 20 世纪后半期，法院才有力地加以实施。④ 美国尝试努力将这项原则写入宪法，但这种努力以失败告终。1947 年意大利宪法、1949 年印

---

① ［苏联］阿尔捷米也夫著，载中华全国总工会苏联工运研究室译《苏联劳动保护法规常识》，工人出版社 1956 年版，第 108 页。

② ［美］伯纳德·施瓦茨著，王军等译：《美国法律史》，中国政法大学出版社 1989 年版，第 58 页。

③ 白鹏飞：《比较劳动法学大纲》，http：//sshtm. ssreader. com/bookinfo. aspx？ ssid ＝11338301&lib＝12，第 215 页。

④ ［美］伯纳德·施瓦茨著，王军等译：《美国法律史》，中国政法大学出版社 1989 年版，第 249 页。

度宪法等都做出男女平等的规定。

2. 实现工作中男女平等的方法和途径多样化

1950 年以来，女性开始重新回到劳动力市场，发现女性面临着许多困难，并不像当初那样具有相对的优势。比如，女性从一些白领职业里流向低技能职业和非专业职业，女性必须处理家庭和工作的双重责任关系，因为怀孕这一女性特质而遭到解雇。前一阶段形成的法律制度已经不能有效地促进男女在工作中的平等，反而一度成为限制女性进入职业场所的障碍。国际劳工组织使用四组数据评估"性别差异"，通常考虑劳动力参与率，失业率，大多数女性与大多数男性的工资和工作。女性特别是那些文化程度低的和年老的，面临着失去工作的风险，与男性相比较，再就业更加困难。[1] 在 19 世纪以前女性可以从事医生、律师等职业，但是在此之后女性逐渐被排除在这个领域之外。在 19 世纪初，由于特殊的教育要求，特别是医疗实践经验增加，这就阻止了那些结婚早和生了许多孩子的年青女性进入这个职业。虽然护士工作被认为是女性职业，但是医院中的护理几乎都由男性来担任。女性的失业率比男性高，男性与女性的雇佣地位呈现不同的特征，男性多处于核心或者常规并且较多收入的职位，然而女性主要从事次要的、不安全的、低价值的工作。招聘的实践有利于男性，或者成为女性提升或者职业发展的障碍，这些已经产生排斥女性或者将她们"隔离"至特定的工作的影响；女性代表着临时工。[2]

19 世纪 60 年代末 70 年代初，妇女运动在欧洲各国展开，发展了多元化的平等理论。妇女运动对挪威社会产生了很大影响，其中之一就是导致了《男女平等法》的颁布与实施。第一个制定男女平等法的立法建议案是在 1971—1972 年间提出的。英国在 1970 年制定《男女同工同酬法》，1975 年颁布《就业保障法》，1975 年专门制定了《性别歧视法》，并于 1986 年颁布新的《性别歧视法》。美国国会于 1964 年在《民权法》第七章中对反对就业和工资方面的歧视作了规定，要求雇主不得以种族、肤色、宗教、性别或民族出身等原因对雇员以歧视，并授权检察长对违法情况提起诉讼。此后美国国会在 1967 年又通过了《消除就业中的年龄歧视法》，1990 年通过了《不受歧视法》。德国于 1994 年颁布了《平等机会法》。[3] 以平等保护为法律

---

[1]　ILO：*Facts on Women at Work*，www. ilo. org/public/english/region/eurpro/budapest/download/womenwork. pdf.

[2]　[英] 安东尼·吉登斯著，赵旭东、齐心、王兵等译：《社会学》，北京大学出版社 2003 年版，第 511 页。

[3]　关怀、林嘉：《劳动法》，中国人民大学出版社 2006 年版，第 25 页。

内容的新制度出现，并且成为一国国内法律的组成部分。

二、制度构建的理论基础比较

经过几个世纪的发展，工作中男女平等的法律制度逐步完善起来，消除女性与男性工作中的差异，也成为各国追求的目标。正如一种差别或差异要成为一种不平等，至少要具备三个基本条件：差别或差异在相关的主体感受中有着强烈的不认同，和这种强烈的不认同导致或造成相关主体的一方受到利益的侵害或伤害，和是否对上述侵害或伤害进行保护或补偿直接引发有关正义的评价。[①] 男女工作中平等方面，女性成为强烈感受这种差别或差异的主体，那么到底什么是"差别或差异"，判断的标准是什么？凯瑟瑞特·巴特勒（Katherine T. Bartlett）将性别平等方面理论分为五种：区别范围理论、平等理论（形式平等和实质平等）、区别理论、隶属理论，[②] 这五种理论对待差别或差异时，处理方法是不同的。

（一）区别范围理论

这种理论出现在 20 世纪中期，含义是男性与女性是不同的，女性在生理和心理上都弱于男性，女性的任务是完成母亲和妻子的角色，因此应该区别对待。这种区别范围的对待并不属于歧视的范畴。早期关于女性特别保护的法律制度都是建立在区别范围理论基础之上。一些国家如法国、瑞典等仍然维持着这种保护形式，还有一些国家已经取消对女性的特别保护如德国联邦宪法法院在禁止女工上夜班（这一禁令——它在新的联邦州反正没有起作用——被一条中性的规定所代替）的规定中所作的这种解释表明，法院正朝着自由、平等的思想方向发展。[③] 日本则缩小了对女性特别保护的范围。

（二）形式平等

平等待遇要求相同的群体应该有相同对待。形式平等是在种族平等之后解决性别平等，女性在本质上与男性没有区别。因为相同而要求平等待遇，这种平等称为形式平等，是传统自由主义的一部分。在形式要求的平等理论之下，女性不应该享有优于男性的待遇，不能基于女性本质的固有和本质特

---

① 周仲秋：《平等观念的历程》，海南出版社 2002 年版，第 9 页。
② Katherine T. Bartlett, *Gender Law*, 1 Duke J. Gender L. & Pol'y 1, 1994.
③ 德意志联邦共和国驻华大使馆：《德国妇女》，辽宁人民出版社 1995 年版，第 28 页。

征而限制她们进入劳动市场，也不能采取对女性照顾性的积极行动。个人有选择的自由，每一人有权利要求其他人平等的对待。

　　美国工作中男女平等是以形式平等理论为主的模式。在法律上不承认对特殊群体的保护，只是消极地规定禁止雇主对相同地位的人区别对待，要求雇主应采取措施使区别的群体向相似化发展。西欧一些保守国家，强调女性与男性之间应是同一的，法律上不能使女性与男性享有不同的权利，为了实现女性的权利，只能在法律忽视女性与男性之间的区别，法律必须如同"盲人"看不见这种区别，否则女性就会被排斥在法律诉求之外。所以这一类国家的国内立法中只用抽象的宪法原则来保证，对法律上的人在性别上没有做以区分。

（三）实质平等理论

　　实质平等承认平等待遇能够产生不平等的结果，因为不是所有的群体都在同一个出发点。如果个人没有权利要求他们的政府……实质性的必要前提，这些前提条件可能依据在社会中的每一个人地位不同而有所变化的话，平等的承诺就是空的。在实质平等的要求下，对过去歧视进行修正，例如积极行动，或者补偿过去的不利；怀孕，不仅是可接受的，而且是必要的。实质平等承认区别，但是目的是实现消除或者提高区别，以实现更平等的结果。欧盟在统一各成员国工作中平等立法时就是采用了这一理论作为基础。以 1977 年通过的《平等待遇指令》① 为例，规定男女平等待遇的原则，但是该法允许三个例外，其中第二条（3）怀孕和产假立法的例外，是提供给女性的保护性待遇，不能作为积极歧视，因为女性与男性在生理机能上存在着差异，只有女性才会承担怀孕的责任。

（四）区别理论

　　区别制是假设人与人之间有一定差别的，为了实现平等，消除这种差别，只能给予一定的照顾，特别是造成女性、残疾人等不平等是有一定的社会历史、政治、文化的背景，这种差别往往根植于人们的固有思维模式中，如果只承认人与人之间的平等，是无法改变这种固有模式的，必须通过给予这部分群体一定的照顾才能达到平等的结果。区别理论建议临时的补救，救济是必需的，不是因为男女处于相同的情况，而是因为男女是不同的。例如

---

① EU：*Implementation of the principle of equal treatment for men and women as regards access to employment, vocational training and promotion, and working conditions*, COUNCIL DIRECTIVE of 9 February 1976, http：//eur - lex. europa. eu.

积极行动对解决根深蒂固的社会和生理的不平等是不充分的。区别理论不要求在概念中引入相同情况的男性群体，只需要表明女性在社会上或者生理上是处于不利的地位。区别理论作为平等形式的一个选择。它的目标是适合于女性，而不是男性的需要。承认生物和文化的区别，但是与分离范畴框架不同。女性不应该基于这些差异而受到惩罚或者保护，同时她们也不应该与男性同样的对待。女性应该受到补偿，因为文化或者生物的差异已经是不平等和消极的结果。她们需要建立在她们特殊需要的特别权利，以消除男性可能拥有的任何有利条件。

以北欧等国为代表的激进派，如瑞典等，这类国家通过立法和行政手段确保性别平等原则，在瑞典，工作中男女平等法律制度的基础是区别理论，通过宪法、性别平等法、反歧视法、休假法层级网络，以硬性的措施，如强制规定雇佣女性的比例、在同等条件下优先录用少数代表来构建制度。

需要指出的是一些国家的工作中男女平等法律制度很难完全归入到其中的某一类，特别是欧盟的某些成员国，由于欧盟指令和欧盟法院的判决对各成员国都具有法律约束力，所以成员国都受到了欧盟实质平等法学的影响。一贯坚持形式平等的英国因受实质平等原则的牵制，做出了法律上的修改，努力促进实质平等的实现。而同样的，采取区别理论的北欧各国也受到欧盟法的限制，逐渐地缩小积极行动措施实施的范围。

三、实体内容比较

实体法律制度规定了主体的权利和义务。根据国外反歧视立法的经验，反就业歧视法是一个小小的系统，除了宪法规定有关的平等保护条款之外，有三个层次的立法：一是需要有一个反歧视的基本法，反歧视基本法主要对歧视的概念和适用范围作出规定。很多国家还规定了平等待遇委员会的设立、组成、地位与职权等。二是有专门针对就业以及社会生活其他领域歧视现象的特别法律。三是在普通法律中，有涉及歧视问题的条款。[①]

工作中男女平等实体法律制度大致可以分为三种模式：一是宪法为核心的自上而下的法律规则体，如德国、前苏联；二是以劳动法、刑法并行的法律规则体，如法国；三是以宪法、男女平等法或歧视法为组成部分的规则

① 蔡定剑：《中国就业歧视现状及反歧视对策》，中国社会科学出版社 2007 年版，第 43 页。

体，如瑞典、挪威、美国、英国、印度等。在联合国、国际劳工组织以及各种非政府组织的大力推动下，各国法律有一定的相似性：第一，工作中平等的范围或者歧视的范围相同，都适用于招聘、就业、提升、培训等领域，近年来各国法律又将歧视扩大到性骚扰的概念。第二，国家应该承担一定的促进平等的责任，只是程度有所差异。第三，除了一般平等制度外，还规定了社会保障内容以实现男女平等。

（一）歧视的理解

国际公约将歧视分为直接和间接两类，这两类的概念已经纳入到了一些国家国内法中。

对歧视本身含义的理解法院审理案件做出的说理中仍可发现有差别。一项女性优于男性的制度或者女性的待遇比男性好，那么这种制度歧视的对象是谁？美国法院在审理歧视案件时，认为这种做法是对工作女性的歧视，而不是对男性群体的歧视。不是只有母亲有宪法上授予的权利，作为父亲拥有同样关爱、照顾、关心和照管孩子的权利。即使对女性或男性群体存在一般的看法，也不能认为群体中的某个个体也应具有这一特质，因为违反形式平等的核心本质——个人自由。而欧盟法院认为如果对女性优待不属于女性生理范围，而没有提供给男性相同的待遇，是对男性的歧视。

如果这种优待属于女性生理范围，如怀孕这个特定的问题，是对谁的歧视，美国法院 1975 年审理 General Electric Co. v. Gilbert 案时指出，美国 1964 年《民权法》规定禁止以性别为由进行歧视，判定歧视必须有可比较的对象，即男性与女性之间，由于怀孕并不是所有女性这样做，所以比较的对象不是完全的对立，应该排除在《民权法》第 7 章性别歧视的范围。两年后，美国国会推翻了这个案件的结论，修改的《民权法》第 7 章中包括怀孕歧视法案。性别歧视包括怀孕，该法案规定，"因为性别或者基于性别的基础包括但不仅限于因为或者怀孕、生产或者有关的医疗条件的基础"。理由是对立群体应该分为怀孕的女性和没有怀孕的人，后一个群体既包括女性也包括男性，所以区别对待这两个群体构成性别的歧视。

欧盟 1977 年《男女平等待遇指令》[①] 规定男女平等原则，但允许存在例外，其中第二条第 3 款（3）规定怀孕或者生育的立法是基于女性生理特点而制定的保护性立法，不应该纳入到歧视的范畴中。

---

① EU：《男女平等待遇指令》，http：//www. eeoc. gov/policy/vii. htmlat 1268 – 69。

（二）雇主的义务

1. 在雇员怀孕的情况下承担义务

欧洲国家的规定基本相似，区别主要集中在假期的长短、是否带薪的问题。法国《劳动法典》第2章第5部分规定了母亲保护和儿童教育。怀孕不是拒绝雇佣、终止合同、转换岗位的有效理由。第122—25条禁止雇主调查与可能怀孕有关的信息，女性没有义务提及她已经怀孕。如果产生争议，利益必须归于女性雇员。如果出于女性要求或者雇主基于健康的原因，可以对女性进行转岗，双方之间产生分歧时，则由公司的医生做出判断。转岗必须有双方达成的合同，不能导致工资减少。一旦女性可以返回原岗位则不能再实施。女性雇员可以在不减少工资的情况下有权利进行医疗检查，这段时间应被当作事实工作时间。为了保障多子女的女性和怀孕女性的利益，规定可以在分娩前6周和之后的10周中止合同。男性也有同样的权利。在此之后解雇不能在产假或者抚养假中发生。怀孕雇员可以不通知就终止合同，并且无须支付赔偿金。父母亲假，在合同终止后，雇主必须优先雇佣该雇员。在不满16周岁的孩子生病时雇员有权利获得每年3天的不带薪休假。第2册第2章第4部分，孕妇和哺乳雇员休息的规定，禁止在分娩前后8周工作。在工作中一小时用于哺乳。雇主提供必要的场所。如果违反将判处罚金。

2. 对其雇员的行为是否承担责任

一类是雇主对其雇员的行为应当承担积极义务。《法国劳动法典》第122条第35款规定企业的规章不能包含因为性别和家庭地位而损害雇员的条款。性骚扰条款，规定的内部责任，雇主必须对实施性骚扰的雇员实施纪律处分。雇主必须采取所有的措施阻止性骚扰。瑞典《男女平等机会法》第6条规定性骚扰雇主有义务采取措施阻止性骚扰和其他骚扰，雇员可以基于此提起性别歧视的申诉。如果雇主没有履行义务，应承担向受害雇员支付赔偿金的责任。性骚扰是指以性别为基础的非自愿行为，具有性本质的非自愿行为违反工作中雇员的融合。另一类雇主无须对其雇员的行为承担义务，如美国处理性骚扰问题对雇主是有一定义务要求，雇主应该采取步骤阻止性骚扰的出现，告知雇员性骚扰是不可忍受的，对雇员进行培训，并且建立有效的申诉程序。

3. 促进就业平等中雇主的义务

美国规定了消极义务，1963年美国国会决定通过平等支付法作为公平劳工标准法案的修改，规定雇主的下列歧视构成非法行为：在支付雇员工资时，不能基于性别歧视对同样工作条件、相同技术、努力和责任的工作给予不同的待遇。[1] 如果男性从事特定工作而获得了低于女性的工资收入，雇主不承担责任。女性选择了较低收入的女性职业，而男性从事较高收入的职业，那么依据这部法律，雇主不承担责任。

　　瑞典以 1991 年《男女平等机会法》规定了雇主的积极义务，第 1 条：改善女性的工作条件。第 2 条：雇主与雇员在积极措施方面必须合作，以确保平等的实现，特别是男性与女性在工作条件和收入上的差异，促进平等机会。该法第 315 条规定了关于雇主采取所谓积极的平等措施的义务。雇主有义务采取积极的措施促进工作场所中的平等，以有利于男性与女性雇员实现就业和父母身份的结合。在平等机会法中规定的积极行动，允许给予少数合格的人在性别优先的基础上超过更适合的异性，根据该法规定雇主应当通过培训、技能开发和其他合适的措施来促进各类工种和不同雇员类别中男女的平等分布，应当努力确保男女均能申请空缺职位。当在工作场所，在特定工种或特定雇员类别中没有达到总体上的男女平等分布，则对于新的职位，雇主应当特别尽量去录用弱势性别的求职者，并逐渐提高该性别雇员的比例。平等机会协议或者平等计划。以上这些连同其他规定意味着雇主应力图在所有种类的工作中尽可能对男女进行平等分配。其目标是实现在每种雇员中每一性别的人数占到 40%，特别规定雇主应尽可能使男女在为人父母的同时能获得付薪的工作。至少有十名雇员的雇主必须每年拟定一份平等机会计划。积极行动之目的在于促使雇主积极雇佣就业歧视法律所保障的特定群体，由于就业平等法的目的在于消除职场中特定群体的求职人或者受雇人间受雇不平衡的现象，并促进少数及弱势群体的就业，两者的目标是相同的。因此，当雇主采取积极行动方案特别保障女性或者其他少数群体的就业机会，而遭到男性或者其他多数群体的求职人主张的"反向歧视"时，雇主即得以积极行动作为抗辩来正当化该项雇佣措施。如果雇主能够举证证明满足自己采取的措施属于积极行动，则这种歧视不构成"反向歧视"，而是"积极歧视"。瑞典劳动法中的积极行动与积极歧视沿着本国的道路发展，长期以来，瑞典的劳动力市场领域中一直是以雇员与雇主高度组织化为特点，国家与劳动力市场组织相互合作，劳动力市场中通过集体协议和个人协议达到一种平衡，但是国家也开始将立法引入到这种私法调控的领域，平等权这一传统宪政权利被作为民事权利来对待，通过民事争端的解决方式和救

---

　　[1]　EU：*Equal Pay Act of* 1963，Pub. L. No. 88 – 38，77 Stat. 56（1963），http：//www. eeoc. gov/policy/epa. html.

济手段来促使平等权在现实生活中的实现。

法国劳动法典规定：雇佣平等，第三章第二节涉及男女在就业中平等的问题。第 123 条第 1 款规定在广告中提及性别或者家庭地位；根据性别或者家庭地位或者根据性别或者家庭地位的区别性标准为基础拒绝雇佣一个人、决定转岗或者终止合同。如果违反，判处一年监禁或者/并罚罚金 25000 法郎。第 123 - 2 规定在集体谈判协议或者个人合同中不能有这样的条款。积极行动是允许的。对女性有益的临时措施可以实施促进事实平等。政府与企业签订了男女就业平等计划，少于 300 名雇员的企业可以获得国家的财政支持评估企业内的职业平等和采取促进机会平等的措施。如果因为雇员根据劳动法典的男女平等相关条款提起诉讼，雇员而被解雇，有权利继续工作，如果雇员不愿意继续履行合同，劳动法院可以做出补偿的判决。

规定兼职人员应该与全职人员地位平等。

德国民法典规定个人雇佣合同，包括禁止在工作场所基于性别的歧视，每个人有权利获得同等价值工作同等报酬的权利。超过五个雇员的雇主有义务在工作场所放置相关条款的复印件。第 611 条 a 款规定，在合同中或者单方面采取措施，特别是在修改雇佣合同、提升、培训或者在给予通知时，雇主不应基于性别而使一个雇员处于不利。与性别有关的差别待遇允许，当在合同或者措施的目的是雇员履行行动的类型并且对于这个行动特定性别的人是必需的。如果产生争议，雇员应该提交性别歧视的初步证据，雇主必须证明：①客观的理由，性别的独立性，决定不同待遇是正当的；②特定性别的人在本质上对进行的活动是必需的。第 611 条 b 款规定雇主必须在广告中保持性别中立，禁止对一个性别提供工作的要求，无论是公开的还是在企业内部。条款的违反雇主有责任进行赔偿。第 612 条（3）规定同等价值同等支付：在雇佣合同中，禁止用雇员的性别作为标准，在支付工资时不应低于另一个性别的雇员，从事相同工作或者相似工作的。低于合同的工资根据特定保护性措施必须遵守考虑到雇员的性别的事实将是不正当的。

（三）国家干预责任

国家干预责任义务来自国际公约和地区公约的要求，如欧共体条约第 119 条是社会条款中最有效力的条款，根据第 119 条的规定，提出成员国"确保和维持'男女应该获得同等工作同等报酬'原则的适用"，这一条款对成员国施加了积极义务，即要求成员国应该采取一定的措施来促进"男女同工同酬原则"的实现。虽然欧盟成员国没有很快的实施这些指令，但这些指令都要求承担实施指令的义务，并且为实现指令，有义务废除任何一项违反指令规定原则的当前法律或者规则。

1. 以宪法形式明确规定国家有干预责任

瑞典由国家承担保护个人工作和生活的责任。《宪法》第 1 章第 2 条规定：公共行政机关也保证男女平等权和保护个人的私人和家庭生活。第 2 章第 16 条：禁止法律和其他成文法对公民基于性别歧视，因为禁止歧视的需要，除非相关条款组成促进男女平等努力的一部分，肯定行动是允许的。① 为了扩大父母亲保留工作福利而休假的权利以有利于孩子的目的，瑞典第一部《父母亲休假法》在 1976 年通过，现行为 1995 年《父母亲休假法》，规定休假制度，该法案保护女性雇员，允许雇主与雇员达成协议排除该法部分条款的适用。父母都有权利获得从孩子出生一年半的不带薪休假，国家不给予补偿。此外，根据国家社会保障制度也可获得带薪的休假。假期包括七周的产假、一个父母的全部父母亲假（一般直到孩子 18 个月），同时要求父亲每月休假，父亲至少休父母亲假的 30 天，否则父母亲将丧失获得那个月的父母亲津贴的权利。家庭福利的部分父母亲假，没有家庭福利的部分父母亲假（直到孩子 8 岁），为照顾孩子的临时休假（父亲在孩子出生时有 10 天的临时带福利）的休假权利。其中有些条款是根据欧盟法作出了部分修改。

1949 年《德意志联邦共和国基本法》第 3 条规定国家促进男女事实上的平等，并致力于消除现存的缺点。1994 年《宪法》第 3 条第 2 项规定授予德国政府促进平等雇佣机会，制度上和实质上，在它的行政、司法、立法和社会结构所有层面：男性与女性应该有平等的权利。国家应该促进男女事实上的平等权利的实施，应该根除现存的不利。第 6 条第 4 项保证每一个母亲获得共同体的保护和照顾。② 德国《社会保险法》第三部第 13 条和第 20 条，规定家政工和中断他们带薪雇佣的雇员一样获得照顾孩子的假期或者照顾受扶养的人，并且希望返回工作。第 8 条规定促进女性就业，促进男女在劳动市场的平等，规定根除在职业培训领域内的现存不利，以克服职业隔离。女性应该在所有主动工作市场政策措施中加以促进，家庭需要应该在特定就业促进措施中考虑，特别女性和男性在照顾孩子假期结束返回工作时。社会保障的最低标准不是根据工作时间的长短，而是根据收入的总额并且许多工作是受失业保险保障的。（包括兼职工作）部分失业利益扩大到几类兼

---

① 国际劳工组织网站：《瑞典宪法》，http：//www. oit. org/public//english/employment/gems/eeo/law/sweden/const. htm。

② 国际劳工组织网站：《德国基本法》，http：//www. oit. org/public//english/employment/gems/eeo/law/germany/const. htm。

职工作的雇员。如果兼职雇员收入每月 610000 马克即可获得保险保护。与劳动法职业促进有关的法律和规章，这部法律与兼职工作有关，而且禁止对兼职和全职劳动者有差别待遇，除非一个实质性因素决定这种差异是正当的。

印度《宪法》第 39 条明确国家的干预原则，规定："国家应遵循的政策原则——国家应使其政策致力于保证：一切男女公民平等享有适当谋生手段权利；新区物质资源之占有权与控制权之分配应促进公共利益最为有利；经济制度之运行不应造成财富与生产资料之集中因而损害公众利益；男女同工同酬；不滥用男女工人，儿童之健康和体力弱者不受摧残，不使公民迫于经济需要而从事与其年龄或体力不相称之职业"；第 41 条工作权、受教育权和一定条件的享有公共补助的权利——国家应在经济能力与经济发展之限度内，制定有效规定确保工作权、受教育权及在失业、年老、疾病、残疾及其他过分困难情形下享受公共补助之权利；第 42 条关于适当的人道的工作条件和优待产妇的规定——国家应作出规定确保适当与人道之工作条件及对产妇之优待。

2. 以刑法、民法间接体现国家干预责任

法国《人权宣言》所推崇的人性观念之上的所谓的"自然法"思想。依照这种思想可以推导出：一切人生而平等，人们对于财产、自由和生存有着不可否认的自然权利，政府的正当职责在于承认和保护这些权利以及保证人们相互之间的平等。① 《法国民法典》以解放人性为目标，以个人自由为起点。按照个人主义，个人被设定为在自然状态中自由和平等的个体，享有各种自然权利。虽然社会是必要的，但社会的最终目的仍然是个人。所以，法律首先保护个人的自由和平等，保护个人的与生俱来的权利。个人为了自己的利益而行动，其结果就是对社会的贡献。国家虽然可以对个人进行干预，但国家干预的目的是为了更好地保证个人才能的发挥。②

3. 没有对国家积极干预义务作出规定

美国是以契约自由主义原则作为基础的，联邦法律没有对国家做出积极义务的规定。1990 年第一部立法关于家庭和工作的平衡需要。不像其他工业化国家，在美国女性追求平等的斗争中没有将平衡家庭和工作的责任转嫁给国家。1993 年家庭和医疗休假法通过。但是 20 世纪 60 年代在就业领域美国通过行政法令的方式实施积极措施限定政府部门雇佣工作人员时应该考

---

① 许春清：《西方法理学要览》，甘肃民族出版社 2005 年版，第 277 页。
② 同上书，第 278 页。

虑性别平等，与雇佣女性职员的公司签订政府承包合同等。在州法中，给予怀孕雇员提供特殊的福利。

（四）承担责任形式

承担责任形式是指违反工作中男女平等法律的雇主和直接责任人而引起的一种法律后果或法律状态。根据违法的性质和程度法律责任可以分为刑事责任、民事责任、行政责任、经济责任、违宪责任。刑事责任是由刑事违法行为所引起的否定性法律后果；民事责任是指由民事违法或特定的法律事实的出现所引起的否定性法律后果；行政责任是由于行政违法行为或某些法律事实的出现引起的否定性后果；经济责任是指由经济违法行为或某些特定的法律事实出现而引起的否定性法律后果；违宪法律责任，是指由违宪行为而引起的否定性法律后果。[①] 如果行为或者不行为违反男女平等法律规定时，依各国法律规定承担的责任是有差别的。

1. 承担刑事责任

主要是法国、德国、英国等。法律所设罪名不同。1993 年《法国刑法典》规定歧视罪和性骚扰，自然人和法人都将受到刑罚处罚，承担刑事责任的方式包括罚金或者监禁，或者并处。《德国刑法典》主要规定性骚扰和危害，第 185 条性骚扰，第 223 条身体伤害，第 240 条强迫，没有法国法范围宽泛。英国 1997 年《免予骚扰法案》规定了两个新的刑事罪名，通过行为的方式引起骚扰和引起暴力恐惧。刑事犯罪，即刑判决不超过六个月监禁或者不超过第五级的标准的罚金，或者两者并罚。

2. 承担民事责任

（1）补偿原则。损害赔偿以受害人遭受的收入损失为标准，大多数欧洲国家采取这种标准。《德国民法典》规定雇主有义务支付两年的赔偿金，赔偿金支付参照雇员的基本工资。在提升案件中，赔偿金的计算依据雇员正常月工资和如果被提升的话提升后将支付的月工资之间的差额。法国《劳动法典》规定雇主如果违反第 122 条第 25 至 28 款判处罚金，最多为 1 万法郎。如果集体协议与该法典抵触，集体协议无效。如果承担民事责任，雇主必须支付非法解雇期间的薪水。美国 1963 年《平等支付法》对没有履行平等支付的雇主要求承担补偿责任，包括未支付工资和未支付的加班费。

（2）惩罚性原则。美国《1991 年就业中的民权和妇女平等法》对非法歧视侵害给予额外的保护，规定补偿性和惩罚性的赔偿金。申诉人获得惩罚

---

① 卢云：《法学基础理论》，中国政法大学出版社 1994 年版，第 355—356 页。

性赔偿，只要证明被告对法律保护的个人有歧视性行为或者有恶意的歧视性行为或者不考虑后果的过失行为。和由审判团审理。如果造成损害，不仅限于其间的收入，而且还包括精神损害赔偿。补偿性赔偿不包括补发的工资和任何基于补发工资而产生的利益以及民权法规定的其他类型救济，它的范围是未来的金钱损失、精神痛苦、折磨、不方便、心理痛苦、就业的损失和其他非金钱的损失。惩罚性赔偿最高限额分为：5 万、10 万、20 万和 30 万美元，适用不同的雇主。原告在遭受到非法故意歧视，提出惩罚性赔偿金和补偿性赔偿金时可由陪审团审理，法官事先可以不告知上述的限额。①

（3）只承担义务，而不负有法律责任。这种形式目的是为了鼓励雇主采取主动的措施促进男女平等在工作中的实现。这些措施可以是现在就能实现的，也可以尝试采取超前的措施。雇主即使没有有效地履行义务，法律也不要求其承担责任。如瑞典同工同酬方面立法目的是为了发现、证实和阻止支付中和雇佣其他条件的男女之间不合理差异，采取的做法就是只承担义务而不负法律责任。雇主的义务是每年必须调查和分析：由雇主实施的规则与惯例和与平等或者同等价值履行工作的男女之间支付区别。雇主必须评估这些区别是直接或者间接与性别有关。雇主对这种区别的结果应该准备年度方案在下一年实施。

四、程序比较

没有救济就没有权利，程序平等是维护实体平等的前提条件。工作中男女平等程序法律制度是规定由谁承担监督责任，如果权利受到侵害后，应该通过什么途径进行救济。由于平等是一个特殊的权利，有些国家则建立起一套包括立法、行政、司法全面促进男女就业平等的制度，如瑞典监督体系的特点是：立法、行政与司法并济。议会监督办公室建立于 1809 年，有四个监督官，任期四年。根据《宪法》第 12 章第 6 条规定"通过议会规定的指导方法监督法律和其他成文法在公共机构的适用"。有权力监督所有中央和地方的机构和工作人员，并且其他行使公共权力的人员，除内阁总理、议会成员或者直接选举产生的地方政府官员。任何人都可以向监督官员提出书面申诉，可以启动法律程序由议会签发法律指导，并且可以在法庭或者由公共检察官援助下行政授权的审理中出庭。公共行政管理机构违反义务的情况下，监督官可以作为特别检控官，有权力发起纪律审查程序。在发现存在错

---

① EEOC：*The Civil Rights Act of* 1991，http：//www.eeoc.gov/policy/cra91.html.

误，但是没有严重到必须惩罚性的或者纪律性的行为时或者权力机关日常行为不充分或者不可诉讼，监督官可以签发批评陈述意见。① 还有一些国家在政府部门都设置新的部门和职位，如成立机会平等委员会、平等委员会等，立法部门没有监督机制，由宪法法院实施违宪监督，如德国、美国，宪法法院有很大自由裁量权。

（一）行政程序

由于在判断是否存在歧视时，需要进行大量的调查工作，该职责由新的部门承担是有一定必要性的。这类新的部门不仅负责监督政府机构是否履行了法律，促进就业中的平等，同时提供了解决性别歧视纠纷行政前置程序。

瑞典在工业、就业和通信部中设社会性别平等分部，负责审查新法律的所有建议，以确保运用社会性别分析方法考虑相关的立法；对实施的政策进行社会性别平等分析采取系统性的后续努力，包括所有的部门都有责任履行后续措施，评估性别平等的努力，该部门是协调、顾问的角色。平等事务的国务卿主要负责促进和发展工作中的性别平等。社会性别平等部称为民主、融合和平等事务部，现在由司法部负责，平等问题理事会是政府发起的论坛，交换当前平等的观点和意见，由社会性别平等部负责管理，组成成员包括政治代表和妇女分支，妇女组织，社会合作伙伴和一些非政府组织。自1995 年以来，每一个地区行政委员会设置平等问题专家。平等机会监督官设立于 1980 年，主要职责包括：争端解决，解决与性别歧视有关的争议。采取说服雇主遵守法案的方法，雇主必须根据监督官的要求提供必要的信息，并且允许其进行调查；也可以实施罚金制裁要求雇主遵守特定的条款。如果雇主没有完成积极措施的义务，由平等机会委员会解决。平等机会委员会是工业、雇用和通信部的一个政府机构。由律师、社会合作伙伴代表和劳动市场和平等问题专家组成。由平等机会监督官提出收取罚金的建议，由委员会可以听取，也可以进行调查，召开听证会和听审平等机会监督官命令的反驳。

法国行政法院和司法法院是两个并行的系统，如果这两个法院在管辖权问题上产生冲突，则由冲突法院作出决定。劳动监督官作出的决定可以上诉到行政法院，终审为国务委员会；刑事法院可以管辖，违反劳动法可以判处刑罚。集体协议产生争议可以进行协商和调解程序，在此之后可以选择仲裁

---

① EEO：*Parliamentary Ombudsman（JO）- Sweden*，http：//www. oit. org/public//english/employment/gems/eeo/law/sweden/i_ po. htm.

或者诉讼，如果选择仲裁，不服裁决可以上诉到仲裁最高法院，由国务委员会的副总理、四个国家顾问和四个最高地方行政官组成。

德国劳动法院是行政审判法庭，由雇员和雇主主要组织的代表组成，与集体谈判协议有关的争议和性别歧视的争议由劳动法院审理。劳动法院审理的案件不能够再提起上诉，即所做出的判决为终审。

美国根据 1964 年的民权法授权成立了平等就业机会委员会，该委员会由五个委员和一个总顾问组成，这些成员都是由总统提名并由国会认可的。平等机会委员会制定平等就业机会政策和同意提起诉讼。平等机会委员会有权力与地区、州、地方和其他机构合作，支付给证人费用；根据雇主或者工会组织的要求当它们之间拒绝或者有拒绝合作的威胁时，提供有效协商或者其他补救行动；为了有效地实现该法的目的，平等机会委员会进行技术性研究，并公诸于众；干涉民事诉讼。

（二）司法程序

1. 区域司法程序

依据第 119 条的规定欧盟发展出了大量的立法和通过诉讼发展了大量的判例法体系。根据欧盟的规定，任何一个成员国法院或者一个成员国的法庭可以向欧盟法院申请先期判决，除此之外第 119 条也允许个人向欧盟法院提出咨询问题。欧盟的平等原则确定的范围是在不断的变化中，欧盟法院的司法能动性在发展平等原则中是非常有影响力的，1978 年欧盟法院宣布"尊重个人的基本人权是共同体法一般性原则"的一个基本原则，作为这些基本权利中消除基于性别的任何形式的歧视则毫无疑问地也成为欧盟法的基本原则。因此，欧盟法院将男女之间一般平等权利的平等原则扩大作为欧盟法的核心。《基本权利和自由宪章》第 21 条任何基于性别、种族、肤色、人种或者社会血统、基因特征、语言、宗教或者信仰，政治或者任何观点，少数民族的身份，财产，出生，残疾，年龄或者性取向的歧视都应该被禁止。第 23 条规定男女平等，男女平等必须在所有范围内，包括就业、工作和报酬。平等的原则不应用来阻止对少数代表的性别群体提供特别的优惠措施的采用或者维持。

2. 国内法院

没有设立新的法院，仍然沿用普通法院体系，如美国联邦和地方法院审理歧视案件，如果需要对宪法进行解释，只能由美国最高法院受理。美国解决性别歧视的诉讼程序也是非常漫长，而且费用、代价极高。因此行政前置程序是有必要存在的。

由两套法院系统，如法国普通民事法院对于集体协议的条款理解争议有管辖权。初审法院可以对一些争议行使管辖权。对个人劳动争议则由劳动法院审理，行使民事管辖权，每一个普通民事法院设立至少一个劳动法院，如果是由法律规定的固定赔偿金额，那么劳动法院的决定就是最终的，除非最高司法法院提审。要求更多的赔偿可以上诉到上诉法院社会大臣处。劳动法院由同等数量雇主和工人代表作为顾问而组成，若无法达成意见，则由审判委员会作出判决。

劳动法院受理争议，瑞典的劳动法院负责审理在劳动中的性别歧视争议。德国联邦劳动法院受理平等雇用机会（工作中的性别歧视）的争议，1953 年《联邦劳动法院法》由三级组成，第一级初审法院，上诉法院在各联邦，终审在联邦劳动法院，初审和上诉组成一个专职法官与两个雇主和雇员组织代表，联邦劳动法院由三个专职法官和两个荣誉法官组成审判庭。社会保障的问题由社会法院受理。行政法院处理公务员的平等就业争议。

五、结论：工作中平等权保护的展望

在国际劳工组织《工作中女性的事实》[①] 报告中，分析了目前促进男女就业平等方面所面临的挑战。女性在政治权力机构的比率仍然很低，以国家元首为例，192 个国家中只有 12 个国家元首为女性。虽然女性从事工作，但女性贫困化现象并没有得到有效改善，在所有 1.3 亿贫困人口（生活低于每天 1 美元的标准）中女性占 70%，女性从事无报酬的工作超过男性的两倍，世界范围女性平均的报酬是男性的 2/3。女性在世界的兼职工作人中占到大多数，大约在 60%—90% 之间，欧盟有 83% 的兼职工人是女性。目前，普遍接受的工作中男女平等法律制度的核心是男女之间不能有差别待遇。各国依据不同的理论确立了本国法律制度的总体框架，在这些制度形成的一个系统中，宪法的一般保护是必需的，因为提供了国家义务的基础，如果国家能够更加有效地实现权力机构即立法机构自我监督的话，那么改善男女平等的状况是可行的。下位法的设置可以结合本国的具体情况，但较为有效的应该是规定雇主的积极义务，而不是消极义务，法国的刑罚制度减少了其他途径如诉讼、行政申诉的诉求，可见积极义务是能够对雇主起到约束作用的。但是刑罚功能也有其不足之处，即使受害者无法获得合理的民事救

---

① ILO：*Facts on Women at Work*，www. ilo. org/public/english/region/eurpro/budapest/download/womenwork. pdf.

济。国家是否应该承担积极责任，也是我们有必要进一步探讨的，福利国家的模式是我们每一个人所向往的，但以国家承担保护个人工作和家庭的完全积极责任，通过社会保障制度实现这样一种分配，如果国家的经济发展不具有可持续性，结果会出现问题。程序是一个不容忽视的内容，建立像欧洲国家一样的劳动法院有其优势，一方面可以迅速地审结案件，缩短冗长的诉讼程序，另一方面也可以友好地处理纠纷，因为其组成人员不完全是专职法官，还包括雇主组织和雇员组织代表，或者雇主和雇员的代表，或者专家组成审判庭，最后就是其有效性，不但能够有效地获得执行，而且有良好预防功能，在劳动力市场中传播，能够得到有效后续遵守。劳动法院的设置并不是在每个国家都是有意义的，如果该国没有建立起雇主和雇员的劳动关系协商秩序的话，这种模式并不可取，只能通过在传统司法程序的模式中另辟蹊径。

参考文献

1. ［英］安东尼·吉登斯著，赵旭东、齐心、王兵等译：《社会学》，北京大学出版社 2003 年版。

2. 杨成铭：《人权法》，中国方正出版社 2004 年版。

3. 周仲秋：《平等观念的历程》，海南出版社 2002 年版。

4. 蔡定剑：《中国就业歧视现状及反歧视对策》，中国社会科学出版社 2007 年版。

5. 叶静漪、Ronnie Eklund：《瑞典劳动法导读》，北京大学出版社 2008 年版。

Comparative Research on Foreign Legal System of the Equality between Men and Women at Work

[**Abstract**] In order to search a way to promote the realities of the equal right between men and women at work, it is studied the formation and development of the equal legal system between men and women and concluded the existing system of protection on the women's labor right in foreign countries. Many countries have built their own framework of legal system about equality based on different theories. In the system of the legal rules, it includes substantive and procedural part. The general protection by the Constitution is necessary which sets up a basis for the obligation of astate. If a state can more effectively self-supervise the legislative and executive agencies, it is possible to improve the status of equality between men and women. When the sub-systems can be chosen according to the actual circumstances in the country, it is effective to regulate the positive obligation other than negative obligation for the positive one can bind the employers. To the issue whether the country has a positive responsibility should consider the economic development. As for as the procedure concerned, labor court is meaningful to every country. It is undesirable if the country has not formed a negotiation order of labor relations between employers and employees. The only way for choosing is to open a new path in traditional model of judicial procedure.

[**Key Words**] Equality between Men and Women at Work, Discrimination, state responsibility on intervene, positive obligation

Li Na

（李　娜　西北工业大学人文与经法学院讲师，国际法博士。）

第三部分　陕西有关女劳权的地方法规

Part Ⅲ　Local Statutes of Shaanxi Province on Labor Rights of Women

国民军联军临时劳动法

Provisional Labor Law of Allied Forces of People（1927）

国民军联军总司令

本军与国民党结合为一，努力国民革命，其最大任务：即为解放被压迫最甚之工农群众。本总司令出身于工农家庭，深知帝国主义侵入中国以后，工农生活日益惨苦不堪言状。此次率军东来，目睹沿途一带之工人农人操作异常勤劳，而其所得皆衣不蔽体食不果腹，家室褴褛，依山穴居。贫篓无似殆难笔述。本总司令悠然兴痛之余，益信国民革命，为中国民族唯一之生路。而在此革命过渡期间，应于可能范围内，改善工农地位，除极力提倡组织农民协会外，根据国民党第一次全国代表大会宣言政纲第十二条改良劳动者生活状况之原则，制定临时劳动法公布之。在国民政府未颁布劳动法以前，本军区域内皆适应此项临时劳动法。

此令

中华民国十六年二月十七日

总司令　冯玉祥

第一章　总则

第一条　工人与企业家订立合同时，须按照下列各原则：

甲、按照法律所规定之工作时间及最低工资等；

乙、如工人团体（如工会等，下同），与企业家订合同时，即须根据是项合同原则规定；

丙、如个人已与企业家有合同时，亦须参照改订。

第二条　除自由劳动外，尚有义务劳动。所谓义务劳动者，中央或地方政府于特别情形下，如军事期间或发生灾疫时，或其他遇有关公共利益之重要工作时，均得支配人民为义务之劳动。义务劳动不与自由劳动同，工人必须服从政府之支配，完成其指定之工作。

第三条　无论男女凡十八岁以下，男子四十五岁以上，女子四十岁以上，及有疾病的人经医生之证明者，得免除义务劳动。

第四条　工人团体代表工人与企业家订立合同，如欲修改法律上所订之劳动法时，须根据增进工人生活之原则。

第五条　团体合同（指工人团体与企业家所订定之合同，下同）除对于工厂中之管理之人员外，其对于该部分之雇佣劳动者俱为有效，无论该部分雇佣劳动者入工会与否。

第六条　团体合同期限至多不过一年。

第七条　工人团体代表工人与企业家订立合同时，不负产物上之责任。

第八条　团体合同之外，容许有劳动合同（系工人个人或少数工人成立之公社或组合与企业家订立合同，下同）之订立。

第九条　劳动合同须以增进团体合同或劳动法中所明定之工人地位与生活为原则，否则不容许其存在。

第十条　一个工人不得到企业家许可，不能将合同所负之责任交与他人，但工人公社或劳动组合则能自由调动该社或该组合中之工人。

第十一条　发生下列事项之一时，工人方面即可向企业家提出所订之劳动合同无效：

甲、不按时发薪；

乙、虐待（如殴打辱骂等等）；

丙、企业家如违反劳动合同或劳动法；

丁、卫生状况过于恶劣。

第十二条　如发生下列事项之一时，企业家亦可向工人提出取消劳动合同：

甲、如工厂完全停工或一部分停工，时间在一月以上者；

乙、如因生产原因（如修理机器等）停工在一个月以上者；

丙、如工人确为完全无用者；

丁、如工人违反劳动纪律三次以上者；

戊、有工人无重要事故连续三天不上工，或一周以内继续六天不上工；

己、如因工人暂时失其劳动力（如疾病）告假至二个月以上者，或女工因生育关系延至三个月以上不能上工者。

第十三条　如因第十二条甲乙丙三项事故而辞退工人，须于事前二个星期警告该工人，或多给二星期工资。

第十四条　劳动合同如工会视为应取消时得取消之，如企业不愿意，工会得指控于法庭。

第二章　作工之时间

第十五条　暂定每日工作时间为九小时，将来必须采取八小时制。

第十六条　凡劳心的工作，或自十四岁至十六岁的幼年工人，或生产情况甚有害于体力者，每日工作时间暂定为七小时。

第十七条　凡做夜工者其每日工作时间较普通工作时间减少一小时（夜间工作指下午十一时至上午六时者而言），做夜工者之工资每一小时须较普通工资增加八分之一至六分之一。

第十八条　吃饭时间不算在工作时间之内。

第十九条　每日工作时间之开始与终结，按照当地情形及合同酌定之。

第三章　工人之年龄及性别

第二十条　禁止雇佣十四岁以下童工。

第二十一条　凡自十四岁至十六岁之童工，不能做夜工或地下的工作（如开矿等），及种种有危险身体的工作。

第二十二条　凡女工生育之前后，俱免除义务劳动，停止雇佣劳动，其时间产前八个星期，产后八个星期，共十六个星期，仍保留其位置，并按时发原薪。

第二十三条　凡怀孕之女工，不得做夜工及过度之工作。

第二十四条　凡怀孕之女工，其怀孕已过五个月者，不经本人之许可，不得更动其工作之场所。

第二十五条　女工生育时应一次付给其一月之工资，以后九个月每月应增给其工资之十分之一。

第二十六条　女工在哺乳婴儿时间内，每三小时半得出工厂一次以哺乳婴儿，其时间之最大限度为半小时，此哺乳时间内不得减扣工资。

第四章　工资

第二十七条　工资分两种：

（一）按照工作时间；

（二）按照生产品的多寡，但无论何种都须依照团体合同或劳动合同规定之。

第二十八条　确定工资之最低限度应以四口人（以一家四口人概计）之最低生活费为标准，其最低生活之标准由各县知事规定，但须经检查委员会之核准。

第二十九条　第二十七条第二种工资之计算法，应以不少于四口人最低生活费之限度。

第三十条　凡工人不按照工作时之规矩做工，致损坏生产工具时，得酌量处以若干之罚金，其数量不得过于其每月工资之三分之一。

第三十一条　调换工人时应：（一）给予路费；（二）每日给予其每月工资之三分之一；（三）给予一月之工资以资补助；（四）给予其家属每人以其每月工资四分之一，但以三口人为限。

第五章　休息日假期及告假

第三十二条　休息时间分为三种：

（一）每星期的每星期日至少休息半天；

（二）每年至少十天；

（三）节期日国家纪念日均放假一天。

第三十三条　因生产种种关系应休息时间，工人不能休息时，应另择时间与以同等时间之休息。

第三十四条　告假分为两种：

（一）因疾病告假；

（二）法律所规定的假期。

第三十五条　工人因患病告假须经医生之证明，当地如无医生，可以合同中所定之人来证明如确系患病，即可准假，并免除对待怠工者之办法。

第三十六条　有下列疾病之一者，即可准假：

（一）痔症；（二）白血病；（三）喉症；（四）重的胃症；（五）折断胳膊或腿；（六）心脏病；（七）暂时失明；（八）耳鼓出脓；（九）永久性的肝脏病；（十）歇儿尼亚切开；（十一）痔疮解剖；（十二）糖尿病；（十三）肾重病患；（十四）重的肺病；（十五）遍体疙瘩；（十六）一切的危险传染病。

第三十七条　工人因病告假者，其期间不能超过二个月。

第三十八条　工人患病时，其工资由劳动保险所支给。

第三十九条　工人每年告假之法定时间为两个星期。

第四十条　凡工人在同一场所继续工作六个月以上者，即有告假两星期之权利。

第四十一条　在地下工作（如矿工）的工人，除照例得告假两星期外，得增加两个星期的告假。

第四十二条　工人如有告假之权利，而一年不告假者，企业家应以奖金报酬，奖金分两种：

甲、作普通工作者，以该工人半月工资作奖金。

乙、作地下工作者，以该工人一月工资作奖金。

第四十三条　凡工人在剧烈劳动状况下，有害于身体者，应竭力设法准其告假以资休养。

第六章　家庭佣工

第四十四条　家庭佣工因其工作有特别状况，故其工资另行规定。

第四十五条　家庭佣工之工作时间，暂定为十小时，其吃饭的时间不在工作时间以内。

第四十六条　每一个星期中，家庭佣工有半天休息。

第四十七条　家庭佣工之工作时间，至早自上午六时起，至迟至下午十一时止，如于规定工作时间外做工应格外报酬。

第四十八条　主人不得虐待家庭佣工。

第四十九条　家庭佣工之饮食应竭力改善，不宜与主人相差太远。

第五十条　家庭佣工有疾病时，其医治费及生活费应由主人担负。

第五十一条　家庭佣工做工在六个月以上者，应准其告假一个月。

第五十二条　主人绝对不能处家庭佣工以罚金。

第七章　关于疗治的援助

第五十三条　工人的种种疗治费，都应由企业家供给。

第五十四条　凡一个企业起码须延请一医生；购制简单之药品，在五百工人以上应设立一医院。

第五十五条　各工厂皆应有下列卫生的检查：

甲、改善劳动者之卫生状况；

乙、保险种种有害工人生命之事实发生；

丙、规定时间检查工人身体，以防备种种之职业病。

第五十六条　小的企业无力请卫生专家时，第五十五条所举甲乙丙三项职务，可由该地方之普通卫生处担任。

第八章　残废的劳动者及抚恤金

第五十七条　凡工作能力完全失去，或一部分失去，即为残废的劳动者。

第五十八条　残废的劳动者分为四种：

甲、完全不能工作，而日常起居须待人扶持者；

乙、不能工作，唯日常起居无须人扶持者；

丙、能做暂时轻微工作者；

丁、工作能力中途失去者。

第五十九条　对残废工人必须优待，在最优越的条件之下，替他们组成残废工人的劳动组合。

第六十条　劳动保险所支付残废工人下列的抚恤金：

甲、对于第五十 A 条第一项按月给以中等的工资；

乙、对于第五十八条第二项按月给以中等工资的三分之二；

丙、对于第五十 A 条第三项按月给以中等工资的二分之一。

第六十一条　工人死后，企业家应给其十四岁以下之兄弟姊妹，及其不能工作之父母以抚恤金，以该工人家中有一人不能工作时，应给以该工人每月工资三分之一，如有二人不能工作时，应给以二分之一，如有三人不能工作时，应给以三分之二。

第六十二条　如一个工人继续在同一企业做工，死后该企业应给以抚恤金。

第九章　劳动的保险

第六十三条　劳动的保险普遍到各种的劳动，他的范围之内有疗治的原则，工人如因病或怀孕或残废劳动保险所供应援助以金钱，失业时间在六个月之内，援助之程度不在其每月工资的六分之一以下，并援助残废工人及工人死后之家属。

第六十四条　劳动保险所，设立在雇佣工人的企业中，其办事人员俱由选举举出。

第六十五条　保险基本金从下列两项款项集合而成：

（一）企业家供给三分之一；

（二）由工资中按百分率收扣凑集三分之二。

第十章　工人介绍所

第六十六条　工人介绍所的作用，是整顿分配雇佣劳动者的力量。

第六十七条　指挥工人介绍所工作之机关有一委员会，委员会中由一委员长及一市政或商会代表一党部代表一工会代表组成之。

第六十八条　工人介绍所为一市政机关，将来劳动部成立时即由劳动部指挥。

第六十九条　工人介绍所委员会：（一）替失业工人组织职业团体；（二）替工人与企业家订立种种合同及进行大规模之工作；（三）替工人组织廉价贩卖之饭馆寄宿舍及消费社等；（四）替工人组织失业劳动者的组合；（五）用工会市政机关公款及保险所基金援助失业工人；（六）在失业工人中进行文化及宣传的工作；（七）调查愿意做工之人数。

第七十条　失业劳动的组合有两种：

（一）劳动的；

（二）生产的。

第七十一条　本章第七十条第一第二两种组织应集合最难觅得工作之工人组织之。

第十一章　工会条例

第七十二条　职业工会系工人组织之团体。

第七十三条　工会之组织其重大意义，因欲联合多数群众，以达到革命的目的，故革命政府应竭力援助之。

第七十四条　工会系一自由的团体，非强迫的团体。

第七十五条　工会组织中的分子，与企业家争斗之武器为罢工，罢工并不违反国家的法律。

第十二章　附则

第七十六条　在国民政府未正式颁布劳动法以前，本临时劳动法得暂时适用。

第七十七条　在劳动部未成立以前，检查委员会与国民军联军总司令部执法司应督促其实施。

第七十八条　本临时劳动法，自中华民国十六年一月一日公布施行。

（摘自陕西省档案馆：一九二七年二月十九日至二月二十三日《国民军政报》第三至六号。）

（转引自：《陕西省志·劳动志》（第五十四卷），陕西人民出版社 1994 年。）

陕甘宁边区劳动保护条例(草案)

Labor Rgulations of Shaan-Gan-Ning Region (Draft) (1940)

(1940 年 4 月陕甘宁边区政府颁布)

第一章 总则

第一条 本条例为保护工人,提高工人劳动热忱,发展战时生产而制定之。

第二条 本条例劳动之规定,以雇佣劳动者为限。

第二章 工作时间

第三条 工人每日实际工作八小时,青年工人工作六小时。

第四条 工人为帮助抗战需要自愿多做义务工作者,不受前条之限制。

第五条 雇主不得要求工人做额外之工作,如确因工作过忙,雇主要求工人增加额外工作时,必须先得工人之同意。

第六条 采用昼夜轮班制者,所有工人班次,至少每星期更换一次。本条例所称夜间工作是指自下午十时起至第二天上午六时止。

第七条 孕妇哺育期禁止做夜间工作。

第八条 工人休假以星期日及政府通知之纪念日为标准。

第三章 工资

第九条 工人工资不得低于最低工资率,最低工资率以所在地之生活状况为标准,由工会雇主工人共同商定之。

第十条 学徒在学习期间,应分期规定工资或津贴,并按工作情形的量增加。

· **第十一条** 包工工资由集体劳动合同内规定之。

第十二条 工人工资或津贴以当地十足通用货币付给。

第十三条　工资之支付规定日工按日发给，月工每月分两次发给（论件计者同），季工、年工由工人与雇主商定，但不能延欠至两个月。

第十四条　女工、青工与男工做同样工作者，即给同等工资。

第十五条　因雇主修理机器、缺乏原料、违背政府法令或其他过失而致停工者，其停工期间之工资照发。

第四章　女工、青工

第十六条　十四岁者至十八岁者为青工。

第十七条　凡工作特别劳苦或笨重或有害工人身体健康以及需要在地下工作者，均不得雇佣妇女及未满十八岁者从事工作。

第十八条　女工生产前后给假两个月，工资照发，小产者以病假论。

第十九条　哺育妇女在工作时间内普通停工休息时间外，每隔三个小时应有二十分钟哺育时间，此项休假时间计入工作时间内。

第五章　学徒

第二十条　在学习期间之工人称为学徒

第二十一条　学徒学习期间，应按照职业性质分别规定，但最多不得超过三年，倘技术特别进步者，得缩短其学习年限。

第二十二条　学徒除得津贴外，雇主应供给被褥、衣服、鞋袜等用物。

第二十三条　严禁对学徒虐待或任意打骂。

第六章　工人权利

第二十四条　工人得自由组织工会。

第二十五条　雇主应负担工会办公费，及工人文化教育费，其数目规定为全部工资百分之二。

第二十六条　工人得在工会之下参加各种文化教育组织，其学习训练时间应在工作时间以外。

第二十七条　工人参加工会或其他会议，经由该会之证明，雇主不得阻止干涉，工资照发。

第二十八条　工人工作六个月以上，而被征调到抗日军队服役者，雇主须预先付给一个月之工资。

第二十九条　雇主不得无故开除工人，如因故开除工人时，须先得工会同意，并予以退工津贴及路费。

第三十条　工人因公得病或受伤，医药费由雇方供给，休假期间工资照发，并得保留其原有工作单位。

第三十一条　工人因工作而致残废失其全部或一部分工作能力者，雇方应给残废津贴，其津贴数目，以残废部分之轻重为标准，最少不得低于半年之平均工资。

第三十二条　残废部分之轻重，由政府设立医院或政府指定之医生鉴定之。

第三十三条　工人因病死亡，家庭无力葬埋，雇主须负责葬埋费，并须调查死亡者家庭状况，酌量给以抚恤金。

第三十四条　工人因工受伤死亡者，雇主应给该工人两年之平均工资，抚恤其遗族。

第七章　安全与卫生

第三十五条　各企业各机关必须采用适当的设备，以消灭或减轻工人之危险及预防危险之事件发生，并保持工作内之卫生。

第三十六条　当地主管机关，应对各企业时常检查，凡发现其建筑设备损坏至有立即危害工人身体健康或生命之可能的程度，得命令该企业立即停工修理。

第三十七条　按工厂实际工作情形之需要（如油厂、矿窑、机械、印刷厂等），厂方当按期供给工人肥皂、围裙、油布、内衣、便帽及冬季皮衣等，按各种生产工厂不同情形而分别具体规定之。

第八章　集体合同及劳动合同

第三十八条　无论集体合同或劳动合同所订条件与本条例所规定之条件抵触者，皆不发生效力。

第三十九条　雇主不得要求工人做与合同内所规定工作无关之其他工作，但在特别情形之下，先得工人同意者不在此限。

第四十条　各企业变更业主时，不得废止原订之合同，但双方均有权提出重新审议，在新合同未成立前，原合同仍属有效。

第四十一条　劳动合同在限期未满以前，经双方同意得废止之。

第四十二条 无论集体合同或劳动合同经当地工会之要求均得废除之。

第九章　管理规制

第四十三条 各企业商店内之劳动人员有五人以上者，为整理内部工作秩序起见，得制定内部管理规则，该项规则应得工会之同意，并于确定之后宣布于各劳动人员方生效。

第四十四条 内部管理规则对于劳动者及管理员之责任，以及违犯规则所负责之范围，及负责办法，应有详细之规定。但不得与本条例各该项企业商店内现行有效的集体合同、劳动合同有所抵触。

第十章　解决争执及处理违法案件之机关

第四十五条 凡违犯本条例及集体合同之一切条件均归法院审理之。

第四十六条 各企业商店与被雇人间，因各种劳动条件之问题，发生争执和冲突时，各级政府得到当事人双方同意时，得进行调解及仲裁。但在发生重大争议时，得不经同意进行仲裁。

第四十七条 在公有企业机关以及合作社企业中，得由管理部及职工会各派同等数目之代表，组织劳资争议委员会，其职权如下：

（一）制定该企业或机关中工人职员应得工资之额数；

（二）解决管理部与工人职员间因争执本条例及集体合同所发生之一切争执；

（三）劳资争议委员会的决定，须得双方同意，如不能解决之案件，即提请政府仲裁机关或法院处理之。

第十一章　附则

第四十八条 本条例修改之权属于边区参议会。

第四十九条 本条例解释之权属于边区政府。

第五十条 本条例自边区参议会同意后由边区政府公布施行。

（摘自陕西省总工会工运史研究室编《陕甘宁边区工人运动史料选编》422—426。）

（转引自：《陕西省志·劳动志》（第五十四卷），陕西人民出版社 1994 年。）

陕甘宁边区关于公营工厂
工人工资标准之决定

Decisions of Shaan-Gan-Ning Region Regrgarding
Payments of the Workers in Public-owned Factories（1941）

（1941 年 9 月公布）

最近由于物价高涨，各项生活必需品，如米、布匹、蔬菜、肉类、鞋袜等均较"五一"前价格为高，因此，"五一"前所规定之工资标准，已不足以安定工人生活。为确实保障战时工人生活，增强劳动效率，刺激工业技术之改进，特对产业工人工资标准重新作如下决定：

（一）以每个工人生活所需为最低工资，工资之高低以工人之技术程度、劳动强度决定之。

（二）工资之发给，采用实物与货币混合制。

（三）厂方按月供给工人下列实物：

小米四十五斤（十六两秤，以下均以十六两秤计）、盐一斤、油十二两、肉一斤、柴八十斤、调和、碱等钱三角，及足够吃饭之普通菜（例如洋芋每日不少于半斤，白菜、萝卜每日不少于一斤，菜干每日不少于四两……等）。

上列食物，得按当时当地市价，以货币于月前发给之。

（四）厂方每年四月发一套单衣、七月发一套衬衣、十月发一套棉衣，三套衣服得折合难民工厂甲字洋布五丈五尺发给之，并发棉花一斤半。如工人工作不足一年即行离厂，而未领足按年平均每月应得之布者，由厂方按周年应得之布预算补给；其超过按年平均所得之布者，亦得折算由工人工资内扣除之。

（五）三、四两条所规定之食物衣服供给办法，不论工厂职员或工人，一律适用之。

（六）除上述之实物工资外，轻工业工人每月发给十五元至五十元之货币工资；重工业工人每月发给二十五至七十五元之货币工资。

（七）工厂工作人员之工资，依照下列规定：

1. 工作人员如系技术工人者，仍按技术工人待遇发给工资。

2. 普通工作人员，除实物工资外，按月发给十五元至三十元之货币工资；其领津贴者，发给五元至十元津贴。

3. 能独立担负全厂成本会计之会计人员，按月发给二十元至三十元之货币工资。

4. 技术职员按月发给三十元至百元之货币工资。技术职员由厂方调作行政工作者，仍领原工资，其自愿允任行政工作者，按普通职员发给工资。

（八）工人家属具有下列条件之一者，得由厂方按保育条例之规定负责供给：

1. 在工作过程中生育之子女；

2. 有妻子之工人入厂时，根据劳动合同厂方允许其带妻子者；

3. 政府送交工厂工作之革命军人或其家属带有妻子者。

（九）为统一工厂之开支，前条关于供给工厂家属之经费，得由厂方造具预算，边区工业局所属工厂呈报建设厅批准开支，军委所属工厂呈报后方勤务部批准开支，中央所属工厂呈报中央财经处批准开支。

（十）工人妻子有六岁以下三个小孩者，得脱离生产专抚养小孩，由厂方供给其衣食住，不发零用钱。工人子女在七岁以上而不送学校读书者，工厂不予任何补助。

（十一）工人因病请假在半月以内者，计件工资之工人发给同等工人之最低工资，计时工资之工人照发原地货币之工资；请病假在半月以上一月以下者，均发三分之二，在一月以上月半以下者，均发三分之一，一月以上者不发货币工资。

（十二）残废军人在厂工作，如厂方因故需要解雇时，边区工业局所属工厂须先呈报建设厅批准；军委所属工厂须先呈报后方勤务部批准；中央所属工厂，须先呈报中央财政经济所批准；否则不得解雇。

（十三）未受代耕优待之工人，得由政府酌量减免税捐及义务动员。

（十四）本决定只适用于公营性质工厂之工人。

（十五）本决定经呈报请陕甘宁边区政府批准后，从九月份起实施之。

（摘自陕西省档案馆、陕西省社会科学院合编《陕甘宁边区政府文件选编》（第4辑），第229—231页。）

（转引自：《陕西省志·劳动志》（第五十四卷），陕西人民出版社1994年。）

陕西省劳动人事厅关于对女职工
哺乳期放假规定的通知

Circular of the Labor-personnel Department of Shaanxi

Province on Holiday Rgualtions of Lactation Women (1983)

1983 年 7 月 26 日发布实施

陕劳人险发〔1983〕59 号

各地、市劳动局、人事局，省级各部门和中央驻陕各单位：

为了有利于计划生育政策规定的贯彻，有利于妇女和婴儿的身心健康，有利于优生、优育、解决青年女职工抚婴困难，根据我省实际情况，经省人民政府批准，现对青年女职工哺乳期放假办法规定如下：

一、各企业、事业和机关单位要加强妇幼保健工作，加强对保教人员的配备和思想政治教育、技术培训工作，提高服务质量，力争做到哺婴设备齐全，保育人员符合条件。确保职工安心生产工作，无后顾之忧。

二、符合计划生育条例规定并领取了独生子女证、单位又无哺婴设施的女职工，在其工作又能离开的，可由本人自愿申请，领导同意，在其产假满后给予一年的婴儿哺乳假。

三、假期发给本人标准工资百分之六十。物价补贴、取暖费照发，工龄可以连续计算，调资不受影响。在哺乳期里奖金、津贴停发，不享受病假工资待遇，其他劳动保险待遇不变。夫妻分居两地，当年又未享受探亲假者，可以实报一次往返路费，不另给探亲假期。请假期不得从事有报酬的社会劳动。女职工哺乳期满时应按时上班，恢复原工资待遇；对于未经单位 批准不来上班和逾期不归者以旷工论。

（来源：http：//www. sxldbz. gov. cn/society_ insurance/maternity_ insurance/09. htm。）

陕西省《女职工劳动保护规定》实施办法

Measures of Shaanxi Province for the Implementation of Regualtions on Labor Security of Women Staff (1990)

1990 年 11 月 17 日发布实施

陕西省政府发布

第一条 根据国务院《女职工劳动保护规定》（以下简称《规定》），结合本省实际，制定本办法。

第二条 本办法适用于本省境内一切国家机关、人民团体、事业、企业、（包括全民、集体所有制企业，中外合资、合作企业、外资企业，乡镇企业，农村联户企业，私营企业和城镇街道企业）单位（以下统称单位）的女职工。

第三条 各级劳动部门负责对《规定》和本办法的执行情况进行监察，各级卫生部门和工会、妇联组织按照各自的职责对《规定》和本办法的执行情况进行监督。

第四条 各单位行政领导应负责在本单位宣传和贯彻执行《规定》和本办法，明确本单位负责女职工劳动保护工作的机构，配备专（兼）职工作人员。

第五条 各单位应根据女职工的生理特点及所从事职业的特点，通过技术改造、工艺改革、设备更新以及采取无害作业等措施，改善女职工的劳动环境和劳动条件，加强女职工的劳动保护和保健工作。

第六条 凡适合妇女从事劳动的单位和工作岗位，不得拒绝招收女职工。实行劳动合同制的女职工，在合同期满之前，任何单位和个人都不得以女职工怀孕、生育、哺乳等理由解除其劳动合同。

第七条 禁止安排女职工从事禁忌的劳动。女职工禁忌从事的劳动范围，依照劳动部发布的《女职工禁忌劳动范围的规定》执行。

第八条 生产第一线的女职工在月经期间，有痛经等特殊情况不能坚持正常劳动的，经医疗机构证明、单位负责人批准，给假一天，工资照发。

第九条 怀孕七个月以上（含七个月）的女职工，不得安排其从事夜班劳动；在正常劳动时间内，应安排一个小时的休息时间。

对怀孕和哺乳的女职工，不得安排加班加点。

第十条　孕妇在劳动时间内按卫生部门的要求做产前检查所用时间，算作劳动时间。

第十一条　女职工产假为九十天，其中产前假十五天，产后假七十五天；难产的增加产假十五天；多胞胎生育的，每多生育一个婴儿增加产假十五天。产前假不足十五天的，与产后假合并使用。产假四十二天。

第十二条　对无生育指标或避孕失败而怀孕的女职工，为达到计划生育目的采取人工流产措施的，应参照上款规定执行。

第十三条　有不满一周岁婴儿的女职工，其所在单位不得延长其劳动时间，不得安排其夜班劳动；每班劳动时间内应给予两次哺乳（含人工喂养）时间，每次三十分钟。多胞胎生育的，每多哺乳一个婴儿，每次哺乳时间增加三十分钟。每班两次哺乳时间可以合并使用。

哺乳婴儿满周岁后，一般不再延长哺乳期。如果婴儿身体特别虚弱，经县级以上医疗机构证明，可适当延长哺乳期。如果哺乳期满时正值夏季，可延长一至二个月。

第十四条　女职工比较多的单位，应当按照国家有关规定，逐步建立女职工卫生室、孕妇休息室、托儿所、幼儿园等设施，妥善解决女职工生理卫生、哺乳、照料婴儿方面的困难。女职工少的单位，可联办幼托设施。

第十五条　女职工劳动保护的权益受到侵害时，有权向所在单位的主管部门或者当地劳动部门提出申诉。受理申诉的部门应当自收到申诉书之日起三十日内作出处理决定；女职工对处理决定不服的，可以收到处理决定书之日起十五日内向人民法院起诉。

第十六条　对违反《规定》和本办法，侵害女职工劳动保护权益的单位负责人和直接责任人，其所在单位的主管部门，应根据情节轻重，给予行政处分，并责令该单位给予被侵害女职工合理的经济补偿；构成犯罪的，由司法机关依法追究刑事责任。

第十七条　女职工违反国家和省有关计划生育规定的，其劳动保护应当按照国家和省有关计划生育的规定办理，不适用本办法。

第十八条　本办法由省劳动厅负责解释。

第十九条　本办法自发布之日起施行。

（来源：http://law. baidu. com/pages/chinalawinfo/1681/26/3dc6dace6defff750cbf4be36d1397ab_ 0. html。）

陕西省劳动监察条例

Regulations of Shaanxi Province on Labor Supervision（2003）
陕西省人大常委会
省人大公告（第十一号）

《陕西省劳动监察条例》已由陕西省第十届人民代表大会常务委员会第六次会议于 2003 年 9 月 28 日通过，现予公布，自 2004 年 1 月 1 日起施行。

第一章 总则

第一条 为规范劳动监察行为，维护劳动者的合法权益，促进经济发展和社会稳定，根据《中华人民共和国劳动法》和有关法律、法规，结合本省实际，制定本条例。

第二条 本省行政区域内的劳动监察活动，适用本条例。

第三条 本条例所称劳动监察，是指劳动和社会保障行政部门（以下简称劳动保障行政部门）对企业、民办非企业单位、个体经济组织和与劳动者形成劳动合同关系的国家机关、事业组织、社会团体（以下统称用人单位）遵守劳动保障法律、法规的情况进行监督检查，并对违法行为依法进行处理的行政执法活动。

对国家机关、事业组织、社会团体遵守社会保险方面的法律、法规的监督检查，依照本条例执行。

第四条 劳动监察应当遵循公开与公正、专门监察与群众监督、教育与处罚相结合的原则。

第五条 县级以上人民政府劳动保障行政部门依照管辖权限主管本行政区域内的劳动监察工作。

财政、税务、公安、工商行政、卫生、安全生产监督等部门应当依据各自法定职责，做好劳动监察工作。

第六条 县级以上人民政府应当将劳动监察工作所需经费纳入本级财政

预算。

第七条　各级工会组织依照《中华人民共和国劳动法》和《中华人民共和国工会法》的规定，对用人单位遵守劳动保障法律、法规的情况实施监督。

第八条　任何组织和个人对于违反劳动保障法律、法规的行为，有权向劳动保障行政部门投诉和举报。

第二章　监察职责与管辖

第九条　劳动保障行政部门履行下列劳动监察职责：

（一）宣传、贯彻执行劳动保障法律、法规；

（二）监督检查用人单位遵守劳动保障法律、法规的情况；

（三）受理对违反劳动保障法律、法规行为的投诉或者举报；

（四）依法纠正和查处违反劳动保障法律、法规的行为；

（五）法律、法规规定的其他劳动监察职责。

第十条　县级以上劳动保障行政部门应当配备劳动监察员。

县级以上劳动保障行政部门应当根据实际情况配备一定数量的女性劳动监察员。

第十一条　劳动监察员应当具备以下条件：

（一）熟悉劳动保障法律、法规；

（二）从事劳动保障行政业务工作三年以上；

（三）坚持原则，秉公办事；

（四）劳动监察专业培训考试合格。

劳动监察员的行政执法证件由省劳动保障行政部门统一颁发。

第十二条　劳动监察员在履行职责时，可以行使下列职权：

（一）进入用人单位的生产、经营、工作场所，检查遵守劳动保障法律、法规的情况；

（二）要求用人单位提供与劳动监察事项相关的证明材料，查阅或者复制必要的资料，询问有关人员；

（三）采用笔录、录音、照相、录像等方式取得证据；

（四）纠正用人单位侵犯劳动者合法权益的行为；

（五）法律、法规规定履行劳动监察职责的其他职权。

第十三条　县级以上劳动保障行政部门应当在同级工会、共青团、妇联、行业主管部门中聘请劳动法律监督员，协助劳动保障行政部门开展工作。

劳动法律监督员的证件由省劳动保障行政部门会同有关组织统一颁发。

第十四条　劳动法律监督员有权监督用人单位遵守劳动保障法律、法规的情况。

劳动保障行政部门在同级工会中聘请的劳动法律监督员可以进入用人单位调查了解其遵守劳动保障法律、法规的情况，发现用人单位违反劳动保障法律、法规的行为，有权向劳动保障行政部门提出书面建议。

第十五条　劳动监察员和劳动法律监督员必须忠于职守，公正执法，文明执法，不得泄露被检查单位的商业秘密，保守劳动监察秘密，为举报人保密。

第十六条　省、市、县（区）劳动保障行政部门负责对在同级工商行政、机构编制、民政部门注册登记的用人单位实施劳动监察。

在中央和外省注册登记的用人单位，其生产、经营和工作场所在本省的，由省劳动保障行政部门实施劳动监察。

尚未注册登记和依法被吊销营业执照或者撤销登记的用人单位，由其所在地的县级劳动保障行政部门实施劳动监察。

第十七条　劳动保障行政部门可以将其劳动监察管辖的用人单位书面委托下级劳动保障行政部门进行劳动监察。

下级劳动保障行政部门认为情况复杂或者影响重大的案件，可以提请上一级劳动保障行政部门查处。

第十八条　劳动保障行政部门之间因劳动监察管辖发生争议的，应当报请共同的上一级劳动保障行政部门指定管辖。

第三章　监察内容与方式

第十九条　劳动保障行政部门对下列事项进行监督检查：

（一）招收、聘用劳动者情况；

（二）劳动合同和集体合同订立、履行情况；

（三）劳动者工资支付情况；

（四）遵守工作时间和休息、休假制度情况；

（五）参加社会保险和缴纳社会保险费情况；

（六）女职工、未成年工和残疾职工特殊劳动保护情况；

（七）遵守职业介绍、职业技能培训和鉴定规定情况；

（八）承办对外劳务合作、境外承包工程和组织公民个人出境就业的机构维护境外就业人员合法权益情况；

（九）法律、法规规定的有关劳动监察的其他事项。

第二十条　劳动保障行政部门在实施劳动监察时，可以直接派劳动监察员到用人单位检查；也可以向用人单位下达询问通知书，用人单位应当按照询问通知书的要求接受询问或者作出书面答复。

第二十一条　劳动监察可以采用日常检查、专项检查、年度检查和案件专查等方式进行。

除国家和本省另有规定外，对同一单位的日常检查每年不得超过二次，专项检查每年不得超过一次。

第二十二条　年度检查一般由用人单位自查。自查情况经用人单位工会组织或者职工代表签署意见后，报劳动保障行政部门备案。

第二十三条　劳动保障行政部门对投诉举报和劳动监察中发现的问题，依法实行案件专查，并按照法律、法规规定的程序办理。

劳动保障行政部门应当设置举报箱，向社会公布举报电话，设立举报接待室，指定专人受理投诉举报。

第二十四条　劳动保障行政部门没有法律、法规依据或者超越管辖权限对用人单位进行检查的，用人单位有权拒绝检查。

第二十五条　工会依法维护劳动者的合法权益，对用人单位遵守劳动保障法律、法规的情况进行监督，对监督过程中发现的违法行为，有权提请劳动保障行政部门依法作出处理。劳动保障行政部门对工会提出的处理请求，应当依法办理。

第四章　监察程序

第二十六条　劳动保障行政部门进行劳动监察时，应当遵守下列规定：

（一）有两名以上劳动监察员共同进行。劳动监察员应当向用人单位出示行政执法证件和劳动保障行政部门的执法检查通知书；

（二）告知被检查单位监察的内容、要求、方法和法律、法规依据；

（三）询问或者现场检查应当制作笔录。笔录应当由劳动监察员和被询问人或者用人单位的有关人员签名或者盖章。

第二十七条　劳动保障行政部门对投诉举报或者劳动监察中发现的违反劳动保障法律、法规行为，应当在七日内决定是否立案，并告知投诉人或者举报人。

对不属于劳动保障行政部门职权范围内的投诉和举报，应当告知当事人向有关机关反映。

第二十八条 下列情况不予立案：

（一）依法应当由劳动争议仲裁机构或者人民法院管辖的案件；

（二）已经劳动争议仲裁机构调解、裁决或者人民法院调解、裁定、判决的案件；

（三）违反劳动保障法律、法规的行为在二年内未被发现的。

第二十九条 劳动保障行政部门应当按照下列程序办理劳动监察案件：

（一）填写立案登记表，由劳动保障行政部门负责人批准，予以立案；

（二）依照法律、法规的规定，全面、客观、公正地调查，收集有关证据，并制作询问笔录、现场笔录；

（三）根据查证的违法事实和证据，依据法律、法规规定，提出处理意见；

（四）告知当事人已查证的事实和拟作出行政处理决定或者行政处罚决定的内容，并告知当事人有权进行陈述和申辩；

（五）听取当事人陈述和申辩，对当事人新提出的事实、证据进行复核；

（六）依法制作行政处理决定书或者行政处罚决定书，报劳动保障行政部门负责人批准；

（七）行政处理决定书或者行政处罚决定书应当在宣告后当场交付当事人，当事人不在场的，应当在七日内依照民事诉讼法的有关规定送达当事人。

依据法律、法规规定在作出行政处罚决定前当事人要求听证的，按照《中华人民共和国行政处罚法》的有关规定办理。

第三十条 劳动保障行政部门依法实施劳动监察调查取证时，有关单位和人员应当给予协助，如实反映情况，不得提供虚假资料或者出具伪证，不得谎报、隐瞒有关情况，不得隐匿、毁灭有关证据，不得拒绝和阻挠检查。

第三十一条 劳动保障行政部门在调查取证过程中，凡涉及多数职工利益的，应当征求用人单位工会或者职工代表的意见。

劳动保障行政部门在作出行政处理决定或者行政处罚决定前，可以听取用人单位工会或者职工代表的意见。

第三十二条 劳动保障行政部门对违法行为的查处，应当自立案之日起三十日内结案；情况复杂确需延长的，经劳动保障行政部门负责人批准，可以适当延长，但延长期限不得超过三十日。

第三十三条 劳动监察实行回避制度。

承办案件的劳动监察员有下列情形之一的，应当回避，案件当事人有权要求他们回避：

（一）系本案当事人近亲属的；

（二）本人或者其近亲属与本案有利害关系的；

（三）与本案当事人有其他关系可能影响案件公正处理的。

承办案件的劳动监察员的回避由劳动监察负责人决定，劳动监察负责人的回避由劳动保障行政部门负责人决定。

第五章　法律责任

第三十四条　劳动保障行政部门对本条例第十九条所列事项进行监督检查时，发现用人单位有违法行为的，应当依照劳动保障法律、法规、规章的规定实施行政处理和行政处罚。

第三十五条　用人单位有下列行为之一的，由劳动保障行政部门责令限期改正；情节严重的，可以处二千元以上二万元以下的罚款，对直接负责的主管人员和其他直接责任人员可以处二百元以上二千元以下的罚款；违反治安管理处罚条例的，由公安机关依法予以处罚；构成犯罪的，移送司法机关依法追究刑事责任：

（一）无理阻挠劳动监察员依法行使劳动监察职权的；

（二）隐瞒事实真相，出具伪证或者隐匿、毁灭证据的；

（三）拒绝提供有关情况、材料的；

（四）拒绝执行劳动保障行政部门下达的询问通知书或者限期改正指令书的；

（五）打击报复举报人的。

第三十六条　依照本条例第三十五条规定，用人单位被处以一万元以上的罚款，个人被处以一千元以上的罚款，有权要求举行听证。

第三十七条　当事人对行政处理决定或者行政处罚决定不服的，可以依法申请行政复议或者向人民法院提起行政诉讼。

第三十八条　劳动保障行政部门工作人员、劳动监察员有下列行为之一的，由劳动保障行政部门或者监察机关给予行政处分；是劳动监察员的，可以由省劳动保障行政部门取消其劳动监察员资格；构成犯罪的，由司法机关依法追究刑事责任：

（一）依法应当受理的投诉举报不受理的；

（二）泄露用人单位商业秘密的；

（三）泄露劳动监察秘密或者举报人情况的；

（四）收缴罚没的财物据为己有的；

（五）玩忽职守、滥用职权、徇私舞弊、贪污受贿的。

有前款所列行为，给用人单位和劳动者造成经济损失的，由劳动保障行政部门依法承担赔偿责任。

第六章　附则

第三十九条　本条例自 2004 年 1 月 1 日起施行。

陕西省实施《中华人民共和国妇女权益保障法》办法

Measures of Shaanxi Province on Implementation of Law on Women's Rights and Interests of thePeople's Republic of China(2006)

1994 年 2 月 23 日陕西省第八届人民代表大会
常务委员会第五次会议通过
2006 年 12 月 3 日陕西省第十届人民代表大会
常务委员会第二十八次会议修订

第一章 总则

第一条 为了实施《中华人民共和国妇女权益保障法》，结合本省实际，制定本办法。

第二条 本省行政区域内的一切国家机关、社会团体、企业、事业单位、城乡基层群众自治组织和个人，应当遵守本办法。

第三条 坚持男女平等，保障妇女合法权益，是全社会的共同责任。

消除对妇女基于性别而作的区别、排斥或者限制等妨碍男女平等的一切形式的歧视。但出于对妇女的特殊保护而采取的措施除外。

第四条 妇女应当自尊、自信、自立、自强，运用法律维护自身合法权益，尊重社会公德，履行法律所规定的义务。

第五条 县级以上人民政府应当结合实际，制定妇女发展规划和工作计划，并将其纳入国民经济和社会发展规划，采取措施，完善制度，促进妇女在政治、经济、文化等各方面的发展。

县级以上人民政府应当保障妇女事业发展的经费投入，并将妇女儿童工作机构的经费列入同级财政预算。

第六条 县级以上人民政府应当设立妇女儿童工作机构，负责组织、协调、指导、督促有关部门做好妇女权益保障工作，其办事机构设在同级妇女联合会，主要职责是：

（一）组织宣传有关保障妇女权益的法律、法规和政策；

（二）组织实施妇女发展规划及妇女权益保障工作计划；

（三）研究本行政区域涉及妇女权益的突出问题，向有关机关提出意见、建议；

（四）协调、督促有关部门及时查处侵害妇女权益的重大、典型案件；

（五）其他与妇女权益保障相关的工作。

县级以上人民政府有关部门在各自的职责范围内做好妇女权益的保障工作。

第七条　各级妇女联合会代表和维护妇女利益，听取和反映各方面的意见、建议，做好维护妇女权益的工作。

工会、共产主义青年团在各自工作范围内，做好维护妇女权益的工作。

第二章　政治权利

第八条　妇女享有与男子平等的选举权、被选举权等宪法规定的其他各项政治权利。

有关国家机关决定重大事项和制定地方性法规、地方政府规章、规范性文件，涉及妇女权益问题的，应当征求妇女联合会的意见。

第九条　省、设区的市人民代表大会代表候选人中，妇女所占比例不低于30%；不设区的市、市辖区、县和乡（镇）人民代表大会代表候选人中，妇女所占比例不低于25%。

县级以上人民代表大会常务委员会组成人员中应当有一定数量的女性。

居民委员会、村民委员会成员中，妇女应当有适当的名额。

第十条　国家机关、社会团体的领导成员中应当有一定数量的女性。

乡（镇）以上人民政府和县级以上人民政府组成部门、直属机构中应当有一定数量的女性正职领导。

第十一条　企业、事业单位职工代表大会代表中的女性代表所占比例应当与该单位女职工人数比例相适应。

女性相对集中的企业、事业单位应当有女性管理人员。

第十二条　各级妇女联合会及其团体会员应当向各级国家机关、社会团体推荐女干部，在少数民族人数较多的地方，应当重视培养、推荐少数民族女干部。

第三章　文化教育权益

第十三条　各级人民政府应当保障适龄女性儿童少年接受义务教育，并将适龄女性儿童少年的入学率、辍学率、毕业率作为政府普及义务教育工作的年度考核指标。

各级人民政府应当加强学校基础设施建设，并采取有效措施，扶持帮助边远贫困地区和残疾人、流动人口中的适龄女性儿童少年就近入学，完成义务教育。

第十四条　父母或者其他法定监护人应当保障适龄女性儿童少年入学接受并完成义务教育。

适龄女性儿童少年因身体状况需要延缓入学、免予入学或者中途休学的，应当由其父母或者其他法定监护人提出申请，经县级教育行政主管部门或者乡（镇）人民政府批准。

第十五条　学校应当保障妇女在入学、升学、毕业、授予学位、就业推荐等方面享有与男子平等的权利。

学校招生应当执行国家有关规定，不得提高女性的录取标准；除国家规定的特殊专业外，不得限制女性的录取比例。

学校应当针对女性的特点，在教育方式、管理制度、设施配置等方面采取措施，保障女学生身心健康和人身安全。

第十六条　国家机关、社会团体和企业事业单位、行业组织在组织科研项目、评定职称、派出留学、继续教育和职业技能培训等方面，不得对妇女有歧视性限制。

第十七条　各级人民政府和有关部门应当结合本地实际和妇女的需要，组织妇女接受职业教育和实用技术培训，为其从事生产经营活动和就业、创业提供帮助。

第四章　劳动和社会保障权益

第十八条　用人单位在录用职工时，除国家规定的不适合妇女从事的工种和岗位外，不得以性别为由拒绝录用女性或者提高录用标准。

用人单位录用女职工时，应当依法签订劳动合同或者聘用合同，劳动合同或者聘用合同中不得有限制女职工结婚、生育的内容。

第十九条　用人单位应当保障女职工享有与同岗位男职工同等的工资和福利待遇。

第二十条　用人单位不得违反劳动法律法规的规定，延长女职工的工作时间和占用休息日、法定休假日。确需延长女职工工作时间或者占用休息日、法定节假日、休假日的，应当依照有关规定，支付相应的工资报酬或者安排补休。

第二十一条　禁止安排女职工从事国家规定的禁忌性劳动。女职工在经期、孕期、产期、哺乳期受特殊保护，用人单位不得安排国家规定的重体力劳动或者禁忌性劳动。

任何单位不得以结婚、怀孕、产假、哺乳等为由，降低女职工的工资，辞退女职工或者单方面解除劳动合同或者聘用合同。但女职工要求终止劳动合同或者聘用合同的除外。

第二十二条　用人单位在执行国家退休、退养有关规定时，不得以性别为由歧视妇女。

第二十三条　县级以上人民政府应当按照国家规定，推行城镇职工生育保险制度，并纳入社会统筹范围。

实行城镇职工生育保险的地区，企业、事业单位应当按工资总额的一定比例向社会保险经办机构缴纳生育保险费。

参加生育保险的单位女职工生育的，按照规定享受生育津贴，核报生育医疗费、计划生育手术医疗费等费用；尚未参加生育保险的单位，应当按照有关规定承担女职工的生育医疗等费用。

第二十四条　县级以上人民政府应当将农村孕产妇的生育费用纳入农村合作医疗的报销范围，按规定标准予以报销。

县级以上人民政府应当制定规划，加大对妇女生育保障的经费投入，为农村的贫困孕产妇和城镇低保户中的孕产妇提供必要的生育救助，在农村推行免费住院分娩。

第五章　财产权益

第二十五条　农村集体经济组织的女性成员在农村土地承包经营、集体经济组织收益分配、土地征收或者征用补偿费分配以及宅基地使用等方面，享有与男子平等的权利。

第二十六条　土地承包期内，农村妇女结婚，在新居住地未取得承包地的，原集体经济组织不得收回其承包地；农村妇女离婚或者丧偶，仍在原居住地生活或者不在原居住地生活但在新居住地未取得承包地的，原居住地的集体经济组织不得收回其承包地。

第二十七条　在财产继承中不得侵害妇女依法享有的权利。同一顺序法定继承人的继承份额不受性别影响。在同等条件下，对丧失劳动能力的妇女应当给予照顾。

第二十八条　离婚、丧偶的妇女有权处分其依法分割、继承取得的财产,任何人不得干涉。

第六章　人身权利

第二十九条　妇女享有与男子平等的人身权利,妇女的人身自由、生命健康权不受侵犯。禁止下列行为:

(一)非法拘禁或者以其他非法手段剥夺、限制妇女人身自由,非法搜查妇女身体;

(二)溺、弃、残害女婴,歧视、虐待生育女婴的妇女和不育的妇女;

(三)用迷信、暴力等手段残害妇女,虐待、遗弃病残妇女和老年妇女;

(四)强迫、引诱、教唆、欺骗妇女吸食、注射毒品;

(五)组织、强迫、引诱、容留、介绍妇女卖淫或者进行淫秽表演;

(六)其他侵害妇女人身自由、生命健康权的行为。

第三十条　禁止拐卖、绑架妇女和收买被拐卖、绑架的妇女。

当地公安机关对被拐卖、绑架的妇女应当组织解救,解救经费由县级以上人民政府解决。

被拐卖、绑架的妇女返回原籍后,任何人不得歧视、虐待。对生活确有困难的,当地人民政府、有关部门和基层群众自治组织,应当给予帮助。

第三十一条　禁止进行非医学需要的胎儿性别鉴定。

卫生、计划生育行政主管部门和医院、计划生育技术服务机构以及其他医疗机构应当健全管理制度,加强对有关医疗设备的管理和操作人员的教育、培训和监督。

第三十二条　禁止对女性儿童少年一切形式的性侵害。父母、学校、幼儿园和其他负有监护责任的单位、人员应当依法履行对女性儿童少年的监护职责。

第三十三条　禁止对妇女实施性骚扰。受害妇女有权向本单位、行为人所在单位、妇联组织或者有关机关投诉。

本办法所称性骚扰是指违背妇女意愿,以含有淫秽色情内容或者性要求的语言、文字、图像、电子信息、肢体行为等方式骚扰女性的行为。

妇女组织和其他社会机构应当加强预防和制止性骚扰的宣传教育,用人单位应当采取措施防止工作场所的性骚扰。

第三十四条　妇女的人格尊严受法律保护。

禁止在大众传播媒介制作、使用和传播损害妇女人格尊严的语言文字和音像；禁止在广告宣传、商业经营活动中贬低损害妇女人格。

第七章　婚姻家庭权益

第三十五条　禁止包办、买卖婚姻和其他干涉妇女婚姻自由的行为。丧偶、离异妇女再婚的，任何人不得以任何理由进行干涉。

第三十六条　禁止对妇女实施家庭暴力。

家庭暴力是指行为人以殴打、捆绑、残害、强行限制人身自由或者其他手段，给其家庭成员的身体、精神等方面造成一定伤害后果的行为。

第三十七条　对正在实施的家庭暴力，居民委员会、村民委员会或者受害妇女和施暴人的所在单位应当及时劝阻、制止，对施暴人批评教育或者向公安机关报告；公安机关接到报警后，应当即时出警，依法处理。

第三十八条　家庭暴力的受害妇女为无行为能力、限制行为能力人，其法定监护人不履行监护职责的，或者受害妇女为残疾人、老年人，难以维护自身合法权益的，受害妇女所在单位、居民委员会、村民委员会或者妇女组织等有关社会组织应当为其维护权益提供帮助。

第三十九条　对遭受家庭暴力暂时不能归家的受害妇女，妇女组织应当协调民政等有关部门和机构对其提供必要的救助。

第八章　法律责任

第四十条　违反本办法第十四条规定，父母或者其他法定监护人不送适龄女性儿童少年入学接受义务教育或者擅自中途辍学的，由当地人民政府或者教育行政主管部门予以批评教育，并责令其采取措施，保障女性儿童少年完成义务教育。

第四十一条　违反本办法第十五条、第十六条规定，由教育行政主管部门或者上级主管部门依法查处，予以纠正。

第四十二条　违反本办法第十八条、第十九条、第二十条、第二十一条、第二十二条规定，侵害妇女劳动和社会保障权益的，由当地劳动和社会保障或者人事行政主管部门依法查处。

女职工与用人单位发生劳动争议或者人事争议的，可以依法向劳动人事调解仲裁机构申请调解、仲裁，对仲裁裁决不服的，可以依法向人民法院起诉。

第四十三条　违反本办法第二十五条、第二十六条规定，侵害农村妇女土地承包经营权、集体经济组织收益分配权益和宅基地使用权的，依照农村土地承包和土地管理法律、法规的规定处理。

第四十四条　违反本办法第二十七条、第二十八条、第三十五条规定，侵害妇女财产继承权、财产处分权或者干涉妇女婚姻自由的，可以由其所在村民委员会、居民委员会、人民调解委员会或者所在单位调解处理，当事人也可以依法向人民法院起诉。

第四十五条　违反本办法第二十九条、第三十条第一款、第三十二条规定，违反治安管理处罚法的，由公安机关予以治安管理处罚；构成犯罪的，依法追究刑事责任。

第四十六条　违反本办法第三十一条规定，擅自进行胎儿性别鉴定的，由卫生行政部门依法查处。

第四十七条　违反本办法第三十三条第一款规定，对妇女实施性骚扰的，由侵害人所在单位或者上级主管部门、有关组织批评教育，受害人可以依法向人民法院提起民事诉讼；违反治安管理处罚法的，由公安机关予以治安管理处罚。

第四十八条　违反本办法第三十四条规定，侵害妇女人格权的，由公安、文化、广播电视、新闻出版、工商行政管理部门依法查处。

第四十九条　违反本办法第三十五条、第三十六条规定，由其所在单位或其居住地的乡（镇）人民政府、街道办事处批评教育、责令改正；违反治安管理处罚法的，由公安机关予以治安管理处罚；构成犯罪的，依法追究刑事责任。

第五十条　违反本办法规定，负有保障妇女权益职责的国家机关及其工作人员，未依法履行职责，造成严重后果的，由其所在单位或者上级机关依法对直接负责的主管人员和其他直接责任人员给予行政处分；构成犯罪的，依法追究刑事责任。

第九章　附则

第五十一条　本办法自 2007 年 1 月 1 日起施行。

（来源：http://law. baidu. com/pages/chinalawinfo/1689/45/7509d448c072c83a9398ddbaa397b63 1_0. html。）

陕西省推进女职工特殊权益保护
专项集体合同工作的意见

Implementation Proposals of Shaanxi Province on Work about the
Collective Contract Relating to Special Rights of Women Staff（2007）
2007 年 5 月 22 日颁布实施
陕西省劳动和社会保障厅　陕西省总工会
陕西省企业家协会　企业联合会颁发

为了认真贯彻《劳动法》、《妇女权益保障法》、《女职工劳动保护规定》、《女职工禁忌劳动范围的规定》、《陕西省企业集体合同条例》、《陕西省〈妇女权益保障法〉实施办法》等相关法律法规，结合我省实际，现就推进女职工特殊权益保护专项集体合同工作提出以下意见：

一、开展女职工特殊权益保护专项集体
合同工作的重要性和必要性

平等协商和集体合同制度是市场经济条件下维护职工合法权益的重要机制。女职工特殊权益保护专项集体合同工作，是平等协商、集体合同制度的重要组成部分，是对集体合同制度的补充和完善，是维护女职工合法权益和特殊利益的重要机制和手段。我省开展女职工特殊权益保护专项集体合同试点工作的经验证明，签订女职工特殊权益保护专项集体合同，对于推动妇女权益保障法和女职工劳动保护等法律法规的落实，维护女职工和企业双方合法权益，调动女职工的积极性，促进劳动关系的协调稳定，构建社会主义和谐社会，具有重要作用。

二、女职工特殊权益保护专项集体合同签订的范围和工作目标

凡女职工在 10 人以上建立了集体合同制度的企业，都要推行女职工特殊权益保护专项集体合同。尚未建立集体合同制度的企业，可通过平等协

商，先行签订女职工权益保护专项集体合同。女职工人数较少、规模较小的企业可通过签订区域性、行业性的女职工权益保护专项集体合同来覆盖。从现在起，用两年的时间，使全省已经建立集体合同制度的企业，女职工专项集体合同签订率达到80%以上。

三、女职工特殊权益专项集体合同的内容和形式

女职工特殊权益保护专项集体合同是依据相关法律、法规和《企业工会工作条例》，结合本企业、本区域和本行业劳动关系的特点和企业实际，就女职工特殊权益方面的内容，通过集体协商签订的专项协议。

女职工特殊权益保护集体合同的主要内容：

1. 女职工的劳动就业权利：包括反对劳动就业中的性别歧视（企业中适合女职工的岗位，不得拒绝录用女职工），实现同工同酬以及保险、福利上男女职工均等。

2. 女职工的特殊劳动保护：包括女职工禁忌从事劳动的范围，"四期保护"、卫生保健、妇科体检、生育待遇等。

3. 双方认为应当协商的其他内容。

女职工的教育培训、参加企业民主管理等涉及女职工切身利益的重要事项，也可根据女职工的要求和企业实际，列入专项集体合同内容。

女职工特殊权益保护专项集体合同的形式：可以是专项集体合同，也可以作为集体合同的附件。

四、女职工特殊权益保护专项集体合同签订的程序

《女职工特殊权益保护专项集体合同》集体协商和签订工作，依据《陕西省企业集体合同条例》规定的程序进行。

1. 集体协商代表产生方式

签订女职工特殊权益专项集体合同，其协商代表应按法定程序产生。在工会方协商代表中，必须有三分之二的女职工代表，工会女职工委员会主任或副主任必须作为职工方代表。工会主席可书面委托女职工委员会主任作为女职工特殊权益集体协商职工方首席代表。

女职工特殊权益保护专项集体合同作为集体合同附件签订的，工会女职工委员会主任必须作为职工方协商代表，职工方协商代表中女职工要占一定比例。

企业方代表由企业法定代表人指派，首席代表由企业法定代表人担任或由其书面委托其他管理人员担任。

2. 专项集体合同的协商、签约

职工方协商代表在对企业女职工权益保护状况进行调查和分析及广泛征求女职工和企业方意见的基础上拟定集体协商的议题，在协商一致的基础上形成专项集体合同草案，或集体合同附件的草案。

专项集体合同和集体合同附件草案须经工会女职工委员会或全体女职工讨论后，提交职工（代表）大会审议通过。通过后，由双方首席代表签字。

专项集体合同签订后，企业要报送当地劳动保障行政部门审验备案。劳动保障行政部门在收到合同文本之日起，15 日内未提出异议的，专项集体合同即可生效。自生效日起 7 日内向全体职工公布。

3. 专项集体合同的效力和争议处理

按规定签订的企业女职工特殊权益保护专项集体合同和集体合同附件，对本企业和女职工具有法律约束力。按规定签订的区域性、行业性女职工特殊权益保护专项集体合同和集体合同附件，对辖区和行业内签约的所有企业和女职工具有法律约束力。

企业签订女职工特殊权益保护专项集体合同，其标准不得低于国家和当地政府的规定。企业与职工个人签订的劳动合同中涉及女职工特殊权益的标准不得违反专项集体合同或集体合同附件内容的规定。

女职工特殊权益保护专项集体合同的期限为一年。女职工特殊权益保护专项集体合同作为集体合同附件的期限与集体合同同步。对女职工特殊权益保护专项集体合同在集体协商、签订和履行过程中发生的争议，按照《陕西省企业集体合同条例》的规定处理。

4. 专项集体合同的履约及监督检查

企业要确保女职工特殊权益集体合同的履行。企业和区域、行业的集体合同监督检查机构应有同级工会女职工委员会的代表参加，定期对女职工权益保护专项集体合同履行情况进行检查和监督，对发现的问题要督促企业采取措施进行整改。每年至少将女职工权益保护集体合同履行情况向职工（代表）大会报告一次，并通过多种形式向全体职工公开，接受职工的监督。

五、女职工特殊权益保护专项集体合同工作的组织实施

1. 加强领导，合力推动。各级劳动和社会保障部门、工会组织和企业

家协会/企业联合会要把维护女职工特殊权益纳入到劳动合同、集体合同工作中去，纳入创建劳动关系和谐企业活动的内容，高度重视，加强领导。各级劳动和社会保障部门要依法推动并加强对集体合同和女职工特殊权益保护专项集体合同的审查及履行情况的监督检查。各级工会组织要积极推动女职工特殊权益保护专项集体合同签订工作，并将专项合同签订情况纳入各级工会工作的目标考核中，将维护女职工权益纳入企事业单位建设职工之家活动的考核标准。各级企业家协会、企业联合会要建立健全组织，培育企业方协商主体，重视和支持女职工特殊权益集体协商工作，共同推进女职工特殊权益保护集体合同工作的深入开展。

2. 突出重点，分类指导。国有企业、集体企业、外商投资企业及规模较大的私营企业，必须要落实法律法规中规定的女职工的各项权益，并结合企业实际和女职工的需要，适当提高女职工特殊保护待遇。规模较小的私营企业、个体工商户及其他小型非公企业，要从女职工关注和迫切需要解决的重点、难点问题入手进行协商，逐步提高女职工特殊保护水平。纺织和服装加工、商贸、餐饮服务等女职工较为集中的行业，有毒有害行业和加班加点严重的行业，是签订女职工特殊保护专项集体合同的重点，要结合行业特点和女职工权益保护实际情况，研究形成具有行业性的特殊保护标准，探索签订行业性女职工特殊权益保护专项集体合同。县级以上工会组织要加强对签订女职工特殊权益专项集体合同工作的指导，为基层和行业开展工作提供有效服务和帮助。

3. 加大宣传，注重培训。各级劳动和社会保障部门、工会组织和企业家协会/企业联合会要广泛宣传国家和我省的劳动法律法规和政策，宣传推进女职工权益保护专项集体合同工作的重要性和必要性，统一思想认识。加强业务培训，通过培训使企业行政人员和工会干部特别是女职工工作者，进一步熟悉相关法律法规和政策，掌握协商技巧，提高协商能力，确保专项集体合同签订工作规范、有序和顺利开展。

4. 培养典型，总结经验。注意认真总结和推广典型经验，及时研究和解决女职工特殊权益保护专项集体合同工作中存在的各种问题。要加强沟通、协调和信息交流，切实推动女职工特殊权益保护专项集体合同工作的开展。

（来源：http://www.51labour.com/lawcenter/lawshow-48310.html。）

后　记

在大家的努力下，这本书历经五年终于完成。这是一个探索学习快乐并痛苦的过程。

在项目进行中，我们曾得到项目合作伙伴陕西省总工会女职工委员会与女工部的大力支持和帮助，期间部门领导更替，合作却从没有间断。我们对此由衷地感谢。她们是陕西省总工会女职工委员会前主任刘书慧、现主任王淑琳、女工前部长陈向军、现部长李秀华、女工干事谭晓荣。她们经常和我们一起下基层进行调查和开座谈会，并对项目提出有益的建议。我们还得到陕西省劳动学会专家们的支持，尤其是秘书长赵润录无私的帮忙和奉献，使我们受益良多。陕西省劳动厅政策法规处赵程煜研究员、西安市劳动局原纪委书记杨志敬多次牺牲休息时间为下岗女工作政策报告。陕西省高级法院、西安市中级法院政策研究室也给过项目很多的帮助。中院法官沙运萍、碑林区法院法官杨妮娜都在项目中以独特的视角为我们提供了帮助。没有当地学术、劳动部门和工会及司法部门的支持，很难保证项目的完成。另外，在项目前期调查问卷的设计过程中，我们还得到了西安交通大学经济学院邱长溶教授和西北政法学院何玲教授的指导和帮助。在此我们一并感谢。

在书稿的写作过程中，大家努力合作。西安建筑科技大学刘志强老师承担本书全部英文翻译工作！很多研究生参加了资料整理工作，她们是西北工业大学人文与经法学院研究生刘小芳、张新鑫、徐冰清、陈玲飞。西安建筑科技大学李欣军、贾红红两位老师也帮助校对书稿！在此，我们也一一谢过。

最后，让我们以沉痛的心情，缅怀在项目中发挥了重要作用，但不幸因车祸去世的西北政法学院冯湘妮副教授。并以努力工作寄托我们的哀思。

西北工业大学妇女发展与权益研究中心全体成员
2009 年 1 月